ELECTRONIC FINANCIAL TRANSACTIONS ACT

전자금융거래법

이상복

박영사

머리말

이 책은 전자금융거래법이 규율하는 전자금융거래 등에 관하여 다루었다. 이 책은 다음과 같이 구성되어 있다. 제1편에서는 전자금융거래법의 목적과 연혁, 전자금융거래법 관련 법규를 다루고, 제2편에서는 전자금융거래 당사자의 권리와 의무를 다루고, 제3편에서는 전자금융거래의 안전성 확보 및 이용자 보호를 다루었다. 또한 제4편에서는 전자금융업의 허가와 등록 및 업무를 다루고, 제5편에서는 전자금융업무의 감독, 검사 및 제재를 다루었다.

이 책을 집필하면서 다음과 같은 점들에 유념하였다.

첫째, 이해의 편의를 돕고 실무자들의 의견을 반영하여 법조문 순서에 구애받지 않고 법률뿐만 아니라, 시행령, 시행규칙, 전자금융감독규정, 전자금융감독규정시행세칙, 금융기관 검사 및 제재에 관한 규정, 은행의 표준약관인 전자금융거래기본약관의 주요 내용을 반영하였다.

둘째, 이론을 생동감 있게 하는 것이 법원의 판례임을 고려하여 판례를 반영하고, 전자금융거래법의 적용이 금융위원회에서 많이 이루어지는 점을 고려하여 금융위원회의 유권해석과 비조치의견서를 "금융위원회 질의회신" 형태로 반영하였다.

셋째, 실무에서 금융감독원이 2017년 5월 발간한 「전자금융감독규정 해설」이 이용되는 점을 감안하여 주요 내용을 반영하였다.

이 책을 출간하면서 감사드릴 분들이 많다. 바쁜 일정 중에도 초고를 읽고

조언과 논평을 해준 김서윤 변호사, 김영우 변호사, 이태영 변호사에게 감사드린다. 박영사의 심성보 위원이 정성을 들여 편집해주고 김선민 이사가 제작 일정을 잡아 적시에 출간이 되도록 해주어 감사드린다. 출판계의 어려움에도 출판을 맡아 준 박영사 안종만 회장님과 안상준 대표님께 감사의 말씀을 드리며, 기획과 마케팅에 애쓰는 최동인 대리의 노고에 감사드린다.

2024년 2월

이 상 복

차 례

제1편 총 설

제1장 서 론

제2장 전자금융거래법의 연혁

제3장 전자금융거래 통계조사 등

제2장 전자지급거래

제3편 전자금융거래의 안전성 확보 및 이용자 보호

제1장 안전성의 확보의무

제2장 정보보호최고책임자 지정 등

제3장 전자적 침해행위 등의 금지 등

제4편 전자금융업의 허가와 등록 및 업무

제1장 전자금융업의 허가와 등록 등

제5편 전자금융업무의 감독, 검사 및 제재

제1장 감독 및 검사 등

제2장 제 재

제1편

총 설

제1장 서 론
제2장 전자금융거래법의 연혁
제3장 전자금융거래 통계조사 등

제 1 장

서 론

제1절 전자금융거래법의 목적

전자금융거래법("법")은 전자금융거래의 법률관계를 명확히 하여 전자금융거래의 안전성과 신뢰성을 확보함과 아울러 전자금융업의 건전한 발전을 위한 기반조성을 함으로써 국민의 금융편의를 꾀하고 국민경제의 발전에 이바지함을 목적으로 한다(법1).

제2절 전자금융거래법상 용어의 정의

Ⅰ. 전자금융거래 등

1. 전자금융거래

전자금융거래라 함은 금융회사 또는 전자금융업자가 전자적 장치를 통하여

금융상품 및 서비스를 제공("전자금융업무")하고, 이용자가 금융회사 또는 전자금융업자의 종사자와 직접 대면하거나 의사소통을 하지 아니하고 자동화된 방식으로 이를 이용하는 거래를 말한다(법2(1)).

따라서 전자금융거래가 성립하기 위해서는 그 개념을 구성하는 요소인 i) 전자금융업무의 주체인 금융회사 또는 전자금융업자, ii) 전자적 장치, iii) 전자금융업무의 대상인 금융상품 및 서비스의 제공, iv) 이용자, v) 전자금융업무의 방식인 직접 대면하거나 의사소통을 하지 아니하는 비대면거래, vi) 자동화된 방식으로 전자금융업무를 이용하는 거래를 살펴보아야 한다. 아래서는 그 구성요소를 살펴본다.

** 금융위원회 질의회신(2016. 8. 17.)

〈질의〉

□ 신용조회, 신용조사, 채권추심업무가 「전자금융거래법상」 전자금융업무에 해당하는지 여부를 질의

□ 전자금융기반시설의 취약점 분석·평가는 전자금융업무를 제공하는 사업부에만 적용하는지 여부를 질의

〈회신〉

□ 신용조회업무, 신용조사업무, 채권추심업무를 전자적 장치를 통하여 수행하는 경우 전자금융거래법 제2조 제1호의 전자금융업무에 해당한다고 볼 수 있습니다.

□ 전자금융거래법 제21조의3에 따라 전자금융기반시설 취약점 분석·평가를 실시할 의무는 금융회사에 부과되는 것이나, 실제로는 전자금융업무를 제공하는 사업부에 대해 전자금융기반시설 취약점 분석·평가를 실시하는 것으로 보는 것이 타당할 것입니다.

〈이유〉

□ 전자금융거래법에서는 금융회사에 대해 별도로 정의하지 않고 소관 금융법에 따른 금융회사를 전자금융거래법상 금융회사로서 열거하는 방식을 채택하고 있습니다.

• 따라서 금융회사가 제공하는 상품 및 서비스가 전자금융거래법상 금융상품 및 서비스에 해당하는지 일일이 판단하는 것이 아니라, 원칙적으로 그 금융회사가 소관 금융법에 따라 제공하고 있는 상품 및 서비스는 모두 전자금융거래법상 금융상품 및 서비스에 해당한다고 볼 수 있습니다.

• 전자금융거래법은 신용정보법에 따라 신용조회, 신용조사, 채권추심 등 신용정보업 허가를 받은 신용정보회사를 금융회사로 포함하고 있으므로 신용정보회사가 제공하는 서비스는 전자금융거래법 제2조 제1호의 서비스에 해당하며 이를 전자적 장치를 통해 제공하는 경우 전자금융거래법 제2조 제1호의 전자금융업무에 해당한다고 볼 것입니다.

• 다만, 신용정보회사가 동 서비스를 전자적 장치를 통하여 제공하지 않는다면 전자금융업무를 하지 않는 경우에 해당될 것입니다.

ㅁ 신용정보회사가 전자금융업무를 하고 있는 경우 전자금융거래법 제21조의3에 따라 전자금융기반시설의 취약점 분석·평가를 하여야 합니다.

• 다만, 전자금융기반시설은 전자금융업무를 수행하기 위한 제반 시설을 의미하므로 실제 전자금융업무를 수행하는 사업부에 대해 전자금융기반시설 취약점 분석·평가를 실시하는 것으로 볼 수 있습니다.

** 금융위원회 질의회신(문서번호 100206)

〈질의〉

• 전화에 의한 자금이체요청이 전자금융거래법의 적용을 받는지 여부

〈회신〉

• 귀하의 질의내용은 전자금융거래법상 전자금융거래로 볼 수 없을 것 같습니다. 한편, 금융기관의 약관, 다른 법률상의 기록관리 의무, 영업점 직원의 업무처리 책임 등은 별론입니다.

〈이유〉

• 전자금융거래법 제2조 제1호에 의하면 전자금융거래란 이용자가 금융기관 또는 전자금융업자의 종사자와 직접 대면하거나 의사소통을 하지 아니하고 자동화된 방식으로 이를 이용하는 거래로 정의하고 있습니다.

• 따라서, 귀하의 질의내용은 전자금융거래법상 전자금융거래로 볼 수 없을 것 같습니다. 한편, 금융기관의 약관, 다른 법률상의 기록관리 의무, 영업점 직원의 업무처리 책임 등은 별론입니다.

** 금융위원회 질의회신(2019. 6. 18.)

〈질의〉

□ 당사가 도입 검토 중인 [모바일을 통한 약정서 제출 및 본인인증] 방식이 전자금융거래법 제2조 비대면과 자동화를 속성으로 하는 전자금융거래에 해당되는지 여부

〈회신〉

□ 질의상에 [모바일을 통한 약정서 제출 및 본인인증] 방식은 이용자가 전자금융업자의 종사자와 직접 대면한 상황에서 약정서를 제출하고 본인인증을 하는 경우로, 전자금융거래에 해당하지 않습니다.

〈이유〉

□ 전자금융거래법 제2조 제1호는 "전자금융거래라 함은 금융회사 또는 전자금융업자가 전자적 장치를 통하여 금융상품 및 서비스를 제공하고, 이용자가 금융회사 또는 전자금융업자의 종사자와 직접 대면하거나 의사소통을 하지 아니하고 자동화된 방식으로 이를 이용하는 거래"로 정의하고 있습니다.

** 금융위원회 질의회신(2017. 1. 16.)

〈질의〉

□ 은행 앱(썸뱅크)을 통해 계좌 잔액으로 제휴사 포인트(L.POINT)를 충전하는 것이 전자금융거래법상 전자금융거래에 해당하는지 여부

〈회신〉

□ 제휴사 포인트의 구매대금을 은행 앱을 통해 결제하는 것은 전자금융거래법상 전자금융거래에 해당합니다.

〈이유〉

ㅁ 제휴사가 발행하는 포인트를 구매하기 위해 은행의 부수업무로서 은행 앱을 통해 결제하는 경우 전자적 장치를 통하여 금융서비스를 제공하고 금융회사 등의 종사자와 대면하지 않고 자동화된 방식으로 이용한다고 볼 수 있으므로 전자금융거래법상 전자금융거래에 해당한다고 판단됩니다.

** 금융위원회 질의회신(2020. 4. 24.)

〈질의〉

ㅁ 대면 채널을 통한 보험계약 체결 과정에서 보험계약자가 모바일 화면에 접속하여 본인의 심사서류를 보험회사에 직접 제출하고, 이후 보험회사의 인수심사를 거쳐 보험계약이 체결되는 경우

(1) 보험계약자가 심사서류를 전자적인 방법으로 제출하는 과정이 전자금융거래에 해당하는지 여부, (2) 만약 전자금융거래에 해당한다면, 생년월일과 성별을 입력하는 방법으로 본인인증을 하는 것이 전자금융거래법 및 전자금융감독규정에 따른 안전성, 보안성, 이용편의성 등을 충분히 고려한 거래인증수단으로 인정 가능한지 여부

〈회신〉

ㅁ 전자금융거래법 제2조 제1호에 따라, "전자금융거래"란 ㉠ 금융회사 또는 전자금융업자가 전자적 장치를 통하여 금융상품 및 서비스를 제공하고 ㉡ 이용자가 금융회사 또는 전자금융업자의 종사자와 직접 대면하거나 의사소통을 하지 아니하고 자동화된 방식(비대면의 자동화된 방식)으로 이를 이용하는 거래를 말합니다.

• 이러한 자동화된 방식은 거래의 완결과정에서 인위적인 판단이 개입하는 경우에는 자동화된 방식으로 보기 어려운 것으로 판단됩니다(전자금융감독규정 해설서 참조).

ㅁ 따라서 귀사의 질의만으로 명확하게 알기 어려우나, 귀사가 고객과의 보험계약을 체결하는 과정에서 보험심사자가 고객이 제출한 심사서류를 심사하여 인수여부를 결정하는 인위적인 판단이 개입하는 경우 "자동화된 방식"으로 이를 이용하는 거래에 해당하지 않으므로, 특별한 사정이 없는 한 이는 "전자금융거

래"에 해당하지 않는 것으로 판단됩니다.

---

2. 금융회사

금융회사란 i) 은행, 금융투자업자, 증권금융회사, 종합금융회사 및 명의개서대행회사, 보험회사, 상호저축은행과 그 중앙회, 신용협동조합 및 그 중앙회, 농협은행, 수협은행(가목), ii) 여신전문금융회사(나목), iii) 체신관서(다목), iv) 새마을금고 및 새마을금고중앙회(라목), v) 한국산업은행, 중소기업은행, 한국수출입은행, 산림조합과 그 중앙회의 신용사업부문, 농업협동조합, 수산업협동조합, 한국거래소, 한국예탁결제원, 전자등록기관, 금융지주회사와 「금융지주회사법 시행령 제2조 제2항 제1호[1]에 해당하는 회사, 보험업법에 따른 보험협회와 보험요율산출기관, 한국화재보험협회, 한국금융투자협회, 신용정보회사, 채권추심회사 및 종합신용정보집중기관, 한국자산관리공사, 한국주택금융공사, 신용보증기금, 기술보증기금, 온라인투자연계금융업자(마목)를 말한다(법2(3)).

3. 전자금융업자

(1) 개념

전자금융업자라 함은 제28조(전자금융업의 허가와 등록)의 규정에 따라 허가를 받거나 등록을 한 자(금융회사는 제외)를 말한다(법2(4)).

따라서 전자금융업자란 전자금융거래법의 규율대상 7개 업종인 전자화폐의 발행 및 관리, 전자자금이체, 직불전자지급수단의 발행 및 관리, 선불전자지급수단의 발행 및 관리, 전자지급결제대행, 결제대금예치, 전자고지결제 등의 업무를 행하고자 금융위원회의 허가를 받거나 금융위원회에 등록을 한 사업자(금융회사 제외)를 말한다.

아래서는 전자금융업자의 규율대상 7개 업종을 살펴본다.

(2) 전자화폐

전자화폐는 이전 가능한 금전적 가치가 전자적 방법으로 저장된 증표를 발

---

1) 1. 금융업을 영위하는 회사("금융기관")에 대한 전산·정보처리 등의 용역의 제공

행·관리하는 업무로서 전자화폐는 발행인 외 제3자로부터 재화 또는 용역을 구입하고 그 대가를 지급하는 데 사용된다.

(3) 전자자금이체업

전자자금이체업은 지급인과 수취인의 은행 계좌를 중간 내부계좌를 통하지 않고 직접 연결하는 업무를 수행한다.

(4) 직불전자지급수단

고객이 물품·용역 구매시 구매자의 계좌에서 가맹점의 계좌로 구매대금이 이체되도록 중계하는 업무를 수행한다. 직불전자지급수단으로 은행간 계좌를 직접 연결하지 않고도 간편결제, 소액송금 등 서비스가 가능하다.

(5) 선불전자지급수단

금전적 가치가 전자적 방법으로 저장된 증표를 발행하거나 해당 증표에 관한 정보를 취급하는 업무를 수행한다. 선불전자지급수단으로 은행간 계좌를 직접 연결하지 않고도 간편결제, 소액송금 등 서비스가 가능하다.

선불전자지급수단을 이용한 간편 송금서비스의 이용이 증가함에 따라 거래금액도 크게 증가하고 있는 추세이다.

(6) 전자지급결제대행(PG)

전자지급결제대행(PG: Payment Gateway)은 전자적 방법으로 재화 구입, 용역 이용 등에 있어 지급결제 정보를 송수신하거나 그 대가의 정산을 대행·매개하는 업무를 수행한다.

총 거래 건수, 금액 및 일일 평균 건수 등 거래규모가 가장 크고, 인터넷 및 모바일 전자상거래의 증가에 따라 지속적으로 증가하고 있으며, 카드사 등은 구매자·PG와 거래하고 가맹점은 PG와 거래한다.

(7) 결제대금예치업

결제대금을 일정기간 보관하다 물품배송을 받은 사실을 확정한 후 판매자에게 대금을 지급하는 업무를 수행한다. 전자상거래시 결제대금예치 법적 의무에 따라 전자지급결제대행업과 함께 거래규모가 꾸준히 증가하고 있다.

(8) 전자고지결제업

각종 세금, 공과금, 지로요금 등을 수취인(징수기관)을 대신하여 납부자에게 인터넷 등으로 고지하고, 대금을 자신의 계좌로 직접 수취한 후 징수기관에게 정산 지급하는 업무를 수행한다. 전자고지 영역이 확대되고, 간편결제 플랫폼 사업자들이 관련 서비스를 출시함에 따라 이용금액이 증가하고 있다.

4. 전자적 장치

전자적 장치라 함은 전자금융거래정보를 전자적 방법으로 전송하거나 처리하는데 이용되는 장치로서 현금자동지급기, 자동입출금기, 지급용단말기, 컴퓨터, 전화기 그 밖에 전자적 방법으로 정보를 전송하거나 처리하는 장치를 말한다(법2(8)).

전자적 장치를 통하여 제공한다는 것은 이용자가 비대면으로 전자적 장치를 통하여 금융상품 및 서비스에 직접 접근할 수 있게 하는 정도에 이르러야 함을 의미한다. 단순히 전자적 장치를 금융회사 또는 전자금융업자의 업무에 활용하는 것만으로는 전자적 장치를 통한 제공에 해당되지 않는다. 예컨대 이용자가 금융회사 종사자와 대면하여 자금이체 지시를 한 경우에 금융회사 종사자가 거래지시 이행을 위하여 전자적 장치를 활용하는 경우, 이를 전자적 장치를 통한 제공이라 할 수 없다.

5. 금융상품 및 서비스의 제공(전자금융업무)

전자금융거래법은 "금융기관" 및 "전자금융업자"만을 정의하고 "금융상품 및 서비스"의 개념에 대해 별도로 정하고 있지 않다. 따라서 "금융상품 및 서비스"에 대하여 다음과 같은 견해가 있을 수 있다.[2)]

"금융"의 개념을 중시하여 금융기관 또는 전자금융업자가 자금의 융통과 관계된 상품 또는 서비스를 제공하는 경우에 국한하는 견해(협의의 개념)와 금융상품 및 서비스에 대한 정의를 별도로 하지 않은 점을 감안하여 "금융상품 및 서비

---

2) 금융감독원(2017), 「전자금융감독규정 해설」, 금융감독원(2017. 5), 10쪽.

스"란 금융기관 또는 전자금융업자가 제공하는 금융 관련 상품 및 서비스 일반을 의미한다고 해석하는 견해(광의의 개념)가 있을 수 있다.

전자금융업무의 범위는 전자금융거래의 대중화, 다양화 및 이용자 보호 등을 고려할 때 광의의 개념으로 보는 것이 타당한 것으로 보인다. 따라서 인터넷을 통한 신용정보, 자산보유 또는 거래내역 조회 서비스 제공도 전자금융업무에 해당한다고 볼 수 있다.

6. 이용자

이용자라 함은 전자금융거래를 위하여 금융회사 또는 전자금융업자와 체결한 계약("전자금융거래계약")에 따라 전자금융거래를 이용하는 자를 말한다(법2(7)).

7. 비대면거래

금융기관 또는 전자금융업자의 종사자와 직접 대면하거나 의사소통을 하지 아니하는 것이 필요하다. 비대면성은 전자금융거래의 준비단계에서는 요구되지 않지만, 거래단계에서는 거래지시단계 및 거래처리단계에서 모두 필요하다. 따라서 비대면성의 판단은 거래지시의 시점을 기준으로 하여야 하며, 준비단계에서 금융기관 또는 전자금융업자의 종사자와 대면했다는 사실은 전자금융거래의 비대면성 판단에 영향을 미치지 않는다.[3)]

8. 자동화된 방식(접근매체)

전자금융거래는 이용자가 전자금융업무를 자동화된 방식으로 이용하는 거래이다. 전자적 장치를 통하여 제공되는 전자금융업무를 금융기관 또는 전자금융업자의 종사자와 대면하거나 의사소통을 하지 아니하고 이용하는 경우, 대체로 자동화된 방식의 이용이 될 것이다. 이러한 "자동성"의 요건도 비대면성 요건과 마찬가지로 전자금융거래의 준비단계에서는 요구되지 아니하며, 거래단계에서는 거래지시단계와 거래처리단계 전반에 걸쳐 요구된다.[4)]

따라서 단일한 거래의 거래지시는 접근매체를 통하여 자동적으로 이루어지나, 거래의 완결과정에서 인위적인 판단이 개입하는 경우에는 전자금융거래라

3) 금융감독원(2017), 11쪽.
4) 금융감독원(2017), 11-12쪽.

할 수 없다. 예컨대 인터넷을 통한 대출 신청의 경우, 전자적 장치를 통하여 약관 등으로 정한 요건 심사가 자동적으로 이루어져 대출이 실행된다면, 대출이라는 독립된 거래로서 전자금융거래에 해당하나, 단순히 신청만을 인터넷으로 접수하고 이에 대한 심사가 별도로 이루어진 후에 자금이체의 방법으로 대출이 실행된다고 하여도 이를 전자금융거래라 할 수 없다.

접근매체라 함은 전자금융거래에 있어서 거래지시를 하거나 이용자 및 거래내용의 진실성과 정확성을 확보하기 위하여 사용되는 i) 전자식 카드 및 이에 준하는 전자적 정보(가목), ii) 전자서명법 제2조 제3호[5]에 따른 전자서명생성정보 및 같은 조 제6호[6]에 따른 인증서(나목), iii) 금융회사 또는 전자금융업자에 등록된 이용자번호(다목), iv) 이용자의 생체정보(라목), v) 앞의 가목 또는 나목의 수단이나 정보를 사용하는데 필요한 비밀번호(마목)의 어느 하나에 해당하는 수단 또는 정보를 말한다(법2(10)).

접근매체는 자동화기기, 전화기 및 컴퓨터 등의 전자적 장치를 이용하기 위한 수단이며, 전자적 장치를 통하여 전자금융거래에 이용되는 경우 접근매체의 효력이 발생한다. 예컨대 이용자가 예금통장(뒷면의 Magnetic Stripe)을 이용하여 자동화 기기에서 출금을 한 경우 예금통장은 접근매체로 간주된다.[7]

그러나 접근매체라고 하기 위해서는 전자금융거래계약의 체결이 전제되어야 한다. 따라서 이용자와 금융회사(또는 전자금융업자) 간 전자금융거래계약이 체결되지 않아 전자적 장치를 통해 거래를 할 수 없는 예금통장의 경우 접근매체에 해당하지 않는다.

▌관련 판례: 대법원 2010. 5. 27. 선고 2010도2940 판결

전자금융거래법("법") 제2조는 제10호에서 "'접근매체'라 함은 전자금융거래에 있어서 거래지시를 하거나 이용자 및 거래내용의 진실성과 정확성을 확보하기 위하여 사용되는 수단 또는 정보를 말한다."고, 제7호에서 "'이용자'

5) 3. "전자서명생성정보"란 전자서명을 생성하기 위하여 이용하는 전자적 정보를 말한다.
6) 6. "인증서"란 전자서명생성정보가 가입자에게 유일하게 속한다는 사실 등을 확인하고 이를 증명하는 전자적 정보를 말한다.
7) 금융감독원(2017), 10쪽.

라 함은 전자금융거래를 위하여 금융기관 또는 전자금융업자와 체결한 계약(이하 '전자금융거래계약'이라 한다)에 따라 전자금융거래를 이용하는 자를 말한다."고, 제17호에서 "'거래지시'라 함은 이용자가 전자금융거래계약에 따라 금융기관 또는 전자금융업자에게 전자금융거래의 처리를 지시하는 것을 말한다."고 각 규정하고 있는바, 위 각 규정의 내용과 법이 '전자금융거래의 법률관계를 명확히 하여 전자금융거래의 안전성과 신뢰성을 확보함'을 그 목적으로 하고 있는 점(제1조) 등을 종합하여 보면, 법 제2조 제10호 소정의 '접근매체'라고 하기 위해서는 전자금융거래계약의 체결이 전제되어야 한다고 봄이 상당하다.

원심은, 그 채택 증거들을 종합하여 이 사건 통장 등은 해약환급금을 입금하기 위하여 만들어진 통상적인 통장과 그 계좌 입출금에 필요한 비밀번호에 지나지 않아 그 자체에는 전자금융거래를 할 수 있는 기능이 들어 있지 아니한데, 이 사건 통장 관련 계좌에 관하여 별도의 cd/atm 신청이 없었기 때문에 이 사건 통장 등으로는 금융기관의 창구에서 입출금 및 통장정리만이 가능할 뿐 법 제2조 제8호 소정의 전자적 장치를 통한 거래는 할 수 없는 사실을 인정한 다음, 이 사건 통장 등으로 전자금융거래를 하는 것은 현실적으로 불가능하여 이를 법에서 말하는 접근매체라고 볼 수 없다는 이유로, 이 사건 통장 등이 전자금융거래의 접근매체에 해당함을 전제로 하는 이 사건 공소사실은 범죄로 되지 않거나 범죄의 증명이 없는 경우에 해당한다고 판단하였는바, 이러한 원심의 인정 및 판단은 앞서 본 법리와 기록에 비추어 수긍할 수 있고, 거기에 상고이유로 주장하는 바와 같은 전자금융거래법 소정의 접근매체에 관한 법리오해의 위법이 없다.

** 금융위원회 질의회신(2020. 7. 27.)

〈질의〉

□ 당행에서는 일정 금액 이하는 통장비밀번호만으로 이체가 가능한 간편이체 서비스를 구상중입니다. 이에 통장비밀번호가 거래지시에 필요한 실명확인된 접근매체로 볼 수 있는지?

〈회신〉

□ 귀사가 발급하는 통장 비밀번호는 해당 통장의 전자적 정보를 사용하는 전자금융거래에 있어서 거래지시(자금이체 등)가 가능하도록 필요한 통장 비밀번호를 이용자에게 발급하는 것이라면, 특별한 사정이 없는 한 전자금융거래법상 "접근매체"에 해당하는 것으로 판단됩니다.

□ 귀사가 전자금융거래법 제2조 제10호에 따른 "접근매체"로서 통장 비밀번호를 이용자에게 발급하는 경우 전자금융거래법 제6조 제2항 및 전자금융감독규정 제34조 제3호에 따라 이용자의 실명확인 후 교부하여야 합니다.

• 이 경우 해당 통장 비밀번호는 특별한 사정이 없는 한 거래지시에 필요한 실명확인된 접근매체에 해당하는 것으로 판단됩니다.

〈이유〉

□ 전자금융거래법 제2조 제10호에 따라 "접근매체"는 전자금융거래에 있어서 거래지시를 하거나 이용자 및 거래내용의 진실성과 정확성을 확보하기 위하여 사용되는 수단 또는 정보를 말합니다. 이러한 수단 또는 정보로 "전자식 카드 및 이에 준하는 전자적 정보", "전자식 카드 및 이에 준하는 전자적 정보를 사용하는데 필요한 비밀번호" 등이 있습니다.

• 귀사가 발급하는 통장 비밀번호는 해당 통장의 전자적 정보를 사용하는 전자금융거래에 있어서 거래지시(자금이체 등)가 가능하도록 필요한 통장 비밀번호를 이용자에게 발급하는 것이라면, 특별한 사정이 없는 한 전자금융거래법상 "접근매체"에 해당하는 것으로 판단됩니다.

• 한편, 해약환급금 입금용 통장 등 단순 입출금을 위해 발급되는 통장 및 통장비밀번호는 전자금융거래법상 "접근매체"에 해당하지 않습니다.

□ 전자금융거래법 제6조 제2항 및 전자금융감독규정 제34조 제3호에 따라 금융회사 또는 전자금융업자가 접근매체를 발급하기 위해 이용자의 신청이 있는 경우에 한하여 본인임을 확인(실명확인)한 후에 발급하도록 규정하고 있습니다.

• 따라서 귀사가 전자금융거래법 제2조 제10호에 따른 "접근매체"로서 통장 비밀번호를 이용자에게 발급하는 경우 이용자의 실명확인 후 교부하여야 합니다.

• 이 경우 해당 통장 비밀번호는 특별한 사정이 없는 한 거래지시에 필요

한 실명확인된 접근매체에 해당하는 것으로 판단됩니다.

** 금융위원회 질의회신(2020. 7. 28.)

〈질의〉

ㅁ 통신용 비밀번호 발급 및 사용에 관한 법령해석 요청

(1) 당사가 사용하는 "통신용 비밀번호(ARS 업무비밀번호)"가 전자금융거래법 제2조 제10호 및 전자금융감독규정 제34조 제3호의 "접근매체"에 해당하는지?

(2) 통신용 비밀번호를 "실명확인 절차"가 아닌 다양한 인증수단을 통한 "본인확인 절차"를 거쳐 발급하는 것이 가능한지?

당사는 ARS 사용을 등록하는 경우 계좌원장 비밀번호와 별개로 통신용 비밀번호를 설정하여 운영하고 있습니다. 당사가 고객의 통신용 비밀번호를 사용 등록하는 경우 이를 전자금융거래법상 "접근매체"에 해당할 수도 있다고 보아, "실명확인 절차(고객이 직접 내방하거나 비대면 실명확인)"를 거치고 있습니다.

그러나 당사의 통신용 비밀번호는 전자금융거래법 및 전자금융감독규정상의 접근매체에 해당한다고 보기 어려우며, 따라서 통신용 비밀번호 사용을 등록시 전자금융감독규정상 "실명확인 절차"가 불필요하다고 판단되어 법령해석을 요청

〈회신〉

ㅁ 귀사의 질의만으로 명확하게 알기 어려우나, 귀사가 고객에게 발급한 통신용 비밀번호가 본인확인을 위한 추가적인 수단으로 사용되고, 귀사가 발급한 통신용 비밀번호를 고객이 지속적으로 입력하도록 하는 방식이라면,

• 특별한 사정이 없는 한, 해당 통신용 비밀번호는 전자금융거래법 제2조 제10호 다목에 따른 "접근매체"에 해당하는 것으로 판단됩니다.

ㅁ 한편, 해당 통신용 비밀번호가 접근매체에 해당하면 전자금융거래법 제6조 제2항 및 전자금융감독규정 제34조 제3호에 따라 귀사가 통신용 비밀번호를 사용 등록하는 것은 접근매체의 발급에 해당하여 반드시 실명확인 후 발급·교부하여야 함을 알려드립니다.

〈이유〉

ㅁ 접근매체란 전자금융거래에서 거래지시를 하거나 이용자 및 거래내용의

진실성과 정확성을 확보하기 위하여 사용되는 전자금융거래법 제2조 제10호 각 목에 해당하는 수단 또는 정보를 의미합니다.

* 제2조 제10호 "접근매체"라 함은 전자금융거래에 있어서 거래지시를 하거나 이용자 및 거래내용의 진실성과 정확성을 확보하기 위하여 사용되는 다음 각 목의 어느 하나에 해당하는 수단 또는 정보를 말한다.

가. 전자식 카드 및 이에 준하는 전자적 정보

나. 전자서명법 제2조 제4호의 전자서명생성정보 및 같은 조 제7호의 인증서

다. 금융회사 또는 전자금융업자에 등록된 이용자번호

라. 이용자의 생체정보

마. 가목 또는 나목의 수단이나 정보를 사용하는데 필요한 비밀번호

ㅁ 질의하신 내용으로만은 명확히 알기 어려우나, 귀사가 고객에게 발급한 통신용 비밀번호가 본인확인을 위한 추가적인 수단으로 사용되고, 귀사가 발급한 통신용 비밀번호를 고객이 지속적으로 입력하도록 하는 방식이라면,

• 통신용 비밀번호는 "거래지시를 하는 과정에 있어 하나의 절차"에 해당하거나 또는 "거래내용의 진실성과 정확성을 확보하기 위한 하나의 절차"에 해당하는 것으로 사료됩니다. 따라서 특별한 사정이 없는 한 통신용 비밀번호는 접근매체에 해당하는 것으로 판단됩니다.

ㅁ 한편, 귀사가 사용하는 통신용 비밀번호가 전자금융거래법 제6조 제2항 및 전자금융감독규정 제34조 제3호에 따라 귀사가 통신용 비밀번호를 사용 등록하는 것은 접근매체의 발급에 해당하여 반드시 실명확인 후 발급·교부하여야 하며, 기타 다양한 인증수단을 통한 본인확인 후 발급은 허용되지 않음을 알려드립니다.

---

9. 거래지시

거래지시라 함은 이용자가 전자금융거래계약에 따라 금융회사 또는 전자금융업자에게 전자금융거래의 처리를 지시하는 것을 말한다(법2(17)).

Ⅱ. 전자금융보조업자 등

1. 전자금융보조업자

전자금융보조업자라 함은 금융회사 또는 전자금융업자를 위하여 전자금융거래를 보조하거나 그 일부를 대행하는 업무를 행하는 자 또는 결제중계시스템의 운영자로서 ⅰ) 정보처리시스템[8]을 통하여 여신전문금융업법상 신용카드업자의 신용카드 승인 및 결제 그 밖의 자금정산에 관한 업무를 지원하는 사업자(제1호), ⅱ) 정보처리시스템을 통하여 은행업을 영위하는 자의 자금인출업무, 환업무 및 그 밖의 업무를 지원하는 사업자(제2호), ⅲ) 전자금융업무와 관련된 정보처리시스템을 해당 금융회사 또는 전자금융업자를 위하여 운영하는 사업자(제3호), ⅳ) 앞의 제1호부터 제3호의 사업자와 제휴, 위탁 또는 외부주문("외부주문 등")에 관한 계약을 체결하고 정보처리시스템을 운영하는 사업자(제4호)를 말한다(법2(5), 전자금융감독규정3, 이하 "감독규정").[9]

금융회사 및 전자금융업자와 직접 계약을 체결하고 관련된 업무를 수행하는 사업자는 전자금융보조업자로 분류하여야 하나, 후술한 바와 같이 이들 사업자와 재위탁 계약을 체결한 사업자들 중 전자금융거래와 직접적인 관련인 없는 단순 콜센터, DM 발송 업체 등은 제외되며 내부에 상주하지 않는 콜센터, 쇼핑몰, 외부통신회선 관리, IDC 등은 전자금융보조업자의 범위에 포함되지 않는다.

다만, 최근 전자금융보조업자의 안정성 등이 금융회사 및 전자금융업자에 미치는 영향력이 증대되고 있으므로 이에 대하여는 개별적 검토를 요함에 주의할 필요가 있다.

실제로 금융감독원 실무는 전자금융보조업자의 범위를 유동적으로 판단하고 있으며, 개별 건들에 대하여는 금융위원회의 유권해석을 통해 결정할 것을 권고하고 있다.

---

8) "정보처리시스템"이라 함은 전자금융업무를 포함하여 정보기술부문에 사용되는 하드웨어(hardware)와 소프트웨어(software)를 말하며 관련 장비를 포함한다(감독규정2(3)).

9) 금융회사의 전자금융거래시 추가인증 수단 중 하나인 전화인증 업무를 수행하고 있다면, 이는 전자금융보조업자의 요건인 금융회사를 위하여 전자금융거래를 보조하는 것으로 판단된다(금융위원회 유권해석 문서번호 140185).

** 금융위원회 질의회신(문서번호 130230)

〈질의〉

• 체크카드를 발급하는 카드회사가 전자금융감독 규정 제3조의 전자금융보조업자에 해당되는지

〈회신〉

• 체크카드를 발급하는 업무와 전자금융보조업자의 업무는 구분됨을 말씀드립니다.

• 체크카드를 발급하는 카드회사는 여신전문금융업법 제3조 제1항에 따라 허가를 받은 신용카드회사로서 전자금융거래법 제2조 제3호 나목에 따른 금융회사에 해당합니다. 또한 전자금융감독규정 제3조 제1호에서는 전자금융보조업자에 대해 "신용카드업자의 신용카드 승인 및 결제 그 밖의 자금정산에 관한 업무를 지원하는 사업자"로 규정하고 있습니다.

2. 결제중계시스템

결제중계시스템이라 함은 금융회사와 전자금융업자 사이에 전자금융거래정보를 전달하여 자금정산 및 결제에 관한 업무를 수행하는 금융정보처리운영체계를 말한다(법2(6)).

Ⅲ. 전자지급거래

전자지급거래라 함은 자금을 주는 자("지급인")가 금융회사 또는 전자금융업자로 하여금 전자지급수단을 이용하여 자금을 받는 자("수취인")에게 자금을 이동하게 하는 전자금융거래를 말한다(법2(2)).

Ⅳ. 전자지급수단 등

1. 전자지급수단

전자지급수단이라 함은 전자자금이체, 직불전자지급수단, 선불전자지급수

단, 전자화폐, 신용카드, 전자채권 그 밖에 전자적 방법에 따른 지급수단을 말한다(법2(11)).

2. 전자자금이체

전자자금이체라 함은 지급인과 수취인 사이에 자금을 지급할 목적으로 금융회사 또는 전자금융업자에 개설된 계좌(금융회사에 연결된 계좌에 한한다)에서 다른 계좌로 전자적 장치에 의하여 i) 금융회사 또는 전자금융업자에 대한 지급인의 지급지시(가목), ii) 금융회사 또는 전자금융업자에 대한 수취인의 추심지시("추심이체")(나목)의 어느 하나에 해당하는 방법으로 자금을 이체하는 것을 말한다(법2(12)).

3. 직불전자지급수단

직불전자지급수단이라 함은 이용자와 가맹점 간에 전자적 방법에 따라 금융회사의 계좌에서 자금을 이체하는 등의 방법으로 재화 또는 용역의 제공과 그 대가의 지급을 동시에 이행할 수 있도록 금융회사 또는 전자금융업자가 발행한 증표(자금을 융통받을 수 있는 증표를 제외) 또는 그 증표에 관한 정보를 말한다(법2(13)).

** 금융위원회 질의회신(2021. 12. 29.)

〈질의〉

(1) 전자금융거래법 제2조 제15호에 의하면 전자화폐의 요건 중 하나로 다음을 명시하고 있습니다. 라. 현금 또는 예금과 동일한 가치로 교환되어 발행될 것

그런데 동일한 가치로 교환된다는 의미는 구체적으로 무엇인가요?

(2) 전자금융거래법 시행령 제13조 1항에 의하면 선불전자지급수단을 실지명의로 발행하는 경우는 이용한도를 200만원까지 한다고 되어 있습니다. 만약 핸드폰 인증 등 사용자 인증을 거친 후에 선불전자지급수단을 충전하는 경우 사용자당 200만원까지 충전 가능하다고 이해하면 될까요?

〈회신〉

□ 전자금융거래법상 전자화폐의 정의에 따른 "현금 또는 예금과 동일한 가

치로 교환되어 발행될"의 의미는, 일정한 가치(금액)의 현금 또는 예금으로 교환되어 발행된 전자화폐는 이에 저장된 금전적 가치가 그 현금 또는 예금과 동일한 가치(금액)여야 하며, 예금·현금과 1:1로 교환이 보장되어야 함을 의미합니다.

ㅁ 귀사의 질의하신 내용으로, 전자금융거래법 제23조 제1항 및 같은 법 시행령 제13조 제1항 제2호에 따른, 실지명의로 발행된 선불전자지급수단(실지명의가 확인되거나 예금계좌와 연결되어 발행)의 발행권면·충전 최고한도는 200만원입니다.

** 금융위원회 질의회신(2018. 3. 23.)

〈질의〉

POS기기와 연계한 VANless 모바일간편결제 서비스인 "썸패스 서비스"를 제공하는 행위에 대한 전자거래법상 위배 여부

[1] 당행이 제공하는 '계좌to계좌 간편결제서비스*'가 전자금융거래법상 직불전자지급수단에 해당하는지 여부

* 물품구매시 바코드/QR코드를 이용하여 은행앱 등을 통해 고객의 출금계좌에서 가맹점의 계좌로 즉시 자금이 지급되는 방식으로 결제 처리

[2] 상기 모델을 은행의 결제수단으로 사용하는 것에 대한 전자금융거래법상 위반 여부

〈회신〉

[1] 귀사의 "계좌to계좌 간편결제서비스"는 직불전자지급수단에 해당합니다.

[2] 은행은 전자금융거래법에 따라 별도의 등록 없이도 직불전자지급수단의 발행·관리 등의 업무를 수행할 수 있으므로 동 결제수단 도입에 따른 업무를 적법하게 영위할 수 있습니다.

〈이유〉

[1] "계좌to계좌 간편결제서비스"가 기존의 은행 직불카드(IC현금카드) 가맹점에서와 같이 재화나 용역의 제공과 그 대가의 지급을 동시에 이행하기 위해 별도의 가맹점 계약을 통해 사용되는 경우 직불전자지급수단에 해당하는 것으로

판단됩니다.

• 직불전자지급수단은 금융회사 등이 발행한 증표 또는 증표에 관한 정보를 말하며, 앱(App)을 통해 서비스가 구현되고 자금을 지급하는 방식도 포함된다고 볼 수 있습니다.

2 은행이 직접 "계좌to계좌 간편결제서비스"를 제공한다면 전자금융거래법에 따라 별도의 등록 없이도 직불전자지급수단의 발행·관리 업무 등이 가능합니다.

** 금융위원회 질의회신(2019. 1. 28.)

〈질의〉

직불카드 발행절차 문의

(1) 간편결제사업자와 인터넷은행이 제휴하여 "공카드 수령 후 발급신청"의 프로세스로 직불카드(신용카드/체크카드가 아닌 직불카드로 한정)를 발행할 수 있는지?

(2) (위와 같은 절차로 발행이 가능하다면) 공카드 "발송" 신청 단계에서는 한 가지 방식으로의 실명확인이 가능한지, 아니면 "발급" 신청과 마찬가지로 두 가지 이상의 방식으로 실명확인을 해야 하는지?

〈회신〉

(1) 은행이 전자금융거래법상 직불전자지급수단을 발행하는 경우 공카드를 송부한 후 이를 직불전자지급수단으로 전환하는 방식으로 발행하는 것도 가능하며, 이때 공카드는 직불전자지급수단이 아닙니다.

(2) 공카드는 직불전자지급수단으로 전환되기 전에는 접근매체로 볼 수 없으므로 공카드 발송신청 단계에서는 전자금융거래법 제6조 제2항의 본인확인 의무가 적용되지 않습니다.

〈이유〉

(1) 전자금융거래법상 직불전자지급수단은 "이용자와 가맹점 간에 전자적 방법에 따라 금융회사의 계좌에서 자금을 이체하는 등의 방법으로 재화 또는 용역의 제공과 그 대가의 지급을 동시에 이행할 수 있도록 금융회사 또는 전자금

융업자가 발행한 증표(자금을 융통받을 수 있는 증표를 제외) 또는 그 증표에 관한 정보"를 말합니다(전자금융거래법 제2조 제13호). 그러므로 공카드 자체로 "재화 또는 용역의 제공과 그 대가의 지급" 동시에 이행할 수 없다면 이는 직불전자지급수단에 해당하지 않습니다.

(2) 전자금융거래법상 접근매체는 "전자금융거래에 있어서 거래지시를 하거나 이용자 및 거래내용의 진실성과 정확성을 확보하기 위하여 사용되는 다음 각 목의 어느 하나에 해당하는 수단 또는 정보"를 말합니다(전자금융거래법 제2조 제10호). 공카드 자체는 직불전자지급수단이 아니라면, 공카드로 존재하는 한 직불전자지급수단을 이용한 전자금융거래에 있어서 "거래지시를 하거나 이용자 및 거래내용의 진실성과 정확성을 확보하기 위하여 사용"되는 접근매체라고 볼 수 없다고 판단됩니다.

** 금융위원회 질의회신(2018. 5. 2.)

〈질의〉

계좌to계좌 서비스의 법적 성질과 수수료 수취의 적법성에 관한 질의

[1] 지급 고객과 수취인(판매인)이 재화 구입 또는 용역 이용 시 QR코드 또는 Link를 통하여 앱에 접속한 후 은행에 대한 지급인의 지급지시에 따라 자금을 이체하는 "계좌to계좌 서비스"가 은행법 제27조의 "내국환' 및 전자금융거래법상 '전자자금이체'에 해당하는지 여부

[2] "계좌to계좌 서비스"의 법적 성격을 내국환 또는 전자자금이체로 보더라도 환업무는 은행의 고유업무로서 은행법상 겸영업무 신고대상에 해당하지 않는지 여부

[3] "계좌to계좌 서비스"에서 지급인과 수취인의 동의하에 재화 구입 또는 용역 이용시 정한 특정 금액에 한해 구매 확정 전까지 일시적으로 지연이체의 효과를 내는 경우가 전자금융거래법에 위반되는지 여부 및 은행이 위 서비스 이용에 따른 수수료를 수취하는 것이 은행법에 위반되는지 여부

〈회신〉

[1] 귀사의 "계좌to계좌 서비스"는 이용자와 가맹점 간에 전자적 방법에 따

라 금융회사의 계좌에서 자금을 이체하는 방법으로 전자금융거래법상 "직불전자지급수단"에 해당하는 것으로 판단됩니다.

[2] "계좌to계좌 서비스"가 전자금융거래법상 "전자자금이체"에 해당하는 경우 별도의 부수·겸영 업무 신고가 불필요하나, "직불전자지급수단"에 해당하는 경우 은행은 그 업무를 운영하려는 날의 7일 전까지 해당업무를 겸영업무로 신고하여야 합니다.

[3] 지급인과 수취인의 동의하에 재화 또는 용역의 구매확정 전까지 일시적으로 가상계좌 등을 통해 지급을 지연시키는 방식은 전자금융거래법에 위반되지 않는 것으로 판단됩니다.

〈이유〉

ㅁ "계좌to계좌 서비스"가 은행의 가맹점에서 재화나 용역의 제공과 그 대가의 지급을 동시에 이행하기 위해 별도의 가맹점 계약을 통해 사용되는 경우 직불전자지급수단에 해당하는 것으로 판단됩니다.

• 직불전자지급수단은 금융회사 등이 발행한 증표 또는 증표에 관한 정보를 말하며, 앱(App)을 통해 서비스가 구현되고 자금을 지급하는 방식도 포함된다고 볼 수 있습니다.

ㅁ 전자금융거래법상 직불전자지급수단 발행 및 관리업은 은행법 제28조 제1항 제2호 및 같은 조 제2항 제2호에 따라 그 업무를 운영하려는 날의 7일 전까지 겸영업무로 신고하여야 합니다.

---

4. 선불전자지급수단

선불전자지급수단은 이전 가능한 금전적 가치를 전자적 방법으로 저장하여 발행된 증표(카드형) 또는 그 증표에 관한 정보(네트워크형)로서 발행인 외의 제3자로부터 2개 업종 이상의 재화 또는 용역의 구입 대가를 지급하는데 사용[10]되

10) 선불전자지급수단은 구입할 수 있는 재화 또는 용역의 범위가 2개 업종 이상의 범용성을 가져야 한다(전자금융거래법2(14) 나목). 따라서 단일한 특정 재화와 용역만 구입할 수 있는 것은 선불전자지급수단이 아닌 상품권에 해당한다. 재화 또는 용역을 구입할 수 있는 업종의 기준은 통계청장이 고시하는 한국표준산업분류의 중분류상의 업종을 적용한다.

는 전자지급수단이다(전자금융거래법2(14) 본문). 다만, 전자화폐를 제외한다(전자금융거래법2(14) 단서). 전자금융거래법은 전자화폐와 선불전자지급수단을 이원화해서 별도 구성하고 있다. 따라서 동일한 선불형 전자지급수단이지만, 선불전자지급수단 개념에서 전자화폐는 제외하고 있다.

여신전문금융업법상 선불카드와 전자금융거래법상 선불전자지급수단의 한도는 기명식과 무기명식의 한도가 다르다. 선불카드(기프트카드)의 경우 기명식은 500만원, 무기명식은 50만원(재난지원금 등은 300만원)(여신전문금융업법 시행령7의2 ①)이고, 선불전자지급수단 기명식은 200만원, 무기명식은 50만원(전자금융감독규정 별표 3 참조)이다.

이는 공정거래위원회에서 관리하고 있는 신유형 상품권[11]과는 구별되며, 2개 업종 이상의 재화 또는 용역의 구입 대가를 지급하는데 사용되지 않는 경우 이에 해당하지 않으므로 주의를 요한다. 예를 들어 1개 프랜차이즈 업종에서만 사용가능한 선불충전카드 등은 이에 해당한다고 볼 수 없다.

2023년 9월 14일 개정으로 법 제2조 제14호의 가목과 나목은 삭제[12]되어 다음과 같이 정의되어 2024년 9월 15일부터 시행될 예정이다. 14. "선불전자지급수단"이라 함은 이전 가능한 금전적 가치가 전자적 방법으로 저장되어 발행된 증표(전자적 방법으로 변환되어 저장된 증표를 포함) 또는 그 증표에 관한 정보로서 발행인(대통령령으로 정하는 특수관계인을 포함) 외의 제3자로부터 재화 또는 용역을 구입하고 그 대가를 지급하는데 사용되는 것을 말한다. 다만, 전자화폐를 제외한다.

▌관련 판례: 대법원 2018. 7. 12. 선고 2016도2649 판결

[1] 전자금융거래법에서 말하는 "선불전자지급수단"의 의미 및 매체 자체

11) 신유형 상품권이라고 함은 발행자가 일정한 금액이나 물품 또는 용역의 수량이 전자적 방법으로 저장되어 있거나, 전자정보가 기록되어 있다는 것이 기재된 증표를 발행한 것을 말하며, 이 증표를 보유한 고객은 발행자 등에게 증표를 제시 또는 교부하거나 기타의 방법으로 사용함으로써 그 증표에 기재된 내용에 따라 재화 또는 용역을 제공 받을 수 있다. 신유형 상품권의 종류에는 i) 전자형 상품권(금액 등이 전자카드 등에 저장된 상품권), ii) 모바일 상품권(금액 등이 전자정보로 기록되어 있음이 기재된 증표가 모바일기기에 저장되고 제시함으로써 사용 가능한 상품권), iii) 온라인 상품권(온라인상으로만 조회 및 사용 가능한 상품권) 등이 있다.

12) 삭제 2023.9.14. 시행일 2024.9.15.

에 금전적 가치가 전자적 방법으로 저장되어 있지 않은 경우가 이에 해당하는지 여부(소극): 선불전자지급수단은 발행인 외의 제3자로부터 재화 또는 용역(그 범위가 2개 업종 이상이어야 한다)을 구입하고 그 대가를 지급하는 데 사용되는 것으로, 이전 가능한 금전적 가치가 전자적 방법으로 저장되어 발행된 증표 또는 그 증표에 관한 정보를 말한다(전자금융거래법 제2조 제14호). 따라서 매체 자체에 금전적 가치가 전자적 방법으로 저장되어 있지 않은 경우에는 선불전자지급수단에 해당하지 않는다.

[2] 전자금융거래법에서 말하는 "전자지급결제대행"의 의미 및 재화를 구입하거나 용역을 이용하는 데 그 대가의 정산을 대행하거나 매개하는 전자지급결제대행업에 전자지급수단이 존재하여야 하는지 여부(소극): 전자지급결제대행은 전자적 방법으로 재화의 구입 또는 용역의 이용에 있어서 지급결제정보를 송신하거나 수신하는 것 또는 그 대가의 정산을 대행하거나 매개하는 것을 말한다(전자금융거래법 제2조 제19호). 이러한 법규정의 문언에 따르면 재화를 구입하거나 용역을 이용하는 데 그 대가의 정산을 대행하거나 매개하는 전자지급결제대행업은 그 대가의 정산을 대행하거나 매개하는 행위만 전자적 방법으로 이루어지면 충분하고, 다른 전자지급수단이 존재해야 하는 것은 아니다.

[3] 피고인들이 공모하여, 카드마다 은행 가상계좌번호가 부여되어 있는 캐시카드(이하 "캐시카드"라 한다)를 발행한 다음 캐시카드 이용 시스템(이하 "시스템"이라 한다)을 운영하여 재화를 구입하거나 용역을 이용하는 대가의 정산을 대행하거나 매개하는 방법으로 무등록 전자지급결제대행업을 영위하였다고 하여 전자금융거래법 위반으로 기소된 사안에서, 제반 사정을 종합하면, 피고인들이 발행한 캐시카드는 금전적 가치가 저장되어 있지 않고 가상계좌번호와 비밀번호 정보만 제공하는 역할을 하고 있어 전자금융거래법에 정한 "선불전자지급수단"에 해당하지 않으나, 시스템을 이용한 포인트 이전의 방법으로 재화를 구입하거나 용역을 이용하는 대가의 정산이나 매개가 가능하므로 시스템을 운영한 피고인들의 행위는 전자지급결제대행업에 해당하고, 한편 재화를 구입하거나 용역을 이용하는 대가 정산을 대행하거나 매개하기 위하여 이용되는 가상의 지급수단을 이전하는 방식으로도 전자지

급결제대행업무를 할 수 있고, 이러한 업무를 계속적으로 한 자는 부수적으로 가상의 지급수단을 다시 통화로 전환하여 이용자들에게 이체하는 과정에서 다른 지급결제대행업자로 하여금 일부 업무를 대행하도록 하였더라도 자금이동에 직접 관여하고 있다고 볼 수 있어 등록의무의 예외를 인정한 전자금융거래법 제28조 제3항 제2호에 해당하지 않으므로, 피고인들이 시스템이용자들의 환급신청에 따라 이용자들이 지정한 계좌로 자금을 이체하는 과정에서 별도의 전자지급결제대행사로 하여금 대규모 자금이체업무를 대행하도록 하였더라도 자금이동에 직접 관여하지 않고 전자지급거래의 전자적 처리를 위한 정보만을 전달하는 업무만 수행하였다고 볼 수 없다는 이유로, 피고인들에게 유죄를 인정한 원심판단의 결론을 수긍한 사례.

** 금융위원회 질의회신(문서번호 110244)

〈질의〉

• 회사 이벤트로 교통카드에 충전금액의 10%를 더 충전해주는 것에 있어서 충전금은 현금과 같은데 법에 위촉되는지

〈회신〉

• 전자금융거래법상 선불전자지급수단인 교통카드는 전자화폐와 동일한 현금등가성 및 환금성이 요구되지 않음을 알려드립니다.

〈이유〉

• 전자금융거래법 제2조 제14호에서는 선불전자지급수단을 이전 가능한 금전적 가치가 전자적 방법으로 저장되어 발행된 증표 또는 그 증표에 관한 정보라고 규정하고 있을 뿐 동법 제16조 제2항의 전자화폐와 같이 현금 또는 예금과 동일한 가치로 교환하여 발행하여야 한다는 규정이 없습니다.

** 금융위원회 질의회신(2019. 9. 25.)

〈질의〉

ㅁ 가맹본사에서 고객들이 가맹점에서 재화를 구입할 수 있는 선불카드를

발행하려고 할 때,

① 가맹점 매출의 주된 부분은 제조음료 매출이 차지하고 있으며(통계청 해석에 따르면 주된 산업활동은 음식점업),

② 가맹본사에서 발행한 선불카드를 통해 가맹점에서 제조음료뿐만 아니라 병음료, 텀블러 등과 같은 MD제품을 구입할 수 있는 경우,

전자금융거래법 제2조 제14호 나목에 해당되어 선불전자지급수단 등록을 해야 하는지?

〈회신〉

ㅁ 전자금융거래법 제2조 제14호 나목에 따라 특정 전자식 선불카드가 한국표준산업분류의 중분류 중 1개 업종에 해당하는 복수의 가맹점에서 판매하는 재화 또는 용역의 구입에만 사용되는 경우 전자금융거래법상 선불전자지급수단의 요건에 해당하지 아니합니다.

• 다만, 가맹점이 한국표준산업분류상 어떠한 업종에 해당하는지는 해당 가맹점의 주된 영업활동이 실질적으로 무엇인지를 기준으로 판단하여야 합니다.

• 따라서 주된 업종으로 "음식점업"을 영위하며 제조음료가 주된 매출을 차지한다면, 텀블러 등을 선불카드로 구입할 수 있다 하더라도 특별한 사정이 없는 한 구입할 수 있는 재화 또는 용역의 범위가 2개 업종 이상에 해당한다고 볼 수 없습니다.

〈이유〉

ㅁ 전자금융거래법 제2조 제14호에 따라 "선불전자지급수단"은 발행인 외의 제3자로부터 재화 또는 용역을 구입하고 그 대가를 지급하는데 사용될 것, 구입할 수 있는 재화 또는 용역의 범위가 2개 업종(통계법 제22조 제1항의 규정에 따른 한국표준산업분류의 중분류 상의 업종) 이상일 것으로 규정하고 있습니다.

ㅁ 따라서 같은 법 제2조 제14호 나목에 따라 특정 전자식 선불카드가 한국표준산업분류의 중분류 중 1개 업종에 해당하는 복수의 가맹점에서 판매하는 재화 또는 용역의 구입에만 사용되는 경우 전자금융거래법상 선불전자지급수단의 요건에 해당하지 아니합니다.

** 금융위원회 질의회신(2022. 5. 18.)

〈질의〉

ㅁ 소비자가 일정금액을 정기적으로 제공할 경우 특정 제휴사가 제공하는 할인권, 서비스 이용원 등을 이용할 수 있는 일종의 "구독서비스 이용권"이 전자금융거래법상 선불전자지급수단에 해당하는지 여부

〈회신〉

ㅁ 귀사의 "구독 서비스 이용권"은 전자금융거래법 제2조 제14호에 따른 선불전자지급수단에 해당되지 않는 것으로 판단됩니다.

〈이유〉

ㅁ 전자금융거래법 제2조 제14호는 "이전 가능한 금전적 가치가 전자적 방법으로 저장"되어 발행된 증표 또는 그 증표에 관한 정보일 것을 선불전자지급수단의 요건으로 규정하고 있습니다.

• 상기 정의에서 "가치의 저장"은 막연하게 가치가 존재하는 것으로는 부족하고 저장된 가치가 얼마인지가 표시되어야 하는 것으로 판단되나,

• 귀사의 "구독 서비스 이용권"은 구매시 구독권 유무만 표시될 뿐, 구독권이 얼마의 가치를 지니는지 표시되지 않아 금전적 가치의 저장으로 보기 어렵습니다.

ㅁ 또한, 전자금융거래법 제2조 제14호 가목은 "발행인 외의 제3자로부터 재화 또는 용역을 구입하고 그 대가를 지급하는데 사용될 것"을 선불전자지급수단의 요건으로 규정하고 있으나,

• 귀사의 "구독 서비스 이용권"의 경우 이용자가 이용권을 구입하면 귀사가 제공하는 재화·용역을 충전된 금액의 차감 없이 이용할 수 있는바, 대가를 지급하는데 사용된다고 보기 어렵습니다.

** 금융위원회 질의회신(문서번호 130222)

〈질의〉

• "선불전자지급수단"은 가, 나목의 요건을 모두 갖춘 경우만 해당하는 것으로 명시되어 있기 때문에 당사의 사이버 Cash는 선불지급수단이 아닌 것으로

해석해도 문제가 없는지?

• 당사가 서비스하고자 하는 사이버 Cash는 당사 내 어플리케이션, 음악, 도서 등을 중개하여 판매하는 수단으로 이용됨 – 따라서 가목에 해당된다고 볼 수 있음. 다만 중분류상의 판매 상품은 모두 표준산업분류 중분류상의 J(출판, 영상, 방송통신 및 정보서비스업)에 해당하므로, 재화 또는 용역의 범위가 1개 업종에만 해당된다 할 수 있음 – 따라서 당사의 사이버 Cash는 나목의 요건을 충족하지 않음

〈회신〉

• 전자금융거래법상 "선불전자지급수단"의 요건을 갖추기 위해서는 전자금융거래법 제2조 제14호 가목 및 나목을 모두 충족하여야 하며, 가목 또는 나목 어느 하나라도 충족하지 못하는 경우에는 전자금융거래법상 "선불전자지급수단"에 해당되지 않습니다.

〈이유〉

• 전자금융거래법 제2조 제14호에서는 선불전자지급수단을 다음과 같이 정의하고 있습니다. 14. "선불전자지급수단"이라 함은 이전 가능한 금전적 가치가 전자적 방법으로 저장되어 발행된 증표 또는 그 증표에 관한 정보로서 다음 각 목의 요건을 모두 갖춘 것을 말한다. 다만, 전자화폐를 제외한다. 가. 발행인(대통령령이 정하는 특수관계인을 포함한다) 외의 제3자로부터 재화 또는 용역을 구입하고 그 대가를 지급하는데 사용될 것, 나. 구입할 수 있는 재화 또는 용역의 범위가 2개 업종(통계법 제22조 제1항의 규정에 따라 통계청장이 고시하는 한국표준산업분류의 중분류상의 업종을 말한다. 이하 이 조에서 같다) 이상일 것

** 금융위원회 질의회신(2017. 5. 18.)

〈질의〉

(1) 모바일상품권(예: 기프티콘)이 전자금융거래법 제2조 제14호상 요건을 충족할 경우 선불전자지급수단에 해당하는지 여부

(2) 선불전자지급수단의 정의에서 "구입할 수 있는 재화 또는 용역의 범위가 2개 업종에 해당"여부에 대한 판단 기준(예: 한 곳의 편의점에서 모바일상품권으

로 "볼펜"과 "음료수"를 살 수 있다고 할 경우, 2개 업종이라고 보아야 하는지)

(3) 선불전자지급수단은 이용자가 잔액 소진시 재충전이 가능해야 하는지 여부

(4) 당사에서 발행 예정인 모바일 결합상품권*이 전자금융거래법 제2조 제14호에 따른 선불전자지급수단에 해당하는지 여부

* 2개의 브랜드사("A사" 및 "B사")에서 사용할 수 있는 2개의 PIN바코드("A사"용 바코드 및 "B사"용 바코드로 구별)를 포함하는 한 개의 모바일상품권을 발행하고, 이용자가 사용할 때 "A사"매장 또는 "B사"매장 중 한 곳만 선택(매장중첩은 불가)하여 선택한 매장에서만 사용하는 모바일상품권

〈회신〉

(1). 전자금융거래법 제2조 제14호에 따라 발행인 외의 제3자로부터 2가지 이상 업종에 해당하는 재화 또는 용역을 전자적 방법으로 구입할 수 있는 경우, 모바일상품권도 선불전자지급수단에 해당됩니다.

(2) "구입할 수 있는 재화 또는 용역"의 기준은 통계법에 따른 한국표준산업분류의 중분류상의 업종을 의미하며, 이에 따라 볼펜과 음료수는 2개의 별개의 업종으로 구분됩니다.

(3) 선불전자지급수단에 해당되는지를 판단할 때 재충전이 가능한지 여부는 해당 요건이 아니므로, 재충전이 되지 않는다 하더라도 선불전자지급수단에 해당할 수 있습니다.

(4) 귀사의 모바일 결합상품권의 경우, 두 개의 인증수단(PIN바코드)이 포함되어 있다고 하더라도 이용자가 사용할 때는 하나의 인증수단만을 선택하여 발행인 이외의 제3자로부터 2가지 이상 업종의 재화 또는 용역을 전자적으로 구입할 수 있으므로 선불전자지급수단에 해당하는 것으로 판단됩니다.

－다만, 전자금융거래법 제28조 제3항에 따라 ㉠ 계약을 체결한 가맹점 수가 10개 이하인 경우 등, ㉡ 총발행잔액이 30억원 이하인 경우, ③ 상환보증보험에 가입한 경우 등에는 전자금융업 등록이 면제됨을 알려드립니다.

〈이유〉

ㅁ 전자금융거래법 제2조 제14호에 따라 이전 가능한 금전적 가치가 전자적

방법으로 저장되어 발행된 증표 또는 그 증표에 관한 정보로서 다음의 요건을 모두 갖출 경우(전자화폐는 제외) "선불전자지급수단"에 해당됩니다. ㉠ 발행인(특수관계인을 포함) 외의 제3자로부터 재화 또는 용역을 구입하고 그 대가를 지급하는데 사용될 것, ㉡ 구입할 수 있는 재화 또는 용역의 범위가 2개 업종(통계법 제22조 제2항의 규정에 따라 통계청장이 고시하는 한국표준산업분류의 중분류상의 업종)이상일 것

** 금융위원회 질의회신(2017. 7. 14.)

〈질의〉

ㅁ 선불전자지급수단발행업 등록대상이 아닌 사이버머니(예: 구입할 수 있는 재화 또는 용역의 범위가 1개 업종인 경우)를 발행하여 해당 사이버머니를 다른 사업자가 발행하는 선불전자지급수단(2개 업종 이상의 재화 또는 용역 구입 가능)으로 전환할 수 있도록 할 경우 전자금융거래법상 허용되는지 질의

〈회신〉

ㅁ 선불전자지급수단발행업 등록대상이 아닌 사이버머니를 다른 사업자가 발행하는 선불전자지급수단으로 전환하는 것은 가능할 것입니다.

• 다만, 해당 사이버머니로 2개 업종 이상의 재화 또는 용역 구입이 가능한 경우에는 전자금융업 등록이 필요할 수 있습니다.

〈이유〉

ㅁ 전자금융거래법 제2조 제14호는 선불전자지급수단에 대해 이전 가능한 금전적 가치가 전자적 방법으로 저장되어 발행된 증표 또는 그 증표에 관한 정보로서 발행인 외의 제3자로부터 재화 또는 용역을 구입하고 그 대가를 지급하는데 사용되는 것으로 정의하고 있습니다.

ㅁ 위 사이버머니를 다른 사업자가 발행하는 선불전자지급수단으로 전환하는 것은 실제로는 대가를 지급하고 해당 선불전자지급수단을 구입하는 것으로 볼 수 있으며, 이러한 행위는 위 정의의 "재화 또는 용역을 구입"하는 행위에 해당할 수 있습니다.

• 사이버머니를 다른 사업자가 발행하는 선불전자지급수단으로 전환 또는

구입하는 것을 제한하고 있지는 않으나, 사이버머니로 2개 업종 이상의 재화 또는 용역을 구입할 수 있도록 한다면 전자금융거래법상 선불전자지급수단발행업 등록이 필요할 것으로 판단됩니다.

** 금융위원회 질의회신(문서번호 120213)

〈질의〉

• 당사는 모바일 게임플랫폼 회사로서, 여러 게임회사가 제작한 게임들에 공통적으로 사용할 수 있는 사이버 코인을 발행하려고 합니다.

• 해당 사이버 코인으로 오로지 게임 관련 디지털 콘텐츠만 구입할 수 있는 경우라면, 당사가 이러한 사이버 코인을 발행·관리하기 위해서 "선불전자지급수단의 발행·관리 업무" 등의 전자금융업등록과 같은 별도의 인허가 또는 등록 절차를 거쳐야 하는지?

〈회신〉

• 전자금융거래법 제2조 제14호에 따라 선불전자지급수단이라 함은 이전 가능한 금전적 가치가 전자적 방법으로 저장되어 발행된 증표 또는 그 증표에 관한 정보로서 ㉠ 발행인(대통령령이 정하는 특수관계인을 포함한다) 외의 제3자로부터 재화 또는 용역을 구입하고 그 대가를 지급하는데 사용되어야 하며, ㉡ 구입할 수 있는 재화 또는 용역의 범위가 2개 업종(통계법 제22조 제1항의 규정에 따라 통계청장이 고시하는 한국표준산업분류의 중분류상의 업종을 말한다) 이상이어야 합니다.

** 금융위원회 질의회신(문서번호 120208)

〈질의〉

• 아래와 같은 전자상품권 발행이 전자금융거래법상 전자금융업 등록 사항인지 여부

1) 20개 정도 식당에서 사용 가능한 카드 1종류

2) 20개 정도 뷰티숍에서 사용 가능한 카드 1종류

3) 몇몇 호텔에서 사용 가능한 카드 1종류 각각의 업종마다 50만원 한도

〈회신〉

• 동법 제2조 14호 가목 및 나목에 의거 선불전자지갑수단은 발행인 외의 제3자로부터 재화 또는 용역을 구입하고 그 대가를 지급하는데 사용되어야 하며, 구입할 수 있는 재화 또는 용역의 범위가 2개 업종(통계법 제22조 제1항의 규정에 따라 통계청장이 고시하는 한국표준산업분류의 중분류상의 업종을 말한다) 이상일 것으로 규정하고 있습니다. 따라서 귀하께서 발행하고자 하는 각각의 카드가 위 조건에 부합되는지를 판단하시면 됩니다. 만일 부합되지 않는다면 선불전자지갑수단이 아니므로 전자금융업자로 금융위원회에 등록하실 필요가 없습니다.

---

5. 전자화폐

전자화폐라 함은 이전 가능한 금전적 가치가 전자적 방법으로 저장되어 발행된 증표 또는 그 증표에 관한 정보로서 i) 2개 이상의 광역지방자치단체(지방자치법 제2조 제1항 제1호[13]에 따른 지방자치단체) 및 500개 이상의 가맹점(영4①)에서 이용되어야 하고(가목), ii) 발행인(대통령령이 정하는 특수관계인[14]을 포함) 외의 제3자로부터 재화 또는 용역을 구입하고 그 대가를 지급하는데 사용되어야 하며(나목), iii) 구입할 수 있는 재화 또는 용역의 범위가 5개 업종(영4②) 수 이상이어야 하고(다목), iv) 현금 또는 예금과 동일한 가치로 교환되어 발행되어야 하며(라목), v) 발행자에 의하여 현금 또는 예금으로 교환이 보장된(마목) 것을 말한다(법2(15)).

6. 전자채권

"전자채권"이라 함은 i) 채무자가 채권자를 지정하고(가목), ii) 전자채권에 채무의 내용이 기재되어 있으며(나목), iii) 전자서명(서명자의 실지명의를 확인할 수 있는 것)이 있으며(다목), iv) 금융회사를 거쳐 전자채권관리기관에 등록되

---

13) 1. 특별시, 광역시, 특별자치시, 도, 특별자치도

14) "대통령령이 정하는 특수관계인"이라 함은 발행인과 다음의 어느 하나에 해당하는 관계에 있는 자를 말한다(영3).

1. 상법 제342조의2에 따른 모회사 또는 자회사
2. 공정거래법 제2조 제7호 또는 제8호에 따른 지주회사 또는 자회사
3. 금융지주회사법 제2조 제1항 제1호에 따른 금융지주회사 또는 동항 제2호에 따른 자회사

어야 하며(라목), ⅴ) 채무자가 채권자에게 앞의 가목 내지 다목의 요건을 모두 갖춘 전자문서를 전자문서법 제6조 제1항에 따라 송신하고 채권자가 이를 같은 법 제6조 제2항[15]의 규정에 따라 수신하여야(마목) 하는 요건을 갖춘 전자문서에 기재된 채권자의 금전채권을 말한다(법2(16)).

Ⅴ. 전자문서 등

1. 전자문서

전자문서라 함은 전자문서법 제2조 제1호에 따른 작성, 송신·수신 또는 저장된 정보를 말한다(법2(9)). 따라서 "전자문서"란 정보처리시스템에 의하여 전자적 형태로 작성·변환되거나 송신·수신 또는 저장된 정보를 말한다(전자문서법 2(1)).

2. 오류

오류라 함은 이용자의 고의 또는 과실 없이 전자금융거래가 전자금융거래계약 또는 이용자의 거래지시에 따라 이행되지 아니한 경우를 말한다(법2(18)).

3. 전자지급결제대행

전자지급결제대행이라 함은 전자적 방법으로 재화의 구입 또는 용역의 이용에 있어서 지급결제정보를 송신하거나 수신하는 것 또는 그 대가의 정산을 대행하거나 매개하는 것을 말한다(법2(19)).

---

15) 제6조(송신·수신의 시기 및 장소) ① 전자문서는 작성자 또는 그 대리인이 해당 전자문서를 송신할 수 있는 정보처리시스템에 입력한 후 해당 전자문서를 수신할 수 있는 정보처리시스템으로 전송한 때 송신된 것으로 본다.
② 전자문서는 다음의 어느 하나에 해당하는 때에 수신된 것으로 추정한다.
1. 수신자가 전자문서를 수신할 정보처리시스템을 지정한 경우: 지정된 정보처리시스템에 입력된 때. 다만, 전자문서가 지정된 정보처리시스템이 아닌 정보처리시스템에 입력된 경우에는 수신자가 이를 검색 또는 출력한 때를 말한다.
2. 수신자가 전자문서를 수신할 정보처리시스템을 지정하지 아니한 경우: 수신자가 관리하는 정보처리시스템에 입력된 때

** 금융위원회 질의회신(2016. 3. 31.)

〈질의〉

• 전자금융거래법상 전자금융업자인 회사의 "지급대행API 서비스"가 "전자지급결제대행"에 해당하는지 여부

〈회신〉

• 재화의 구입 또는 용역의 이용과 관련하여 제공되는 "지급대행 API 서비스"는 전자금융거래법상의 '전자지급결제대행'에 해당되는 것으로 판단됩니다.

〈이유〉

• 질의하신 내용과 <별첨>의 서비스 개요로 판단컨대 해당 서비스는 ㉠ 기업고객이 회사 명의 계좌에 미리 사전예치금을 예치한 후 ㉡ 소비자가 "재화의 구입 또는 용역의 이용"을 취소하는 경우에 ㉢ 기업고객은 API 연동을 통한 "전자적 방법"으로 회사에 거래지시를 내리고 ㉣ 회사는 해당 금액을 소비자 계좌로 입금하는 방식으로 "정산"을 "대행"하는 것으로 보입니다.

• 이 경우 재화의 구입 또는 용역의 이용 "취소" 또한 거래과정에 연관되는 일련의 절차로 보이는 점, 회사는 은행 등과 연계하여 기업고객과 소비자 간의 지급결제 정보를 중계하고 정산을 대행하는 업무만을 수행하는 점 등을 고려해 볼 때 이는 전자금융거래법 제2조 제19호의 정의에 따른 "전자지급결제대행"에 해당하는 것으로 판단됩니다.

• 단, "재화의 구입 또는 용역의 이용"과 연관없이 거래지시를 받아 자금을 이체하는 서비스를 제공하는 경우는 "전자지급결제대행"에 해당하지 않음을 알려드립니다.

** 금융위원회 질의회신(2021. 9. 17.)

〈질의〉

□ 신규 앱내 사용되는 코인이 전자금융법상 선불전자지급수단(제2조 제14호)에 해당되는지, 동 방식이 전자지급결제대행업(제2조 제19호)에 해당되는지?

※ 당사는 화상외국어 강의서비스를 제공하는 중개플랫폼(한국법인)으로 ㉠ 구매자(국내외, 개인·법인)가 구글페이로 코인을 충전하고, ㉡ 판매자(국내외, 개인·

법인)가 업로드한 화상강의서비스를 구매하면, ⓒ 구매자의 코인은 감소하고, 판매자의 코인은 증가(중개플랫폼 수수료 차감), ⓓ 판매자가 적립된 코인중 인출(사전에 인출단위가 정해짐)을 요청하면, 당사(중개플랫폼)가 은행을 통해 송금(필요시 해외송금)하는 구조임

* 코인은 화상강의 서비스 구입용도로만 활용가능(현실 환전소 사용불가 등)

** 당사가 판매자의 인출내역을 날짜별·이용자별 엑셀자료로 정리 및 은행 홈페이지 등을 통해 대량 업로드

〈회신〉

ㅁ 귀사가 질의한 내용에 따라, 귀사가 발행하는 코인이 귀사의 플랫폼 내에서 화상 서비스를 이용하기 위한 용도로만 이용되는 것이라면, 특별한 사정이 없는 한 전자금융거래법상 선불전자지급수단에 해당하지 않습니다.

ㅁ 귀사가 질의한 내용만으로는, 귀사의 업무가 전자금융거래법상 "전자지급결제대행업무"인 전자적 방법으로 재화의 구입 또는 용역의 이용에 있어서 지급결제정보를 송수신하거나 그 대가의 정산을 대행·매개하는지 여부와, 같은 법상 "전자지급거래"인 지급인(구매자)이 귀사로 하여금(금융회사 또는 전자금융업자) 전자지급수단을 이용하여 수취인(판매자)에게 자금을 이동하게 하는 전자금융거래로서, 전자지급거래에 따른 결제를 대행하는 것인지 여부가 명확하지 않아, 전자금융거래법상 전자지급결제대행업에 해당하는지 여부를 판단하기 어려운 점을 양지하시기 바랍니다.

〈이유〉

ㅁ 전자금융거래법상 "선불전자지급수단"이란 이전 가능한 금전적 가치가 전자적 방법으로 저장되어 발행된 증표 또는 그 증표에 관한 정보로서, 발행인 외의 제3자로부터 재화 또는 용역을 구입하고 그 대가를 지급하고, 구입할 수 있는 재화·용역의 범위가 2개 업종 이상인 지급수단을 의미합니다.

• 따라서 귀사가 발행하는 코인이 귀사의 플랫폼 내에서 화상 서비스를 이용하기 위한 용도로만 이용되는 경우라면, 상기 요건을 충족하지 않으므로 특별한 사정이 없는 한 전자금융거래법상 선불전자지급수단에 해당하지 않습니다.

ㅁ 전자금융거래법상 "전자지급결제대행"이란 전자적 방법으로 재화의 구입

또는 용역의 이용에 있어서 지급결제정보를 송수신하거나 그 대가의 정산을 대행·매개하는 것을 말합니다. "전자지급거래"란 자금을 주는(지급인)자가 금융회사 또는 전자금융업자로 하여금 전자지급수단을 이용하여 자금을 받는 자(수취인)에게 자금을 이동하게 하는 전자금융거래를 말합니다.

• 귀사가 질의한 내용만으로는, 귀사의 업무가 전자적 방법으로 재화의 구입 또는 용역의 이용에 있어서 지급결제정보를 송수신하거나 그 대가의 정산을 대행·매개하는지 여부와, 지급인(구매자)이 귀사로 하여금(금융회사 또는 전자금융업자) 전자지급수단을 이용하여 수취인(판매자)에게 자금을 이동하게 하는 전자금융거래로서, 전자지급거래에 따른 결제를 대행하는 것인지 여부가 명확하지 않아 전자금융거래법상 전자지급결제대행업에 해당하는지 여부를 판단하기 어려운 점을 양지하시기 바랍니다.

** 금융위원회 질의회신(2020. 1. 20.)

〈질의〉

ㅁ 결제 과정에 관여하지 않고, 정산을 대행하는 것이 전자지급결제대행 업무 범위에 포함이 되는지?

• 당사(KSNET)는 이커머스 쇼핑몰(이하 A)에 판매를 위해 입점한 사업자(이하 C)의 정산 대금을 A로부터 수취하여 정산을 대행하는 업무를 수행하고자 합니다.

• 이커머스 쇼핑몰로부터 지급 정보를 전자적 방법으로 수신하여 그 정보를 토대로 정산 대행 서비스를 제공하고자 합니다.

전자금융거래법 제2조 제19호 "전자지급결제대행"이라 함은 전자적 방법으로 재화의 구입 또는 용역의 이용에 있어서 지급결제정보를 송신하거나 수신하는 것 또는 그 대가의 정산을 대행하거나 매개하는 것을 말합니다.

• 전자금융거래법 제2조 제19호 "전자지급결제대행"에 대한 정의가 모호하다고 생각합니다.

• "용역의 이용"에 있어서 그 "대가의 정산을 대행"하거나 "매개"하는 행위로 볼 여지가 있을 것 같습니다.

〈회신〉

ㅁ 전자금융거래법 제2조 제19호에 따라 "전자지급결제대행"은 전자적 방법

으로 재화의 구입 또는 용역의 이용에 있어서 지급결제정보를 송신하거나 수신하는 것 또는 그 대가의 정산을 대행하거나 매개하는 것을 말하므로,

• 귀사는 이커머스 쇼핑몰로부터 정산대금을 수취하는 등 자금의 이동에 관여를 하고, 가맹점을 대상으로 정산업무를 행하는 경우 전자지급결재대행 업무에 해당하는 것으로 사료되며, 같은 법 제28조 제2항 제4호에 따라 전자지급결제대행업을 금융위원회에 등록하여야 합니다.

〈이유〉

ㅁ 전자금융거래법 제2조 제19호에 따라, "전자지급결제대행"은 전자적 방법으로 재화의 구입 또는 용역의 이용에 있어서 지급결제정보를 송신하거나 수신하는 것 또는 그 대가의 정산을 대행하거나 매개하는 것을 말합니다.

• 같은 법 제28조 제2항은 "전자지급결제대행" 업무를 행하고자 하는 자는 금융위원회에 등록하도록 정하고 있음. 다만, 같은 법 제28조 제3항 제2호에 따라 자금의 이동에 관여하지 아니하고(전자금융거래와 관련된 자금을 수수하거나 수수를 대행하지 않음) 전자지급거래에 관한 정보만을 단순히 전달하는 업무의 경우 전자금융업 등록을 하지 아니하고 해당 업무를 행할 수 있습니다.

ㅁ 귀사는 이커머스 쇼핑몰로부터 이용자의 구매대금을 수취하는 등 자금의 이동에 직접 관여를 하고 가맹점에 정산을 하는 업무를 행하고 있으므로, 전자결제대행업에 해당하는 것으로 사료되며 같은 법 제28조 제2항 제4호에 따라 전자지급결제대행업으로서 금융위원회에 등록해야 하는 것으로 사료됩니다.

---

4. 가맹점

가맹점이라 함은 금융회사 또는 전자금융업자와의 계약에 따라 직불전자지급수단이나 선불전자지급수단 또는 전자화폐에 의한 거래에 있어서 이용자에게 재화 또는 용역을 제공하는 자로서 금융회사 또는 전자금융업자가 아닌 자를 말한다(법2(20)).

5. 전자금융기반시설

전자금융기반시설이란 전자금융거래에 이용되는 정보처리시스템 및 정보통

신망법 제2조제1항 제1호[16]에 따른 정보통신망을 말한다(법2(21)).

6. 전자적 침해행위

전자적 침해행위란 해킹, 컴퓨터 바이러스, 논리폭탄, 메일폭탄, 서비스 거부 또는 고출력 전자기파 등의 방법으로 전자금융기반시설을 공격하는 행위를 말한다(법2(22)).

제3절 전자금융거래법의 적용범위 등

Ⅰ. 적용범위

1. 원칙: 모든 전자금융거래

전자금융거래법은 다른 법률에 특별한 규정이 있는 경우를 제외하고 모든 전자금융거래에 적용한다(법3① 본문).

2. 예외: 결제중계시스템을 이용하는 전자금융거래 등

금융회사 및 전자금융업자 간에 따로 정하는 계약에 따라 이루어지는 전자금융거래 가운데 ⅰ) 결제중계시스템(금융회사와 전자금융업자 사이에 전자금융거래 정보를 전달하여 자금정산 및 결제에 관한 업무를 수행하는 금융정보처리운영체계)을 이용하는 전자금융거래(제1호), ⅱ) 한국은행법 제81조 제1항[17]에 따라 한국은행이 운영하는 지급결제제도를 이용하는 전자금융거래(제2호)에는 전자금융거래법을 적용하지 아니한다(법3① 단서, 영5①).

---

16) 1. “정보통신망”이란 전기통신사업법 제2조 제2호에 따른 전기통신설비를 이용하거나 전기통신설비와 컴퓨터 및 컴퓨터의 이용기술을 활용하여 정보를 수집·가공·저장·검색·송신 또는 수신하는 정보통신체제를 말한다.

17) ① 한국은행은 지급결제제도의 안전성과 효율성을 도모하기 위하여 한국은행이 운영하는 지급결제제도에 관하여 필요한 사항을 정할 수 있다.

3. 전자금융업무 감독규정 적용 예외 금융회사

전자금융거래법 제5장의 전자금융업무의 감독규정은 체신관서, 새마을금고 및 새마을금고중앙회에 대하여는 이를 적용하지 아니한다(법3②).

4. 일부 적용 배제 금융회사

금융회사 중 전자금융거래의 빈도, 회사의 규모 등을 고려하여 "대통령령으로 정하는 금융회사"에 대하여는 i) 법 제21조 제2항의 인력, 시설, 전자적 장치 등의 정보기술부문 및 전자금융업무에 관하여 금융위원회가 정하는 기준 준수(제1호), ii) 법 제21조 제4항의 정보기술부문의 계획수립 및 제출(제2호), iii) 법 제21조의2의 정보보호최고책임자 지정(제3호), iv) 법 제21조의3의 전자금융기반시설의 취약점 분석·평가(제4호)를 적용하지 아니한다(법3③).

여기서 "대통령령으로 정하는 금융회사"란 i) 은행, 금융투자업자, 증권금융회사, 종합금융회사 및 명의개서대행회사, 보험회사, 상호저축은행과 그 중앙회, 신용협동조합 및 그 중앙회, 농협은행, 수협은행, 여신전문금융회사, 체신관서, 새마을금고 및 새마을금고중앙회(제1호), ii) 산림조합과 그 중앙회의 신용사업부문, 농업협동조합, 수산업협동조합(제2호), iii) 신용정보회사 및 채권추심회사(제3호), iv) 온라인투자연계금융업자(제4호)의 어느 하나에 해당하는 금융회사로서 전자금융업무를 하지 아니하는 금융회사를 말한다(영5②).

Ⅱ. 상호주의

외국인 또는 외국법인에 대하여도 전자금융거래법을 적용한다(법4 본문). 다만, 대한민국 국민 또는 대한민국 법인에 대하여 전자금융거래법에 준하는 보호를 하지 아니하는 국가의 외국인 또는 외국법인에 대하여는 그에 상응하여 전자금융거래법 또는 대한민국이 가입하거나 체결한 조약에 따른 보호를 제한할 수 있다(법4 단서).

제4절 전자금융거래법 및 관련 법규

Ⅰ. 전자금융거래법

전자금융거래법은 "전자금융거래의 법률관계를 명확히 하여 전자금융거래의 안전성과 신뢰성을 확보함과 아울러 전자금융업의 건전한 발전을 위한 기반조성을 함으로써 국민의 금융편의를 꾀하고 국민경제의 발전에 이바지함"을 목적으로 하는 전자금융거래에 관한 기본법률이다. 전자금융거래법의 구조는 그 목적과 전자금융거래 등에 관한 정의를 규정하고, 전자금융거래 당사자의 권리와 의무에 관한 규정, 전자금융거래의 안전성 확보 및 이용자 보호에 관한 규정, 전자금융업의 허가와 등록 및 업무에 관한 규정, 전자금융업무의 감독에 관한 규정, 보칙, 벌칙에 관한 규정을 두고 있다.

또한 법률 이외에 시행령이 있다.

Ⅱ. 관련 법규 및 판례

1. 법령 및 규정

(1) 법령

전자금융거래법 이외에 전자금융거래와 관련된 법률로는 전자문서법, 전자서명법, 전자어음법, 개별 금융업법, 금융소비자보호법, 정보통신방법 등이 있다.

(가) 전자문서법

전자문서 및 전자거래의 법률관계를 명확히 하고 전자문서 및 전자거래의 안전성과 신뢰성을 확보하며 그 이용을 촉진할 수 있는 기반을 조성함으로써 국민경제의 발전에 이바지함을 목적으로 하는 「전자문서 및 전자거래 기본법」("전자문서법")의 전자문서 관련 규정은 전자금융거래법 제5조 제1항에 의해 전자금융거래에 적용된다.

(나) 전자서명법

전자문서의 안전성과 신뢰성을 확보하고 그 이용을 활성화하기 위하여 전자서명에 관한 기본적인 사항을 정함으로써 국가와 사회의 정보화를 촉진하고 국민생활의 편익을 증진함을 목적으로 하는 전자서명법도 전자금융거래와 관련된다.

(다) 전자어음법

전자적 방식으로 약속어음을 발행·유통하고 어음상의 권리를 행사할 수 있도록 함으로써 국민경제의 향상에 이바지함을 목적으로 하는 전자어음법도 전자금융거래와 관련된다.

(라) 개별 금융업법

은행법, 자본시장법, 보험업법, 여신전문금융업법, 상호저축은행법 등 개별 금융업법은 금융회사 또는 전자금융업자의 지위와 감독·검사 등에 관하여 규정하고 있으므로 전자금융거래와 과련된다.

(마) 금융소비자보호법

전자금융거래의 이용자는 금융소비자에 해당하게 되므로 금융소비자보호법도 전자금융거래와 관련된다.

또한 전통적 금융회사가 아닌 빅테크 등에 대한 규율을 금융소비자보호법을 통하여 수행하는 경우도 존재한다.

(2) 규정

법령 이외에 구체적이고 기술적인 사항을 신속하게 규율하기 위하여 금융위원회 등이 제정한 규정이 적용된다.

(가) 전자금융감독규정

전자금융거래법 및 동법 시행령에서 금융위원회에 위임한 사항과 그 시행에 필요한 사항 및 다른 법령에 따라 금융감독원의 검사를 받는 기관의 정보기술부문 안전성 확보 등을 위하여 필요한 사항을 규정함을 목적으로 하여 금융위원회 고시인 전자금융감독규정이 시행되고 있다.

(나) 금융기관 검사 및 제재에 관한 규정

금융기관 검사 및 제재에 관한 규정(금융위원회고시)은 금융감독원장이 검사를 실시하는 금융기관에 적용되며, 필요한 범위 내에서 금융위원회법 및 금융업 관련법에 따라 금융위원회가 검사를 실시하는 금융기관에 준용한다. 또한 관계 법령 등에 의하여 금융감독원장이 검사를 위탁받은 기관에 대한 검사 및 그 검사결과 등에 따른 제재조치에 대하여는 관계법령 및 검사를 위탁한 기관이 별도로 정하는 경우를 제외하고는 이 규정을 적용한다(동규정2).

전자금융거래법법은 금융업관련법에 해당하므로(동규정3(1) 하목) 금융기관 검사 및 제재에 관한 규정이 준용된다.

2. 판례

판례는 미국과 같은 판례법주의 국가의 경우에는 중요한 법원이지만, 우리나라와 같은 대륙법계 국가에서는 사실상의 구속력만 인정되고 있을 뿐 법원은 아니다.

제 2 장

전자금융거래법의 연혁

제1절 제정배경

Ⅰ. 제정이유

전자금융거래법은 2006년 4월 28일 법률 제7929호로 신규제정되었다. 제정 이유는 인터넷뱅킹 등 전자금융거래가 확산되고 전자화폐 등 새로운 전자지급수단이 출현함에 따라 비대면성(비대면성) 등과 같은 전자금융거래의 특성을 반영하여 거래당사자의 권리·의무 등 법률관계를 명확히 하는 한편, 전자금융업무를 영위하는 자에 대한 허가·등록 및 감독에 관한 사항을 체계적으로 정비함으로써 전자금융거래의 안전성과 신뢰성을 확보하려는 것이다.

Ⅱ. 주요내용

① 전자지급거래의 효력발생시기, 오류의 정정절차 등 전자금융거래 법률관계의 명확화(법 제8조 및 제13조)

전자자금이체 등 전자지급거래 유형별로 지급의 효력이 발생하는 시점을 구체화하고, 이용자가 거래내용을 확인한 후에 오류정정을 요구하는 때에는 금융기관 등은 이를 조사·처리하여 2주 내에 그 결과를 이용자에게 알리도록 함.

② 전자금융사고시 이용자와 금융기관 등의 책임부담 원칙(법 제9조)

접근매체의 위조 또는 변조로 발생한 사고, 계약체결 또는 거래지시의 전자적 전송이나 처리과정에서 발생한 사고로 인하여 이용자에게 손해가 발생한 경우에는 금융기관 또는 전자금융업자가 손해배상책임을 지도록 하되, 사고 발생에 있어서 이용자의 고의나 중대한 과실이 있는 경우로서 일정한 약정을 체결한 경우 등에는 그 책임의 전부 또는 일부를 이용자가 부담하게 할 수 있도록 함.

③ 전자금융업자 등의 건전성 확보를 위한 검사 · 감독(법 제38조 및 제41조)

금융감독원은 금융감독위원회의 지시를 받아 금융기관 및 전자 금융업자에 대하여 이 법 또는 이 법에 의한 명령의 준수여부를 감독하도록 하고, 금융감독원장은 감독을 위하여 필요한 때에는 그 업무 및 재무상태에 관한 보고를 하게 할 수 있도록 함.

제2절 개정과정

Ⅰ. 2008년 12월 31일 개정(법률 제9325호)

개정이유 및 주요내용은 다음과 같다.

최근 빈번히 발생하는 전자금융거래의 오류로 인한 금융이용자의 불안을 해소하기 위하여 금융기관 또는 전자금융업자가 스스로 또는 이용자의 요구에 의해 전자금융거래의 오류를 인지한 경우에는 그 원인과 처리결과를 이용자에게 통지하도록 하고, 타인명의의 통장을 절취 또는 대여·양수하여 사용하는 이른바 "대포통장"을 활용한 범죄에 적극 대처하기 위하여 전자식카드 등의 접근매체를 양도, 양수, 부정 대여 또는 질권 설정행위를 하거나 이런 행위들을 알선하는 행위를 금지하고, 이를 위반한 자에 대한 처벌을 강화하려는 것임.

Ⅱ. 2011년 11월 14일 개정(법률 제11087호)

1. 개정이유

전자금융거래의 안전성과 신뢰성을 확보하고 전자금융업의 건전한 발전을 위하여 금융기관 등으로 하여금 정보보호최고책임자를 지정하여 조직 내 정보보호 위험을 상시적으로 관리하도록 하고, 영업주가 종업원 등에 대한 관리·감독상 주의의무를 다한 경우에는 처벌을 면하게 함으로써 양벌규정에도 책임주의 원칙이 관철되도록 하는 한편, 양벌규정의 적용대상이 되는 일부 벌칙조항 중 벌금형이 별도로 규정되어 있지 않은 경우에는 벌금액을 개별적으로 규정함으로써 벌칙 적용을 명확히 하려는 것임.

2. 주요내용

① 정보보호최고책임자 지정 등(안 제21조의2 제1항 및 제2항 신설)

금융기관 등은 전자금융업무 및 그 기반이 되는 정보기술부문 보안을 총괄하여 책임질 정보보호최고책임자를 지정하여야 하고, 총자산, 종업원 수 등을 감안하여 대통령령으로 정하는 금융기관 등은 정보보호최고책임자를 임원으로 지정하도록 함.

② 정보보호최고책임자의 업무(안 제21조의2 제3항 신설)

정보보호최고책임자는 전자금융거래의 안정성 확보 및 이용자 보호를 위한 전략 및 계획의 수립, 정보기술부문의 보호 및 관리 등의 업무를 수행함.

③ 양벌규정에 책임주의 원칙 반영(안 제50조)

법인 또는 개인이 종업원 등에 대한 관리·감독상 주의의무를 다한 경우 그 법인 또는 개인에 대해서는 처벌을 면하도록 하고, 양벌규정의 적용대상이 되는 벌칙조항 중 벌금형이 규정되어 있지 않은 조항에 대하여 5천만원 이하의 벌금형을 별도로 규정함.

Ⅲ. 2013년 5월 22일 개정(법률 제11814호)

1. 개정이유

전자금융거래의 안전한 기반조성을 위하여 전자금융업자 등의 해킹 관련 책임을 명확히 하고, 금융회사 및 전자금융업자로 하여금 전자금융기반시설에 대한 취약점을 스스로 분석·평가하도록 하며, 전자금융기반시설에 대한 전자적 침해행위 금지 및 침해사고의 발생 시 금융위원회·금융회사 등의 대응조치를 신설하고, 금융감독원장이 필요한 경우에는 전자금융보조업자에 대해서도 조사를 할 수 있도록 하는 한편, 그 밖에 현행 제도의 운영상 나타난 일부 미비점을 개선·보완하려는 것임.

2. 주요내용

① 전자금융거래를 수행하지 않는 금융회사는 이 법의 적용대상에서 제외(안 제3조 제3항 신설)

실제 전자금융거래를 수행하지 않는 금융회사(집합투자업자, 투자자문업자 등)에 대해서는 과잉규제의 우려가 있어 이 법의 적용을 배제하되, 대상회사를 금융업권 단위가 아닌 금융회사 규모 및 전자금융거래의 빈도를 고려하여 대통령령으로 정하도록 함.

② 해킹 관련 전자금융사업자 등의 책임 명확화(안 제9조 제1항)

해킹(정보통신망 등에 침입하여 부정한 방법으로 획득한 접근매체의 이용으로 발생한 사고)에 대해서는 전자금융사업자 등이 이용자에게 손해를 배상하도록 함.

③ 정보기술부문 계획수립 및 제출(안 제21조 제4항 신설)

대통령령으로 정하는 금융회사 및 전자금융업자로 하여금 정보기술 부문에 대한 계획을 매년 수립하도록 하고, 대표자의 확인·서명을 받아 금융위원회에 제출하도록 함.

④ 전자금융기반시설에 대한 취약점 분석·평가 의무화(안 제21조의3 신설)

금융회사 및 전자금융업자가 스스로 전자금융기반시설의 취약점을 분석·평가하고 그 결과를 금융위원회에 보고하도록 하고, 이에 대한 금융위원회의 보완조치 및 그 이행실태 점검 및 보완조치 미행 시에 대한 제재규정을 도입함.

⑤ 전자적 침해행위 금지 및 침해사고 대응(안 제21조의4부터 제21조의6까지 신설)

전자금융기반시설을 대상으로 해킹, 컴퓨터바이러스 등에 의하여 전자금융기반시설을 공격하는 행위인 전자적 침해행위를 금지하고, 전자적 침해행위로 인하여 전자금융기반시설이 교란·마비되는 등의 사고가 발생하는 경우 금융회사·전자금융업자·금융위원회가 지켜야 하는 조치사항을 정함.

⑥ 현금자동지급기 등 전자적 장치로부터의 현금인출 최고한도 제한근거 신설(안 제23조 제2항 신설)

법령에 근거 없이 전자금융감독규정에 따라 제한하고 있는 현금카드 등을 이용한 현금인출 최고한도 제한근거를 규정함.

⑦ 공법인의 선불전자지급수단 발행 허용(안 제30조 제2항)

상법상의 회사로 제한하고 있는 선불전자지급수단의 발행·관리업의 주체를 특별법에 따라 설립된 법인으로까지 확대함.

⑧ 전자금융업 예비허가 및 예비인가에 대한 근거 마련(안 제33조의2 및 제45조의2 신설)

전자금융업 허가 또는 인가에 앞서 금융위원회로부터 예비허가 또는 예비인가를 받을 수 있도록 함.

⑨ 전자금융보조업자에 대한 조사 강화(안 제40조 제4항부터 제6항까지 신설)

금융회사 또는 전자금융업자에 대한 검사와 관련하여 전자금융보조업자가 자료제출에 불응하거나 부실한 자료를 제출한 경우에는 금융감독원장이 해당 전자금융보조업자를 직접 조사할 수 있도록 함.

Ⅳ. 2014년 10월 15일 개정(법률 제12837호)

1. 개정이유

개인정보 유출방지 및 해킹 등 전자적 침해사고에 대한 대응을 위하여 일정규모 이상의 대형 금융회사 및 전자금융업자인 경우 정보보호최고책임자의 겸직을 제한하고, 정보기술 부문의 정보보호 관련 업무를 위탁받은 전자금융보조업자가 해당 업무를 제3자에게 재위탁하는 것을 원칙적으로 금지하며, 금융회사 및 전자금융업자의 정보보호 및 IT보안의 중요성을 감안하여 형벌 등의 제재수준을 상향조정하고, 징벌적 과징금제도를 도입하는 한편, 전자금융거래에 있어 공인인증서 사용을 강제하는 근거로 작용할 수 있는 규정을 보완하여 금융회사가 자율적으로 금융보안 수단을 결정할 수 있도록 하고, 이용자의 선택에 따른 전자자금이체의 지급 효력 지연조치를 의무화하며, 보존기간이 경과한 전자금융거래기록에 대한 파기의무를 부여하려는 것임.

2. 주요내용

① 전자적 장치를 이용한 실시간 자금이체 시 착오 등에 따라 의도하지 않은 계좌에 잘못 이체한 경우 이를 돌려받기 위한 절차의 어려움을 감안하여, 이용자가 원하는 경우 전자자금이체의 거래지시를 하는 때로부터 일정 시간이 경과한 후 지급 효력이 발생하도록 하는 조치를 금융회사등이 취하도록 의무화함(제13조 제2항 신설).

② 공인인증서 사용을 강제하는 근거로 작용할 수 있는 규정을 보완하여 금융회사가 자율적으로 금융보안 수단을 결정할 수 있도록 함(제21조 제2항 및 제3항).

③ 총자산, 종업원 수 등을 감안하여 일정 규모 이상의 대형 금융회사 또는 전자금융업자의 경우 정보보호최고책임자의 겸직을 제한함으로써 전자금융업무 및 정보기술부문 보안의 독립성과 책임성을 확보함(제21조의2 제3항 신설).

④ 전자금융거래기록이 불필요하게 되는 경우에는 이를 파기(신용정보는 신용정보법의 규정에 따름)하도록 함(제22조 제2항).

⑤ 정보기술 부문의 정보보호 관련 업무를 위탁받은 전자금융보조업자는 전자금융거래정보의 보호 및 안전한 처리를 저해하지 아니하는 범위 내에서 금융위원회가 인정하는 경우를 제외하고는 해당 업무를 제3자에게 재위탁하는 것을 금지함(제40조 제6항 신설).

⑥ 전자금융거래정보를 제공·누설하거나 업무상 목적 외에 사용한 경우에 대한 과징금 부과규정을 신설함(제46조 제1항 신설).

⑦ 접근권한을 가지지 아니한 자의 데이터 유출 행위 및 전자금융거래업무를 수행함에 있어 알게 된 정보를 타인에게 제공·누설하거나 업무상 목적 외에 사용하는 행위에 대한 벌칙을 강화함(제49조 제1항).

⑧ 금융회사 등이 전자금융거래의 안전성과 신뢰성을 확보하기 위한 의무를 이행하지 않을 경우 등에 대한 과태료 부과규정을 신설함(제51조 제1항).

Ⅴ. 2015년 1월 20일 개정(법률 제13069호)

개정이유 및 주요내용은 다음과 같다.

최근 타인 명의의 통장을 절취 또는 대여·양수하여 사용하는 통장인 이른바 "대포통장"이 탈세와 불법자금 세탁 등을 위하여 사용되고 있고, 특히 대출사기나 보이스피싱사기 사건 등에서 피해 자금을 입금 받는 통장으로 널리 이용되고 있음.

현행법은 이와 같은 대포통장의 근절을 위하여 대가를 주고 접근매체를 대여받거나 대가를 받고 접근매체를 대여하는 행위를 처벌하고 있음. 그러나 대가를 약속하였으나 지급이 이루어지지 않은 경우에는 현행법상 처벌이 어려운 부분이 있음.

이에 실제 대가가 없었더라도 영리의 목적으로 접근매체를 대여받거나 대여하는 경우도 금지함으로써 대포통장으로 인한 범죄행위를 방지하려는 것임.

Ⅵ. 2016년 1월 27일 개정(법률 제13929호)

개정이유 및 주요내용은 다음과 같다.

현행법은 대포통장 등 접근매체의 양수·양도 행위 등을 불법으로 규정하고 형사처벌하도록 규정하고 있으나 이러한 불법행위를 광고하는 행위에 대하여는 제재 근거를 두지 아니함에 따라 대포통장 등의 불법매매 광고 행위는 대포통장이 실제로 매매되지 아니하는 한 처벌대상에 해당하지 아니함.

이로 인해 인터넷 또는 주택가 등에 대포통장 등의 불법 양수·양도 등을 모집하는 광고행위가 끊이지 않아 대포통장 등의 불법 양수·양도 행위 등을 근절하기 위한 근본적인 대책이 필요함. 이에 접근매체의 양수·양도 등에 대한 광고행위를 금지하고 이에 대한 처벌규정과 함께 불법 광고행위에 이용된 전화번호에 대하여 사용금지할 수 있는 근거를 마련함으로써 불법행위를 유인하는 광고행위 등을 규제하려는 것임.

Ⅶ. 2016년 3월 29일 개정(법률 제14132호)

개정이유 및 주요내용은 다음과 같다.

현행 전자금융업 등록 자본금 요건은 5억원 이상으로 해외와 비교할 때 그 기준이 다소 높아 소규모 핀테크 스타트업들의 전자금융업 진입에 어려움이 있음. 이에 전자지급결제대행업·결제대금예치업·전자고지결제업 등을 소규모로 영업하려는 자의 자본금 요건을 3억원 이상으로 완화하여 전자금융업 진입 장벽을 낮추려는 것임.

Ⅷ. 2017년 4월 18일 개정(법률 제14828호)

1. 개정이유

금융회사 등에서 퇴임한 임원 또는 퇴직한 직원에 대한 조치 내용의 통보 규정을 신설하고, 금전적 제재의 실효성을 제고하기 위하여 과징금과 과태료의 부과한도를 인상하는 등 현행 제도의 운영상 나타난 일부 미비점을 개선·보완하려는 것임.

2. 주요내용

① 퇴직자에 대한 조치 내용 통보 규정 신설(제39조의2 신설)

금융위원회는 금융회사 등에서 퇴임한 임원 또는 퇴직한 직원이 재임 또는 재직 중이었다면 받았을 조치의 내용을 그 임원 등이 근무한 금융회사 등의 장에게 통보할 수 있도록 하고, 금융회사 등의 장은 이를 해당 퇴임한 임원 등에게 통보하고 기록을 유지하도록 함.

② 과태료 부과한도 인상 등(제51조제1항부터 제3항까지)

금전적 제재의 실효성을 제고하기 위하여 과태료 부과한도를 검사 등 거부·방해 또는 기피의 경우 등에 대하여 현행 1천만원에서 5천만원으로, 업무보고서 허위 제출의 경우 등에 대하여 현행 1천만원에서 5천만원으로 인상하고, 정보보호 최고책임자를 지정하지 아니한 경우 등에는 2천만원 이하의 과태료를 부과하도록 함.

Ⅸ. 2020년 5월 19일 개정(법률 제17297호)

1. 개정이유

최근 전기통신금융사기가 크게 증가하여 이로 인한 국민의 피해 규모가 늘어나고 있어 국민의 재산을 보호하기 위한 조치가 시급함.

전기통신금융사기, 이른바 보이스피싱 범죄는 전화·인터넷·모바일 등 다양한 전기통신수단을 통해 국민을 기망하여 재산에 손실을 끼치는 중대사기범죄로서 그 수법이 지능화되고 있는바, 보이스피싱 범죄에 대한 대응을 강화하는 차원에서 처벌을 강화함으로써 범죄의 사전예방적 효과를 높이고, 범죄자에 대해서는 보다 엄중하게 처벌을 할 필요가 있음.

또한, 금융회사의 자동화기기(CD/ATM)를 이용하면서 기기의 장애·고장으로 신용카드가 반환되지 않는 경우 이용자가 자신의 신용카드를 반환받으려면 이를 신고하고 금융회사 또는 전자금융업자에게 이용자 본인임을 확인시키기 위하여 그들의 신분증 제시에 응하게 되는데, 신분증 제시를 통한 본인확인조치의 법적 근거는 없음.

이에 현행 전자금융거래법상의 금융회사 또는 전자금융업자가 전자적 장치의 작동오류 등 불가피한 사유로 이용자의 접근매체를 획득한 경우 이를 그 이용자에게 반환할 때에는 신분증 제시 요청 등의 방법으로 본인확인조치를 할 수 있도록 함으로써 법적 근거를 명확히 하는 등 현행 제도의 운영상 나타난 일부 미비점을 개선·보완하려는 것임.

2. 주요내용

① 접근매체를 중개하거나 대가를 수수·요구 또는 약속하면서 권유하는 행위를 금지함(제6조제3항 제5호).

② 금융회사 등은 전자적 장치의 작동오류 등 불가피한 사유로 이용자의 접근매체를 획득한 경우 그 접근매체를 그 이용자에게 반환할 때에는 신분증 제시 요청 등의 방법으로 본인임을 확인할 수 있도록 함(제6조 제4항 및 제5항 신설).

③ 누구든지 계좌와 관련된 정보를 사용 및 관리함에 있어서 범죄에 이용할 목적으로 또는 범죄에 이용될 것을 알면서 계좌와 관련된 정보를 제공받거나 제

공하는 행위 또는 보관·전달·유통하는 행위를 하여서는 아니 됨(제6조의3 신설).

④ 접근매체를 양도·양수한 자 등에 대하여 5년 이하의 징역 또는 3천만원 이하의 벌금에 처하도록 함(제49조제4항 신설).

Ⅹ. 2023년 9월 14일 개정(법률 제19734호)

이 내용은 2024년 9월 15일부터 시행된다. 개정이유 및 주요내용은 다음과 같다.

선불충전금에 대해 신탁, 예치 등 안전한 방법으로 별도관리하도록 하고, 선불전자지급수단의 등록 면제 범위를 축소하며, 선불업자가 준수해야 하는 행위규칙을 마련하는 한편, 이용자의 선불충전금이 부족한 경우에 그 부족분에 대하여 선불업자 스스로의 신용으로 가맹점에게 재화 또는 용역의 대가를 지급하는 겸영업무로서 소액후불결제업무를 도입하는 등 현행 제도의 운영상 나타난 일부 미비점을 개선·보완함.

제 3 장

전자금융거래 통계조사 등

제1절 전자금융거래 통계조사

Ⅰ. 한국은행의 통계조사 요구

한국은행은 전자금융거래의 현황 파악과 효과적인 통화신용정책의 수립 및 시행을 위하여 전자금융업 및 전자금융거래에 관한 통계조사를 할 수 있다(법47① 전단). 이 경우 필요한 자료를 정부기관, 금융회사등과 전자금융거래 관련 법인과 단체에 요구할 수 있다(법47① 후단).

Ⅱ. 정부기관 등의 자료제출의무

한국은행의 자료의 제출을 요구받은 정부기관, 금융회사등과 전자금융거래 관련 법인과 단체는 정당한 사유가 없는 한 이에 응하여야 한다(법47②).

Ⅲ. 통계조사의 대상과 방법

한국은행이 실시하는 전자금융업 및 전자금융거래에 관한 통계조사는 i) 전자금융업무를 영위하거나 이를 보조하는 기관 또는 단체나 사업자의 자산·부채 및 자본금, 전자금융거래에 관련된 매출·비용 및 수익에 관한 사항(제1호), ii) 전자금융거래를 처리하는 정보처리시스템 현황에 관한 사항(제2호), iii) 전자지급수단의 발행 및 이용과 전자자금이체, 전자지급결제대행 및 전자채권거래 등 전자금융거래의 현황에 관한 사항(제3호), iv) 그 밖에 전자금융업 및 전자금융거래에 관한 현황파악 또는 통화신용정책의 수행에 필요한 사항(제4호)을 대상으로 한다(법47③, 영29).

제2절 권한의 위탁

금융위원회는 전자금융거래법에 따른 권한의 일부를 대통령령이 정하는 바에 따라 금융감독원장에게 위탁할 수 있다(법48).

Ⅰ. 위탁업무

금융위원회는 i) 법 제21조 제2항에 따른 인증방법에 관한 기준의 설정(제1호), ii) 법 제21조 제4항에 따른 정보기술부문에 대한 계획의 접수(제1의2호), iii) 법 제21조의3 제1항에 따른 취약점 분석·평가 결과의 접수(제1의3호), iv) 법 제25조에 따른 약관의 제정 및 변경 보고의 접수, 약관 변경의 권고(제1의4호), v) 법 제28조·제29조·제33조 및 제34조에 따른 등록 및 등록 말소(제2호), vi) 법 제30조 제4항에 따른 기준을 초과하는 경우 그 내용에 관한 신고의 접수(제2의2호), vii) 법 제33조 제2항에 따른 허가·인가를 하기 위한 검토(제2의3호), viii) 법 제33조의2 제2항 및 제45조의2 제2항에 따른 본허가·본인가의 요건을 충족할 수 있는지의 확인(제2의4호), ix) 법 제33조의2 제4항 및 제45조의2 제4항에 따른 예비허가·예비인가의 조건 이행 여부 확인 및 본허가·본인가의 요건을 충족하는지의 확인(제2의5호), x) 법 제40조에 따른 제휴, 위탁 또는 외부주문에 관한 계약에 대한 시정 또는 보완 지시(제3호), xi) 법 제42조 제1항에 따른 업무 및 경영실적보고서의 제출방법 및 절차의 결정, 보고서의 접수(제4호), xii) 법 제42조 제2항에 따른 경영지도기준의 구체적 산정방법의 설정(제5호) 업무를 금융감독원장에게 위탁한다(영30①).

Ⅱ. 위탁업무의 처리 결과 보고

금융감독원장은 금융위원회로부터 위탁받은 업무의 처리 결과를 매분기 금융위원회에 보고하여야 한다(영30②, 전자금융감독규정74).

제3절 민감정보 및 고유식별정보의 처리

Ⅰ. 금융위원회(금융감독원장 포함)의 민감정보 및 고유식별정보의 처리

금융위원회(금융감독원장 포함)는 i) 법 제28조, 제29조, 제33조에 따른 허가와 등록 등에 관한 사무(제2호)[1], ii) 법 제33조의2에 따른 예비허가에 관한 사무(제2의2호), iii) 법 제34조에 따른 등록의 말소에 관한 사무(제3호), iv) 법 제39조 제1항부터 제5항까지, 제40조에 따른 감독·검사 또는 자료제출 및 이에 따른 사후조치 등에 관한 사무(제4호), v) 법 제39조 제6항 및 제44조에 따른 조치, 청문 등에 관한 사무(제5호), vi) 법 제41조 제2항에 따른 공동검사에 관한 사무(제6호), vii) 법 제42조에 따른 회계처리 구분 및 건전경영지도에 관한 사무(제7호), viii) 법 제45조에 따른 인가에 관한 사무(제8호), ix) 법 제45조의2에 따른 예비인가에 관한 사무(제9호)를 수행하기 위하여 불가피한 경우 범죄경력자료에 해당하는 정보(개인정보 보호법 시행령18(2)), 주민등록번호, 여권번호 또는 외국인등록번호(개인정보 보호법 시행령19(1)(2)(4))가 포함된 자료를 처리할 수 있다(영31①).

1) 제1호 삭제[2022.12.20 제33112호(개인정보 침해요인 개선을 위한 49개 법령의 일부개정에 관한 대통령령)].

Ⅱ. 금융감독원장 또는 한국소비자원의 민감정보 및 고유식별정보의 처리

금융감독원장 또는 한국소비자원(제1호의 사무만 해당)은 i) 법 제27조에 따른 분쟁처리 및 분쟁조정에 관한 사무(제1호), ii) 법 제39조 제1항부터 제5항까지, 제40조에 따른 감독·검사 또는 자료제출 및 이에 따른 사후조치 등에 관한 사무(제2호), iii) 법 제39조 제6항에 따른 조치에 관한 사무(제3호)를 수행하기 위하여 불가피한 경우 범죄경력자료에 해당하는 정보(개인정보 보호법 시행령18(2)), 주민등록번호, 여권번호 또는 외국인등록번호(개인정보 보호법 시행령19(1)(2)(4))가 포함된 자료를 처리할 수 있다(영31②).

Ⅲ. 금융회사 또는 전자금융업자의 민감정보 및 고유식별정보의 처리

금융회사 또는 전자금융업자는 i) 법 제6조 제2항에 따른 접근매체의 발급에 관한 사무(제1호), ii) 법 제28조 제2항 제2호에 따른 직불전자지급수단의 발행에 관한 사무(제2호), iii) 법 제28조 제2항 제3호에 따른 선불전자지급수단의 발행에 관한 사무(제3호)를 수행하기 위하여 불가피한 경우 주민등록번호, 여권번호 또는 외국인등록번호(개인정보 보호법 시행령19(1)(2)(4))가 포함된 자료를 처리할 수 있다(영31③).

제4절 정보기술부문 및 전자금융 사고보고

Ⅰ. 금융회사 및 전자금융업자의 사고보고

금융회사 및 전자금융업자는 i) 정보처리시스템 또는 통신회선 등의 장애로 10분 이상 전산업무가 중단 또는 지연된 경우(제1호), ii) 전산자료 또는 프로그램의 조작과 관련된 금융사고가 발생한 경우(제2호), iii) 전자적 침해행위로 인해 정보처리시스템에 사고가 발생하거나 이로 인해 이용자가 금전적 피해를 입었다고 금융회사 또는 전자금융업자에게 통지한 경우(제3호), ⅳ) 법 제9조(금융회사 또는 전자금융업자의 책임) 제1항에서 정하는 ㉠ 접근매체의 위조나 변조로 발생한 사고, ㉡ 계약체결 또는 거래지시의 전자적 전송이나 처리 과정에서 발생한 사고, ㉢ 전자금융거래를 위한 전자적 장치 또는 정보통신망(정보통신망법2①(1))에 침입하여 거짓이나 그 밖의 부정한 방법으로 획득한 접근매체의 이용으로 발생한 사고(제4호)와 관련된 중대한 사고가 발생한 경우에는 지체 없이 금융감독원장에게 보고하여야 한다(전자금융감독규정73①).

Ⅱ. 사고보고를 고의로 지연하거나 숨긴 자에 대한 조치

금융회사 및 전자금융업자는 사고보고를 고의로 지연하거나 숨긴 자에 대하여 소정절차에 따라 징계 등 필요한 조치를 취하여야 한다(전자금융감독규정73②).

Ⅲ. 금융감독원장의 보고 및 통보

금융감독원장은 보고 받은 내용을 지체 없이 금융위원장에게 보고하여야 하며, 전자적 침해행위로 인해 정보처리시스템에 사고가 발생한 경우에는 침해사고대응기관인 금융보안원에도 알려야 한다(전자금융감독규정73③).

Ⅳ. 정보기술부문 사고보고

사고보고와 관련하여 사고보고 절차 및 방법 등 세부사항은 금융감독원장이 정하는 바에 따른다(전자금융감독규정73④).

1. 정보기술부문 및 전자금융 사고보고

금융회사 및 전자금융업자는 규정 제73조에 따른 정보기술부문 및 전자금융 사고가 발생한 경우 ＜별지 제2호서식＞ 별첨1에 따라 즉시 보고하여야 한다(감독규정시행세칙12① 본문, 이하 “시행세칙”). 다만, 규정 제73조 제1항 제4호의 사고 중 사고금액이 3억원 미만인 사고의 경우 매월 발생한 사고를 익월 15일까지 ＜별지 제2호서식＞ 별첨2에 따라 일괄 보고할 수 있다(시행세칙12① 단서).

2. 사고보고의 구분

사고보고는 최초보고(제1호), 중간보고(제2호) 및 종결보고(제3호)로 구분한다(시행세칙12②).

(1) 최초보고(즉시보고)

최초보고는 사고를 인지 또는 발견한 즉시 감독원의 전자금융사고 대응시스템(Electronic Financial Accident Response System: EFARS), 서면, 팩시밀리 또는 전화로 보고하되, 전화로 보고한 경우에는 즉시 전자금융사고 대응시스템, 서면 또는 팩시밀리로 보고한다(시행세칙12②(1)).

(2) 중간보고

중간보고는 제1호의 즉시보고 후 사고내용 보완할 필요가 있는 경우에는 즉시 중간보고를 하여야 하며, 제3호의 조치완료 시까지 2월 이상 소요될 경우에는 인지·발견일로부터 2월 이내 및 종결 시까지 매 6월마다 제1호의 방법에 따라 보고한다(시행세칙12②(2) 본문). 다만, 즉시보고 후 조치완료 시까지 2월 미만이 소요될 경우에는 중간보고를 생략할 수 있다(시행세칙12②(2) 단서).

(3) 종결보고

종결보고는 사고금액에 대한 배상조치가 완료되거나 사고조치 등이 완료되어 정상적인 업무를 수행하게 된 때 제1호의 방법에 따라 보고한다(시행세칙12②(3) 본문). 다만, 최초보고 시 조치가 이미 완료된 경우에는 종결보고를 생략할 수 있다(시행세칙12②(3) 단서).

3. 비상연락 담당자의 지정

금융감독원장은 금융회사 및 전자금융업자 정보기술부문의 사고보고 등을 전담할 비상연락 담당자를 회사별로 지정할 수 있다(시행세칙12③).

4. 비상연락 담당자의 지정 및 변경의 즉시보고

금융회사 및 전자금융업자는 비상연락 담당자가 지정되거나 변경된 경우에는 앞의 시행세칙 제12조 제2항 제1호에서 정한 보고방법에 따라 감독원장에게 즉시 보고하여야 한다(시행세칙12④).

제 2 편

전자금융거래 당사자의 권리와 의무

제 1 장

전자금융거래 통칙

제1절 서설

Ⅰ. 전자금융거래계약

전자금융거래계약은 이용자가 전자금융거래를 위하여 금융회사 또는 전자금융업자와 체결한 계약으로서(법2(7)), 이용자의 거래지시를 처리하여 전자금융거래의 효력을 발생하게 하는 것을 목적으로 한다.

전자금융거래계약은 이용자가 금융회사 또는 전자금융업자에 대하여 거래지시를 할 수 있는 근거를 제공하고, 전자금융거래 당사자의 권리의무를 정하는 기초가 되는 계약이다.[1]

은행 등의 전자금융거래기본약관은 “이용자가 전자금융거래를 하고자 하는 경우에는 사전에 별도의 전자금융거래계약을 체결하여야 함”을 규정하고 있다.

1) 손진화(2006), 「전자금융거래법」, 법문사(2006.10), 33쪽.

Ⅱ. 거래지시

거래지시라 함은 이용자가 전자금융거래계약에 따라 금융회사 또는 전자금융업자에게 전자금융거래의 처리를 지시하는 것을 말한다(법2(17)).

제2절 당사자의 권리와 의무

Ⅰ. 전자문서의 사용

1. 전자문서의 개념

전자문서라 함은 전자문서법 제2조 제1호에 따른 작성, 송신·수신 또는 저장된 정보를 말한다(법2(9)). 따라서 "전자문서"란 정보처리시스템에 의하여 전자적 형태로 작성·변환되거나 송신·수신 또는 저장된 정보를 말한다(전자문서법 2(1)). 여기서 "정보처리시스템"이란 전자문서의 작성·변환, 송신·수신 또는 저장을 위하여 이용되는 정보처리능력을 가진 전자적 장치 또는 체계를 말한다(전자문서법2(2)).

2. 전자문서법 관련 규정 적용

전자금융거래를 위하여 사용되는 전자문서에 대하여는 전자문서법 제4조부터 제7조까지, 제9조 및 제10조를 적용한다(법5①). 여기서는 관련규정을 살펴본다.

(1) 전자문서의 효력

(가) 법적 효력

전자문서는 전자적 형태로 되어 있다는 이유만으로 법적 효력이 부인되지 아니한다(전자문서법4①).

(나) 보증인의 전자문서

보증인이 자기의 영업 또는 사업으로 작성한 보증의 의사가 표시된 전자문서는 민법 제428조의2 제1항[2] 단서에도 불구하고 같은 항 본문에 따른 서면으로 본다(전자문서법4②).

(2) 전자문서의 서면요건

전자문서가 i) 전자문서의 내용을 열람할 수 있고(제1호), ii) 전자문서가 작성·변환되거나 송신·수신 또는 저장된 때의 형태 또는 그와 같이 재현될 수 있는 형태로 보존되어 있는 경우(제2호)에는 그 전자문서를 서면으로 본다(전자문서법4의2 본문). 다만, 다른 법령에 특별한 규정이 있거나 성질상 전자적 형태가 허용되지 아니하는 경우에는 서면으로 보지 아니한다(전자문서법4의2 단서).

(3) 전자문서의 보관

(가) 원칙

전자문서가 i) 전자문서법 제4조의2에 따라 서면으로 보는 전자문서이고(제1호), ii) 전자문서의 작성자, 수신자 및 송신·수신 일시에 관한 사항이 포함되어 있는 경우에는 그 부분이 보존되어 있으면(제2호) 그 전자문서를 보관함으로써 관계 법령에서 정하는 문서의 보관을 갈음할 수 있다(전자문서법5① 본문). 다만, 다른 법령에 특별한 규정이 있는 경우에는 갈음할 수 없다(전자문서법5① 단서).

(나) 예외

종이문서나 그 밖에 전자적 형태로 작성되지 아니한 문서("전자화대상문서")를 정보처리시스템이 처리할 수 있는 형태로 변환한 전자문서("전자화문서")가 i) 전자화문서가 앞의 제1항 각 호의 요건을 모두 갖추고(제1호), ii) 전자화문서가 전자화대상문서와 그 내용 및 형태가 동일한 경우(제2호)에 그 전자화문서를 보관함으로써 관계 법령에서 정하는 문서의 보관을 갈음할 수 있다(전자문서법5② 본문). 다만, 다른 법령에 특별한 규정이 있는 경우에는 갈음할 수 없다(전자문서법5② 단서).

(다) 과학기술정보통신부장관의 고시

전자화대상문서와 전자화문서의 내용 및 형태의 동일성에 관한 요건, 전자

---

2) 제428조의2(보증의 방식) ① 보증은 그 의사가 보증인의 기명날인 또는 서명이 있는 서면으로 표시되어야 효력이 발생한다. 다만, 보증의 의사가 전자적 형태로 표시된 경우에는 효력이 없다.

화문서의 작성 방법 및 절차, 그 밖에 필요한 사항은 과학기술정보통신부장관이 정하여 고시한다(전자문서법5③).

전자문서법 제5조 제3항에 따른 전자화대상문서와 전자화문서의 내용·형태의 동일성 요건과 전자화문서의 작성 방법·절차를 정함으로써 전자화문서 작성과정의 신뢰성과 작성된 전자화문서의 동일성을 확보함을 목적으로 과학기술정보통신부고시인 「전자화문서의 작성 절차 및 방법에 관한 규정」이 시행되고 있다.

(라) 전자문서에서의 제외

앞의 제1항과 제2항을 적용할 때 송신 또는 수신만을 위하여 필요한 부분은 전자문서로 보지 아니할 수 있다(전자문서법5④).

(4) 송신 · 수신의 시기 및 장소

(가) 전자문서 송신의 시기

전자문서는 작성자 또는 그 대리인이 해당 전자문서를 송신할 수 있는 정보처리시스템에 입력한 후 해당 전자문서를 수신할 수 있는 정보처리시스템으로 전송한 때 송신된 것으로 본다(전자문서법6①).

(나) 전자문서 수신 시기의 추정

전자문서는 i) 수신자가 전자문서를 수신할 정보처리시스템을 지정한 경우: 지정된 정보처리시스템에 입력된 때(다만, 전자문서가 지정된 정보처리시스템이 아닌 정보처리시스템에 입력된 경우에는 수신자가 이를 검색 또는 출력한 때)(제1호), ii) 수신자가 전자문서를 수신할 정보처리시스템을 지정하지 아니한 경우: 수신자가 관리하는 정보처리시스템에 입력된 때(제2호)의 어느 하나에 해당하는 때에 수신된 것으로 추정한다(전자문서법6②).

(다) 전자문서 송신 · 수신의 장소

전자문서는 작성자 또는 수신자의 영업소 소재지에서 각각 송신 또는 수신된 것으로 보며, 영업소가 2 이상일 때에는 해당 전자문서를 주로 관리하는 영업소 소재지에서 송신·수신된 것으로 본다(전자문서법6③ 본문). 다만, 작성자 또는 수신자가 영업소를 가지고 있지 아니한 경우에는 그의 상거소(常居所)에서 송신·수신된 것으로 본다(전자문서법6③ 단서).

(5) 작성자가 송신한 것으로 보는 경우

(가) 작성자의 송신 의제

다음의 어느 하나에 해당하는 전자문서, 즉 i) 작성자의 대리인에 의하여 송신된 전자문서(제1호), ii) 자동으로 전자문서를 송신·수신하도록 구성된 컴퓨터프로그램이나 그 밖의 전자적 수단에 의하여 송신된 전자문서(제2호)에 포함된 의사표시는 작성자가 송신한 것으로 본다(전자문서법7①).

(나) 작성자의 의사표시 의제

전자문서의 수신자는 i) 전자문서가 작성자의 것이었는지를 확인하기 위하여 수신자가 미리 작성자와 합의한 절차를 따른 경우(제1호), ii) 수신된 전자문서가 작성자 또는 그 대리인과의 관계에 의하여 수신자가 그것이 작성자 또는 그 대리인의 의사에 기한 것이라고 믿을 만한 정당한 이유가 있는 자에 의하여 송신된 경우(제2호)에는 전자문서에 포함된 의사표시를 작성자의 것으로 보아 행위할 수 있다(전자문서법7②).

그러나 i) 수신자가 작성자로부터 전자문서가 작성자의 것이 아님을 통지받고 그에 따라 필요한 조치를 할 상당한 시간이 있었던 경우(제1호), ii) 수신된 전자문서가 작성자 또는 그 대리인과의 관계에 의하여 수신자가 그것이 작성자 또는 그 대리인의 의사에 기한 것이라고 믿을 만한 정당한 이유가 있는 자에 의하여 송신된 경우(전자문서법7②(2))의 경우에 전자문서가 작성자의 것이 아님을 수신자가 알았던 경우 또는 상당한 주의를 하였거나 작성자와 합의된 절차를 따랐으면 알 수 있었을 경우(제2호)에는 앞의 전자문서법 제7조 제2항을 적용하지 아니한다(전자문서법7③).

(6) 송신 철회

작성자가 전자문서를 송신하면서 명시적으로 수신 확인을 요구하였으나 상당한 기간(작성자가 지정한 기간 또는 작성자와 수신자 간에 약정한 기간이 있는 경우에는 그 기간) 내에 수신 확인 통지를 받지 못하였을 때에는 작성자는 그 전자문서의 송신을 철회할 수 있다(전자문서법9).

(7) 작성자와 수신자 간의 약정에 의한 변경

작성자와 수신자는 다른 법령에 특별한 규정이 있는 경우를 제외하고는 제6

조(송신·수신의 시기 및 장소), 제7조(작성자가 송신한 것으로 보는 경우), 제9조(송신철회)의 규정과 다른 약정을 할 수 있다(전자문서법10).

3. 수신한 전자문서의 독립성

금융회사 또는 전자금융업자가 거래지시와 관련하여 수신한 전자문서는 각 문서마다 독립된 것으로 본다(법5② 본문). 다만, 금융회사 또는 전자금융업자와 이용자 사이에 전자금융거래계약에 따라 확인절차를 거치는 경우에는 그 절차에 따른다(법5② 단서).

Ⅱ. 접근매체의 선정과 사용 및 관리 등

1. 접근매체의 의의와 종류

접근매체라 함은 전자금융거래에 있어서 거래지시를 하거나 이용자 및 거래내용의 진실성과 정확성을 확보하기 위하여 사용되는 ⅰ) 전자식 카드 및 이에 준하는 전자적 정보(가목), ⅱ) 전자서명법 제2조 제3호[3]에 따른 전자서명생성정보 및 같은 조 제6호[4]에 따른 인증서(나목), ⅲ) 금융회사 또는 전자금융업자에 등록된 이용자번호(다목), ⅳ) 이용자의 생체정보(라목), ⅴ) 앞의 가목 또는 나목의 수단이나 정보를 사용하는데 필요한 비밀번호(마목)의 어느 하나에 해당하는 수단 또는 정보를 말한다(법2(10)).

2. 접근매체의 선정 · 관리

금융회사 또는 전자금융업자는 전자금융거래를 위하여 접근매체를 선정하여 사용 및 관리하고 이용자의 신원, 권한 및 거래지시의 내용 등을 확인하여야 한다(법6①).

---

3) 3. "전자서명생성정보"란 전자서명을 생성하기 위하여 이용하는 전자적 정보를 말한다.
4) 6. "인증서"란 전자서명생성정보가 가입자에게 유일하게 속한다는 사실 등을 확인하고 이를 증명하는 전자적 정보를 말한다.

3. 접근매체의 발급

(1) 원칙: 이용자의 신청과 본인 확인 후 발급

금융회사 또는 전자금융업자가 접근매체를 발급할 때에는 이용자의 신청이 있는 경우에 한하여 본인임을 확인한 후에 발급하여야 한다(법6② 본문).

(2) 예외: 이용자의 신청이나 본인 확인 없이 발급

다음의 어느 하나에 해당하는 경우, 즉 i) 선불전자지급수단 또는 5만원 이하인 전자화폐인 경우(제1호), ii) 접근매체의 갱신 또는 대체발급 등을 위하여 대통령령이 정하는 바에 따라 이용자의 동의를 얻은 경우(제2호)에는 이용자의 신청이나 본인의 확인이 없는 때에도 발급할 수 있다(법6② 단서).

금융회사 또는 전자금융업자는 법 제6조 제2항 각 호 외의 부분 단서 및 같은 항 제2호에 따라 다음의 구분에 따른 동의를 얻은 경우에는 이용자의 신청이나 본인의 확인이 없는 때에도 접근매체를 갱신 또는 대체발급할 수 있다(영6①).

1. 갱신 또는 대체발급 예정일 전 6개월 이내에 사용된 적이 없는 접근매체: 이용자로부터 갱신 또는 대체발급에 대하여 서면동의[전자서명법 제2조 제2호에 따른 전자서명(서명자의 실지명의를 확인할 수 있는 것으로 한정)이 있는 전자문서에 의한 동의를 포함]를 얻은 경우
2. 갱신 또는 대체발급 예정일 전 6개월 이내에 사용된 적이 있는 접근매체: 그 예정일부터 1개월 이전에 이용자에게 발급 예정사실과 20일 이내에 이의 제기를 할 수 있음을 알린 후 그 기간 내에 이용자로부터 이의 제기가 없어 묵시적 동의를 얻은 경우

4. 접근매체의 양도 · 양수 등 금지

(1) 금지행위 유형

누구든지 접근매체를 사용 및 관리함에 있어서 다른 법률에 특별한 규정이 없는 한 다음의 행위를 하여서는 아니 된다(법6③ 본문).

1. 접근매체를 양도하거나 양수하는 행위
2. 대가를 수수(授受) · 요구 또는 약속하면서 접근매체를 대여받거나 대여하는

행위 또는 보관·전달·유통하는 행위

3. 범죄에 이용할 목적으로 또는 범죄에 이용될 것을 알면서 접근매체를 대여받거나 대여하는 행위 또는 보관·전달·유통하는 행위
4. 접근매체를 질권의 목적으로 하는 행위
5. 제1호부터 제4호까지의 행위를 알선·중개·광고하거나 대가를 수수(授受)·요구 또는 약속하면서 권유하는 행위

(2) 금지행위의 예외

선불전자지급수단이나 전자화폐의 양도 또는 담보제공을 위하여 필요한 경우(위 제3호의 행위 및 이를 알선·중개하는 행위는 제외)에는 그러하지 아니하다(법6 ③ 단서).

▌관련 판례

① 대법원 2010. 3. 25. 선고 2009도1530 판결

구 전자금융거래법(2008. 12. 31. 법률 제9325호로 개정되기 전의 것) 제6조 제3항은 "접근매체는 다른 법률에 특별한 규정이 없는 한 양도·양수하거나 질권을 설정하여서는 아니된다"고 규정하고, 같은 법 제49조 제5항 제1호는 " 제6조 제3항의 규정을 위반하여 접근매체를 양도·양수하거나, 질권을 설정한 자"는 1년 이하의 징역 또는 1천만원 이하의 벌금에 처한다고 규정하고 있는바, 위 법률 조항에서 규정하는 접근매체 양도죄는 각각의 접근매체마다 1개의 죄가 성립하는 것이고, 다만 위와 같이 수개의 접근매체를 한꺼번에 양도한 행위는 하나의 행위로 수개의 전자금융거래법 위반죄를 범한 경우에 해당하여 각 죄는 상상적 경합관계에 있다고 해석함이 상당하다.

원심은, 피고인에 대하여 약식명령으로 확정된 판시 전자금융거래법 위반죄의 범죄사실과 이 사건 공소사실이 모두 동일하거나 피고인이 동일한 일시, 장소에서 양도한 수개의 전자매체에 관한 것으로서 서로 상상적 경합관계에 있다고 보아, 이 사건 공소사실에 대하여 면소를 선고하였는바, 원심의 이러한 조치는 위 법리에 따른 것으로 정당하고, 거기에 상고이유로 주장하는 바와 같은 법리오해 등의 위법이 없다.

② 대법원 2012. 7. 5. 선고 2011도16167 판결

구 전자금융거래법(2008. 12. 31. 법률 제9325호로 개정되기 전의 것, 이하 같다) 제2조 제10호는 금융계좌에 관한 접근매체의 종류로 "전자식 카드 및 이에 준하는 전자적 정보", "금융기관 또는 전자금융업자에 등록된 이용자번호" 등을 규정하고 있고, 제6조 제3항은 접근매체를 양도·양수하는 행위를 원칙적으로 금지하고 있으며, 제49조 제5항 제1호는 "제6조 제3항의 규정을 위반하여 접근매체를 양도·양수한 자는 1년 이하의 징역 또는 1천만원 이하의 벌금에 처한다"고 규정하고 있다. 일반적으로 양도라고 하면 권리나 물건 등을 남에게 넘겨주는 행위를 지칭하는데, 형벌법규의 해석은 엄격하여야 하고 명문규정의 의미를 피고인에게 불리한 방향으로 지나치게 확장 해석하거나 유추 해석하는 것은 죄형법정주의 원칙상 허용되지 않는 점, 민법상 양도와 임대를 별개의 개념으로 취급하고 있는 점, 이른바 "대포통장"을 활용한 범죄에 적극 대처하기 위하여 2008. 12. 31. 법률 제9325호로 구 전자금융거래법을 개정하면서 "대가를 매개로 접근매체를 대여받거나 대여하는 행위"에 대한 금지 및 처벌 조항을 신설한 점(제6조 제3항 제2호, 제49조 제4항 제2호) 등에 비추어 보면, 구 전자금융거래법에서 말하는 "양도"에는 단순히 접근매체를 빌려 주거나 일시적으로 사용하게 하는 행위는 포함되지 아니한다고 보아야 한다.

③ 대법원 2013. 8. 23. 선고 2013도4004 판결

[1] 전자금융거래법 제49조 제4항 제1호에서 말하는 접근매체의 양수는 양도인의 의사에 기하여 접근매체의 소유권 내지 처분권을 확정적으로 이전받는 것을 의미하고,단지 대여받거나 일시적인 사용을 위한 위임을 받는 행위는 이에 포함되지 않는다고 보는 것이 타당한데, 같은 법 제6조 제3항 제1호는 접근매체의 양도,양수행위의 주체에 제한을 두지 않고 있으므로 반드시 접근매체의 명의자가 양도하거나 명의자로부터 양수한 경우에만 처벌대상이 된다고 볼 수 없다.

[2] 피고인이 甲으로부터 건네받은 乙명의 통장 등 접근매체를 丙이 지시하는 성명을 알 수 없는 사람에게 양도하였다고 하여 전자금융거래법 위반으로 기소된 사안에서, 피고인은 단순히 접근매체를 사기 범행의 공범들 사

이에서 내부적으로 전달하였다기보다 접근매체를 매수한 후 전부를 다시 매도하여 중간 차익을 얻는 행위를 업으로 한 점, 전화금융사기 범행의 특성상 유기적으로 연결된 범죄집단과 달리 행위자들 사이에 충분히 접근매체의 거래가 이루어질 수 있는 점, 접근매체의 유통 과정은 취득자가 접근매체를 이용하여 임의로 전자금융거래를 할 수 있음을 전제로 하고 있고 그에 대하여 일정한 가액도 수수되고 있는 점, 전자금융거래법은 전자금융거래의 법률관계를 명확히 하여 전자금융거래의 안전성과 신뢰성을 확보함에 입법목적이 있어 전자금융거래법 위반죄와 사기죄는 보호법익이나 입법목적을 달리하는 점 등을 감안할 때, 피고인의 행위는 접근매체의 양도에 해당한다는 이유로, 이와 달리 보아 무죄를 선고한 원심판결에 전자금융거래법상 접근매체 양도에 관한 법리오해의 위법이 있다고 한 사례.

④ 대법원 2017. 8. 18. 선고 2016도8957 판결

전자금융거래법(이하 "법"이라 한다)은 "전자금융거래의 법률관계를 명확히 하여 전자금융거래의 안전성과 신뢰성을 확보함"을 목적으로 한 것으로(제1조), "대가를 수수·요구 또는 약속하면서 접근매체를 대여하는 행위"를 금지하고(제6조 제3항 제2호), 이를 위반하여 접근매체를 대여한 자를 처벌하고 있다(제49조 제4항 제2호).

여기에서 "접근매체"란 전자금융거래에서 거래지시를 하거나 이용자 및 거래내용의 진실성과 정확성을 확보하기 위하여 사용되는 전자식 카드 및 이에 준하는 전자적 정보[(가)목], 전자서명법 제2조 제4호의 전자서명생성정보 및 같은 조 제7호의 인증서[(나)목], 금융회사 또는 전자금융업자에 등록된 이용자번호[(다)목], 이용자의 생체정보[(라)목], (가)목 또는 (나)목의 수단이나 정보를 사용하는 데 필요한 비밀번호[(마)목] 중 어느 하나에 해당하는 수단 또는 정보를 말한다(법 제2조 제10호). "이용자"란 전자금융거래를 위하여 금융회사 또는 전자금융업자와 체결한 계약(이하 "전자금융거래계약"이라 한다)에 따라 전자금융거래를 이용하는 자를 말하며(같은 조 제7호), "거래지시"란 이용자가 전자금융거래계약에 따라 금융회사 또는 전자금융업자에게 전자금융거래의 처리를 지시하는 것을 말한다(같은 조 제17호).

이러한 규정의 문언과 내용에 따르면, 법 제6조 제3항 제2호에서 정한 "접

근매체의 대여"는 대가를 수수·요구 또는 약속하면서 일시적으로 다른 사람으로 하여금 접근매체 이용자의 관리·감독 없이 접근매체를 사용해서 전자금융거래를 할 수 있도록 접근매체를 빌려주는 행위를 가리킨다. 전자금융거래 기능이 포함된 예금통장에서 접근매체로서 기능을 하는 것은 그 통장에 부착된 마그네틱 띠이므로, 이용자가 대가를 수수·요구 또는 약속하면서 제3자에게 예금통장에 부착된 마그네틱 띠에 포함된 전자정보를 이용하여 전자금융거래를 할 수 있도록 예금통장을 빌려주었다면 이는 접근매체의 대여에 해당한다. 그러나 예금통장에 기재된 계좌번호가 포함된 면을 촬영하도록 허락한 것에 지나지 않는다면 이는 접근매체를 용도대로 사용하는 것이 애초에 불가능하므로, 접근매체의 대여에 해당한다고 볼 수 없다.

⑤ 대법원 2019. 6. 27. 선고 2017도16946 판결

[1] 전자금융거래법은 전자금융거래의 법률관계를 명확히 하여 전자금융거래의 안전성과 신뢰성을 확보하기 위하여 제정된 것으로(제1조) "대가를 수수·요구 또는 약속하면서 접근매체를 대여하는 행위"를 금지하고(제6조 제3항 제2호), 이를 위반하여 접근매체를 대여한 사람을 처벌하고 있다(제49조 제4항 제2호).

전자금융거래법 제6조 제3항 제2호에서 정한 "접근매체의 대여"란 대가를 수수·요구 또는 약속하면서 일시적으로 다른 사람으로 하여금 접근매체 이용자의 관리·감독 없이 접근매체를 사용해서 전자금융거래를 할 수 있도록 접근매체를 빌려주는 행위를 말하고, "대가"란 접근매체의 대여에 대응하는 관계에 있는 경제적 이익을 말한다.

[2] 피고인이 이름을 알 수 없는 甲팀장이라는 사람에게서 대출을 받기로 약속하고 피고인 명의의 은행계좌와 연결된 체크카드를 퀵서비스를 이용하여 甲에게 송부함으로써 대가를 받을 것을 약속하고 전자금융거래의 접근매체를 대여하였다고 하여 전자금융거래법 위반으로 기소된 사안에서, 피고인은 인터넷으로 여러 군데 대출상담을 받았지만 대부분 어렵다는 답변을 들었으므로 정상적인 방법으로 대출받기가 어려웠고, 甲팀장이라는 사람에게서 접근매체인 체크카드를 통해 가공으로라도 입출금내역 거래실적을 만들어 신용한도를 높이는 방법으로 대출받을 기회를 얻을 수 있다는 설명을 들

은 다음 막연히 대출 절차가 마무리되면 다시 돌려받기로 하고 체크카드를 송부한 점에 비추어, 피고인은 대출받을 기회를 얻기로 약속하면서 일시적으로 다른 사람으로 하여금 접근매체 이용자의 관리·감독 없이 접근매체를 사용해서 전자금융거래를 할 수 있도록 접근매체를 빌려주었고, 피고인이 정상적인 방법으로 대출받기 어려운 상황인데도 대출받을 기회를 얻은 것은 접근매체의 대여와 대응하는 관계, 즉 대가관계가 있다고 볼 여지가 있는데도, 이와 달리 보아 피고인에게 무죄를 선고한 원심판결에 필요한 심리를 다하지 않은 채 전자금융거래법 제6조 제3항 제2호에서 정한 "접근매체의 대여" 또는 "대가"에 관한 법리를 오해한 잘못이 있다.

⑥ 대법원 2021. 4. 15. 선고 2020도16468 판결

[1] 전자금융거래법 제6조 제3항 제2호에서 정한 "접근매체의 대여"란 대가를 수수·요구 또는 약속하면서 일시적으로 다른 사람으로 하여금 접근매체 이용자의 관리·감독 없이 접근매체를 사용해서 전자금융거래를 할 수 있도록 접근매체를 빌려주는 행위를 말하고, 여기에서 "대가"란 접근매체의 대여에 대응하는 관계에 있는 경제적 이익을 말한다. 이때 접근매체를 대여하는 자는 접근매체 대여에 대응하는 경제적 이익을 수수·요구 또는 약속하면서 접근매체를 대여한다는 인식을 가져야 한다.

[2] 피고인이 성명불상자로부터 "대출이 가능하고, 대출 원리금 상환에 필요한 체크카드(이하 "카드"라고 한다)를 보내주면 대출을 해 주겠다."는 연락을 받고 그에게 피고인 명의의 카드를 비밀번호와 함께 교부함으로써 접근매체를 대여하였다고 하여 전자금융거래법 위반으로 기소된 사안에서, 피고인은 성명불상자가 보낸 월변대출 관련 광고성 문자를 보고 그에게 카카오톡 문자로 대출을 문의하였고, 성명불상자는 카카오톡 문자로 피고인에게 대출에 따른 월 이자, 원금 상환방식 및 필요한 대출서류 등을 알려주면서, 원금 또는 이자의 상환은 피고인의 계좌와 카드를 이용하여 이루어지므로 원리금을 상환할 카드를 자신에게 맡겨야 한다고 안내한 점, 피고인은 대출에 필요한 서류를 전송한 후 성명불상자로부터 대출 승인이 났다고 안내받고 성명불상자의 요구에 따라 그에게 대출금을 지급받을 계좌번호, 카드에 대한 은행명 및 비밀번호, 계약서 및 차용증을 받을 주소 등을 알려준 후 카

드를 건네준 점, 성명불상자는 피고인에게 연체 없는 정상 카드인지 확인한다고 하면서 카드와 연결된 계좌에 입금된 돈을 인출하였고, 피고인은 당일 저녁 성명불상자에게 보이스피싱은 아닌지 되묻기도 한 점, 피고인은 이전에 보이스피싱 범행에 연루된 적이 없는 점 등의 사정을 종합하면, 피고인은 대출금 및 이자를 지급하기 위해 필요하다는 성명불상자의 기망으로 카드를 교부한 사람으로서 대출의 대가로 접근매체를 대여했다거나 카드를 교부할 당시 그러한 인식을 하였다고 단정하기 어렵다는 이유로, 이와 달리 보아 공소사실을 유죄로 판단한 원심판결에 전자금융거래법상 "대가를 약속하면서 접근매체를 대여하는 행위" 및 고의에 관한 법리오해의 잘못이 있다고 한 사례.

⑦ 대법원 2021. 12. 30. 선고 2020도1709 판결

[1] 구 전자금융거래법 제6조 제3항 제2호에서 정한 접근매체의 "전달"의 의미: 구 전자금융거래법(2020. 5. 19. 법률 제17297호로 개정되기 전의 것, 이하 "구 전자금융거래법"이라고 한다)은 전자금융거래의 법률관계를 명확히 하여 전자금융거래의 안전성과 신뢰성을 확보하는 것을 입법 목적의 하나로 하고 있고(제1조), 금융회사 또는 전자금융업자가 접근매체를 발급할 때에는 이용자의 신청이 있는 경우에 한하여 본인임을 확인한 후에 발급하도록 규정하며(제6조 제2항), 접근매체의 양도 등 행위를 금지하고 이를 위반하는 경우 처벌하는 규정을 두고 있다(제6조 제3항, 제49조 제4항). 이는 전자금융거래에서 거래지시를 하거나 이용자 및 거래내용의 진실성과 정확성을 확보하기 위하여 사용되는 접근매체를 이용자 본인의 의사에 따라 사용·관리되도록 함으로써 전자금융거래의 법률관계를 명확히 하고자 하는 것이다.

2015. 1. 20. 법률 제13069호로 개정되기 전의 전자금융거래법 제6조 제3항은 접근매체를 양도하거나 양수하는 행위(제1호), 대가를 주고 접근매체를 대여받거나 대가를 받고 접근매체를 대여하는 행위(제2호), 접근매체를 질권의 목적으로 하는 행위(제3호), 위 각 행위를 알선하는 행위(제4호)를 금지하고 이를 위반하는 경우 처벌하도록 규정하고 있었는데, 2015. 1. 20. 개정으로 "대가를 수수·요구 또는 약속하면서 보관·전달·유통하는 행위"도 추가로 금지하고 이를 위반하는 경우 처벌하도록 규정하였다. 이러한 개정의 취

지는 타인 명의 금융계좌가 전기통신금융사기 등 각종 범죄에 이용되는 것을 근절하기 위함이었다.

이러한 구 전자금융거래법의 입법 목적과 접근매체의 "전달" 행위를 금지하는 취지 등을 종합하여 보면, 구 전자금융거래법 제6조 제3항 제2호에서 정한 접근매체의 "전달"은 타인 명의 금융계좌의 불법적인 거래나 이용에 기여하는 접근매체의 점유 또는 소지의 이전 행위를 말한다고 봄이 타당하다.

[2] 전자금융거래의 이용자가 법인인 경우, 접근매체의 점유를 이전한 행위가 구 전자금융거래법 제6조 제3항 제2호에서 말하는 접근매체의 "전달"에 해당하는지 판단하는 기준: 전자금융거래의 이용자가 법인인 경우 그 접근매체는 법인의 의사에 따라 사용·관리되어야 하는바, 접근매체의 점유를 이전한 이후에도 여전히 법인의 실질적인 의사에 따라 접근매체가 사용·관리되는 경우라면 이를 구 전자금융거래법(2020. 5. 19. 법률 제17297호로 개정되기 전의 것) 제6조 제3항 제2호에서 말하는 접근매체의 "전달"에 해당한다고 할 것은 아니다. 그러나 법인의 설립 경위, 전자금융거래계약의 체결 경위, 접근매체의 점유를 이전하게 된 동기 및 경위, 접근매체의 점유를 이전한 이후의 정황 등 관련 사정을 객관적으로 판단해 볼 때, 피고인이 가지고 있던 접근매체의 점유를 타인에게 이전함으로써 접근매체가 법인의 실질적인 의사에 따라 사용·관리되지 아니하고 타인 명의 금융계좌의 불법적인 거래 및 이용에 기여하게 되는 경우라면 이는 위 규정에서 말하는 접근매체의 "전달"에 해당하고, 피고인이 이러한 사정을 알고 미필적으로라도 이를 용인하였다면 그에 관한 고의도 있다고 보아야 한다.

⑧ 대법원 2023. 1. 12. 선고 2021도10861 판결

전자금융거래법 제6조 제3항 제2호는 "대가를 수수 또는 약속하면서 접근매체를 보관하는 행위"를, 같은 항 제3호는 "범죄에 이용할 목적으로 접근매체를 보관하는 행위"를 금지하고, 같은 법 제49조 제4항 제2호는 이를 위반한 행위를 처벌하도록 규정하고 있다.

전자금융거래의 법률관계를 명확히 하여 전자금융거래의 안전성과 신뢰성을 확보하고자 하는 전자금융거래법의 입법 목적과 타인 명의 금융계좌가 전기통신금융사기 등 각종 범죄에 이용되는 것을 근절하고자 하는 전자금융

거래법 제6조 제3항의 취지 등을 종합하여 보면, 위 규정 제2호에서 정한 접근매체의 "보관"은 타인 명의 금융계좌를 불법적으로 거래하거나 이용할 수 있도록 타인 명의 접근매체를 점유 또는 소지하는 행위를 말한다. 그리고 여기서 "대가"란 접근매체의 보관에 대응하는 관계에 있는 경제적 이익을 말하는데, 타인 명의 금융계좌를 불법적으로 이용하는 행위에 대하여 대가를 받기로 약속하고 그 불법적인 이용을 위하여 접근매체를 보관한 경우라면 접근매체의 보관에 대응하는 경제적 이익을 약속받은 것으로 볼 수 있다.

한편 전자금융거래법 제6조 제3항 제3호의 "범죄에 이용할 목적"은 이른바 "초과주관적 위법요소"로서, 그 목적에 대하여는 미필적 인식이 있으면 족하고 목적의 대상이 되는 범죄의 구체적인 내용까지 인식하여야 하는 것은 아니다. 그리고 이러한 목적은 본래 내심의 의사이므로 그 목적이 있는지는 접근매체를 보관하는 구성요건적 행위를 할 당시 피고인이 가지고 있던 주관적 인식을 기준으로 판단하면 되고, 거래 상대방이 접근매체를 범죄에 이용할 의사가 있었는지 또는 피고인이 인식한 것과 같은 범죄가 실행되었는지를 고려할 필요는 없다.

** 금융위원회 질의회신(2016. 8. 25.)

〈질의〉

신규 스마트송금 서비스의 전자금융거래법 위반여부

□ 스마트뱅킹앱을 통해 송금인이 지정된 계좌로 송금하는 것이 아니라 은행 별단계정으로 임시예치하여 ATM 출금 인증번호를 전달받은 제3자가 소액자금(100만원 이하)을 수취하는 것은 전자금융거래에 해당하는지 여부

□ 자금수취자가 ATM 출금 인증번호를 전달받는 것은 전자금융거래법 제6조 제3항 제1호에 따른 접근매체의 양도·양수 행위에 해당하는지 여부

〈회신〉

□ 송금인이 스마트뱅킹앱을 통해 은행 별단계정에 임시예치하였다가 일정 시간 내에 송금인 또는 제3자가 출금하는 것은 전자금융거래에 해당합니다.

□ 이 경우 ATM 출금 인증번호를 제3자에게 전달하는 행위는 전자금융거

래법 제6조에 따른 접근매체의 양도 · 양수에 해당하지 않습니다.

〈이유〉

ㅁ 스마트뱅킹앱을 통해 거래지시를 하고 ATM을 통해 출금하는 등 비대면·자동화된 방식으로 금융서비스를 이용하는 것은 전자금융거래법 제2조 제1호에 따른 전자금융거래로 볼 수 있습니다.

ㅁ 접근매체는 전자금융거래에 있어서 거래지시를 하거나 이용자 및 거래내용의 진실성 및 정확성을 확보하기 위해 사용되는 수단 또는 정보로서 전자금융거래법 제2조 제10호 각 목에 해당하는 것을 말합니다.

• 거래지시는 스마트뱅킹앱을 통해 별단계정으로 임시예치할 때 이미 이루어진 것이고 ATM을 통해 출금하는 행위는 새로운 거래지시를 하는 것으로 보기 어려우며, ATM 출금 인증번호는 이용자 및 거래내용의 진실성 및 정확성을 확보하기 위한 전자금융거래법 제2조 제10호 각 목의 수단 또는 정보에 해당하지 않아 접근매체에 해당하지 않는 것으로 판단됩니다.

ㅁ 다만, 위 서비스 제공을 위한 인증수단 채택시 스마트폰의 악성코드 감염 등으로 인한 피해 가능성 등을 충분히 고려하여야 할 것입니다.

** 금융위원회 질의회신(2016. 2. 15.)

〈질의〉

결제 비밀번호 데이터베이스 이전 관련 법령해석 요청

ㅁ 기존 전자금융업자가 암호화하여 저장하고 있는 이용자의 결제 비밀번호에 대한 데이터베이스를 개별 이용자의 동의하에 암호화된 상태로 다른 전자금융업자에게 제공하는 것이 전자금융거래법 제6조 제3항 제1호의 "접근매체를 양도하거나 양수하는 행위"에 해당하여 금지되는지 여부

〈회신〉

ㅁ 이용자 동의를 전제로 결제 비밀번호 정보(DB)를 공동 사업자에게 이전하는 것은 전자금융거래법 제6조 제3항 제1호의 "접근매체를 양도하거나 양수하는 행위"에 해당하지 않습니다.

〈이유〉

ㅁ 판례는 접근매체의 양수도를 "접근매체의 소유권 내지 처분권이 확정적으로 이전"되는 것으로 해석하고 있습니다. 따라서 귀사가 결제 비밀번호의 유효성을 검증하고자 결제 비밀번호 DB를 이전받는 것은 이에 대한 배타적 사용권한을 이전받는 것으로 볼 수 없다는 점에서 접근매체의 양수도에 해당한다고 보기 어렵습니다. 또한, 전자금융거래법 제6조 제3항 제1호의 입법취지는 대포통장 이용 등 전자금융사기를 예방하기 위한 것으로 사업영역 확대 등 전자금융업자의 정상적 경영활동을 막고자 하는 것이 아닙니다. 다만, 동 해석은 질의하신 전자금융거래법 제6조 제3항 제1호에 국한되는 것으로 개인정보보호법 등 다른 법령에 위반되는지 여부에 대한 해석은 아님을 알려 드립니다.

** 금융위원회 질의회신(2015. 8. 28)

〈질의〉

기발급된 카드를 스마트폰에 등록 시에도 접근매체 발급에 해당하는지

ㅁ 오프라인에서 기발급된 카드(결제 은행계좌)를 스마트폰에 등록하여 ATM 출금 및 오프라인 결제 등의 금융서비스를 제공할 경우 전자금융거래법 제6조 제2항에 따라 "접근매체 발급"에 적용되는 본인확인 절차를 준수해야 하는지 여부

〈회신〉

ㅁ 단순히 접근매체를 저장하는 전자지급수단 등을 변경하는 행위의 경우에는 접근매체의 발급으로 보기 어려우므로 전자금융거래법상 접근매체 발급에 따르는 본인확인 절차 등을 준수해야 할 의무가 없습니다.

〈이유〉

ㅁ 전자금융거래법 제2조 제10호에 따르면 "접근매체"란 전자금융거래에 있어서 거래지시를 하거나 이용자 및 거래내용의 진실성과 정확성을 확보하기 위하여 사용되는 일련의 수단 또는 정보를 의미합니다.

ㅁ 따라서 전자금융거래상 거래지시 또는 진실성과 정확성 확보에 사용되는 수단 및 정보가 동일한 경우 해당 접근매체를 저장 또는 구현하는 전자지급수단 등이 변경되었다고 하더라도 새롭게 접근매체를 발급한 것으로 보기 어렵습니다.

** 금융위원회 질의회신(2016. 12. 27.)

〈질의〉

암호화된 신용카드 정보가 접근매체에 해당하는지 여부

□ 암호화된 신용카드 정보가 전자금융거래법상 접근매체에 해당하는지 질의

□ 전자금융업자가 암호화된 신용카드번호를 타 전자금융업자에게 전달하는 경우 전자금융거래법 제6조에 따른 접근매체의 양도 행위에 해당하는지 질의

〈회신〉

□ 암호화 여부와 무관하게 신용카드 정보가 거래지시를 하거나 이용자·거래내역의 진실성·정확성을 확인하는데 사용될 수 있는 경우 전자금융거래법상 접근매체에 해당합니다.

□ 암호화된 신용카드 정보를 다른 전자금융업자에게 전달하는 것이 접근매체의 소유권, 처분권 등 배타적 사용 권한을 확정적으로 이전하는 정도인 경우 접근매체의 양도 행위에 해당합니다.

〈이유〉

□ 신용카드정보가 암호화되었다고 해서 접근매체가 아니라고 단정하기 어려우며, 전자식 카드뿐만 아니라 이에 준하는 전자적 정보도 접근매체가 될 수 있으므로 실제에 있어서 거래지시를 하거나 이용자·거래내역의 진실성·정확성을 확인하기 위한 수단으로 사용될 수 있다면 접근매체로 보는 것이 타당할 것입니다.

□ 구체적인 상황에서 접근매체의 소유권, 처분권 등 배타적 사용 권한을 확정적으로 이전하는 경우에는 접근매체의 양도 행위에 해당할 수 있으나, 일시적으로 접근매체를 활용(예: 심부름으로 가족 명의의 현금카드로 자금을 인출하는 경우)하는 것에 그치는 경우에는 접근매체 양도 행위에 해당하지 않을 수 있으므로 단순히 접근매체를 전달하였다는 사실만으로 전자금융거래법 위반 여부를 판단하기는 어렵습니다.

** 금융위원회 질의회신(2019. 4. 5.)

〈질의〉

현금융통 정보 오픈마켓 사업자 제공

□ 신용카드 정보를 양도하거나 불법 현금융통에 사용할 목적으로 신용카드 정보의 일시사용을 허락하는 행위가 전자금융거래법 제6조 제3항의 행위(접근매체 양도, 대여 등)에 해당하는지?

□ 신용카드사가 불법 현금융통(카드깡)으로 확정한 건에 대한 매출일자, 승인금액, 승인번호 정보 등을 신용카드 회원의 동의 없이 오픈마켓 사업자에게 제공할 수 있는지 여부

〈회신〉

□ 신용카드 정보가 거래지시를 하거나 이용자·거래내역의 진실성·정확성을 확인하는데 사용될 수 있는 경우 전자금융거래법상 접근매체에 해당합니다.

□ 신용카드 정보를 "양도"하는 행위가 접근매체의 소유권, 처분권 등 배타적 사용 권한을 확정적으로 이전하는 정도인 경우 접근매체의 양도 행위에 해당하며,

• 불법 현금융통에 사용할 목적으로 신용카드 정보를 일시사용하도록 하는 행위는 범죄에 이용할 목적으로 접근매체를 대여하거나 보관·전달·유통하는 행위에 해당됩니다(전자금융거래법 제6조 제3항 제3호).

□ 불법 현금융통에 관련된 행위가 전자금융거래법 제6조 제3항 각 호에 해당하는 경우에는 신용정보법 제32조 제6항 제9호, 같은 법 시행령 제28조 제11항 제5호, 신용정보업감독규정 제38조의2 제3호에 따라, 신용카드사가 불법 현금융통으로 확정한 건에 대한 개인신용정보를 신용카드 회원의 동의 없이 제3자에게 제공할 수 있는 것으로 판단됩니다.

• 다만, 이 경우에도 신용정보법 제32조 제7항에 따라 개인신용정보를 제공하려는 자는 대통령령으로 정하는 바에 따라 개인신용정보의 제공사실 및 이유 등을 사전에 해당 신용정보주체에게 알려야 합니다.

〈이유〉

□ 전자식 카드뿐만 아니라 이에 준하는 전자적 정보도 접근매체가 될 수

있으므로 신용카드 정보가 실제에 있어서 거래지시를 하거나 이용자·거래내역의 진실성·정확성을 확인하기 위한 수단으로 사용될 수 있다면 접근매체로 보는 것이 타당할 것입니다.

ㅁ 구체적인 상황에서 접근매체의 소유권, 처분권 등 배타적 사용 권한을 확정적으로 이전하는 경우에는 접근매체의 양도 행위에 해당할 수 있으나, 일시적으로 접근매체를 활용(예: 심부름으로 가족명의의 현금카드로 자금을 인출하는 경우)하는 것에 그치는 경우에는 접근매체 양도 행위에 해당하지 않을 수 있습니다.

ㅁ 그러나 불법 현금융통은 여신전문금융업법 제70조 제3항 제2호 가목에 따라 벌칙으로 제재하고 있는 범죄에 해당하므로, 불법 현금융통에 사용할 목적으로 신용카드 정보를 일시사용하도록 하는 행위는 범죄에 이용할 목적으로 접근매체를 대여하거나 보관·전달·유통하는 행위에 해당한다고 볼 수 있을 것입니다.

ㅁ 신용정보법 제32조 제1항에 따라 신용정보제공·이용자가 개인신용정보를 제3자에게 제공하려는 경우에는 해당 신용정보주체로부터 개인신용정보를 제공할 때마다 미리 개별적으로 동의를 받아야 하나, 신용정보법 제32조 제6항에서 명시한 예외적인 사유에 해당하는 경우에는 신용정보주체의 동의 없이 제3자에게 개인신용정보를 제공할 수 있습니다.

ㅁ 따라서 불법 현금융통에 관련된 행위가 전자금융거래법 제6조 제3항 각호에 해당하는 경우에는 신용정보법 제32조 제6항 제9호, 같은 법 시행령 제28조 제11항 제5호, 신용정보업감독 규정 제38조의2 제3호에 따라, 신용카드사가 불법 현금융통으로 확정한 건에 대한 개인신용정보를 신용카드 회원의 동의 없이 제3자에게 제공할 수 있는 것으로 판단됩니다.

• 다만, 이 경우에도 신용정보법 제32조 제7항에 따라 개인신용정보를 제공하려는 자는 대통령령으로 정하는 바에 따라 개인신용정보의 제공사실 및 이유 등을 사전에 해당 신용정보주체에게 알려야 합니다.

** 금융위원회 질의회신(2017. 8. 23.)

〈질의〉

공인인증서의 제3자 보관 가능 여부 관련

ㅁ 접근매체(공인인증서)를 본인 동의 하에 제3자에 위탁·저장하여 사용할

수 있는지 질의

〈회신〉

ㅁ 접근매체를 제3자에 위탁·저장하는 행위가 접근매체의 양수도, 대가를 받거나 범죄에 이용할 목적으로 대여·보관하는 행위 등 전자금융거래법 제6조 제3항의 행위에 해당하지 않는 경우 동 행위는 전자금융거래법에서 금지하고 있지 않습니다.

〈이유〉

ㅁ 단순히 접근매체를 위탁받아 저장만 하고 본인이 계속 사용권한을 보유하는 경우에는 접근매체 양수도에 해당하지 않으나, 접근매체 위탁·저장행위가 접근매체의 소유권, 처분권 등 배타적 사용권한을 확정적으로 이전하는 경우에는 접근매체의 양수도에 해당하여 전자금융거래법에 위반될 수 있습니다.

ㅁ 제3자로부터 대가를 받거나 범죄에 이용할 목적으로 제3자에게 접근매체를 위탁·저장하는 경우 등에도 전자금융거래법에 위반될 수 있습니다.

※ 다만, 접근매체 중 공인인증서를 제3자에 위탁·저장하여 사용하는 것이 전자서명법상 가능한 것인지 여부는 소관부처(과학기술정보통신부)에 별도 확인할 필요가 있습니다.

---

5. 접근매체의 반환

(1) 의의

금융회사·전자금융업자 및 전자금융보조업자("금융회사등")가 전자적 장치의 작동오류 등 불가피한 사유로 이용자의 접근매체를 획득한 경우 그 접근매체를 그 이용자에게 반환할 때에는 신분증 제시 요청 등의 방법으로 본인임을 확인할 수 있다(법6④).

(2) 이용자 본인확인

금융회사·전자금융업자 및 전자금융보조업자("금융회사등")는 i) 전자적 장치의 장애 또는 오류 발생(제1호), ii) 이용자의 접근매체 분실(제2호)의 어느 하나에 해당하는 사유로 이용자의 접근매체를 획득한 경우에는 법 제6조 제4항에 따라 그 접근매체를 이용자에게 반환할 때 이용자 본인임을 확인할 수 있다(영6②).

(3) 본인확인 방법

본인확인 방법은 i) 주민등록증, 운전면허증, 여권, 외국인등록증 등 신분증이나 그 밖에 본인을 확인할 수 있는 서류의 제시를 요청하여 확인하는 방법(제1호), ii) 휴대전화를 통한 본인확인 등 정보통신망법 제23조의3[5]에 따른 본인확인기관에서 제공하는 본인확인의 방법(제2호)과 같다(영6③).

6. 위반시 제재

(1) 7년 이하의 징역 또는 5천만원 이하의 벌금

다음의 어느 하나에 해당하는 자, 즉 i) 접근매체를 위조하거나 변조한 자(제1호), ii) 위조되거나 변조된 접근매체를 판매알선·판매·수출 또는 수입하거나 사용한 자(제2호), iii) 분실되거나 도난된 접근매체를 판매알선·판매·수출 또는 수입하거나 사용한 자(제3호), iv) 전자금융기반시설 또는 전자금융거래를 위한 전자적 장치에 침입하여 거짓이나 그 밖의 부정한 방법으로 접근매체를 획득하거나 획득한 접근매체를 이용하여 전자금융거래를 한 자(제4호), v) 강제로 빼앗거나, 횡령하거나, 사람을 속이거나 공갈하여 획득한 접근매체를 판매알선·판매·수출 또는 수입하거나 사용한 자(제5호)는 7년 이하의 징역 또는 5천만원 이하의 벌금에 처한다(법49②). 제1호·제2호 및 제4호의 미수범은 처벌한다(법49⑦). 징역형과 벌금형은 병과할 수 있다(법49⑧).

---

5) 제23조의3(본인확인기관의 지정 등) ① 방송통신위원회는 다음의 사항을 심사하여 대체수단의 개발·제공·관리 업무("본인확인업무")를 안전하고 신뢰성 있게 수행할 능력이 있다고 인정되는 자를 본인확인기관으로 지정할 수 있다.
1. 본인확인업무의 안전성 확보를 위한 물리적·기술적·관리적 조치계획
2. 본인확인업무의 수행을 위한 기술적·재정적 능력
3. 본인확인업무 관련 설비규모의 적정성
② 본인확인기관이 본인확인업무의 전부 또는 일부를 휴지하고자 하는 때에는 휴지기간을 정하여 휴지하고자 하는 날의 30일 전까지 이를 이용자에게 통보하고 방송통신위원회에 신고하여야 한다. 이 경우 휴지기간은 6개월을 초과할 수 없다.
③ 본인확인기관이 본인확인업무를 폐지하고자 하는 때에는 폐지하고자 하는 날의 60일 전까지 이를 이용자에게 통보하고 방송통신위원회에 신고하여야 한다.
④ 제1항부터 제3항까지의 규정에 따른 심사사항별 세부 심사기준·지정절차 및 휴지·폐지 등에 관하여 필요한 사항은 대통령령으로 정한다.

(2) 5년 이하의 징역 또는 3천만원 이하의 벌금

다음의 어느 하나에 해당하는 자, 즉 i) 법 제6조 제3항 제1호를 위반하여 접근매체를 양도하거나 양수한 자(제1호), ii) 법 제6조 제3항 제2호 또는 제3호를 위반하여 접근매체를 대여받거나 대여한 자 또는 보관·전달·유통한 자(제2호), iii) 법 제6조 제3항 제4호를 위반한 질권설정자 또는 질권자(제3호), iv) 법 제6조 제3항 제5호를 위반하여 알선·중개·광고하거나 대가를 수수(授受)·요구 또는 약속하면서 권유하는 행위를 한 자(제4호)는 5년 이하의 징역 또는 3천만원 이하의 벌금에 처한다(법49④).

** 금융위원회 질의회신(문서번호 140189) ———————————

〈질의〉

접근매체 해당 여부 등 관련 질의

• 인터넷 홈페이지의 아이디 패스워드가 전자금융거래법상 접근매체에 해당하는지

• 홈페이지 회원가입시 전자금융거래법 제6조에 따라 본인임을 확인하여야 하는지

• 선불전자지급수단을 이용하는 회원과 단순 전자상거래 회원이 회원가입을 할 경우 모든 회원에 대하여 본인임을 확인하여야 하는지

〈회신〉

• 인터넷 홈페이지의 아이디 패스워드가 전자금융거래에 있어 거래지시를 하거나 이용자 및 거래내용의 진실성과 정확성을 확보하기 위해 사용되는 수단이라면 전자금융거래법 제2조 제10호에 따른 접근매체에 해당합니다.

• 홈페이지 회원가입시 전자금융거래법 제2조 제10호에 따른 접근매체를 발급하는 경우 전자금융거래법 제6조 제2항에 따라 본인임을 확인하여야 합니다. 다만, 전자금융거래법 제6조 제2항 단서에 따라 선불전자지급수단 등의 경우에는 본인의 확인 없는 때에도 발급이 가능합니다.

• 단순 전자상거래 회원의 경우는 전자금융거래법소관 사항이 아님을 알려드립니다.

** 금융위원회 질의회신(문서번호 140194)

〈질의〉

접근매체 양도시 전자금융거래법 위반 관련 질의

• 사회복지기관 명의 통장 개설 후 체크카드를 발급하여 지원대상자들에게 양도할 경우 전자금융거래법위반 여부

〈회신〉

• 사회복지시설 명의의 통장 개설 후 발급하는 체크카드는 전자금융거래법 제2조 제10호에 의거 접근매체에 해당합니다.

• 이러한 접근매체를 양도하는 것은 전자금융거래법 제6조 제3항 제1호에 위반되며, 이를 위반할 경우 동법 제49조 제4항 제1호에 의거 3년 이하의 징역 또는 2천만원 이하의 벌금에 처해질 수 있습니다.

• 다만, 귀 시설이 체크카드의 소유권 내지 처분권을 확정적으로 이전할 의사 없이 계속적으로 관리할 의사가 있었다면 양도가 아닌 대여에 해당할 수 있습니다. (대가를 받고 접근매체를 대여하는 것은 전자금융거래법 제6조 제3항 제2호에 위반됨)

** 금융위원회 질의회신(문서번호 110247)

〈질의〉

접근매체 양수도시 벌칙 질의

• K양이 신용불량자에게 본인 명의의 휴대전화, 예금통장, 현금카드를 무상으로 만들어 주고 이 통장을 통해 사기로 돈을 송금받고 편취하여 사기죄 판단을 받음 – 이 경우 K양과 신용불량자는 사기죄와 별도로 전자금융거래법 위반으로 형사 처벌의 대상이 되는지

〈회신〉

• 전자금융거래법 제6조 제3항에 따라 누구든지 접근매체를 양도·양수하거나 대가를 수수하고 대여받거나 대여하여서는 아니됩니다. 이를 위반시 관련자는 같은 법 제49조 제4항에 따라 3년 이하의 징역 또는 2천만원 이하의 벌금에 처합니다.

** 금융위원회 질의회신(문서번호 110242)

〈질의〉

접근매체 사용 및 관리에 관한 질의

• 전자금융거래법 제6조 제3항 제1호, 제49조 제4항 제1호의 이용자의 접근매체 사용 및 관리규정에 의할 경우 아래 사항이 위법사항에 해당되는지 1. 소매치기범의 활동이 활발한 버스 및 지하철에서 보안카드 및 OTP를 지갑 및 바지주머니에 소지하고 다니는 행위, 2. 해커 활동이 활발한 인터넷상에서 이메일 계정에 공인인증서 및 보안카드 복사본을 저장하는 행위, 3. 인터넷이 연결된 PC 하드디스크에 공인인증서 및 보안카드 복사본을 저장하는 행위

〈회신〉

• 문의하신 사항들은 접근매체가 다른 사람에게 유출되어 잘못 사용될 소지가 있으므로 상당한 주의가 필요하지만, 이를 전자금융거래법 제49조 제4항 제1호의 접근매체의 양도 또는 양수로 보기는 어려운 것으로 보입니다.

** 금융위원회 질의회신(2018. 3. 23.)

〈질의〉

본인인증 관련 법령 해석 요청

ㅁ 전자금융거래법상 선불전자지급수단 발행 및 간편결제서비스를 위한 접근매체 발행시 매번 본인 확인을 거쳐야 하는지 여부

* 이용자가 오픈마켓(A업체)에 회원가입 이후 최초 구매시에 A사의 기명식 선불전자지급수단 발급을 위하여 본인임을 확인하고 다시 A사의 간편결제서비스 가입시에도 별도의 본인확인 절차를 거치고 있음. 또한 회원이 최초 구매와 간편결제서비스 가입을 동시에 진행하는 경우에도 본인확인을 반복하여 거치고 있음

〈회신〉

ㅁ 전자금융거래법상 기명식 선불전자지급수단의 발행과 간편결제를 위한 접근매체 발행을 위해서는 실명확인을 하도록 되어 있으며, 기명식 선불전자지급수단 발행과 접근매체 발행이 별개로 이루어지는 경우 각기 실명확인 절차를

거쳐야 합니다.

• 다만, 기명식 선불전자지급수단의 발행 및 간편결제를 위한 접근매체 발행이 동일 결제 과정에서 동시에 이루어지는 경우라면 한번의 실명확인 절차로 갈음하는 것이 가능하다고 판단됩니다.

〈이유〉

ㅁ 전자금융거래법 제6조 제2항 및 「전자금융감독 규정」 제34조 제3호에 따라 금융회사 또는 전자금융업자는 접근매체를 발급할 때 이용자의 실명을 확인해야 하며,

• 전자금융거래법 시행령」 제13조에 따라 기명식 선불전자지급수단을 발행하기 위해서는 금융실명법 제2조 제4호에 따른 실지명의로 발행하여야 합니다.

** 금융위원회 질의회신(2018. 11. 12.)

〈질의〉

전자결제대행업자의 접근매체 발급시, 주민등록번호를 이용한 본인확인 가능 여부 등

(1) 전자금융거래법 제6조 제2항 및 전자금융감독규정 제34조 제3호가 주민등록번호의 수집을 허용하는 근거 법령이 될 수 있는지

(2) 전자결제대행업자가 접근매체 발급시 대체수단 제공 없이 성명 및 주민등록번호 수집을 하여야 하는지

〈회신〉

(1) 금융회사 또는 전자금융업자가 접근매체의 발급에 관한 실무를 처리하기 위하여 불가피한 경우 주민등록번호가 포함된 자료를 처리할 수 있습니다(전자금융거래법 시행령 제31조 제3항 제1호).

(2) 유선상 통화하여 파악한 결과 접근매체 발급시 대체수단 제공없이 성명 및 주민 등록번호를 수집하는 방식이 정보통신망법 제23조의2 제2항에 위반되는지 여부를 질의하신 것으로 파악하였습니다. 특정한 주민등록번호 수집 및 이용 방식이 정보통신망법에 위반되는지 여부는 정보통신망법을 담당하는 과학기술정보통신부에 문의해주시기 바랍니다.

** 금융위원회 질의회신(2017. 5. 18.)

〈질의〉

"접근매체"의 교부와 관련하여 전자금융거래법 제6조(접근매체의 선정과 사용 및 관리) 제2항과 전자금융감독규정 제34조 제3호 용어의 해석 요청

ㅁ 전자금융감독규정 제34조 제3호에서 접근매체 발급시 "실명확인"하도록 하고 있는데 다양한 인증기술을 활용한 본인확인 절차로도 접근매체 발급이 가능한지 여부

* 전자금융거래법 제6조 제2항: 접근매체 발급시 "본인확인"을 하도록 규정

〈회신〉

ㅁ 접근매체를 발급하기 위해서는 반드시 실명확인(비대면 실명확인 포함)을 거쳐야 합니다.

〈이유〉

ㅁ 전자금융거래법 제6조 제2항 및 전자금융감독규정 제34조 제3호를 종합하여 볼 때 접근매체를 발급하기 위해서는 본인확인이 필요하며, 그중에서도 실명을 확인할 수 있는 방법에 따라야 한다고 보는 것이 타당할 것입니다. 실명은 주민등록표에 기재된 성명과 주민등록번호로 확인할 수 있으며 비대면실명확인 방법*으로도 확인 가능하나, 그 밖의 방법은 현재로서는 인정되지 않습니다.

* ㉠ 신분증 사본 제출, ㉡ 영상통화, ㉢ 접근매체 전달시 확인, ㉣ 기존계좌 활용, ㉤ 기타 이에 준하는 새로운 방식(생체인증 등) 중 2가지 의무 적용('15.12월 유권해석)

Ⅲ. 불법 광고에 이용된 전화번호의 이용중지 등

1. 제공중지요청기관의 중지 요청

검찰총장, 경찰청장 또는 금융감독원장은 불법광고에 이용된 전화번호를 확인한 때에는 과학기술정보통신부장관에게 해당 전화번호에 대한 전기통신역무

제공의 중지를 요청할 수 있다(법6의2①).

2. 이의신청절차

제공중지요청기관의 중지 요청으로 전기통신역무 제공이 중지된 사람은 전기통신역무 제공의 중지를 요청한 자에게 이의신청을 할 수 있다(법6의2②).

(1) 이의신청 기간과 문서제출

전기통신역무 제공이 중지된 사람이 이의신청을 하려면 전기통신역무 제공이 중지된 날부터 30일 이내에 i) 이의신청인의 명칭 또는 성명과 주소 및 연락처(제1호), ii) 이의신청의 사유(제2호), iii) 전기통신역무 제공이 중지된 날(제3호)을 적은 문서를 전기통신역무 제공의 중지를 요청한 기관("제공중지요청기관")에 제출하여야 한다(법6의2③, 영6의2①).

(2) 이의신청에 대한 결정과 통지

제공중지요청기관은 이의신청을 받은 날부터 15일 이내에 그 이의신청에 대하여 결정을 하고 그 결과를 이의신청인에게 문서로 통지하여야 한다(법6의2③, 영6의2② 본문). 다만, 부득이한 사유로 그 기간 이내에 결정을 할 수 없을 때에는 15일의 범위에서 그 기간을 연장할 수 있으며, 연장사유와 연장기간을 이의신청인에게 통지하여야 한다(법6의2③, 영6의2② 단서).

(3) 보완 요청과 기간 산입 제외

제공중지요청기관은 제출된 문서에 흠결이 있거나 추가적인 사실 확인이 필요한 경우 보완을 요청할 수 있다(법6의2③, 영6의2③ 전단). 이 경우 그 보완에 소요된 기간은 이의신청에 대한 결정 기간인 15일(영6의2② 본문)에 산입되지 아니한다(법6의2③, 영6의2③ 후단).

(4) 이의신청의 인정과 해제 요청

제공중지요청기관은 이의신청이 이유가 있다고 인정할 때에는 지체 없이 과학기술정보통신부장관에게 해당 전기통신역무 제공의 중지를 해제하도록 요청하여야 한다(법6의2③, 영6의2④).

Ⅳ. 계좌정보의 사용 및 관리

1. 범죄 이용 목적의 계좌정보 수령 · 제공 등 금지

누구든지 계좌와 관련된 정보를 사용 및 관리함에 있어서 범죄에 이용할 목적으로 또는 범죄에 이용될 것을 알면서 계좌와 관련된 정보를 제공받거나 제공하는 행위 또는 보관·전달·유통하는 행위를 하여서는 아니 된다(법6의3).

2. 위반시 제재

법 제6조의3을 위반하여 계좌와 관련된 정보를 제공받거나 제공한 자 또는 보관·전달·유통한 자는 5년 이하의 징역 또는 3천만원 이하의 벌금에 처한다(법49④(5)).

Ⅴ. 거래내용의 확인

1. 전자적 장치를 통한 거래내용 확인의무

금융회사 또는 전자금융업자는 이용자가 전자금융거래에 사용하는 전자적 장치(금융회사 또는 전자금융업자와 이용자 사이에 미리 약정한 전자적 장치가 있는 경우에는 그 전자적 장치를 포함)를 통하여 거래내용을 확인할 수 있도록 하여야 한다(법7①).

이에 따라 금융회사 또는 전자금융업자는 이용자가 전자적 장치를 통하여 거래내용을 확인할 수 있도록 하는 경우에 전자적 장치의 운영장애, 그 밖의 사유로 거래내용을 확인하게 할 수 없는 때에는 인터넷 등을 이용하여 즉시 그 사유를 알리고, 그 사유가 종료된 때부터 이용자가 거래내용을 확인할 수 있도록 하여야 한다(법7③, 영7①).

전자금융거래 확인에 필요한 시스템은 법에서 정해진 요건대로 반드시 갖추어야 한다. 많은 경우 장애나 오류가 발생하였음에도 이를 고객들에게 알리지 않거나, 법에서 정해진 내용이 제공되지 않을 경우 법적 책임을 지게 되는 경우가 있으므로 주의가 요구된다.[6)]

---

6) 금융감독원(2017), 22쪽.

2. 거래내용에 관한 서면 교부의무

(1) 서면의 교부 기간

금융회사 또는 전자금융업자는 이용자가 거래내용을 서면(전자문서를 제외)으로 제공할 것을 요청하는 경우에는 그 요청을 받은 날부터 2주 이내에 거래내용에 관한 서면을 교부하여야 한다(법7②).

(2) 서면의 교부 기간 산정시 제외 기간

금융회사 또는 전자금융업자는 이용자로부터 거래내용을 서면(전자문서 제외)으로 제공할 것을 요청받은 경우 전자적 장치의 운영장애, 그 밖의 사유로 거래내용을 제공할 수 없는 때에는 그 이용자에게 즉시 이를 알려야 한다(법7③, 영7② 전단). 이 경우 거래내용에 관한 서면의 교부기간을 산정함에 있어서 전자적 장치의 운영장애, 그 밖의 사유로 거래내용을 제공할 수 없는 기간은 산입하지 아니한다(법7③, 영7② 후단).

(3) 서면 요청의 방법 · 절차 등의 약관 규정

금융회사 또는 전자금융업자는 거래내용의 서면 제공과 관련하여 그 요청의 방법 · 절차, 접수창구의 주소(전자우편주소를 포함) 및 전화번호 등을 전자금융거래와 관련한 약관("약관")에 규정하여야 한다(법7③, 영7⑤).

3. 거래내용의 보존기간

거래내용의 대상기간은 영 제12조 제1항 각 호에 따른 전자금융거래기록의 보존기간으로 한다(법7③, 영7③). 영 제12조 제1항 각 호에 따른 전자금융거래기록의 보존기간은 다음과 같다.

(1) 5년 보존

다음의 전자금융거래기록, 즉 ⅰ) 영 제7조 제4항 제1호 내지 제5호[7]에 관

7) 1. 전자금융거래의 종류(보험계약의 경우에는 보험계약의 종류) 및 금액, 전자금융거래의 상대방에 관한 정보
2. 전자금융거래의 거래일시, 전자적 장치의 종류 및 전자적 장치를 식별할 수 있는 정보
3. 전자금융거래가 계좌를 통하여 이루어지는 경우 거래계좌의 명칭 또는 번호(보험계약

한 사항(가목), ii) 해당 전자금융거래와 관련한 전자적 장치의 접속기록(나목), iii) 전자금융거래의 신청 및 조건의 변경에 관한 사항(다목), iv) 건당 거래금액이 1만원을 초과하는 전자금융거래에 관한 기록(라목)은 5년간 보존하여야 한다(영12①(1)).

(2) 1년 보존

다음의 전자금융거래기록, 즉 i) 건당 거래금액이 1만원 이하인 전자금융거래에 관한 기록(가목), ii) 전자지급수단의 이용과 관련된 거래승인에 관한 기록(나목), iii) 그 밖에 금융위원회가 정하여 고시하는 전자금융거래기록(다목)은 1년간 보존하여야 한다(영12①(2)).

위 다목에서 "금융위원회가 정하여 고시하는 거래기록"이라 함은 법 제8조에 따른 오류정정 요구사실 및 처리결과에 관한 사항(감독규정4(1))을 말한다(감독규정38).

4. 거래내용의 종류 및 범위

거래내용의 종류(조회거래를 제외) 및 범위는 i) 전자금융거래의 종류(보험계약의 경우에는 보험계약의 종류) 및 금액, 전자금융거래의 상대방에 관한 정보(제1호), ii) 전자금융거래의 거래일시, 전자적 장치의 종류 및 전자적 장치를 식별할 수 있는 정보(제2호), iii) 전자금융거래가 계좌를 통하여 이루어지는 경우 거래계좌의 명칭 또는 번호(보험계약의 경우에는 보험증권번호)(제3호), iv) 금융회사 또는 전자금융업자가 전자금융거래의 대가로 받은 수수료(제4호), v) 법 제15조(추심이체의 출금 동의) 제1항에 따른 지급인의 출금 동의에 관한 사항(제5호), vi) 그 밖에 이용자의 전자금융거래내용 확인에 필요한 사항으로서 "금융위원회가 정하여 고시하는 사항"(제6호)과 같다(법7③, 영7④).

위 제6호에서 "금융위원회가 정하여 고시하는 사항"이란 다음을 말한다(감독규정4).

의 경우에는 보험증권번호)

4. 금융회사 또는 전자금융업자가 전자금융거래의 대가로 받은 수수료
5. 법 제15조 제1항에 따른 지급인의 출금 동의에 관한 사항

1. 법 제8조에 따른 오류정정 요구사실 및 처리결과에 관한 사항
2. 전자금융거래 신청, 조건변경에 관한 내용

5. 위반시 제재

법 제7조 제2항을 위반하여 거래내용에 관한 서면을 교부하지 아니한 자는 1천만원 이하의 과태료를 부과한다(법51③(1)).

Ⅵ. 오류의 정정 등

1. 오류의 개념

오류라 함은 이용자의 고의 또는 과실 없이 전자금융거래가 전자금융거래계약 또는 이용자의 거래지시에 따라 이행되지 아니한 경우를 말한다(법2(18)).

2. 이용자의 오류 정정 요구

이용자는 전자금융거래에 오류가 있음을 안 때에는 그 금융회사 또는 전자금융업자에게 이에 대한 정정을 요구할 수 있다(법8①).

3. 정정요구 및 오류의 원인과 처리결과 통지

금융회사 또는 전자금융업자는 오류의 정정요구를 받은 때에는 이를 즉시 조사하여 처리한 후 정정요구를 받은 날부터 2주 이내에 오류의 원인과 처리결과를 문서, 전화 또는 전자우편으로 이용자에게 알려야 한다(법8②, 영7의2 본문). 다만, 이용자가 문서로 알려줄 것을 요청하는 경우에는 문서로 알려야 한다(법8②, 영7의2 단서).

4. 자발적 정정과 오류의 원인과 처리결과 통지

금융회사 또는 전자금융업자는 스스로 전자금융거래에 오류가 있음을 안 때에는 이를 즉시 조사하여 처리한 후 오류가 있음을 안 날부터 2주 이내에 오류의 원인과 처리결과를 문서, 전화 또는 전자우편으로 이용자에게 알려야 한다(법8③, 영7의2 본문). 다만, 이용자가 문서로 알려줄 것을 요청하는 경우에는 문서로 알려야 한다(법8③, 영7의2 단서).

5. 위반시 제재

법 제8조 제2항 및 제3항을 위반하여 거래내용에 관한 서면을 교부하지 아니한 자는 1천만원 이하의 과태료를 부과한다(법51③(2)).

Ⅶ. 금융회사 또는 전자금융업자의 책임

1. 금융회사 또는 전자금융업자의 손해배상책임

금융회사 또는 전자금융업자는 i) 접근매체의 위조나 변조로 발생한 사고(제1호), ii) 계약체결 또는 거래지시의 전자적 전송이나 처리 과정에서 발생한 사고(제2호), iii) 전자금융거래를 위한 전자적 장치 또는 정보통신망법 제2조 제1항 제1호[8]에 따른 정보통신망에 침입하여 거짓이나 그 밖의 부정한 방법으로 획득한 접근매체의 이용으로 발생한 사고(제3호)의 어느 하나에 해당하는 사고로 인하여 이용자에게 손해가 발생한 경우에는 그 손해를 배상할 책임을 진다(법9①).

2. 이용자의 손해배상책임의 일부 또는 전부 부담

금융회사 또는 전자금융업자는 i) 사고 발생에 있어서 이용자의 고의나 중대한 과실이 있는 경우로서 그 책임의 전부 또는 일부를 이용자의 부담으로 할 수 있다는 취지의 약정을 미리 이용자와 체결한 경우(제1호), ii) 법인(중소기업기본법 제2조 제2항[9]에 의한 소기업을 제외)인 이용자에게 손해가 발생한 경우로 금융회사 또는 전자금융업자가 사고를 방지하기 위하여 보안절차를 수립하고 이를 철저히 준수하는 등 합리적으로 요구되는 충분한 주의의무를 다한 경우(제2호)에는 그 책임의 전부 또는 일부를 이용자가 부담하게 할 수 있다(법9②).

3. 고의 또는 중대한 과실의 범위

위의 법 제9조 제2항 제1호의 규정에 따른 이용자의 고의나 중대한 과실은

---

8) 1. "정보통신망"이란 전기통신사업법 제2조 제2호에 따른 전기통신설비를 이용하거나 전기통신설비와 컴퓨터 및 컴퓨터의 이용기술을 활용하여 정보를 수집·가공·저장·검색·송신 또는 수신하는 정보통신체제를 말한다.

9) ② 중소기업은 대통령령으로 정하는 구분기준에 따라 소기업(小企業)과 중기업(中企業)으로 구분한다.

대통령령이 정하는 범위 안에서 전자금융거래에 관한 약관(“약관”)에 기재된 것에 한한다(법9③).

이에 따른 고의나 중대한 과실의 범위는 다음과 같다(영8).

1. 이용자가 접근매체를 제3자에게 대여하거나 그 사용을 위임한 경우 또는 양도나 담보의 목적으로 제공한 경우(선불전자지급수단이나 전자화폐를 양도하거나 담보로 제공한 경우를 제외)
2. 제3자가 권한 없이 이용자의 접근매체를 이용하여 전자금융거래를 할 수 있음을 알았거나 쉽게 알 수 있었음에도 불구하고 접근매체를 누설하거나 노출 또는 방치한 경우
3. 금융회사 또는 전자금융업자가 법 제6조(접근매체의 선정과 사용 및 관리) 제1항에 따른 확인 외에 보안강화를 위하여 전자금융거래 시 요구하는 추가적인 보안조치를 이용자가 정당한 사유 없이 거부하여 법 제9조 제1항 제3호에 따른 사고가 발생한 경우
4. 이용자가 제3호에 따른 추가적인 보안조치에 사용되는 매체·수단 또는 정보에 대하여 다음의 어느 하나에 해당하는 행위를 하여 법 제9조 제1항 제3호에 따른 사고가 발생한 경우
   가. 누설·노출 또는 방치한 행위
   나. 제3자에게 대여하거나 그 사용을 위임한 행위 또는 양도나 담보의 목적으로 제공한 행위

4. 보험 등의 가입에 관한 기준

금융회사 또는 전자금융업자는 손해배상책임을 이행하기 위하여 금융위원회가 정하는 기준에 따라 보험 또는 공제에 가입하거나 준비금을 적립하는 등 필요한 조치를 하여야 한다(법9④).

전자금융거래 서비스를 제공하는 금융회사 및 전자금융업자는 보험(공제) 또는 준비금을 적립해야 한다. 금융회사 및 전자금융업자에 대한 보험금액은 전자금융거래액 및 과거 전자금융사고 등을 참고하여 권역별로 결정하고 있다.[10)]

10) 금융감독원(2017), 22쪽.

(1) 보상한도

금융회사 또는 전자금융업자가 전자금융사고 책임이행을 위한 보험 또는 공제에 가입하는 경우 보상한도는 다음에서 정하는 금액 이상이어야 한다(감독규정 5①).

(가) 시중은행 등

은행(다만, 지방금융회사 및 외국금융회사의 국내지점은 제외) 및 제7호의 회사, 중소기업은행은 20억원 이상이어야 한다(제1호). 따라서 시중은행, 농협은행, 중소기업은행은 20억원 이상이어야 한다.

(나) 수협은행 등

수협은행, 신용카드업자, 체신관서, 한국산업은행, 지방금융회사 및 외국금융회사의 국내지점은 10억원 이상이어야 한다(제2호). 따라서 수협은행, 신용카드업자, 체신관서(우정사업본부), 한국산업은행, 지방은행, 외국은행 국내지점은 10억원 이상이어야 한다.

(다) 금융투자업자 등

금융투자업자, 증권금융회사, 종합금융회사는 5억원 이상이어야 한다(제3호).

(라) 제1호부터 제3호 이외의 금융회사

앞의 제1호부터 제3호 이외의 금융회사는 1억원 이상이어야 한다(제4호 본문). 다만, 제1호부터 제3호 이외의 금융회사들이 관련 법령에 의해 당해 금융회사를 구성원으로 하는 금융회사를 통해 전자금융거래 관련 정보기술부문의 주요부분을 공동으로 이용하는 경우, 정보기술부문의 주요부문을 제공하는 금융회사가 공동 이용 금융회사 전체의 사고를 보장하는 내용으로 제2호의 금액(농업협동조합은 20억원 이상) 이상의 보험 또는 공제에 가입하면 공동 이용 금융회사는 본호의 보험 또는 공제에 가입한 것으로 본다(제4호 단서).

따라서 농협중앙회는 20억원 이상, 상호저축은행중앙회, 신용협동조합중앙회, 산림조합중앙회는 10억원 이상, 상호저축은행, 여신전문금융회사 등 기타 금융회사는 1억원 이상이어야 한다.

(마) 전자자금이체업무를 하는 전자금융업자 등

전자자금이체업무를 하는 전자금융업자 및 직불전자지급수단의 발행 및 관리를 하는 전자금융업자는 2억원 이상이어야 한다(제5호). 따라서 전자자금이체업자, 직불전자수단발행업자는 2억원 이상이어야 한다.

(바) 신용카드 등의 전자금융업자

전자지급결제대행에 관한 업무를 하는 전자금융업자 중 앞의 제1호 또는 제2호에 속하는 금융회사가 발급한 신용카드, 직불카드 등 거래지시에 사용되는 접근매체의 정보를 저장하는 전자금융업자는 10억원 이상이어야 한다(제6호).

(사) 기타 전자금융업자

앞의 제5호, 제6호 이외의 전자금융업자는 1억원 이상이어야 한다(제7호). 따라서 기타 전자금융업자는 1억원 이상이어야 한다.

(2) 준비금의 적립과 관리 등

금융회사 또는 전자금융업자가 전자금융사고 책임이행을 위한 준비금을 적립하는 경우에는 제1항 각 호에서 정한 금액 이상의 금액을 보유하고 책임이행이 신속히 이루어질 수 있도록 준비금 관리 및 지급에 관한 내부 절차를 수립하여 운영하여야 한다(감독규정5②).

(3) 보험 또는 공제 가입과 준비금 적립 병행시의 보상한도

금융회사 또는 전자금융업자가 보험 또는 공제 가입과 준비금 적립을 병행하는 경우 보험 또는 공제의 보상한도는 앞의 제1항에서 정한 금액에서 준비금 적립액을 차감한 금액 이상으로 한다(감독규정5③).

(4) 적용 제외

앞의 제1항 부터 제3항의 규정은 전자금융업무를 취급하지 않는 금융회사에 대하여는 적용하지 아니한다(감독규정5④).

(5) 결어

전자금융업무를 취급하지 않는 금융회사는 보험 등에 가입할 의무가 없다. 복수 업종의 전자금융업무를 하는 경우 각 해당 보험금액을 합산하여 준비금 적립 또는 보험에 가입해야 하며, 금융회사가 보험 대신 준비금을 적립할 경우 동사가 적립해야 할 적립금액은 보험금액과 일치하며, 보험(공제)과 준비금을 병행하는 경우에는 각각의 합이 기준금액을 충족하면 가능하다. 또한 단위조합 등이 전자금융거래 관련 정보기술부문의 주요 부분을 공동으로 이용하여, 현행 보험

제도 하에서 공동 이용 금융회사 전체의 사고를 보장하는 내용으로 책임보험에 가입하는 것은 가능하도록 하고 있다.[11]

▌관련 판례

① 대법원 2015. 5. 14. 선고 2013다69989, 69996 판결

[1] 구 전자금융거래법(2013.5.22.법률 제11814호로 개정되기 전의 것, 이하 같다) 제2조 제1호, 제18호, 제8조 제1항, 제9조 제1항, 제2항, 제3항 및 구 전자금융거래법 시행령(2013.11.22. 대통령령 제24880호로 개정되기 전의 것) 제8조의 내용에 비추어 보면, 구 전자금융거래법 제9조는 직접 대면하거나 의사소통을 하지 아니하고 전자적 장치를 통하여 자동화된 방식으로 이루어지는 전자금융거래의 특성을 고려하여 일반적인 대면 거래라면 발생하지 아니하였을 권한 없는 제3자에 의한 거래나 이용자의 거래지시와 거래의 이행 결과 사이의 불일치로 인하여 이용자에게 손해가 발생한 경우에는 원칙적으로 금융기관 또는 전자금융업자로 하여금 손해배상책임을 지도록 하되, 예외적으로 이용자가 거래지시나 이용자 및 거래내용의 진실성과 정확성을 확보하기 위하여 사용되는 접근매체를 대여하거나 누설하는 등의 경우 및 이용자가 법인인 경우로 금융기관 또는 전자금융업자가 보안절차의 수립과 준수 등 충분한 주의의무를 다한 경우에 한하여 이용자가 책임의 전부 또는 일부를 부담하게 할 수 있도록 함으로써 전자금융거래의 안전성과 신뢰성을 확보함과 아울러 이용자를 보호하려는 데 취지가 있다.

그러므로 구 전자금융거래법 제9조 제1항에 따라 금융기관 또는 전자금융업자가 손해배상책임을 부담하는 "사고"는 권한 없는 제3자에 의하여 전자금융거래가 이행되거나 이용자의 거래지시가 없었음에도 전자금융거래가 이행되거나 이용자의 거래지시가 있었으나 그에 따라 전자금융거래가 이행되지 아니한 경우 등을 의미한다. 따라서 이용자가 거래지시를 하여 거래지시에 따라 이용자가 본래 의도한 대로 전자금융거래가 이행된 경우에는 특별한 사정이 없는 한 구 전자금융거래법 제9조 제1항에 따라 금융기관 또는 전자금융업자가 손해배상책임을 부담하는 "사고"에 해당하지 아니한다.

11) 금융감독원(2017), 23-24쪽.

[2] 甲이 乙 증권회사가 운영하는 홈트레이딩시스템을 이용하여 선물옵션 거래를 하던 중 주문가능금액 부족으로 풋옵션 매도 주문이 접수될 수 없는 상태인데도 시스템 오류로 주문이 접수되자 수십 회에 걸쳐 주문을 하여 다수의 풋옵션 매도계약을 체결한 사안에서, 甲이 乙 회사의 홈트레이딩시스템이 비정상적인 상태에 있음을 인식하고 오히려 이를 이용하여 스스로의 의사에 따라 매도 주문을 함으로써 甲이 의도한 대로 다수의 풋옵션 매도계약을 체결하였다고 볼 여지가 충분하므로, 위 계약체결은 구 전자금융거래법(2013.5.22. 법률 제11814호로 개정되기 전의 것) 제9조 등에서 정한 "사고"에 해당하지 않는데도 이와 달리 본 원심판단에 법리오해의 잘못이 있다고 한 사례.

② 대법원 2014. 1. 29. 선고 2013다86489 판결

[1] 전자금융거래법 제9조, 전자금융거래법 시행령 제8조 등에서 정하는 "고의 또는 중대한 과실"이 있는지 여부는 접근매체의 위조 등 금융사고가 일어난 구체적인 경위, 그 위조 등 수법의 내용 및 그 수법에 대한 일반인의 인식 정도, 금융거래 이용자의 직업 및 금융거래 이용경력 기타 제반 사정을 고려하여 판단할 것이다.

[2] 甲이 금융기관인 乙주식회사 등에서 예금계좌를 개설하여 금융거래를 하면서 인터넷뱅킹서비스를 이용하여 왔는데, 丙이 전화금융사기(이른바 보이스피싱)를 통하여 甲에게서 취득한 금융거래정보를 이용하여 甲명의의 공인인증서를 재발급받아 다른 금융기관들로부터 대출서비스 등을 받은 사안에서, 甲이 제3자에게 접근매체인 공인인증서 발급에 필수적인 계좌번호, 계좌비밀번호, 주민등록번호, 보안카드번호, 보안카드 비밀번호를 모두 알려준 점 등 제반 사정에 비추어, 甲의 금융거래정보 노출행위가 전자금융거래법 등에서 정한 금융사고의 발생에 이용자의 '중대한 과실'이 있는 경우에 해당한다고 본 원심판단을 수긍한 사례.

Ⅷ. 접근매체의 분실과 도난 책임

1. 손해배상책임의 인정: 분실 · 도난 통지를 받은 때

금융회사 또는 전자금융업자는 이용자로부터 접근매체의 분실이나 도난 등의 통지를 받은 때에는 그 때부터 제3자가 그 접근매체를 사용함으로 인하여 이용자에게 발생한 손해를 배상할 책임을 진다(법10① 본문).

2. 손해배상책임의 부정: 선불전자지급수단 등 분실 · 도난 통지와 사전 약정

금융회사 또는 전자금융업자는 선불전자지급수단이나 전자화폐의 분실 또는 도난 등으로 발생하는 손해로서 대통령령이 정하는 경우에는 손해를 배상할 책임을 지지 아니한다(법10① 단서).

여기서 "대통령령이 정하는 경우"라 함은 선불전자지급수단이나 전자화폐의 분실 또는 도난의 통지를 하기 전에 저장된 금액에 대한 손해에 대하여 그 책임을 이용자의 부담으로 할 수 있다는 취지의 약정이 금융회사 또는 전자금융업자와 이용자 간에 미리 체결된 경우를 말한다(영9).

3. 다른 법령의 우선 적용

다른 법령에 이용자에게 유리하게 적용될 수 있는 규정이 있는 경우에는 그 법령을 우선 적용한다(법10②).

■ 관련 판례

① 대법원 2022. 6. 30. 선고 2018다248275 판결

전자금융거래법 제10조 제1항 단서의 "선불전자지급수단"에 금융실명거래 및 비밀보장에 관한 법률 제2조 제4호에 따른 실지명의로 발행되거나 확인되는 것과 그 이외의 것이 모두 포함되는지 여부(적극): 전자금융거래법과 그 시행령(이하 차례로 "법", "시행령"이라 한다)은 선불전자지급수단이 자금세탁 또는 속칭 "카드깡"에 사용될 폐해 등을 방지하기 위한 취지에서 선불전자지급수단을 금융실명거래 및 비밀보장에 관한 법률 제2조 제4호에 따른 실지

명의로 발행되거나 확인되는 것(이하 “기명식”이라 한다)과 그 이외의 것(이하 “무기명식”이라 한다)으로 구분하여 발행권면 최고한도와 양도방법 등을 달리 정하고 있다(법 제18조 제2항, 제23조 제1항, 시행령 제13조 제1항).

법 제10조 제1항 본문은 이용자의 즉각적인 사고 신고를 유인하고 동시에 금융회사 또는 전자금융업자의 신속한 사고처리를 유도하기 위한 취지에서 제3자가 접근매체를 사용함으로써 이용자에게 발생한 손해에 대해 금융회사 또는 전자금융업자가 이용자에게서 접근매체의 분실·도난 등의 통지를 받은 때를 기준으로 그 전의 것은 이용자가, 그 후의 것은 금융회사 또는 전자금융업자가 배상할 책임을 진다고 정하고 있다.

이에 반하여 법 제10조 제1항 단서와 그 위임에 따라 제정된 시행령 제9조는 선불전자지급수단의 경우 현금과 유사한 성질이 있고 금융회사 또는 전자금융업자가 이용자에게서 분실·도난 신고를 받더라도 별다른 조치를 취할 수 없는 현실을 고려하여 금융회사 또는 전자금융업자를 면책할 수 있도록 하기 위한 취지에서 분실·도난 통지를 하기 전 선불전자지급수단에 저장된 금액 관련 손해에 대하여 그 책임을 이용자의 부담으로 할 수 있다는 취지의 약정을 금융회사 또는 전자금융업자와 이용자 사이에 미리 체결한 경우에는 분실·도난으로 발생하는 손해에 대해 금융회사 또는 전자금융업자가 배상할 책임을 지지 않는다고 정하고 있다.

법 제10조 제1항 단서는 문언상 기명식과 무기명식을 구분하지 않고 있을 뿐만 아니라, 선불전자지급수단은 그 특성에 비추어 기명식이든 무기명식이든 금융회사 또는 전자금융업자를 면책시키는 약정을 할 필요가 있다는 사정 등에 비추어 보면, 법 제10조 제1항 단서의 “선불전자지급수단”에는 기명식과 무기명식이 모두 포함된다고 보아야 한다.

② 서울중앙지방법원 2017. 7. 18. 선고 2015가합27137 판결

선불식 카드인 T-money 카드(이하 “티머니 카드”라 한다)를 발행하여 유통하고 있는 갑 주식회사의 티머니 서비스 약관에 “고객의 티머니 카드 분실 또는 도난 시 기저장된 금액과 카드 값은 지급 받으실 수 없습니다.”라고 정하고 있는데, 소비자의 권익증진을 목적으로 설립된 을 사단법인이 고객이 소득공제 또는 교통요금할인을 받기 위하여 카드명의자의 이름과 카드번호

등을 등록한 티머니 카드에 대하여도 분실·도난 시 잔액을 환급하여 주지 않는 것은 전자금융거래법 제10조 제1항 등에 반한다는 이유로 이를 중지할 것을 구한 사안에서, 명의자가 등록된 선불전자지급수단도 선불전자지급수단으로서의 성질을 잃지 않으므로 전자금융거래법 제10조 제1항 단서가 적용되어야 하고, 위 약관 자체가 "법률에 따른 고객의 해제권 또는 해지권을 배제하거나 그 행사를 제한하는 조항"이라고 볼 수는 없으며, 갑 회사가 등록된 티머니 카드에 대하여 고객으로부터 분실, 도난 신고를 받았을 경우 결제 중단 조치를 취하여 카드 소유자를 보호하고 이중지급을 막는 시스템을 갖추기 위해서는 막대한 비용이 필요하고 이는 티머니 카드의 발행, 유통으로 얻는 갑 회사의 수익에 비하여 과다하다고 보이는 점 등에 비추어 위 약관이 고객에 대하여 부당하게 불리한 조항으로서 '신의성실의 원칙에 반하여 공정을 잃은 조항'에 해당하여 무효라고 볼 수 없으므로, 을 법인의 청구는 이유 없다고 한 사례.

제3절 전자금융보조업자의 법적 지위

Ⅰ. 전자금융보조업자의 의의와 범위

전자금융보조업자라 함은 금융회사 또는 전자금융업자를 위하여 전자금융거래를 보조하거나 그 일부를 대행하는 업무를 행하는 자 또는 결제중계시스템의 운영자로서 ⅰ) 정보처리시스템[12]을 통하여 여신전문금융업법상 신용카드업자의 신용카드 승인 및 결제 그 밖의 자금정산에 관한 업무를 지원하는 사업자(제1호), ⅱ) 정보처리시스템을 통하여 은행업을 영위하는 자의 자금인출업무, 환업무 및 그 밖의 업무를 지원하는 사업자(제2호), ⅲ) 전자금융업무와 관련된 정보처리시스템을 해당 금융회사 또는 전자금융업자를 위하여 운영하는 사업자(제

12) "정보처리시스템"이라 함은 전자금융업무를 포함하여 정보기술부문에 사용되는 하드웨어(hardware)와 소프트웨어(software)를 말하며 관련 장비를 포함한다(감독규정2(3)).

3호), ⅳ) 앞의 제1호부터 제3호의 사업자와 제휴, 위탁 또는 외부주문("외부주문 등")에 관한 계약을 체결하고 정보처리시스템을 운영하는 사업자(제4호)를 말한다(법2(5), 전자금융감독규정3, 이하 "감독규정").[13)]

금융회사 및 전자금융업자와 직접 계약을 체결하고 관련된 업무를 수행하는 사업자는 전자금융보조업자로 분류하여야 하나 ⅰ) 이들 사업자와 재위탁 계약을 체결한 사업자들 중 전자금융거래와 직접적인 관련이 없는 단순 콜센터, DM 발송 업체 등은 제외되고, ⅱ) 내부에 상주하지 않는 콜센터, 쇼핑몰, 외부통신회선 관리, IDC 등도 전자금융보조업자의 범위에 포함되지 않는다.[14)]

Ⅱ. 전자금융보조업자의 지위

1. 금융회사 또는 전자금융업자의 고의 또는 과실 의제

전자금융거래와 관련하여 전자금융보조업자(전자채권관리기관 포함)의 고의나 과실은 금융회사 또는 전자금융업자의 고의나 과실로 본다(법11①).

2. 전자금융보조업자에 대한 구상권 행사

금융회사 또는 전자금융업자는 전자금융보조업자의 고의나 과실로 인하여 발생한 손해에 대하여 이용자에게 그 손해를 배상한 경우에는 그 전자금융보조업자에게 구상할 수 있다(법11②).

3. 금융회사 또는 전자금융업자에 대한 통지 의제

이용자는 금융회사 또는 전자금융업자와의 약정에 따라 금융회사 또는 전자금융업자에게 행하는 각종 통지를 전자금융보조업자에게 할 수 있다(법11③ 전단). 이 경우 전자금융보조업자에게 한 통지는 금융회사 또는 전자금융업자에게 한 것으로 본다(법11③ 후단).

---

13) 금융회사의 전자금융거래시 추가인증 수단 중 하나인 전화인증 업무를 수행하고 있다면, 이는 전자금융보조업자의 요건인 금융회사를 위하여 전자금융거래를 보조하는 것으로 판단된다(금융위원회 유권해석 문서번호 140185).

14) 금융감독원(2017), 18쪽.

** 금융위원회 질의회신(문서번호 100212)

〈질의〉

전자금융보조업자 관련 문의

• 등록하여야 하는 업무 중 "전자지급결제대행에 관한 업무"에 전자금융보조업무가 포함되는지

• 전자금융거래법 제2조에서 전자금융보조업자의 등록의무는 없는 것인지

• 전자금융업자의 업무를 일부 대행하는 리셀러의 경우 전자금융보조업자로 보아 등록의무가 없는 것인지

〈회신〉

• 전자금융거래법 제28조 제2항에 따라 전자지급결제대행업(PG)은 원칙적으로 금융감독원(전자금융거래법 제48조에 따라 금융감독원에 등록업무 위탁)에 등록하여야 하며, 전자지급결제대행업(PG)을 하는 자는 전자금융업자에 해당됩니다. 전자금융보조업자는 전자금융업자의 업무의 일부를 대행하는 자로서 전자금융거래법상 등록의무가 없습니다. 다만, 전자금융거래법 제11조에서 전자금융보조업자의 지위를 규정하고 있으며, 동 법 제40조 및 전자금융감독 규정 제31조에서는 전자금융업자는 전자전자금융보조업자와의 계약 체결 등에 대하여 준수하여야 할 사항과 검사 감독 등에 대하여 규정하고 있습니다.

제 2 장

전자지급거래

제1절 전자지급거래계약의 효력

Ⅰ. 전자지급거래의 의의

전자지급거래라 함은 자금을 주는 자("지급인")가 금융회사 또는 전자금융업자로 하여금 전자지급수단을 이용하여 자금을 받는 자("수취인")에게 자금을 이동하게 하는 전자금융거래를 말한다(법2(2)).

지급인은 전자금융거래에 의하여 자금이 출금되는 계좌("출금계좌")의 명의인을 말하고, 수취인은 전자금융거래에 의하여 자금이 입금되는 계좌("입금계좌")의 명의인을 말한다(은행 전자금융거래기본약관2).

Ⅱ. 전자지급거래계약의 효력

1. 거래지시 금액의 지급

금융회사 또는 전자금융업자는 지급인 또는 수취인과 전자지급거래를 하기 위하여 체결한 약정에 따라 수취인이나 수취인의 금융회사 또는 전자금융업자에게 지급인 또는 수취인이 거래지시한 금액을 전송하여 지급이 이루어지도록 하여야 한다(법12①).

2. 지급 불능과 반환

금융회사 또는 전자금융업자는 자금의 지급이 이루어질 수 없게 된 때에는 전자지급거래를 하기 위하여 수령한 자금을 지급인에게 반환하여야 한다(법12② 전단). 이 경우 지급인의 과실로 인하여 지급이 이루어지지 아니한 때에는 그 전송을 하기 위하여 지출한 비용을 공제할 수 있다(법12② 후단).

제2절 지급의 효력발생시기

Ⅰ. 지급의 효력

전자지급수단을 이용하여 자금을 지급하는 경우에는 그 지급의 효력은 다음의 어느 하나에서 정한 때에 생긴다(법13①).

1. 전자자금이체의 경우

전자자금이체의 경우 거래지시된 금액의 정보에 대하여 수취인의 계좌가 개설되어 있는 금융회사 또는 전자금융업자의 계좌의 원장에 입금기록이 끝난 때 지급의 효력이 발생한다(법13①(1)).

은행의 경우 계좌이체, 추심이체 및 계좌송금의 경우에는 수취인의 계좌원장에 입금기록을 마친 때에 지급의 효력이 생긴다(은행 전자금융거래기본약관15①).

"계좌이체"는 지급인의 전자적 장치를 통한 지급지시에 따라 은행이 지급인의 출금계좌에서 자금을 출금하여 같은 은행 또는 다른 은행의 계좌에 입금하는 것을 말하고(은행 전자금융거래기본약관2(11)), "예약에 의한 계좌이체"라 함은 계좌이체가 장래의 특정 일자에 이루어지도록 이용자가 미리 거래지시하고 은행이 이를 해당일자에 처리하는 것을 말하며(은행 전자금융거래기본약관2(12)), "추심이체"는 수취인의 전자적 장치를 통한 추심지시에 따라 은행이 지급인의 출금계좌에서 자금을 출금하여 같은 은행 또는 다른 은행의 계좌에 입금하는 것을 말하며(은행 전자금융거래기본약관2(13)), "예약에 의한 추심이체"는 추심이체가 장래의 특정 일자에 이루어지도록 이용자가 미리 거래지시하고 은행이 이를 해당일자에 처리하는 것을 말하며(은행 전자금융거래기본약관2(14)), "계좌송금"이라 함은 이용자가 자동입출금기를 통하여 자기 또는 타인의 계좌에 자금을 입금하는 것을 말한다(은행 전자금융거래기본약관2(10)).

2. 전자적 장치로부터 직접 현금을 출금하는 경우

전자적 장치로부터 직접 현금을 출금하는 경우 수취인이 현금을 수령한 때 지급의 효력이 발생한다(법13①(2)).

3. 선불전자지급수단 및 전자화폐로 지급하는 경우

선불전자지급수단 및 전자화폐로 지급하는 경우 거래지시된 금액의 정보가 수취인이 지정한 전자적 장치에 도달한 때 지급의 효력이 발생한다(법13①(3)).

4. 그 밖의 전자지급수단으로 지급하는 경우

그 밖의 전자지급수단으로 지급하는 경우 거래지시된 금액의 정보가 수취인의 계좌가 개설되어 있는 금융회사 또는 전자금융업자의 전자적 장치에 입력이 끝난 때 지급의 효력이 발생한다(법13①(4)).

Ⅱ. 전자자금이체의 지연이체

총자산 등을 감안하여 전자자금이체업무를 수행하는 금융회사 또는 전자금융업자(영9의2①)는 이용자가 원하는 경우 거래지시를 하는 때부터 일정 시간이 경과한 후에 전자자금이체의 지급 효력이 발생("지연이체")하기를 원하는 이용자가 컴퓨터, 전화기, 그 밖에 금융위원회가 정하여 고시하는 전자적 장치를 통하여 지연이체가 되는 거래지시를 할 수 있도록 하여야 한다(법13②, 영9의2②).

Ⅲ. 위반시 제재

법 제13조 제2항을 위반하여 전자자금이체의 지급 효력이 발생하도록 하지 아니한 자에게는 2천만원 이하의 과태료를 부과한다(법51②(1)).

** 금융위원회 질의회신(2015. 11. 6.)

〈질의〉

법인고객 및 다국적기업에게 제공되는 글로벌 인터넷 뱅킹서비스에서 지연이체 적용대상 제외 가능 여부

ㅁ 두 가지 전자자금이체 시스템을 운용하는 외국계 금융회사가 하나의 시스템에서 지연이체 적용이 불가능한 것이 전자금융거래법 제13조 제2항에 위배되는지 여부(나머지 하나의 시스템에서는 지연이체 적용 가능)

〈회신〉

ㅁ 타 서비스를 통하여 지연이체가 적용된 전자자금이체가 가능하다면 지연이체가 불가능한 ○○○○○○ 서비스를 운용하더라도 전자금융거래법 제13조 제2항에 위배되지 않을 것으로 판단됩니다.

〈이유〉

ㅁ 전자금융거래법 제13조 제2항은 전자자금이체 시 착오송금에 대한 보완책을 입법을 통해 제도화한 것으로, 금융회사 등은 이용자가 원하는 경우 동 조항에 따라 지연이체 서비스를 제공하여야 합니다.

○ 지연이체 적용대상은 대통령령으로 정하는 금융회사 등이며 이용자의 신청에 기반하여 지연이체 서비스 제공의무가 부과되므로, 이용자가 전자자금이체 시 지연이체를 원할 경우 금융회사등은 지연이체가 적용되도록 하여야 합니다.

ㅁ 귀사의 경우 이용자의 신청에 따라 ○○○○○○와 동일한 기능의 ○○○○ 서비스를 통하여 지연이체가 적용된 전자자금이체서비스의 제공이 가능하므로, ○○○○○○ 서비스를 통해 지연이체 적용이 불가능하더라도 전자금융거래법 제13조 제2항에 위배되지 않을 것입니다.

제3절 거래지시의 철회

Ⅰ. 지급의 효력 발생 전 철회

이용자는 지급의 효력이 발생하기 전까지 거래지시를 철회할 수 있다(법14①).

Ⅱ. 대량으로 처리하는 거래 등: 사전 약정에 따른 철회

금융회사 또는 전자금융업자와 이용자는 대량으로 처리하는 거래 또는 예약에 따른 거래 등의 경우에는 미리 정한 약정에 따라 거래지시의 철회시기를 달리 정할 수 있다(법14②).

Ⅲ. 거래지시의 철회방법 등의 약관 기재

금융회사 또는 전자금융업자는 거래지시의 철회방법 및 절차와 약정에 관한 사항을 약관에 기재하여야 한다(법14③).

여기서는 은행의 전자금융거래기본약관의 내용을 살펴본다.

1. 거래 완료 전 철회의 방법 및 절차

이용자는 거래가 완료되기 전까지 전자금융거래 시 이용한 해당 전자적 장치를 통하거나 또는 은행이 정하는 절차에 따라 거래지시를 철회할 수 있다(은행 전자금융거래기본약관16①).

2. 대량으로 처리하는 거래 등의 철회방법

대량으로 처리하는 거래 또는 예약에 의한 계좌이체 및 추심이체는 이체일 전 영업일까지 전자금융거래 시 이용한 해당 전자적 장치를 통하여 거래지시를 철회할 수 있다(은행 전자금융거래기본약관16②).

3. 지연이체의 철회 방법 및 절차

지연이체는 이체지연시간 종료 ( )분 전까지 전자금융거래 시 이용한 해당 전자적 장치를 통하거나 은행이 정한 절차에 따라 거래지시를 철회할 수 있다(은행 전자금융거래기본약관16③).

4. 실시간 이체되는 거래 등: 거래지시 철회 제한

실시간 이체되는 거래 등 전자금융거래의 성질상 은행이 거래의 완료 여부를 즉시 확인할 수 없는 경우에는 이용자의 거래지시 철회를 제한할 수 있다(은행 전자금융거래기본약관16④).

5. 이용자의 출금계좌 해지와 철회

이용자의 요청에 따라 출금계좌를 해지할 때에는 해당 계좌에 등록된 지연이체 및 예약에 의한 계좌이체 거래지시도 철회된다(은행 전자금융거래기본약관16⑤).

6. 이용자 사망 등과 철회 제한

이용자의 사망·피성년후견선고·피한정후견선고·피특정후견선고(한정치산선고·금치산선고 포함)나 이용자 또는 은행의 해산·합병·파산은 그 자체로는 거래지시를 철회 또는 변경하는 것으로 되지 아니하며 은행의 권한에도 영향을 미치지 아니한다(은행 전자금융거래기본약관16⑥).

제4절 추심이체의 출금 동의

Ⅰ. 출금 동의의 방법

금융회사 또는 전자금융업자는 추심이체를 실행하기 위하여 미리 지급인으로부터 출금에 대한 동의를 얻어야 한다(법15①).

지급인으로부터 출금에 대한 동의를 얻는 방법은 다음과 같다(영10).

1. 지급인으로부터 서면 등으로 동의를 얻는 방법

금융회사 또는 전자금융업자가 지급인으로부터 서면 또는 전화 녹취, 음성 응답 시스템(ARS: Audio Response System)으로 출금 동의를 받는 방법이다(영10(1), 감독규정6②).

위의 서면에는 "금융위원회가 정하여 고시하는 전자문서"를 포함한다(영10(1)). 여기서 "금융위원회가 정하여 고시하는 전자문서"라 함은 다음 각 전자문서을 말한다(감독규정6①).

1. 전자서명법 제2조 제2호[1]에 따른 전자서명으로 다음 각 목의 요건을 구비된 전자서명을 한 전자문서
   가. 전자서명을 생성하기 위하여 이용하는 전자적 정보("전자서명생성정보")가 본인에게 유일하게 속할 것
   나. 전자서명 당시 본인이 전자서명생성정보를 지배·관리하고 있을 것
   다. 전자서명이 있은 후에 당해 전자서명에 대한 변경여부를 확인할 수 있을 것
   라. 전자서명이 있은 후에 당해 전자문서의 변경여부를 확인할 수 있을 것
2. 전자서명법 제2조 제2호에 따른 전자서명으로 다음 각 목의 요건을 구비된 전자서명을 한 전자문서
   가. 서명 전 실명증표를 통해 본인확인
   나. 전자문서가 생성된 이후 서명자가 지급인 본인임을 확인 가능
   다. 전자서명 및 전자문서에 대한 위변조 여부 확인이 가능
   라. 전자문서를 고객에게 전송한 이후 고객이 취소할 수 있는 충분한 기간 부여

금융회사·전자금융업자 또는 수취인은 감독규정 제6조 제1항 각 호의 출금 동의의 방법을 운용함에 있어 다음의 어느 하나에 해당하는 사실을 확인하여야

---

1) 제2조(정의) 이 법에서 사용하는 용어의 뜻은 다음과 같다.
   2. "전자서명"이란 다음 각 목의 사항을 나타내는 데 이용하기 위하여 전자문서에 첨부되거나 논리적으로 결합된 전자적 형태의 정보를 말한다.
   가. 서명자의 신원
   나. 서명자가 해당 전자문서에 서명하였다는 사실

한다(감독규정6④).

1. 지급인과 추심이체 출금계좌 실지명의인이 동일인인 사실
2. 지급인과 추심이체 출금계좌 실지명의인이 동일인이 아닐 경우에는 지급인이 당해 계좌에서 출금할 수 있는 권한을 보유하고 있는 사실

금융회사 또는 전자금융업자는 공인인증서 이외에 해당 기관에서 발급하는 사설인증서도 일정 요건을 갖춘 경우 추심이체 출금동의의 방법으로 인정된다. 음성응답시스템(ARS)로 추심이체 출금동의를 받는 경우 녹취하여 관련 자료를 금융회사 등에게 전달하여야 하는 것이 기존 해석이었으나, 지급인의 육성이 포함되지 않은 경우 본인확인이 가능한 ARS 로그기록 등을 통해 대체할 수 있다.[2)]

2. 수취인이 지급인으로부터 서면 등으로 동의를 받아 전달하는 방법

수취인이 지급인으로부터 서면 또는 전화 녹취, 음성응답 시스템(ARS: Audio Response System)(감독규정6②)으로 출금 동의를 받아 금융회사 또는 전자금융업자에게 전달(전자적 방법으로 출금의 동의내역을 전송하는 것을 포함)하는 방법이다(영10(2)).

3. 지급인의 출금 동의 해지 방법

지급인(출금계좌의 실지명의인을 포함)이 출금의 동의를 해지하는 경우에도 감독규정 제6조 제1항 및 제2항의 규정을 준용한다(감독규정6③).

** 금융위원회 질의회신(2017. 6. 15.)

〈질의〉

추심이체 출금 동의 관련 대체인증 수단을 통한 본인인증 허용

ㅁ 전자금융거래법 시행령 제10조 제1호 및 전자금융감독규정 제6조 제1항에 따른 "금융위원회가 정하여 고시하는 전자문서"에 핸드폰인증, 신용카드인증, 생체인증 등 대체인증 수단을 통한 본인인증도 포함되는지 여부

2) 금융감독원(2017), 25쪽.

〈회신〉

□ 현행 전자금융거래법 시행령 제10조 제1호와 전자금융감독규정 제6조 제1항 제1호는 "일정 요건을 갖춘 전자서명을 한 전자문서"를 통해 지급인으로부터 추심이체의 출금 동의를 받을 수 있다고 규정하고 있습니다.

따라서 전자금융감독규정 제6조 제1항 제1호의 요건을 충족하는 경우, 대체인증 방식으로 전자서명을 한 전자문서도 추심이체 출금 동의의 방법으로 활용할 수 있는 것으로 판단됩니다. 다만, 전자금융거래법령 및 감독규정은 핸드폰인증, 신용카드인증 등 구체적인 기술을 규정하고 있지 않으므로 각 인증기술이 요건을 충족하는지 여부는 개별적으로 판단해야 할 것입니다.

〈이유〉

□ 현행 전자금융거래법 시행령 제10조 제1호에 따라, 금융회사 또는 전자금융업자는 서면(금융위가 정하여 고시하는 전자문서를 포함) 또는 녹취 등의 방법으로 지급인으로부터 추심이체 출금 동의를 받을 수 있으며, 전자금융감독규정 제6조 제1항 제1호에서는 전자서명을 한 전자문서의 요건을, ㉠ 전자서명을 생성하기 위하여 이용하는 전자적 정보가 본인에게 유일하게 속할 것, ㉡ 전자서명 당시 본인이 전자서명생성정보를 지배·관리하고 있을 것, ㉢ 전자서명이 있은 후에 당해 전자서명에 대한 변경여부를 확인할 수 있을 것, ㉣ 전자서명이 있은 후에 당해 전자문서의 변경 여부를 확인할 수 있을 것 등으로 규정하고 있습니다.

** 금융위원회 질의회신(2019. 12. 27.)

〈질의〉

오픈뱅킹 API 활용 추심이체 시 펌뱅킹 추심이체 출금동의 외 별도의 출금동의 필요 여부 관련

□ 오픈뱅킹 출금서비스 이용 시, 사설전자서명 방식의 추심이체 출금동의가 가능한지?

□ 펌뱅킹으로 선불·직불 전자지급수단 발행 목적의 추심이체 동의 시, 전자금융감독규정에 따라 ARS와 사설전자서명(전자금융감독규정 제6조 제1항 제1호 요건 충족)을 선택적으로 제공

□ 오픈뱅킹의 출금서비스를 도입하여 펌뱅킹과 병행하고자 하는데, 오픈뱅

킹에서도 사설전자서명으로 추심이체 출금동의가 가능한지 확인을 요청

ㅁ 펌뱅킹, 오픈뱅킹은 전자금융업자와 은행 간의 업무처리 방식일 뿐, 추심이체 출금동의 방식상 큰 차이는 없습니다. 고객이 특정 전자금융업자에게 추심이체 출금동의 의사를 표시하는 관계 및 그 권리·의무 관계는 이와 무관한 것이며 펌뱅킹과 동일하게 전자금융거래법에 따르면 되므로 사설전자서명 등 방식이 가능하다고 사료됨

〈회신〉

ㅁ 현행 전자금융거래법 시행령 제10조 제1호와 전자금융감독규정 제6조 제1항 제1호는 "일정 요건을 갖춘 전자서명을 한 전자문서"를 통해 지급인으로부터 추심이체의 출금 동의를 받을 수 있다고 규정하고 있습니다.

• 따라서 전자금융감독규정 제6조 제1항 제1호의 요건을 충족하는 경우, 사설전자서명 방식으로 전자서명을 한 전자문서도 추심이체 출금 동의의 방법으로 활용할 수 있는 것으로 판단됩니다.

• 다만, 전자금융거래법령 및 감독규정은 전자서명의 구체적인 기술을 규정하고 있지 않으므로 각 전자서명이 요건을 충족하는지 여부는 개별적으로 판단해야 하는 것으로 사료됩니다.

〈이유〉

ㅁ 현행 전자금융거래법 시행령 제10조 제1호에 따라, 금융회사 또는 전자금융업자는 서면(금융위가 정하여 고시하는 전자문서를 포함) 또는 녹취 등의 방법으로 지급인으로부터 추심이체 출금 동의를 받을 수 있으며,

• 전자금융감독규정 제6조 제1항 제1호에서는 전자서명을 한 전자문서의 요건을, ㉠ 전자서명을 생성하기 위하여 이용하는 전자적 정보가 본인에게 유일하게 속할 것, ㉡ 전자서명 당시 본인이 전자서명생성정보를 지배·관리하고 있을 것, ㉢ 전자서명이 있은 후에 당해 전자서명에 대한 변경여부를 확인할 수 있을 것, ㉣ 전자서명이 있은 후에 당해 전자문서의 변경여부를 확인할 수 있을 것 등으로 규정하고 있습니다.

** 금융위원회 질의회신(2017. 10. 31.)

〈질의〉

휴대전화를 통한 본인인증을 이용해 추심이체 출금동의 처리 가능 여부

ㅁ 자동이체계좌 연결·변경 시 "휴대전화를 통한 본인인증*"을 이용해 추심이체 출금동의 처리가 가능한지 여부* 본인 명의의 휴대전화로 OTP번호를 SMS로 수신 받아 해당 OTP번호를 입력하여 본인임을 인증하고 전자문서화 하는 방식

〈회신〉

ㅁ 현행 전자금융거래법 시행령 제10조 제1호와 전자금융감독 규정 제6조 제1항 제1호는 "일정 요건을 갖춘 전자서명을 한 전자문서"를 통해 지급인으로부터 추심이체의 출금 동의를 받을 수 있다고 규정하고 있습니다.

• 따라서 전자금융감독 규정 제6조 제1항 제1호의 요건을 충족하는 경우 추심이체 출금 동의의 방법으로 활용할 수 있는 것으로 판단됩니다.

• 다만, 전자금융거래법 및 전자금융감독규정은 핸드폰인증, 신용카드인증 등 구체적인 기술을 규정하고 있지 않으므로 각 인증기술이 요건을 충족하는지 여부는 개별적으로 판단해야 할 것입니다.

〈이유〉

ㅁ 현행 전자금융거래법 시행령 제10조 제1호에 따라, 금융회사 또는 전자금융업자는 서면(금융위가 정하여 고시하는 전자문서를 포함) 또는 녹취 등의 방법으로 지급인으로부터 추심이체 출금 동의를 받을 수 있으며,

• 전자금융감독 규정 제6조 제1항 제1호에서는 전자서명을 한 전자문서의 요건을, ㉠ 전자서명을 생성하기 위하여 이용하는 전자적 정보가 본인에게 유일하게 속할 것, ㉡ 전자서명 당시 본인이 전자서명생성정보를 지배·관리하고 있을 것, ㉢ 전자서명이 있은 후에 당해 전자서명에 대한 변경여부를 확인할 수 있을 것, ㉣ 전자서명이 있은 후에 당해 전자문서의 변경여부를 확인할 수 있을 것 등으로 규정하고 있습니다.

** 금융위원회 질의회신(2016. 1. 19.)

〈질의〉

ㅁ 납입기일이 속한 해당 월에 잔고가 부족한 경우 납입기일이 속한 해당 월의 불특정일자에 해당 이체계좌(지급인이 기동의한 계좌)에서 출금을 하도록 지급인으로부터 서면으로 동의를 받는 경우에 이체일 이후에 지속적으로 인출하는 방식이 가능한지 여부

〈회신〉

ㅁ 약관, 청약서 등을 통해 지급인으로부터 보험료 납입기일 이후 매영업일 또는 보험사가 특정하는 출금일에 미납된 금액을 인출할 수 있다는 내용의 사전 동의를 받은 경우에는 최초 납입기일 이후 출금이 가능합니다.

〈이유〉

ㅁ 전자금융거래법 제15조에서는 지정된 방법에 따라 지급인의 동의를 받는 경우 추심이체를 허용하고 있으며, 잔고 부족등의 이유로 추심이체가 안된 경우의 재시도 방법 등에 대해서는 정의하고 있지 않습니다. 따라서 약관 또는 청약서 등에 관련 내용을 기재하여 지급인의 동의를 받은 경우에는 납입기일 이후에 출금이 가능할 것입니다. 또한, 신용카드사의 경우에도 지급인의 동의를 받아 이용대금결제일 이후에 미결제된 금액을 인출하고 있는바, 보험사와 카드사를 달리 규정할 특별한 이유가 없습니다.

Ⅱ. 출금 동의의 철회

지급인은 수취인의 거래지시에 따라 지급인의 계좌의 원장에 출금기록이 끝나기 전까지 금융회사 또는 전자금융업자에게 출금 동의의 철회를 요청할 수 있다(법15②).

Ⅲ. 대량으로 처리하는 거래 등

금융회사 또는 전자금융업자는 대량으로 처리하는 거래 또는 예약에 따른 거래 등의 경우에는 미리 지급인과 정한 약정에 따라 동의의 철회시기를 달리 정할 수 있다(법15③).

Ⅳ. 출금 동의의 철회방법 등의 약관 기재

금융회사 또는 전자금융업자는 출금 동의의 철회방법 및 절차와 약정에 관한 사항을 약관에 기재하여야 한다(법15④).

여기서는 은행의 전자금융거래기본약관의 내용을 살펴본다.

1. 지급인의 출금 동의 방법

은행은 추심이체를 실행하기 위하여 다음에서 정하는 방식에 따라 미리 지급인으로부터 출금에 대한 동의를 얻어야 한다(은행 전자금융거래기본약관13①).

1. 은행이 지급인으로부터 서면(은행이 정한 전자서명이 있는 전자문서를 포함)에 의하여 출금신청을 받는 방법
2. 수취인이 지급인으로부터 서면에 의한 출금의 동의를 받아 은행에게 전달(전자적인 방법에 의하여 출금동의의 내역을 전송하는 경우를 포함)하는 방법

2. 지급인의 출금 동의 철회 시기

지급인은 수취인의 거래지시에 따라 지급인의 계좌의 원장에 출금기록이 끝나기 전까지 은행에 출금동의의 철회를 요청할 수 있다(은행 전자금융거래기본약관 13②).

3. 대량으로 처리하는 거래 등의 철회 시기와 방법

대량으로 처리하는 거래 또는 예약에 의한 추심이체거래의 경우에는 지급인은 출금일 전영업일까지 은행 영업점에 서면으로 출금 동의의 철회를 요청할 수 있습니다(은행 전자금융거래기본약관13③).

** 금융위원회 질의회신(문서번호 140196)

〈질의〉

자동결제 시 결제창에 주민등록번호 입력 가능 여부

• PG사의 신용카드 자동결제 과정에서 공인인증서로 본인확인을 할 경우 전자금융거래법 제15조에 근거 주민등록번호 수집이 가능한지?

〈회신〉

• 신용카드 결제의 경우 금융회사 등에 개설된 계좌에서 다른 계좌로 자금을 이체하는 것이 아니므로 추심이체에 해당하지 않습니다.

• 따라서, 신용카드 결제시 공인인증서로 본인확인을 하는 경우는 전자금융거래법 제15조의 적용을 받지 않음을 알려 드립니다.

• 아울러, 전자금융거래법 제15조에 따라 추심이체 출금동의 절차를 수행하는 경우에도 이를 근거로 주민등록번호를 수집할 수 없음을 알려드립니다.

〈이유〉

• 전자금융거래법 제2조 제1호에 따르면 "추심이체"는 수취인의 추심지시에 따라 지급인과 수취인 사이에 자금을 지급할 목적으로 금융회사 등에 개설된 계좌에서 다른 계좌로 자금을 이체하는 것으로 볼 수 있습니다.

** 금융위원회 질의회신(2015. 11. 6.)

〈질의〉

국세징수절차에 따른 추심요청과 전자금융거래법상의 추심이체 동의 요부

ㅁ 국세징수법 등에 따른 과세관청의 강제징수 절차 진행과 관련하여 금융회사가 전자금융거래법 제15조상 추심이체에 대한 지급인의 동의 획득 의무를 지는지 여부

〈회신〉

ㅁ 국세징수법 등에 따른 과세관청의 강제징수 절차 진행에 따라 금융회사가 채무자의 압류자산을 추심하는 경우 금융회사는 전자금융거래법 제15조상 추심이체에 대한 지급인의 동의를 획득하지 않아도 됩니다

〈이유〉

ㅁ 과세관청의 강제징수는 국세징수법 등에 따른 권한 및 절차에 따른 것으로 전자금융거래법 제3조상 다른 법률에 특별한 규정이 있는 경우에 해당하여 추심이체에 대한 지급인의 동의 없이 과세관청의 강제징수 절차 진행이 가능합니다.

** 금융위원회 질의회신(문서번호 140187)

〈질의〉

추심이체 출금 동의 방법 관련 질의

• 예금주 본인의 휴대폰을 이용한 SMS 인증 또는 태블릿 등을 이용하여 본인이 서명한 이미지를 전자적으로 저장하는 방법이 전자금융거래법에서 정한 추심이체의 출금 동의의 방법에 포함되는지 여부

〈회신〉

• 휴대폰을 이용한 SMS 인증은 서면, 전화녹취, ARS에 포함되지 않으므로 추심이체 출금 동의 방법으로 보기 어렵습니다.

• 전자문서에 태블릿 등을 이용하여 본인이 서명하되 동 서명이 전자금융감독규정 제6조 제1항 제2호 각 목의 요건을 구비한 전자서명이라면 추심이체 출금 동의 방법에 포함됩니다.

〈이유〉

• 추심이체 실행을 위하여 지급인으로부터 출금에 대한 동의를 얻는 방법에는 서면(전자문서 포함), 전화녹취, 음성응답시스템(ARS)이 있습니다(전자금융거래법 제15조, 동법 시행령 제10조, 전자금융감독규정 제6조).

** 금융위원회 질의회신(2019. 12. 27.)

〈질의〉

오픈뱅킹 API 활용 추심이체 시 펌뱅킹 추심이체 출금동의 외 별도의 출금동의 필요 여부 관련

ㅁ 추심이체시 전자금융거래법 제15조 및 동법 시행령 제10조에 따른 출금

동의 절차와 관련하여

• 펌뱅킹을 이용하고 있는 기존고객이 오픈뱅킹을 추가로 이용할 경우 이미 출금동의를 확보한 고객의 동일 계좌에 대해 핀테크 사업자("이용기관")가 추가적으로 동법에 따른 출금동의 절차를 수행하여야 하는지?

* 주요 동의내용: 고객 성명(예금주), 출금계좌번호, 이용기관(수취인)

** 이용기관이 기존에 고객에게 확인받은, 출금동의 내용 등에 특정 결제인프라(펌뱅킹 등) 이용에 대한 내용은 없음

• 펌뱅킹과 오픈뱅킹을 동시에 가입하여 이용하고자 하는 신규 고객의 동일한 계좌에 대해 펌뱅킹과 오픈뱅킹 각각 별도의 출금동의 절차를 수행하여야 하는지?

〈회신〉

ㅁ 전자금융거래법 제15조에 따른 추심이체 출금동의는 추심이체 실행시 특정 계좌의 출금에 관한 지급인의 동의 의사를 확보하고자 하는 취지이며, 출금동의의 주된 내용은 이용기관(수취인) 및 "예금주", "출금계좌"로 볼 수 있습니다.

• 따라서 이용기관이 펌뱅킹 외에 추가적으로 오픈뱅킹 API를 이용하여 추심이체 서비스를 제공한다 하여도, 추심이체에 관한 "이용기관" 및 "예금주", "출금계좌"가 동일하다면 출금동의 내용은 동일한 것으로 볼 수 있으며,

• 추심이체시 출금동의를 한 지급인의 의사와 전자금융거래법 제15조의 취지에 반하지 않으므로, 출금동의를 중첩적으로 받아야 할 필요성은 크지 않은 것으로 사료됩니다.

ㅁ 또한, 신규 고객의 입장에서도 펌뱅킹과 오픈뱅킹의 차이를 인지하기 어렵고 추심이체 방식에도 실질적인 차이가 없으므로 출금동의의 의미와 전자금융거래법 제15조의 취지를 고려했을 때 출금동의를 중첩적으로 받아야 할 필요성이 크지 않은 것으로 사료됩니다.

〈이유〉

ㅁ 전자금융거래법 제15조에서 출금동의를 요구하고 있는 취지는 추심이체 실행시 특정 계좌의 출금에 관한 지급인의 동의 의사를 확보하고자 하는 것으로, 출금동의의 주된 내용은 이용기관(수취인) 및 예금주, 출금계좌라 할 수 있습니다.

• 기존에 펌뱅킹 시스템을 이용하여 지급인(고객)으로부터 출금동의를 받아 추심이체를 실행해 오고 있는 이용기관의 경우 해당 계좌에 대한 추심이체에 관하여 이미 지급인의 출금동의가 존재하고 있으며 위 이용기관이 추심이체의 결제 인프라를 펌뱅킹 시스템에서 오픈뱅킹 API로 변경한다 하더라도 추심이체에 관한 이용기관 및 예금주, 출금계좌는 동일하므로 이미 존재하는 출금동의의 내용에 변경이 없는 것으로 볼 수 있습니다.

• 따라서 새로이 출금동의를 받지 않고 오픈뱅킹을 활용하여 추심이체를 실행한다 하여도, 기존의 펌뱅킹을 이용한 추심이체 시 출금동의를 한 지급인의 의사 및 출금동의를 요구하는 전자금융거래법의 취지에 반하지 아니합니다.

□ 또한, 신규 고객의 입장에서도 펌뱅킹과 오픈뱅킹의 차이를 인지하기 어렵고 동일한 계좌에 대하여 동일한 지급인에게 금융회사·전자금융업자에 대하여 추심이체를 하는 등 추심이체 방식에도 실질적인 차이가 없으므로 출금동의의 의미와 전자금융거래법 제15조의 취지를 고려했을 때 출금동의를 중첩적으로 받아야 할 필요성이 크지 않은 것으로 사료됩니다.

제5절 전자화폐의 발행 등

Ⅰ. 전자화폐의 개념

전자화폐라 함은 이전 가능한 금전적 가치가 전자적 방법으로 저장되어 발행된 증표 또는 그 증표에 관한 정보로서 ⅰ) 2개 이상의 광역지방자치단체(지방자치법 제2조 제1항 제1호[3]에 따른 지방자치단체) 및 500개 이상의 가맹점(영4 ①)에서 이용되어야 하고(가목), ⅱ) 발행인(대통령령이 정하는 특수관계인[4]을 포함)

3) 1. 특별시, 광역시, 특별자치시, 도, 특별자치도

4) "대통령령이 정하는 특수관계인"이라 함은 발행인과 다음의 어느 하나에 해당하는 관계에 있는 자를 말한다(영3).
   1. 상법 제342조의2에 따른 모회사 또는 자회사
   2. 공정거래법 제2조 제7호 또는 제8호에 따른 지주회사 또는 자회사

외의 제3자로부터 재화 또는 용역을 구입하고 그 대가를 지급하는데 사용되어야 하며(나목), iii) 구입할 수 있는 재화 또는 용역의 범위가 5개 업종(영4②) 수 이상이어야 하고(다목), iv) 현금 또는 예금과 동일한 가치로 교환되어 발행되어야 하며(라목), v) 발행자에 의하여 현금 또는 예금으로 교환이 보장된(마목) 것을 말한다(법2(15)).

Ⅱ. 전자화폐의 발행과 사용 및 환금

1. 전자화폐의 발행

전자화폐를 발행하는 금융회사 또는 전자금융업자("전자화폐발행자")는 전자화폐를 발행할 경우 접근매체에 식별번호를 부여하고 그 식별번호와 금융실명법 제2조 제4호[5]에서 규정한 이용자의 실지명의("실지명의") 또는 예금계좌를 연결하여 관리하여야 한다(법16① 본문). 다만, 발행권면 최고한도가 5만원 이하인 전자화폐의 경우에는 그러하지 아니하다(법16① 단서, 영11①).

전자화폐발행자는 현금 또는 예금과 동일한 가치로 교환하여 전자화폐를 발행하여야 한다(법16②).

2. 전자화폐의 보관 및 사용

전자화폐발행자는 전자화폐보유자가 전자화폐를 사용할 수 있도록 발행된

3. 금융지주회사법 제2조 제1항 제1호에 따른 금융지주회사 또는 동항 제2호에 따른 자회사
5) "실지명의"란 주민등록표상의 명의, 사업자등록증상의 명의, 그 밖에 명의를 말한다(금융실명법2(4), 동법 시행령3). 실지명의를 구체적으로 구분하면 다음과 같다. i) 개인: 주민등록표에 기재된 성명 및 주민등록번호를 말한다. 다만, 재외국민의 경우에는 여권에 기재된 성명 및 여권번호(여권이 발급되지 아니한 재외국민은 재외국민등록법에 의한 등록부에 기재된 성명 및 등록번호)을 말한다(동법 시행령3(1)). ii) 법인: 법인(국세기본법에 의하여 법인으로 보는 법인격없는 사단 등을 포함)의 경우는 법인세법에 의하여 교부받은 사업자등록증에 기재된 법인명 및 등록번호를 말한다. 다만, 사업자등록증을 교부받지 아니한 법인은 법인세법에 의하여 납세번호를 부여받은 문서에 기재된 법인명 및 납세번호를 말한다(동법 시행령3(2)). iii) 법인이 아닌 단체: 법인이 아닌 단체의 경우는 당해 단체를 대표하는 자의 실지명의를 말한다. 다만, 부가가치세법에 의하여 고유번호를 부여받거나 소득세법에 의하여 납세번호를 부여받은 단체의 경우에는 그 문서에 기재된 단체명과 고유번호 또는 납세번호를 말한다(동법 시행령3(3)). iv) 외국인: 외국인의 경우는 출입국관리법에 의한 등록외국인기록표에 기재된 성명 및 등록번호를 말한다. 다만, 외국인등록증이 발급되지 아니한 자의 경우에는 여권 또는 신분증에 기재된 성명 및 번호를 말한다(동법 시행령3(4)).

전자화폐의 보관 및 사용 등에 필요한 조치를 하여야 한다(법16③).

3. 전자화폐의 교환

전자화폐발행자는 전자화폐보유자의 요청에 따라 전자화폐를 현금 또는 예금으로 교환할 의무를 부담한다(법16④).

(1) 전자화폐의 발행 · 교환과 기록 · 관리 사항

전자화폐발행자는 전자화폐를 발행하거나 현금 또는 예금과 교환하는 경우에는 그 전자화폐발행자의 중앙전산시스템을 경유하여야 하며, i) 전자화폐의 발행 또는 교환의 일시와 금액(제1호), ii) 전자화폐의 발행신청인 또는 교환신청인(제2호), iii) 전자화폐 접근매체의 식별번호(제3호), iv) 그 밖에 전자화폐의 발행 또는 교환에 관한 사항(제4호)을 기록·관리하여야 한다(법16⑤, 영11② 본문). 다만, 5만원 이하인 전자화폐의 경우에는 전자화폐발행자의 중앙전산시스템을 경유하지 아니할 수 있으며, 앞의 제2호의 사항인 전자화폐의 발행신청인 또는 교환신청인을 기록·관리하지 아니할 수 있다(법16⑤, 영11② 단서).

(2) 전자화폐의 교환 요청과 장소

전자화폐발행자는 전자화폐보유자가 전자화폐를 현금 또는 예금으로 교환하여 줄 것을 요청하는 경우에는 이를 발행하는 모든 장소에서 그 교환에 응하여야 한다(법16⑤, 영11③ 본문). 다만, 5만원 이하인 전자화폐의 경우 교환의 편의성을 해치지 아니하는 범위에서 그 이용자에게 교환장소를 별도로 정하여 알린 경우에는 그 장소에서만 교환에 응할 수 있다(법16⑤, 영11③ 단서).

(3) 전자화폐의 교환 요구와 지급

전자화폐발행자는 전자화폐보유자가 교환을 요구하면 교환요구금액 전부를 즉시 현금으로 지급하거나 전자화폐보유자의 예금계좌로 지급하여야 한다(법16⑤, 영11④ 본문). 다만, 전자화폐의 파손 등으로 인하여 교환요구금액을 확인할 수 없으면 교환을 요구받은 날부터 15일 이내에 해당 전자화폐 가맹점의 대금청구와 이에 따른 결제내역 등을 확인한 후 즉시 그 금액을 지급하여야 한다(법16⑤, 영11④ 단서).

** 금융위원회 질의회신(문서번호 130219)

〈질의〉

상품권의 전자화폐 여부 질의

• 타사의 상품권의 위탁발행 및 위탁관리 대행 업무를 할 때 금융업자 등록을 해야 하는지?

• 단순 상품권(지류, 카드식, 모바일)도 전자화폐에 해당하는지?

〈회신〉

• 개별 금융업법에서 정하고 있는 경우가 다르기 때문에 답변드리기 어려우나, 전자금융거래법에서는 선불전자지급수단 발행 및 관리의 경우 전자금융거래법 제28조 제3항에 해당되는 경우에 등록을 면제하고 있습니다.

• 전자금융거래법 제2조 제15호에 따르면 "전자화폐"란 이전 가능한 금전적 가치가 전자적 방법으로 저장되어 발행된 증표 또는 그 증표에 관한 정보로서 다음 각 목의 요건을 모두 갖춘 것으로 규정하고 있습니다. - 2개 이상의 광역지방자치단체 및 500개 이상의 가맹점에서 이용될 것 - 발행인(대통령령이 정하는 특수관계인을 포함한다) 외의 제3자로부터 재화 또는 용역을 구입하고 그 대가를 지급하는데 사용될 것 - 구입할 수 있는 재화 또는 용역의 범위가 5개 이상으로서 5개 업종 수 이상일 것 - 현금 또는 예금과 동일한 가치로 교환되어 발행될 것 - 발행자에 의하여 현금 또는 예금으로 교환이 보장될 것 또한 전자화폐를 발행하기 위해서는 은행 및 같은 법 시행령 제15조 제1항 각호를 제외하고는 전자금융거래법 제28조 제1항에 따라 금융위원회의 허가를 받아야 합니다.

Ⅲ. 전자화폐에 의한 지급의 효력

전자화폐보유자가 재화를 구입하거나 용역을 제공받고 그 대금을 수취인과의 합의에 따라 전자화폐로 지급한 때에는 그 대금의 지급에 관한 채무는 변제된 것으로 본다(법17).

Ⅳ. 전자화폐 등의 양도성

1. 양도 또는 담보제공

선불전자지급수단 보유자 또는 전자화폐 보유자는 발행자와의 약정에 따라 선불전자지급수단 또는 전자화폐를 타인에게 양도하거나 담보로 제공할 수 있다(법18①).

2. 양도 또는 담보제공 방법

선불전자지급수단 또는 전자화폐를 양도하거나 담보로 제공하는 경우에는 반드시 발행자의 중앙전산시스템을 경유하여야 한다(법18② 본문). 다만, 실지명의가 확인되지 아니하는 선불전자지급수단 또는 5만원 이하인 전자화폐의 경우에는 그러하지 아니하다(법18② 단서).

3. 위반시 제재

법 제18조 제2항을 위반하여 선불전자지급수단 또는 전자화폐를 양도하거나 담보로 제공한 자에게는 1천만원 이하의 과태료를 부과한다(법51③(3)).

제6절 선불전자지급수단의 환급

Ⅰ. 잔액 환급

선불전자지급수단을 발행한 금융회사 또는 전자금융업자는 선불전자지급수단보유자가 선불전자지급수단에 기록된 잔액의 환급을 청구하는 경우에는 미리 약정한 바에 따라 환급하여야 한다(법19①).

Ⅱ. 약관 기재와 포함사항

금융회사 또는 전자금융업자는 환급과 관련된 약정을 약관에 기재하고, i) 천재지변 등의 사유로 가맹점이 재화 또는 용역을 제공하기 곤란하여 선불전자지급수단을 사용하지 못하게 된 경우(제1호), ii) 선불전자지급수단의 결함으로 가맹점이 재화 또는 용역을 제공하지 못하는 경우(제2호), iii) 선불전자지급수단에 기록된 잔액이 일정비율 이하인 경우(이 경우 일정비율은 20% 미만으로 정할 수 없다)(제3호), iv) 이용자에게 불리하게 선불전자지급수단을 이용할 수 있는 가맹점을 축소하거나 선불전자지급수단의 이용 조건을 변경하는 경우(다만, 가맹점 폐업, 가맹계약기간의 만료, 그 밖에 대통령령으로 정하는 정당한 이유가 있는 경우는 제외)(제4호)[6]에는 선불전자지급수단에 기록된 잔액의 전부를 지급한다는 내용을 약관에 포함시켜야 한다(법19②).

** 금융위원회 질의회신(문서번호 140191)

〈질의〉

선수금 관리 주체 등 관련 질의

• 통행료 수납이 주목적인 XXX카드사의 선수금 관리주체(환불의무 등) • 선불전자지급수단 장기 미사용 선수금의 소멸시효 • 소멸시효(5년)가 완성된 장기 미사용 선수금의 관리주체 • 선불카드사의 지급불능에 따라 고속도로 이용 통행료를 공사에서 받지 못하게 되는 경우 고객에 대한 공사의 법적 책임 발생 여부 • 선불전자지급수단에 대한 법률상 고객보호 제도화 필요성

〈회신〉

• 선불전자지급수단에 기록된 잔액의 환급 의무는 전자금융거래법 제19조에 따라 해당 선불전자지급수단을 발행한 전자금융업자에 있습니다. • 전자금융거래법에서는 선불전자지급수단의 소멸시효에 대해서는 별도로 규정하고 있지 않습니다. • 앞서 답변 드린 바와 같이 선불전자지급수단에 기록된 잔액의 환급 의무는 해당 선불전자지급수단을 발행한 전자금융업자에 있습니다. • 전자금융

6) 제4호 개정 2023.9.14. 시행일 2024.9.15.

감독규정에서는 이용자 보호를 위하여 전자금융사고 책임이행을 위한 보험가입기준(제5조), 전자금융업자에 대한 경영지도기준(자본 적정성, 자산 건전성, 유동성)(제63조) 등을 마련하고 있음을 알려드립니다.

** 금융위원회 질의회신(문서번호 140183)

〈질의〉

선불전자지금수단 발행 및 관리를 위한 전자금융업 등록 필요 여부

• 전자금융업자 등록 신청을 하지 않은 경우 전자금융감독 규정 제42조에 따른 총발행잔액 산정 방법

• 일부 금액을 사용하거나 유효기관이 경과한 선불전자지급수단의 미상환 잔액 산정 방법

• 이용자가 미리 직접 대가를 지불하지 아니한 금액과 대가를 지불한 금액이 혼합되어 있는 경우 전체 금액에 대하여 지급보증을 받으면 등록 면제가 가능한지?

• 유효기간이 지난 선불전자지급수단에 기록된 잔액도 전자금융거래법(19조)에 따른 환급 대상이 되는지 여부

〈회신〉

• 등록신청을 하지 않아도 되는 사업자의 경우 매분기 초일을 기준일로 하여 직전연도 1분기부터 기준일 직전 분기까지 각 분기말 미상환 발행잔액의 단순평균을 총발행잔액으로 산정합니다. 만약, 매분기 초일을 기준으로 산정한 총발행잔액이 30억을 초과할 경우 해당일부터 전자금융업자 등록 의무가 발생합니다.

• 전자금융거래법 제19조(선불전자지급수단의 환급)의 대상이 되는 금액. 즉, 선불전자지급수단에 기록된 잔액이 미상환 잔액입니다. (선불전자지급수단에 저장된 잔액의 유효 기간 등에 대해서는 미리 약정한 바에 따릅니다.)

• 이용자가 미리 직접 대가를 지불한 선불전자지급수단에 대해서는 책임이행을 위하여 상환보증보험에 가입하더라도 전자금융업 등록 면제의 대상에 포함되지 않습니다.

• 보유자가 선불전자지급수단에 기록된 잔액의 환급을 청구하는 경우에는 미리 약정한 바에 따라 환급하여야 합니다.

** 금융위원회 질의회신(2017. 11. 13.)

〈질의〉

전자금융거래법 제19조(선불전자지급수단의 환급) 법령해석 요청의 건

1 선불전자지급수단의 결함(파손, 고장)시 잔액 환급을 기존의 현금 계좌환급에서 e충전쿠폰 환급 방식으로 전환할 수 있는지

* e충전쿠폰으로 잔액의 전부를 지급하며 가맹 편의점에서 충전쿠폰을 이용해 충전

2 e충전쿠폰으로 환급할 수 있을 경우 기존의 약관에도 변경사항을 적용하여 기존에 보급된 선불전자지급수단에도 e충전쿠폰 환급 방식을 적용할 수 있는지

3 파손된 선불전자지급수단의 경우 본사로 실물카드를 직접 보내 환급처리가 되는데 잔액 환급방법을 e충전쿠폰으로 제한할 수 있는지

〈회답〉

1 원칙적으로 선불전자지급수단의 환급은 약정에서 정한 바에 따라 환급하면 됩니다. 다만, 선불전자지급수단의 환급을 규정하고 있는 전자금융거래법 제19조 제2항 및 전자화폐의 교환을 "현금 또는 예금"으로 하도록 정한 같은 법 제2조 제15호의 취지, 이용자 보호 등을 종합적으로 고려할 때 선불전자지급수단의 잔액 환급은 현금 또는 예금으로 교환하는 것이 바람직하다고 판단됩니다.

• 한편, 선불전자지급수단의 결함으로 인해 환급해야 하는 경우 이용자가 동일한 선불전자지급수단을 계속 이용하기를 원하고 현금·예금과 e충전쿠폰 방식 중에 선택할 수 있다면, 현금·예금의 방식 외에 추가로 e충전쿠폰 방식으로 환급하는 것도 가능할 것입니다.

2 전자금융업자가 약관을 변경하고자 하는 경우 미리 금융감독원에 보고하여야 하며, 변경되는 약관의 시행일 1월 전에 게시하고 이용자에게 알리는 등 적법한 절차를 준수하여 약관을 변경할 수 있습니다(전자금융거래법 제24조 제3항).

3 선불전자지급수단의 환급 방법을 e충전쿠폰으로만 제한하는 것은 전자금융거래법에서 환급 의무를 규정하고 있는 취지를 감안할 때 허용되지 않는 것으로 판단됩니다.

〈이유〉

ㅁ 전자금융거래법 제2조 제15호에서 전자화폐를 정의하면서 발행자에 의하여 “현금 또는 예금”으로 교환을 보장할 것을 규정하는 점, 같은 법 제19조 제2항에서 선불전자지급수단의 환급 의무를 규정하여 이용자를 보호하고자 하는 취지 등을 감안할 때 이용자가 “현금 또는 예금”의 방식으로 환불받을 수 있도록 하는 것이 바람직하다고 판단됩니다.

ㅁ 전자금융거래법 제24조 제3항은 금융회사 또는 전자금융업자는 약관을 변경하는 때에는 변경되는 약관의 시행일 1월 전에 게시하고 이용자에게 알려야 한다고 규정하고 있으며, 같은 법 제24조 제4항에서는 이용자가 약관의 시행일 전의 영업일까지 약관의 변경내용에 대하여 이의를 제기하지 아니하는 경우에는 약관의 변경을 승인한 것으로 볼 수 있다고 규정하고 있습니다.

** 금융위원회 질의회신(문서번호 100205)

〈질의〉

선불전자지급수단의 환급 관련 질의

• 원칙적으로 환불을 금하는 내용을 약관으로 약정이 가능한 것인지?

〈회신〉

• 환불을 금지하는 내용으로 약관을 정하는 것은 법률에 위반됩니다.

• 선불전자지급수단의 잔액 환불에 대하여는 전자금융거래법 제19조 제1항에 따라 약정한 바에 따라 환급하여야 하고, 약정과 관련된 약관에는 동법 제19조 제2항 제3호에 따라 잔액의 일정비율을 100분의 20 미만으로 정할 수 없도록 하고 있습니다. 따라서, 환불을 금지하는 내용으로 약관을 정하는 것은 법률에 위반됩니다.

제7절 전자채권양도의 대항요건

Ⅰ. 전자채권의 의의

"전자채권"이라 함은 ⅰ) 채무자가 채권자를 지정하고(가목), ⅱ) 전자채권에 채무의 내용이 기재되어 있으며(나목), ⅲ) 전자서명(서명자의 실지명의를 확인할 수 있는 것)이 있으며(다목), ⅳ) 금융회사를 거쳐 전자채권관리기관에 등록되어야 하며(라목), ⅴ) 채무자가 채권자에게 앞의 가목 내지 다목의 요건을 모두 갖춘 전자문서를 전자문서법 제6조 제1항에 따라 송신하고 채권자가 이를 같은 법 제6조 제2항[7]의 규정에 따라 수신하여야(마목) 하는 요건을 갖춘 전자문서에 기재된 채권자의 금전채권을 말한다(법2(16)).

Ⅱ. 양도의 대항요건 구비 의제

전자채권의 양도는 ⅰ) 양도인의 채권양도의 통지 또는 채무자의 승낙이 전자서명(서명자의 실지명의를 확인할 수 있는 것)을 한 전자문서에 의하여 이루어지고(제1호), ⅱ) 통지 또는 승낙이 기재된 전자문서가 전자채권관리기관에 등록되어야(제2호) 하는 요건을 모두 갖춘 때에 민법 제450조 제1항[8]의 규정에 따른 대항요건을 갖춘 것으로 본다(법20①).

---

7) 제6조(송신·수신의 시기 및 장소) ① 전자문서는 작성자 또는 그 대리인이 해당 전자문서를 송신할 수 있는 정보처리시스템에 입력한 후 해당 전자문서를 수신할 수 있는 정보처리시스템으로 전송한 때 송신된 것으로 본다.
② 전자문서는 다음의 어느 하나에 해당하는 때에 수신된 것으로 추정한다.
1. 수신자가 전자문서를 수신할 정보처리시스템을 지정한 경우: 지정된 정보처리시스템에 입력된 때. 다만, 전자문서가 지정된 정보처리시스템이 아닌 정보처리시스템에 입력된 경우에는 수신자가 이를 검색 또는 출력한 때를 말한다.
2. 수신자가 전자문서를 수신할 정보처리시스템을 지정하지 아니한 경우: 수신자가 관리하는 정보처리시스템에 입력된 때

8) 제450조(지명채권양도의 대항요건) ① 지명채권의 양도는 양도인이 채무자에게 통지하거나 채무자가 승낙하지 아니하면 채무자 기타 제3자에게 대항하지 못한다.
② 전항의 통지나 승낙은 확정일자 있는 증서에 의하지 아니하면 채무자 이외의 제3자에게 대항하지 못한다.

Ⅲ. 통지 또는 승낙의 대항요건 구비 의제

통지 또는 승낙이 기재된 전자문서에 전자서명법 제18조[9]에 따른 시점확인이 있고 앞의 법 제20조 제1항의 요건을 모두 갖춘 때에 민법 제450조 제2항의 규정에 따른 대항요건을 갖춘 것으로 본다(법20②).

9) 第18조(전자문서의 시점확인) 전자서명인증사업자는 가입자 또는 이용자의 요청이 있는 경우 전자문서가 해당 전자서명인증사업자에게 제시된 시점을 전자서명하여 확인할 수 있다.

제 3 편

전자금융거래의 안전성 확보 및 이용자 보호

제 1 장

안전성의 확보의무

제1절 선관의무

금융회사등은 전자금융거래가 안전하게 처리될 수 있도록 선량한 관리자로서의 주의를 다하여야 한다(법21①).

** 금융위원회 질의회신(2016. 4. 22.)

〈질의〉

스마트폰 뱅킹의 추가인증방식 변경 관련

□ 스마트폰 뱅킹을 통한 금융거래(전자자금이체거래)시 (전자금융감독규정 제34조에 따른 보안카드를 포함한 일회용 비밀번호 외에 「전자금융사기 예방서비스 제공 가이드라인」에 따라) 사용되는 추가 인증수단을 SMS 인증방식에서 연락처 본인인증 방식으로 변경하는 행위가 전자금융거래법 제21조에 위반되는지 여부

〈회신〉

□ 전자자금이체거래에 있어서 추가 인증수단으로 SMS 인증방식에서 전자

금융감독규정 제37조에 따라 안전하다고 판단되는 인증방법으로 변경하는 것은 전자금융거래법 제21조에 위반되지 않습니다.

〈이유〉

ㅁ 전자금융거래법 제21조는 전자금융거래의 안전성 및 신뢰성을 확보하는 것을 전제로 특정 기술 또는 서비스의 사용을 강제하지 않는 "기술중립성 원칙"을 명확히 하고 있으며, 전자금융감독규정 제37조도 전자금융거래에 있어 특정한 인증방법을 한정하고 있지 않으므로 금융회사 또는 전자금융업자는 자신의 판단과 책임 하에 안전한 인증방법을 적절히 선택하여 사용할 수 있습니다.

ㅁ 「전자금융사기 예방서비스 제공 가이드라인」은 이미 폐지되어 효력이 없으며, 동 가이드라인과 같은 행정지도는 법규성이 없으므로 가이드라인에서 정한 것과 다른 인증방법을 사용한다는 이유만으로 전자금융거래법에 위반되는 것이 아닙니다.

• 아울러, 금융위원회는 2026년 4월 19일 전자자금이체시 보안카드를 포함한 일회용 비밀번호 적용 의무를 폐지하는 내용의 전자금융감독규정 변경예고를 하였으니 참고하시기 바랍니다.

제2절 전자금융거래 종류별 안전성 기준

금융회사등은 전자금융거래의 안전성과 신뢰성을 확보할 수 있도록 전자적 전송이나 처리를 위한 인력, 시설, 전자적 장치, 소요경비 등의 정보기술부문, 전자금융업무 및 전자서명법에 의한 인증서의 사용 등 인증방법에 관하여 "금융위원회가 정하는 기준"을 준수하여야 한다(법21②).

위에서 "금융위원회가 정하는 기준"이라 함은 ⅰ) 인력, 조직 및 예산 부문(제1호), ⅱ) 건물, 설비, 전산실[1] 등 시설부문(제2호), ⅲ) 단말기, 전산자료,[2] 정

1) 감독규정에서 "전산실"이라 함은 전산장비, 통신 및 보안장비, 전산자료 보관 및 출력장비가 설치된 장소를 말한다(감독규정2(1)).

2) 감독규정에서 "전산자료"라 함은 전산장비에 의해 입력·보관·출력되어 있는 자료를 말하며 그 자료가 입력·출력되어 있는 자기테이프, 디스크, 디스켓, 콤팩트디스크(CD) 등

보처리시스템[3] 및 정보통신망[4] 등 정보기술부문[5](제3호), iv) 그 밖에 전자금융업무의 안전성 확보를 위하여 필요한 사항(제4호)에 관하여 감독규정 제8조부터 제37조에서 정하는 기준을 말한다(감독규정7).

여기서는 감독규정 제8조부터 제37조에서 정하는 기준을 살펴본다.

Ⅰ. 인력, 조직 및 예산 부문

1. 인력, 조직 및 예산

(1) 인력 및 조직 운용 관련 준수사항

금융회사 또는 전자금융업자는 인력 및 조직의 운용에 관하여 다음의 사항을 준수하여야 한다(감독규정8①).

1. 정보처리시스템 및 전자금융업무 관련 전담조직을 확보할 것
2. 외부주문등에 관한 계약을 체결하는 때에는 계약내용의 적정성을 검토하고 자체적으로 통제가 가능하도록 회사 내부에 조직과 인력을 갖출 것
3. 전산인력의 자질향상 및 예비요원 양성을 위한 교육 및 연수프로그램을 운영할 것
4. 정보보호최고책임자는 임직원이 정보보안[6] 관련법규가 준수되고 있는지 정기적으로 점검하고 그 점검결과를 최고경영자에게 보고할 것
5. 최고경영자는 임직원이 정보보안 관련법규를 위반할 경우 그 제재에 관한 세부기준 및 절차를 마련하여 운영할 것

보조기억매체를 포함한다(감독규정2(2)).

3) 감독규정에서 "정보처리시스템"이라 함은 전자금융업무를 포함하여 정보기술부문에 사용되는 하드웨어(hardware)와 소프트웨어(software)를 말하며 관련 장비를 포함한다(감독규정2(3)).

4) 감독규정에서 "정보통신망"("통신망")이라 함은 유·무선, 광선 등 정보통신 수단에 의하여 부호·문자·음향·영상 등을 처리·저장 및 송·수신할 수 있는 정보통신 조직형태를 말한다(감독규정2(10)).

5) 감독규정에서 "정보기술부문"이라 함은 컴퓨터 등 정보처리능력을 가진 장치를 이용하여 정보를 수집·가공·저장·검색·송신 또는 수신을 행하는 금융회사 또는 전자금융업자의 업무, 인력, 시설 및 조직을 말한다(감독규정2(4)).

6) 감독규정에서 "정보보호" 또는 "정보보안"이라 함은 컴퓨터 등 정보처리능력을 가진 장치를 이용하여 수집·가공·저장·검색·송신 또는 수신되는 정보의 유출·위변조·훼손 등을 방지하기 위하여 기술적·물리적·관리적 수단을 강구하는 일체의 행위를 말하며 사이버안전을 포함한다(감독규정2(5)).

(2) 인력 및 예산 관련 준수사항

금융회사 또는 전자금융업자는 인력 및 예산에 관하여 다음의 사항을 준수하도록 노력하여야 한다(감독규정8②). 전자금융감독규정 제75조 제2항에 의하여 20년 이후로 규정이 일몰되어 현재는 적용되지 않는 규정이다. 다만 금융회사에서 실제로 질의가 들어올 경우에는 가능하면 준수할 것을 권고하고 있다.

(가) 정보기술부문 및 정보보호 인력 산정기준

금융회사 또는 전자금융업자는 정보기술부문 인력은 총 임직원수의 5% 이상, 정보보호인력은 정보기술부문 인력의 5% 이상이 되도록 하여야 한다(감독규정8②(1)).[7]

인력에 관한 기준은 <별표 1>과 같다(감독규정8④ 전단).

〈별표 1〉 정보기술부문 및 정보보호 인력 산정기준

1. 총임직원 및 외주인력
   가. 총임직원 수는 금융회사등의 상시 종업원(소득세법에 따른 원천징수의무자가 근로소득세를 원천징수한 자를 기준으로 한다. 이하 같다)으로 하되, 1년 이상 장기휴직자와 외주(outsourcing)인력은 제외한다.
   나. 외주인력이란 금융회사등과의 외부주문등에 따라 업무를 처리하는 업체에 소속된 자로서 다음 각 호의 기준에 따라 산정한다.
      (1) 금융회사등의 정보기술부문 업무 수행을 위한 정보화 기획, 전자금융기반시설 운영, 정보보안 등의 IT(Information Technology, 정보통신기술)업무 종사자를 포함한다.
      (2) 전자금융기반시설의 하드웨어 또는 소프트웨어 등의 유지보수를 수행하기 위한 제조사의 상시 운영 기술인력은 포함한다.
      (3) 정보시스템 개발 프로젝트를 수행하기 위하여 상주하는 외주업체의 IT업무 종사자는 제외한다.
      (4) 외주인력 중 월·주 단위 등 부정기적이거나 일시적인 인력은 제외한다.
      (5) 그 밖의 금융위원장이 외주인력에 포함 또는 제외하는 것이 필요하다고 인정한 인력은 해당인력을 외주인력에 포함시키거나 제외할 수 있다.

2. 정보기술부문 인력

   정보기술부문 인력이란 다음 각 목에 해당되는 자를 말한다.

---

7) 감독규정 제75조 제2항에 따라 2020년 1월 1일까지 효력을 가져 현재는 효력이 없다.

가. 금융회사의 총임직원 중 내부 규정에 따라 IT 기획·개발·운영·정보보호 등 정보기술부문의 업무를 처리하는 사람

나. 다음 각 호에 소속되어 IT업무를 담당하는 상시 종업원 중 해당 금융회사의 IT업무를 적법한 절차에 의해 수행하는 사람으로서, 이 규정 제60조 제1항 제13호에 의한 업무수행인력 관리방안에 따라 관리되고 있는 사람(이 경우, 해당 금융회사의 정보기술 인력 규모는 다음 각 호의 회사 또는 기관이 공동으로 위탁 받은 정보기술부문에 대한 운영비용 분담비율에 따라 산정한다)

(1) 금융지주회사법 제2조 제1항에 의한 자회사 또는 손자회사로써 금융업을 영위하는 회사에 대한 전산·정보처리 등의 용역을 제공하는 회사

(2) 금융회사 또는 전자금융업자가 지분을 50%를 초과하여 소유하는 IT자회사 또는 IT손자회사로서 당해 금융회사 또는 전자금융업자에 대한 전산·정보처리 등의 용역 제공을 전업으로 하는 회사

(3) 공정거래법 제2조 제2호에 의한 기업집단에 속하는 금융회사들 또는 전자금융업자들이 합하여 지분을 50%를 초과하여 소유하는 IT자회사 또는 IT손자회사로서 당해 금융회사들 또는 전자금융업자들에 대한 전산·정보처리 등의 용역 제공을 전업으로 하는 회사

(4) ㈜코스콤, 상호저축은행중앙회, 신용협동조합중앙회, 농협중앙회, 수협중앙회, 산림조합중앙회, 새마을금고중앙회 등과 같이 회원사, 상호저축은행, 신용협동조합, 조합, 지역금고 등의 전자금융기반시설에 대한 운영을 공동수탁하는 기관

다. 나목을 제외한 외주인력 중 해당 금융회사 또는 전자금융업자의 IT업무를 적법한 절차에 의해 수행하는 사람으로서, 이 규정 제60조 제1항 제13호에 의한 업무수행인력 관리방안에 따라 관리되고 있는 사람(다만, 다목의 인력은 가목의 인력 규모 내에서 정보기술부문 인력으로 인정한다)

3. 정보보호 인력

정보보호 인력이란 다음 각 목에 해당되는 자를 말한다.

가. 금융회사의 총임직원 중 내부 규정에 따라 정보보호 업무를 처리하는 사람

나. 다음 각 호에 소속되어 정보보호 업무를 담당하는 상시 종업원 중 해당 금융회사의 정보보호 업무를 적법한 절차에 의해 수행하는 사람으로서, 전자금융감독규정 제60조 제1항 제13호에 의한 업무수행인력 관리방안에 따라 관리되고 있는 사람(이 경우, 해당 금융회사의 정보보호 인력 규모는 다음 각 호의 회사 또는 기관이 공동으로 위탁 받은 정보보호 업무에 대한 운영비용 분담비율에 따라 산정한다)

(1) 금융지주회사법 제2조 제1항에 의한 자회사 또는 손자회사로써 금융업을 영위하는 회사에 대한 전산·정보처리 등의 용역을 제공하는 회사
(2) 금융회사 또는 전자금융업자가 지분을 50%를 초과하여 소유하는 IT자회사 또는 IT손자회사로서 당해 금융회사 또는 전자금융업자에 대한 전산·정보처리 등의 용역 제공을 전업으로 하는 회사
(3) 공정거래법 제2조 제2호에 의한 기업집단에 속하는 금융회사들 또는 전자금융업자들이 합하여 지분을 50%를 초과하여 소유하는 IT자회사 또는 IT손자회사로서 당해 금융회사들 또는 전자금융업자들에 대한 전산·정보처리 등의 용역 제공을 전업으로 하는 회사
(4) ㈜코스콤, 상호저축은행중앙회, 신용협동조합중앙회, 농협중앙회, 수협중앙회, 산림조합중앙회, 새마을금고중앙회 등과 같이 회원사, 상호저축은행, 신용협동조합, 조합, 지역금고 등의 전자금융기반시설에 대한 운영을 공동수탁하는 기관

다. 나목을 제외한 외주인력 중 해당 금융회사 또는 전자금융업자의 정보보호 업무를 적법한 절차에 의해 수행하는 사람으로서, 이 규정 제60조 제1항 제13호에 의한 업무수행인력 관리방안에 따라 관리되고 있는 사람(다만, 다목의 인력은 가목의 인력 규모 내에서 정보보호 인력으로 인정한다)

(나) 정보기술부문 및 정보보호 예산 기준

금융회사 또는 전자금융업자는 정보보호예산을 정보기술부문 예산의 7% 이상이 되도록 하여야 한다(감독규정8②(2)).[8]

예산에 관한 기준은 <별표 2>와 같다(감독규정8④ 후단).

〈별표 2〉 정보기술부문 및 정보보호 예산 기준

1. 정보기술부문 예산 기준

가. 정보기술부문 예산 개요

(1) 정보기술부문과 관련하여 기획·개발·운영·유지·보수 및 정보보호 등에 소요되는 모든 경비의 합계
(2) 정보기술부문 예산은 건물·시설 이용료, 건물·시설 공사비, 전기·전화 등 각종 세금과 공과금 및 사업성 경비는 제외

8) 감독규정 제75조 제2항에 따라 2020년 1월 1일까지 효력을 가져 현재는 효력이 없다.

나. 정보기술부문 예산 항목

예산 항목	세부 내용
(1) 인건비	• 정보기술부문과 관련하여 기획·개발·운영·유지·보수를 수행하는 내부 인력(정규직 및 계약직 포함)의 인건비 및 복리 후생비 등 관련 경비 일체 • 개인사무자동화기기(PC 등) 및 정보처리시스템을 단순 조회·이용하는 내부직원과 외부 주문·제휴에 따라 정보기술부문 관련 업무를 수행하는 외부 인력은 제외
(2) 정보처리시스템 구입비 및 임차료	• 정보기술부문과 관련하여 하드웨어 및 소프트웨어를 구입 또는 임차(리스)하는데 소요되는 경비 일체 • 단순히 사무를 처리하기 위하여 사용하는 사무자동화기기(PC, 프린터, 팩스 등)는 제외
(3) 정보처리시스템 유지보수비	• 정보처리시스템의 성능을 최적화하고 정상적 기능을 수행할 수 있도록 정기 또는 수시로 정보처리시스템을 유지하고 관리하는데 소요되는 경비 일체 • 정보처리시스템 관련 소모품 교체 비용 포함
(4) 정보기술서비스 이용료	• 정보처리시스템 및 정보기술부문과 관련하여 필요한 서비스를 이용하는데 소요되는 경비 일체 • S/W라이선스비용, 기술이전·이용료, 정보이용료, 특허 사용료, 정보보호관제·인증·재해복구 등 정보보호서비스 이용료 포함
(5) 정보기술 외주 용역비	• 외부 주문 또는 제휴 등에 따라 정보처리시스템과 관련하여 기획·개발·운영·유지·보수의 일부 또는 전부의 업무를 외부업체에 위탁(아웃소싱)하여 수행하는데 소요되는 경비 일체
(6) 정보기술 컨설팅 비용	• 정보처리시스템 및 정보기술부문과 관련하여 외부기관으로부터 자문, 점검, 분석, 평가, 인증, 심사, 연구, 조사에 소요되는 경비 일체 • 감리비, 자문료, 취약점 분석·평가 비용, 품질인증심사비, 국제표준인증심사비 포함
(7) 정보기술 교육·훈련비	• 정보처리시스템 및 정보기술부문과 관련하여 임직원의 교육, 직무훈련·연수 및 회의·행사에 소요되는 경비 일체 • 도서·교재 구입비, 교육자료인쇄비, 인쇄비, 세미나·워크숍·학술발표회 등 회의·행사개최·참가비, 강사료, 직무교육프로그램참가비·수강료, 직무훈련·연수과정(대학포함) 수업료 포함
(8) 통신회선 이용료	• 정보처리시스템과 관련하여 정보의 송신, 수신과 정보처리시스템간 접속·연계를 위하여 정보통신사업자(인터넷서비스제공자 포함)로부터 인터넷, 전용회선 등 통신회선을 이용하는데 소요되는 경비 일체 • 재해복구센터용 통신회선 이용료, 디도스공격대응용 통신회선 이용료 포함

	• 직원의 정보검색, 이메일 송·수신 등 사무자동화용으로 사용하는 통신회선의 이용료는 제외

* 상기 정보기술부문 예산 항목 이외 제2조 제4호의 규정에서 정한 정보기술부문과 관련된 예산 항목을 포함할 수 있다.

2. 정보보호 예산 기준

가. 예산 개요

정보기술부문 예산 중 정보보호와 관련하여 소요되는 모든 경비의 합계. 다만, 정보기술부문 예산에 포함되지 아니한 경비는 제외한다.

나. 예산 항목

예산 항목	세부 내용
(1) 정보보호 관련 인건비	• 정보보호와 관련하여 기획·개발·운영·유지·보수를 수행하는 내부 인력(정규직 및 계약직 포함)의 인건비 및 복리후생비 등 관련 경비 일체 • 외부 주문·제휴에 따라 정보보호 관련 업무를 수행하는 외주 인력과 관련된 경비는 제외
(2) 정보보호시스템[9] 구입비 및 임차료	• 정보보호와 관련하여 하드웨어 및 소프트웨어를 구입 또는 임차(리스)하는데 소요되는 경비 일체 ※ 다. 정보보호시스템 분류표 참고
(3) 정보보호시스템 유지보수비	• 정보보호시스템의 성능을 최적화하고 정상적 기능을 수행할 수 있도록 정기 또는 수시로 정보보호시스템을 유지하고 관리하는데 소요되는 경비 일체 • 정보보호시스템 관련 소모품 교체 비용 포함
(4) 정보보호서비스 이용료	• 정보보호와 관련하여 제공되는 서비스를 이용하거나 정보보호시스템과 관련하여 필요한 기술을 확보하는데 소요되는 경비 일체 ※ 라. 정보보호서비스 분류표 참고 • 정보보호S/W라이선스비용, 정보보호기술이전·이용료 포함
(5) 정보보호 관련 외주 용역비	• 외부 주문 또는 제휴에 따라 정보보호시스템과 정보보호서비스와 관련하여 기획·개발·운영·유지·보수의 일부 또는 전부의 업무를 외부업체에 위탁(아웃소싱)하는데 소요되는 경비 일체
(6) 정보보호 관련 컨설팅 비용	• 정보보호와 관련하여 외부기관으로부터 자문, 점검, 분석, 평가, 인증, 심사, 연구, 조사에 소요되는 경비 일체 ※마. 정보보호컨설팅 분류표 참고

9) 감독규정에서 "정보보호시스템"이라 함은 정보처리시스템내 정보를 유출·위변조·훼손하거나 정보처리시스템의 정상적인 서비스를 방해하는 행위로부터 정보 등을 보호하기 위한 장비 및 프로그램을 말한다(감독규정2(6)). 정보보호시스템은 침입차단시스템(Firewall), 가상사설망(VPN: Virtual Private Network), 침입탐지시스템(IDS: Intrusion Detection System),

(7) 정보보호 관련 교육·훈련비	• 정보보호와 관련하여 임직원의 교육, 직무훈련·연수 및 회의·행사에 소요되는 경비 일체
(8) 정보보호 관련 통신회선 이용료	• 재해복구센터용 통신회선 이용료 • 디도스공격대응용 통신회선 이용료

* 상기 정보보호 예산 항목이외 제2조 제5호의 규정에서 정한 정보보호와 관련된 예산 항목을 포함할 수 있다.

다. 정보보호시스템 분류표

대분류	소분류	세부항목
(1) 콘텐츠 정보보호	① DB정보보호	• DB암호화 • DB접근통제
	② 디지털저작권관리	• 저작권관리(DRM) • 자료유출방지(DLP)
	③ 개인정보보호	• 정보보호서버 • 개인정보필터링 S/W
	④ 데이터백업	• 데이터 백업·소산시스템 • 재해복구(DR)시스템
	⑤ 기타	• 도청 및 감청 방지 제품
(2) 시스템 정보보호	① 사용자 인증	• 정보보호토큰(HSM) • 정보보호스마트카드 • 일회용 비밀번호(OTP)생성시스템 • 생체(Bio)인식시스템
	② PC정보보호	• PC정보보호관리 • 정보보호USB • 키보드해킹방지프로그램
	③ Anti-Virus/Spam	• 바이러스백신(Vaccine) • 바이러스월(wall) • 안티 스파이웨어(Spyware) • 스팸(Spam) 차단 • 피싱(Phishing) 방지
	④ 접근통제	• 정보보호운영체제(SecureOS) • 통합접근권한관리(EAM) • 싱글사인온(SSO) • 통합계정관리시스템(IM/IAM)
(3) 네트워크 정보보호	① 침입차단시스템	• 네트워크방화벽 • 시스템 방화벽 • PC방화벽 • 웹방화벽

침입방지시스템(IPS: Intrusion Prevention System) 등이 있다(금융감독원(2017), 16쪽).

(3) 네트워크 정보보호		• 통합위협관리시스템(UTM)
	② 침입방지시스템	• 침입탐지(IDS) • 침입방지(IPS)
	③ 가상사설망	• VPN
	④ 전자서명	• 공개키기반(PKI)
	⑤ 네트워크통제	• 망접근제어(NAC)
	⑥ 무선·모바일정보보호	• 무선랜정보보호 • 모바일정보보호
	⑦ DDoS대응	• DDoS대응(탐지,차단)시스템
(4) 정보보호관리	① 정보보호관리서비스	• 네트워크정보보호관리(NMS) • 위협관리시스템(TMS) • 위험관리시스템(RMS) • 기업정보보호관리(ESM) • 패치관리시스템(PMS) • 로그(log) 관리·분석 툴 • 취약점 분석·포렌식 툴

* 상기 정보보호시스템 이외 제2조 제6호의 규정에서 정한 정보보호시스템을 포함할 수 있다.

라. 정보보호서비스 분류표

대분류	소분류	세부항목
정보보호서비스	① 인증서비스	• 공인/사설인증서비스
	② 정보보호관제서비스	• 정보보호관제서비스
	③ 재해복구서비스	• 재해복구서비스
	④ 위협정보제공서비스	• 취약점, 대응방안 등 정보제공서비스

* 상기 정보보호서비스 이외 제2조 제5호의 규정에서 정한 정보보호와 관련된 서비스를 포함할 수 있다.

마. 정보보호컨설팅 분류표

대분류	소분류	세부항목
정보보호컨설팅	① 정보보호컨설팅	• 정보보호계획 수립·자문 • 정보보호표준 인증 심사 • 정보보호제품 시험·평가 • 정보보호 연구·개발 • 정보기술부문 감리
	② 취약점 분석	• 취약점 분석·평가 • 모의 해킹 • 모의 훈련

* 상기 정보보호컨설팅 이외 제2조 제5호의 규정에서 정한 정보보호와 관련된 컨설팅을 포함할 수 있다.

(3) 인력 및 예산 관련 준수사항 미이행의 공시

위 (2)의 인력 및 예산 관련 준수사항을 이행하지 못하는 금융회사 또는 전자금융업자는 그 사유 및 이용자 보호에 미치는 영향 등을 설명한 자료를 해당 금융회사 또는 전자금융업자가 운영하는 홈페이지 등을 통해 매 사업연도 종료 후 1개월 이내에 공시하여야 한다(감독규정8③ 본문). 다만, 허가, 등록 또는 인가를 마친 후 1년이 지나지 않은 금융회사 또는 전자금융업자는 공시하지 아니할 수 있다(감독규정8③ 단서).

전자금융감독규정 제75조에서는 감독규정 제8조 제2항에 대한 일몰만을 규정하고 있고, 제8조 제3항에 대한 일몰은 규정하고 있지 않아 이에 대하여는 여전히 준수의무가 있는지 여부가 문제된다. 감독규정 제8조 제2항의 일몰에 따라, 제3항의 준수의무도 일몰되는 것으로 해석함이 입법취지에 맞는다.

2. 정보보호위원회 운영

정보보호위원회는 정보보호와 관련된 정책, 사업, 징계 등 정보보호와 관련된 중요한 결정을 수행하는 조직이다. 정보보호위원회의 결과에 대하여 최고경영자는 준수하여야 하므로 의사 결정에 신중함이 요구된다. 정보보호위원회는 IT업무 추진위원회와 구분되어야 하며 구성원도 정보보호업무 수행 부서와 업무의 개발 운영부서, 검사부(준법감시조직) 등 관련 부서의 장이 참여하는 것이 필요하다. 또한 IT부문 전반에 관한 계획서도 심의·의결한다(감독규정8의2③(1)).[10)]

(1) 설치

금융회사 또는 전자금융업자는 중요 정보보호에 관한 사항을 심의·의결하는 정보보호위원회를 설치 운영하여야 한다(감독규정8의2①).

(2) 구성

정보보호위원회의 장은 정보보호최고책임자로 하며, 위원은 정보보호업무 관련 부서장, 전산운영 및 개발 관련 부서장, 준법업무 관련 부서의 장 등으로 구성한다(감독규정8의2②).

---

10) 금융감독원(2017), 34쪽.

(3) 심의 · 의결사항

정보보호위원회는 다음의 사항을 심의·의결한다(감독규정8의2③).

1. 법 제21조 제4항에 따른 정보기술부문 계획서에 관한 사항
2. 법 제21조의2 제4항 제1호에 관한 사항(=제21조 제2항에 따른 전자금융거래의 안정성 확보 및 이용자 보호를 위한 전략 및 계획의 수립)
3. 법 제21조의3에서 정한 취약점 분석·평가 결과 및 보완조치의 이행계획에 관한 사항
4. 전산보안사고 및 전산보안관련 규정 위반자의 처리에 관한 사항
5. 감독규정 제14조의2 제1항의 클라우드컴퓨팅서비스의 이용에 관한 사항
6. 기타 정보보호위원회의 장이 정보보안업무 수행에 필요하다고 정한 사항

(4) 정보보호최고책임자의 심의 · 의결사항 보고

정보보호최고책임자는 정보보호위원회 심의·의결사항을 최고경영자에게 보고하여야 한다(감독규정8의2④).

(5) 최고경영자의 심의 · 의결사항 준수

최고경영자는 특별한 사정이 없는 한 정보보호위원회의 심의·의결사항을 준수하여야 한다(감독규정8의2⑤).

Ⅱ. 시설부문

1. 건물에 관한 사항

금융회사 또는 전자금융업자는 전산실이 위치한 건물에 관하여 다음의 사항을 준수하여야 한다(감독규정9). 따라서 금융회사 또는 전자금융업자는 자연재해, 인적재해 등의 내·외부 충격으로부터 전산실을 보호하기 위한 대책을 마련해야 한다.[11]

1. 건물 출입구는 경비원에 의하여 통제하고 출입통제 보안대책을 수립·운용할 것
2. 비상시 대피를 위한 비상계단 및 정전대비 유도등을 설치할 것

11) 금융감독원(2017), 35쪽.

3. 번개, 과전류 등 고전압으로 인한 전산장비 및 통신장비 등의 피해 예방을 위하여 피뢰설비를 갖출 것
4. 서버, 스토리지(Storage) 등 전산장비 및 통신장비 등의 중량을 감안한 적재하중 안전대책을 수립·운용할 것
5. 화재발생 시 조기진압을 위한 소화기 및 자동소화설비 등을 갖추고, 화재전파방지를 위한 배연설비설치 등 화재예방 안전대책을 수립·운용할 것
6. 화재발생 위험이 높은 지역, 상습 침수지역 및 진동피해 발생지역 등 외부환경에 의하여 전산장비 등이 영향을 받을 수 있는 지역은 제외할 것

2. 전원, 공조 등 설비에 관한 사항

금융회사 또는 전자금융업자는 전산실이 위치한 건물의 전원, 공조 등 설비에 관하여 다음의 사항을 준수하여야 한다(감독규정10). 따라서 금융회사 또는 전자금융업자는 주요 정보가 저장되어 있는 전산실에 대한 출입 통제 및 정보처리시스템의 운영 연속성을 보장하기 위하여 부대설비를 운영하여 자연재해, 기술적 재해 등 비상사태 발생에 대비한 예방책을 마련해야 한다.[12)]

1. 전원실, 공조실 등 주요 설비시설에 자물쇠 등 출입통제장치를 설치할 것
2. 전원, 공조, 방재 및 방범 설비에 대한 적절한 감시제어시스템을 갖출 것
3. 전산실의 전력공급 중단에 대비하여 자가발전설비를 갖출 것
4. 전력공급 장애 시 전력선 대체가 가능하도록 복수회선을 설치하고 전력공급의 연속성 유지를 위한 무정전전원장치(UPS: Uninterruptible Power Supply)를 갖출 것
5. 과전류, 누전에 의한 장애 방지를 위하여 과전류차단기, 누전경보기 등을 설치하고 일정한 전압 및 주파수 유지를 위한 정전압정주파수장치(CVCF: Constant Voltage Constant Frequency)를 갖출 것
6. 전산실에 공급되는 전원 및 공조 설비는 부하가 큰 설비부분과 분리하여 설치하고 공조설비 상태 점검을 위한 압력계, 온도계 등을 갖출 것
7. 전산실에 24시간 동안 적정한 온도 및 습도를 유지하기 위해서 자동제어 항온·항습기를 갖출 것

---

12) 금융감독원(2017), 36쪽.

3. 전산실 등에 관한 사항

금융회사 또는 전자금융업자는 전산실에 관하여 다음의 사항을 준수하여야 한다(감독규정11). 따라서 금융회사 또는 전자금융업자는 정보처리시스템에 대한 물리적 보호를 위하여 화재, 수해 등의 재해 발생 시 업무의 연속성을 확보하기 위한 재해복구 시설 구축과 비인가자에 의한 정보처리시스템의 접근을 방지하기 위한 전산실 보호 대책을 마련해야 한다.[13]

1. 화재·수해 등의 재해 및 외부 위해(危害) 방지대책을 수립·운용할 것
2. 상시 출입문은 한 곳으로 정하며 상시 출입은 업무와 직접 관련이 있는 사전등록자에 한하여 허용하고, 그 밖의 출입자에 대하여는 책임자의 승인을 받아 출입하도록 하며 출입자 관리기록부를 기록·보관할 것
3. 상시 출입이 허용된 자 이외의 출입자의 출입사항에 대하여는 전산실의 규모 및 설치장소 등을 감안하여 무인감시카메라 또는 출입자동기록시스템 설치 등 적절한 조치를 취하여 사후 확인이 가능하도록 할 것
4. 출입문은 이중 안전장치로 보호하며 외벽이 유리인 경우 유리창문을 통하여 접근할 수 없도록 조치할 것
5. 천정·바닥·벽의 침수로 인한 정보처리시스템의 장애가 발생하지 않도록 외벽과 전산장비와의 거리를 충분히 유지하고 이중바닥설치 등 방안을 강구할 것
6. 적정수준의 온도·습도를 유지하기 위하여 온도·습도 자료 자동기록장치 및 경보장치 설치 등 적절한 조치를 취할 것
7. 케이블이 안전하게 유지되도록 전용 통로관 설치 등 적절한 보호조치를 강구할 것
8. 정전에 대비하여 조명설비 및 휴대용손전등을 비치할 것
9. 집적정보통신시설(IDC: Internet Data Center) 등과 같이 다수의 기관이 공동으로 이용하는 장소에 정보처리시스템을 설치하는 경우에는 미승인자가 접근하지 못하도록 적절한 접근통제 대책을 마련할 것
10. 다음 각 목의 중요 시설 및 지역을 보호구역으로 설정 관리할 것
    가. 전산센터 및 재해복구센터
    나. 전산자료 보관실
    다. 정보보호시스템 설치장소

---

13) 금융감독원(2017), 36쪽.

라. 그 밖에 보안관리가 필요하다고 인정되는 정보처리시스템 설치장소
11. 국내에 본점을 둔 금융회사의 전산실 및 재해복구센터는 국내에 설치할 것
12. 무선통신망을 설치하지 아니할 것

Ⅲ. 정보기술부문

1. 단말기 보호대책

금융회사 또는 전자금융업자는 단말기 보호를 위하여 다음의 사항을 준수하여야 한다(감독규정12). 따라서 금융회사 또는 전자금융업자는 정보처리시스템에 접근할 수 있는 단말기(개인용 컴퓨터 포함)를 제한함으로써 비인가자에 의한 정보 유출 및 악성코드 감염, 프로그램 변경, 불법 거래 등 방지를 목적으로 하는 단말기 보호대책을 마련·운영해야 한다.[14]

1. 업무담당자 이외의 사람이 단말기를 무단으로 조작하지 못하도록 조치할 것
2. 정보처리시스템에 접속하는 단말기에 대해 정당한 사용자인가의 여부를 확인할 수 있는 기록을 유지할 것
3. 외부 반출, 인터넷 접속, 그룹웨어 접속의 금지 등 강화된 보호대책이 적용되는 중요단말기를 지정할 것
4. 정보유출, 악성코드[15] 감염 등을 방지할 수 있도록 단말기에서 보조기억매체 및 휴대용 전산장비에 접근하는 것을 통제할 것

2. 전산자료 보호대책

금융회사 또는 전자금융업자는 보유하고 있는 고객정보 등 중요정보의 외부유출 및 불법 사용을 방지하고, 정보 파괴시 신속한 복구가 가능하도록 대책을 수립하며, 사고발생시 추적이 용이하도록 정보처리시스템 접속 및 이용자 정보 조회 로그 등 정보처리시스템 가동기록을 유지해야 한다.[16]

---

14) 금융감독원(2017), 42쪽.
15) 감독규정에서 "컴퓨터악성코드"("악성코드")라 함은 컴퓨터에서 이용자의 허락 없이 스스로를 복사하거나 변형한 뒤 정보유출, 시스템 파괴 등의 작업을 수행하여 이용자에게 피해를 주는 프로그램을 말한다(감독규정2(8)).
16) 금융감독원(2017), 45쪽.

(1) 전산자료 보호대책 수립 · 운용의무

금융회사 또는 전자금융업자는 전산자료의 유출, 파괴 등을 방지하기 위하여 다음을 포함한 전산자료 보호대책을 수립 · 운용하여야 한다(감독규정13①).

1. 사용자계정과 비밀번호를 개인별로 부여하고 등록 · 변경 · 폐기를 체계적으로 관리할 것
2. 외부사용자에게 사용자계정을 부여하는 경우 최소한의 작업권한만 할당하고 적절한 통제장치를 갖출 것
3. 전산자료의 보유현황을 관리하고 책임자를 지정 · 운영할 것
4. 전산자료의 입력 · 출력 · 열람을 함에 있어 사용자의 업무별로 접근권한을 통제할 것
5. 전산자료 및 전산장비의 반출 · 반입을 통제할 것
6. 비상시에 대비하여 보조기억매체 등 전산자료에 대한 안전지출 및 긴급파기 계획을 수립 · 운용할 것
7. 정기적으로 보조기억매체의 보유현황 및 관리실태를 점검하고 책임자의 확인을 받을 것
8. 중요도에 따라 전산자료를 정기적으로 백업하여 원격 안전지역에 소산하고 백업내역을 기록 · 관리할 것
9. 주요 백업 전산자료에 대하여 정기적으로 검증할 것
10. 이용자 정보의 조회 · 출력에 대한 통제를 하고 테스트 시 이용자 정보 사용 금지(다만, 법인인 이용자 정보는 금융감독원장이 정하는 바에 따라[17] 이용자의 동의를 얻은 경우 테스트 시 사용 가능하며, 그 외 부하 테스트 등 이용자 정보의 사용이 불가피한 경우 이용자정보를 변환하여 사용하고 테스트 종료 즉시 삭제하여야 한다)
11. 정보처리시스템의 가동기록은 1년 이상 보존할 것
12. 정보처리시스템 접속 시 5회 이내의 범위에서 미리 정한 횟수 이상의 접속 오류가 발생하는 경우 정보처리시스템의 사용을 제한할 것
13. 단말기에 이용자 정보 등 주요정보를 보관하지 아니하고, 단말기를 공유하

---

17) 감독규정시행세칙 제2조의4(법인 이용자 정보의 사용에 대한 동의) 규정 제13조 제1항 제10호에 따라 동의를 얻는 경우 다음의 사항을 정보주체에게 사전에 알려야 한다.
1. 테스트의 목적 및 기간
2. 사용되는 이용자 정보의 항목
3. 테스트 기간 중 정보유출 방지를 위한 통제 계획
4. 테스트 종료 후 테스트에 사용된 이용자 정보의 파기 계획

지 아니할 것(다만, 불가피하게 단말기에 보관할 필요가 있는 경우 보관사유, 보관기간 및 관리 비밀번호 등을 정하여 책임자의 승인을 받아야 한다)

14. 사용자가 전출·퇴직 등 인사조치가 있을 때에는 지체 없이 해당 사용자 계정 삭제, 계정사용 중지, 공동 사용 계정 변경 등 정보처리시스템에 대한 접근을 통제할 것

(2) 사용자계정의 공동사용과 개인별 사용내역 기록 · 관리

위의 제1항 제1호의 사용자계정의 공동 사용이 불가피한 경우에는 개인별 사용내역을 기록·관리하여야 한다(감독규정13②).

(3) 사용자 등 자동기록과 기록의 보존

금융회사 또는 전자금융업자는 단말기를 통한 이용자 정보 조회 시 사용자, 사용일시, 변경·조회내용, 접속방법이 정보처리시스템에 자동적으로 기록되도록 하고, 그 기록을 1년 이상 보존하여야 한다(감독규정13③).

(4) 정보처리시스템 가동기록의 자동적 기록 · 유지

위의 제1항 제11호의 정보처리시스템 가동기록의 경우 다음의 사항이 접속의 성공여부와 상관없이 자동적으로 기록·유지되어야 한다(감독규정13④).

1. 정보처리시스템에 접속한 일시, 접속자 및 접근을 확인할 수 있는 접근기록
2. 전산자료를 사용한 일시, 사용자 및 자료의 내용을 확인할 수 있는 접근기록
3. 정보처리시스템내 전산자료의 처리 내용을 확인할 수 있는 사용자 로그인, 액세스 로그 등 접근기록

(5) 정보처리시스템 관리자에 대한 통제장치

금융회사 또는 전자금융업자는 단말기와 전산자료의 접근권한이 부여되는 정보처리시스템 관리자에 대하여 적절한 통제장치를 마련·운용하여야 한다(감독규정13⑤ 본문). 다만, 정보처리시스템 관리자의 주요 업무 관련 행위는 책임자가 감독규정 제28조 제2항에 따라 이중확인 및 모니터링을 하여야 한다(감독규정13⑤ 단서).

3. 정보처리시스템 보호대책

금융회사 또는 전자금융업자는 정보처리시스템의 안전한 운영을 위하여 다음을 포함한 보호대책을 수립·운용하여야 한다(감독규정14). 따라서 금융회사 또는 전자금융업자는 정보처리시스템이 정상적으로 안전하게 운영되고 장애 발생 시 신속하게 복구 및 정상 가동되는데 필요한 대책을 수립해야 한다.[18]

1. 주요 정보처리시스템에 대한 구동, 조작방법, 명령어 사용법, 운용순서, 장애조치 및 연락처 등 시스템 운영매뉴얼을 작성할 것
2. 데이터베이스관리시스템(Database Management System: DBMS)·운영체제·웹프로그램 등 주요 프로그램에 대하여 정기적으로 유지보수를 실시하고, 작업일, 작업내용, 작업결과 등을 기록한 유지보수관리대장을 작성·보관할 것
3. 정보처리시스템의 장애발생 시 장애일시, 장애내용 및 조치사항 등을 기록한 장애상황기록부를 상세하게 작성·보관할 것
4. 정보처리시스템의 정상작동여부 확인을 위하여 시스템 자원 상태의 감시, 경고 및 제어가 가능한 모니터링시스템을 갖출 것
5. 시스템 통합, 전환 및 재개발 시 장애 등으로 인하여 정보처리시스템의 운영에 지장이 초래되지 않도록 통제 절차를 마련하여 준수할 것
6. 정보처리시스템의 책임자를 지정·운영할 것
7. 정보처리시스템의 운영체계, 시스템 유틸리티 등의 긴급하고 중요한 보정(patch)사항에 대하여는 즉시 보정 작업을 할 것
8. 중요도에 따라 정보처리시스템의 운영체제 및 설정내용 등을 정기 백업 및 원격 안전지역에 소산하고 백업자료는 1년 이상 기록·관리할 것
9. 정보처리시스템의 운영체제(Operating System) 계정으로 로그인(Log in)할 경우 계정 및 비밀번호 이외에 별도의 추가인증 절차를 의무적으로 시행할 것
10. 정보처리시스템 운영체제(Operating System) 계정에 대한 사용권한, 접근기록, 작업 내역 등에 대한 상시 모니터링체계를 수립하고, 이상 징후 발생 시 필요한 통제 조치를 즉시 시행할 것

18) 금융감독원(2017), 50쪽.

4. 클라우드컴퓨팅서비스 이용절차 등

(1) 클라우드컴퓨팅서비스 이용절차

금융회사 또는 전자금융업자는 클라우드컴퓨팅법 제2조 제3호[19]에 따른 클라우드컴퓨팅서비스를 이용하고자 하는 경우 다음의 절차를 수행하여야 한다(감독규정14의2①).

1. 다음의 기준에 따른 이용업무의 중요도 평가
   가. 규모, 복잡성 등 클라우드컴퓨팅서비스를 통해 처리되는 업무의 특성
   나. 클라우드컴퓨팅서비스 제공자로부터 제공받는 서비스가 중단될 경우 미치는 영향
   다. 전자적 침해행위 발생 시 고객에게 미치는 영향
   라. 여러 업무를 같은 클라우드컴퓨팅서비스 제공자에게 위탁하는 경우 해당 클라우드컴퓨팅서비스 제공자에 대한 종속 위험
   마. 클라우드컴퓨팅서비스 이용에 대한 금융회사 또는 전자금융업자의 내부통제 및 법규준수 역량
   바. 그 밖에 금융감독원장이 정하여 고시하는 사항
2. 클라우드컴퓨팅서비스 제공자의 건전성 및 안전성 등에 대한 평가(단, 제1호의 평가를 통해 비중요업무로 분류된 업무에 대해서는 <별표 2의2>의 평가항목 중 필수항목만 평가할 수 있다)
3. 클라우드컴퓨팅서비스 이용과 관련한 업무 연속성 계획 및 안전성 확보조치의 수립·시행(단, 제1호의 평가를 통해 비중요업무로 분류된 업무에 대해서는 <별표 2의3> 및 <별표 2의4>의 필수 사항만 수립·시행할 수 있다)

---

19) 1. "클라우드컴퓨팅"(Cloud Computing)이란 집적·공유된 정보통신기기, 정보통신설비, 소프트웨어 등 정보통신자원(이하 "정보통신자원"이라 한다)을 이용자의 요구나 수요 변화에 따라 정보통신망을 통하여 신축적으로 이용할 수 있도록 하는 정보처리체계를 말한다.
2. "클라우드컴퓨팅기술"이란 클라우드컴퓨팅의 구축 및 이용에 관한 정보통신기술로서 가상화 기술, 분산처리 기술 등 대통령령으로 정하는 것을 말한다.
3. "클라우드컴퓨팅서비스"란 클라우드컴퓨팅을 활용하여 상용(商用)으로 타인에게 정보통신자원을 제공하는 서비스로서 대통령령으로 정하는 것을 말한다.

〈별표 2의2〉 클라우드컴퓨팅서비스 제공자의 건전성 및 안전성 평가기준(제14조의 2 관련)

금융회사 또는 전자금융업자는 아래의 항목에 따라 클라우드서비스 제공자의 건전성 및 안전성을 평가하되, 제14조의2 제1항 제1호에 따라 비중요업무로 분류된 경우 또는 클라우드서비스 제공자가 국내·외의 클라우드서비스 관련 보안인증 등을 취득하여 유지 중임을 확인한 경우 대체항목에 관한 평가는 생략할 수 있다.

구분		평가항목	항목	적용 대상
1 정보보호 정책 및 법규 준수	1.1 정보보호 정책	1.1.1. 조직 전반에 적용하고 있는 정보보호 정책 및 지침 또는 규정을 수립·시행하고 있는가?	대체	IaaS, PaaS, SaaS
		1.1.2. 정기적으로 정보보호정책의 타당성을 검토, 평가하여 수정, 보완하기위한 절차를 마련하고 이행하고 있는가?	대체	IaaS, PaaS, SaaS
	1.2 정보보호 조직	1.2.1 조직의 정보보호를 위한 전담조직을 구성하여 안전성 확보 및 이용자 보호 등 정보보호 활동을 효과적으로 수행하고 있는가?	대체	IaaS, PaaS, SaaS
		1.2.2 정보보안 및 정보자산과 관련된 모든 인력의 역할과 책임을 정의하고, 이용자의 정보보호 역할과 책임을 명확하게 정의하고 있는가?	대체	IaaS, PaaS, SaaS
	1.3 법 및 정책 준수	1.3.1 이용자가 법령 등 의무준수를 위해 필요한 사항을 지원 및 협조하도록 체계가 마련되어있는가?	필수	IaaS, PaaS, SaaS
	1.4 보안감사	1.4.1 접근기록 대상을 정의하고 서비스 통제, 관리, 사고 발생 책임 추적성 등을 보장할 수 있는 보안감사 증적(로그)은 식별할 수 있는 형태로 기록 및 모니터링 되고, 비인가된 접근 및 변조로부터 보호되고 있는가?	필수	IaaS, PaaS, SaaS
2 인적보안	2.1 내부인력 보안	2.1.1 클라우드서비스의 시스템 운영, 개발, 보안 등에 관련된 모든 임직원을 주요 직무자로 지정하여 관리하고 있는가?	대체	IaaS, PaaS, SaaS
		2.1.2	대체	IaaS,

2 인적보안	2.1 내부인력 보안	권한 오남용 등 내부 임직원의 고의적인 행위로 발생할 수 있는 잠재적인 위협을 줄이기 위하여 직무 분리 기준을 수립· 적용하고 있는가?		PaaS, SaaS
		2.1.3 조직 내 인력의 인사 변경 발생시 지체없이 해당 사용자의 정보자산 반납, 접근 권한 변경 및 회수가 이루어지고 있는가?	대체	IaaS, PaaS
	2.2 외부인력 보안	2.2.1 외부인력에 대한 보안요구사항 준수 여부를 주기적으로 점검하고 위반사항이나 침해사고 발생 시 적절한 조치를 수행하고 있는가?	대체	IaaS, PaaS
3 위험평가 및 관리	3.1 자산 식별 및 분류	3.1.1 클라우드컴퓨팅서비스에 사용된 정보자산(정보시스템, 정보보호시스템, 정보 등)에 대한 자산분류기준 수립하고 식별된 자산의 목록을 작성하여 관리하고 있는가?	대체	IaaS, PaaS, SaaS
	3.2 자산 변경관리	3.2.1 시스템 통합, 전환 및 재개발 시 클라우드컴퓨팅서비스 운영에 지장을 초래하지 않도록 통제절차를 마련하여 적용하고 있는가?	대체	IaaS, PaaS, SaaS
	3.3 위험관리	3.3.1 클라우드서비스를 제공하기 위한 핵심자산 및 서비스를 대상으로 주기적으로 취약점 점검을 수행하고, 발견된 위험에 대한 보완조치를 수행하고 있는가?	대체	IaaS, PaaS, SaaS
4 서비스 공급망 관리	4.1 공급망 관리정책	4.1.1 공급망과 관련한 보안 요구사항을 정의하는 관리정책을 수립하고 이행하는가?	대체	IaaS, PaaS, SaaS
	4.2 공급망 변경관리	4.2.1 공급망 상에서 발생하는 모든 기록 및 보고서에 대해 정기적으로 모니터링 및 검토를 수행하는가?	대체	IaaS, PaaS
5 업무연속성 계획 및 재해복구	5.1 장애대응	5.1.1 클라우드서비스가 중단되지 않도록 업무 지속성 확보방안을 수립하고 이행하는가?	대체	IaaS, PaaS, SaaS
		5.1.2 클라우드서비스 중단이나 피해가 발생한 경우 장애보고 절차에 따라 장애상황을 기록하고 이용자에게 현황을 파악할 수 있도록 관련 정보를 제공하는가?	필수	IaaS, PaaS, SaaS

5 업무연속성 계획 및 재해복구	5.1 장애대응	5.1.3 클라우드서비스 중단이나 피해가 발생하는 경우, 재해복구목표시간 내 서비스의 장애를 처리하고 복구할 수 있는가?	대체	IaaS, PaaS, SaaS
	5.2 서비스 가용성	5.2.1 가상화 서버, 설비 등 정보처리설비의 장애로 인해 서비스가 중단되지 않도록 관련 설비를 이중화하고, 백업 체계를 마련하고 이행하는가?	필수	IaaS, PaaS, SaaS
		5.2.2 주기적으로 서비스 연속성(가용성) 확보를 위한 점검을 수행하고 있는가?	대체	IaaS, PaaS
6. 침해사고 대응 및 관리	6.1 침해사고 대응 절차 및 체계	6.1.1 해킹 등 전자적 침해행위로 인한 피해 발생 시 대응을 위한 침해사고 대응절차를 수립하고 이행하는가?	대체	IaaS, PaaS, SaaS
		6.1.2 침해사고 발생 시 신속한 대응이 가능하도록 주기적으로 침해사고 대응절차에 기반한 훈련을 실시하고 있는가?	대체	IaaS, PaaS, SaaS
		6.1.3 금융권 통합 보안관제수행을 위한 지원 체계가 마련되어 있는가?	필수	IaaS, PaaS
	6.2 침해사고 대응	6.2.1 침해사고 발생 시 침해사고 대응절차에 따라 클라우드컴퓨팅서비스 이용자에게 발생내용, 원인, 조치 현황등을 신속하게 알리고 있는가?	필수	IaaS, PaaS, SaaS
7 사용자 인증 및 접근통제	7.1 접근통제 정책	7.1.1 비인가자의 접근을 통제할 수 있도록 접근통제 영역 및 범위, 접근통제 규칙, 방법 등을 포함하여 접근통제 정책을 수립하고 이행하는가?	대체	IaaS, PaaS, SaaS
	7.2 접근권한 관리	7.2.1 클라우드 시스템 및 중요정보에 대한 접근을 관리하기 위하여 접근권한 부여, 이용(장기간 미사용), 변경(퇴직 및 휴직, 직무변경, 부서변경)의 적정성 여부를 정기적으로 검토하고 있는가?	대체	IaaS, PaaS, SaaS
		7.2.2 이용자의 정보처리시스템과 관련된 단말기 및 전산자료에 접근권한이 부여되는 정보처	필수	IaaS, PaaS, SaaS

		리시스템 관리자에 대하여 적절한 통제장치를 마련하고 적용하고 있는가?		
7 사용자 인증 및 접근통제	7.3 사용자 식별 및 인증	7.3.1 이용자가 클라우드서비스 이용 시 추가 인증 수단을 요청하는 경우 이를 제공하고 있는가?	대체	IaaS, PaaS, SaaS
		7.3.2 이용자의 안전한 클라우드서비스 이용을 위해 계정 및 패스워드 등의 관리절차 마련하고 안내하고 있는가?	대체	IaaS, PaaS, SaaS
8. 가상화 및 인프라 보안	8.1 가상화 보안	8.1.1 가상자원(가상 머신, 가상 스토리지, 가상 소프트웨어 등)의 생성, 변경, 회수 등에 대한 관리 방안을 수립하고 있는가?	대체	IaaS, PaaS, SaaS
		8.1.2 이용자가 클라우드서비스 이용 중 가상자원*을 삭제할 경우 삭제대상과 관련된 모든 자원이 복구되지 않는 방법으로 삭제되는가? * 가상머신(이미지, 백업, 스냅샷 등), 가상스토리지, 가상소프트웨어, 가상환경 설정정보 등	필수	IaaS, PaaS, SaaS
		8.1.3 가상자원에 대한 무결성을 보장하고 가상자원 손상 시 이용자에게 안내하고 있는가?	필수	IaaS, PaaS, SaaS
		8.1.4 하이퍼바이저 등 물리적/논리적 가상화 서버(기능) 및 인터페이스에 대한 보안관리 및 접근통제를 수행하고 있는가?	대체	IaaS, PaaS
		8.1.5 가상자원 관리 시스템*과 가상 소프트웨어(앱, 응용프로그램)를 배포하기 위한 공개서버에 대한 관리적, 물리적, 기술적 보호대책을 수립하고 이행하는가? * 가상자원을 제공하기 위한 웹사이트(클라우드 포탈, 클라우드 콘솔, API 등)	필수	IaaS, PaaS, SaaS
	8.2 가상환경 보호	8.2.1 이용자의 가상환경 보호를 위한 악성코드 방지대책을 수립하고 이행하는가?	대체	IaaS, PaaS, SaaS
	8.3 인프라 보안	8.3.1 클라우드서비스와 관련된 내외부 네트워크를 보호하기 위한 정보보호시스템을 설치하고 운영하고 있는가?	대체	IaaS, PaaS, SaaS

8. 가상화 및 인프라 보안	8.3 인프라 보안	8.3.2 업무, 서비스 등을 고려한 영역 간 네트워크를 분리하여 운영하고 있는가?	대체	IaaS, PaaS, SaaS
		8.3.3 이용자의 가상환경 보호 및 네트워크 분리를 위해 필요한 기능을 제공하는가?	필수	IaaS, PaaS
9 개발 및 운영 보안	9.1 시스템 분석 및 설계	9.1.1 보안감사증적(로그)의 정확성을 보장하기 위해 표준시각으로 동기화하고 있는가?	대체	IaaS, PaaS, SaaS
	9.2 구현 및 시험	9.2.1 테스트 시 이용자 정보 사용을 금지(부하테스트 등의 불가피한 경우 이용자 정보 변환 사용 및 테스트 종료 즉시 삭제)하고 있는가?	대체	IaaS, PaaS, SaaS
10 암호화 및 데이터 보호	10.1 데이터 보호	10.1.1 데이터 분류기준에 따라 데이터를 분류하고 관리하고 있는가?	대체	IaaS, PaaS, SaaS
		10.1.2 이용자의 데이터 소유권을 명확하게 확립하고 있는가?	대체	IaaS, PaaS, SaaS
		10.1.3 입·출력, 전송 또는 데이터 교환 및 저장소의 데이터에 대해 항상 데이터 무결성을 보장하고 있는가?	대체	IaaS, PaaS, SaaS
		10.1.4 데이터에 대한 접근제어, 위·변조 방지 등 데이터 처리에 대한 보호기능을 이용자에게 제공하고 있는가?	대체	IaaS, PaaS, SaaS
		10.1.5 이용자의 데이터가 처리되는 위치를 추적하기 위한 방안을 제공하고 있는가?	대체	IaaS, PaaS, SaaS
		10.1.6 이용자의 클라우드서비스 이용계약 종료 시 이용자의 모든 가상자원은 복구가 불가능하도록 삭제하고 있는가?	필수	IaaS, PaaS, SaaS
	10.2 암호화	10.2.1 이용자 데이터 처리 시 암호화를 적용하여 보호하고 있는가?	대체	IaaS, PaaS, SaaS
		10.2.2 암호키의 안전한 관리 절차를 수립하고 안전하게 보관하고 있는가?	대체	IaaS, PaaS, SaaS

11 물리적 보안	11.1 물리적 보호구역	11.1.1 전산실 내 주요시설에 출입통제, 감시제어를 위한 설비가 마련되어 있는가?	필수	IaaS, PaaS
		11.1.2 고유식별정보 또는 개인신용정보를 처리하는 경우 전산실 내 무선통신망 사용을 제한(통제)하고 있는가?	필수	IaaS, PaaS, SaaS
		11.1.3 사무실 및 설비 공간에 대한 물리적인 보호 방안을 수립하고 적용하고 있는가?	대체	IaaS, PaaS
	11.2 정보처리 시설 및 장비보호	11.2.1 고유식별정보 및 개인신용정보를 처리하는 모든 정보처리시스템을 국내에 설치하고 있는가?	필수	IaaS, PaaS, SaaS
		11.2.2 각 보안 구역의 중요도 및 특성에 따라 화재, 누수, 전력 이상 등 자연재해나 인재에 대비하여 화재 감지기, 소화 설비, 누수 감지기, 항온 항습기, 무정전 전원장치(UPS), 이중 전원선 등의 설비를 갖추고 있는가?	필수	IaaS, PaaS
		11.2.3 정보처리시설 내 이용자 정보(자료)가 저장된 장비를 폐기하는 경우 복구가 불가능하도록 처리하고 있는가?	대체	IaaS, PaaS

〈별표 2의3〉 클라우드컴퓨팅서비스 이용과 관련한 업무 연속성 계획(제14조의2 관련)

금융회사 또는 전자금융업자는 클라우드서비스에 대해 예상치 못한 재해 또는 사고 발생 시 업무 연속성에 미칠 수 있는 영향을 파악하고, 데이터 백업, 재해복구 및 침해 사고대응 훈련계획, 출구전략 등을 포함한 업무 연속성 계획을 수립하여 이행하여야 한다. 다만, 제14조의2 제1항 제1호에 따라 중요업무로 분류된 경우 필수 사항과 추가 사항을 모두 준수하여야 하고, 비중요업무로 분류된 경우 필수 사항만을 준수할 수 있다.

1. 데이터 백업 등 장애 대비	필수 사항 (전자금융감독규정상 규율사항)	• 제13조 제1항 제6호, 제13조 제1항 제8호 내지 9호, 제14조 제3호 내지 5호, 제14조 제8호, 제15조 제2항 제6호, 제50조 제1항 제3호
	추가 사항	• 클라우드서비스와 관련된 중요 설정파일, 가상 시스템 이미지 등을 데이터 백업 대상에 포함

2. 이중화 또는 예비장치 확보 등	필수 사항 (전자금융감독규정상 규율사항)	• 제23조 제3항, 제23조 제7항
	추가 사항	• 클라우드 서비스 제공과 관련된 지리적 특성, 동시 장애 발생 가능성 등을 고려하여 중복 설계 및 구성
3. 훈련 및 사고 관리	필수 사항 (전자금융감독규정상 규율사항)	• 제15조 제4항, 제16조 제1항 제3호, 제16조 제2항, 제23조 제1항 내지 6항, 제23조 제8항 내지 10항, 제24조 제1항 내지 4항, 제37조의4 제5항
	추가 사항	• 훈련 및 사고관리 계획에 클라우드서비스 제공자의 역할, 책임, 비상연락망 등을 포함
4. 비상대책 수립	필수 사항 (전자금융감독규정상 규율사항)	• 제23조 제5항
	추가 사항	• 계약 변경, 파산 등과 같은 중대한 상황 발생에 대비한 공급 대체 방안, 업무 복구 가능성 식별 등 출구 전략 수립

〈별표 2의4〉 클라우드컴퓨팅서비스 이용과 관련한 안전성 확보조치(제14조의2 관련)

클라우드서비스 관련 보안사고의 예방을 위해 계정관리, 접근통제 등 필수 보안 통제가 구현되도록 안전성 확보조치 방안을 수립하여 이행하여야 한다. 다만, 제14조의2 제1항 제1호에 따라 중요업무로 분류된 경우 필수 사항과 추가 사항을 모두 준수하여야 하고, 비중요업무로 분류된 경우 필수 사항만을 준수할 수 있다.

1. 계정관리	필수 사항 (전자금융감독규정상 규율사항)	• 제13조 제1항 제1호 내지 제2호, 제13조 제1항 제14호, 제13조 제2항, 제14조제9호 내지 제10호, 제17조 제1항 제2호
	추가 사항	• 클라우드 관리 콘솔에 접근하는 관리자 계정에 대한 이중인증 등 강화된 보안조치 적용
2. 접근통제	필수 사항 (전자금융감독규정상 규율사항)	• 제13조 제1항 제3호 내지 제5호, 제13조 제1항 제12호, 제13조 제5항, 제32조 제1호, 제32조 제2호 가목, 제32조 제2호 다목, 제32조 제3호
	추가 사항	• 클라우드시스템 접근 절차를 문서화하고 관리 콘솔 관리자 계정의 경우 별도로 분리된 단말에서만 접근하도록 조치
3. 네트워크 보안	필수 사항 (전자금융감독규정상 규율사항)	• 제15조 제1항 제3호, 제15조 제6항 제1호, 제17조 제1항 제1호, 제18조, 시행세칙 2조의2 제1항
	추가 사항	• 시스템간 연계 및 클라우드서비스 내 주요 통신 채널에 대한 암호화 적용

4. 금융회사 등의 내부시스템과 클라우드 시스템 연계	필수 사항 (전자금융감독규정상 규율사항)	• 제12조 제1호 내지 제4호, 제15조 제1항 제5호, 제34조 제1호, 제60조 제1항 제5호, 시행세칙 제2조의2 제2항 제2호, 시행세칙 제2조의2 제3항
	추가 사항	• 내부시스템과 클라우드 시스템 간 연계되는 데이터의 식별 및 관리
5. 암호화 및 키 관리	필수 사항 (전자금융감독규정상 규율사항)	• 제31조 제1항 내지 제2항, 제32조 제2호, 제33조 제1항, 개인정보보호법·신용정보보호법·정보통신망법 등 관계법령에 따른 정보의 저장 및 송수신 시 암호화 조치
	추가 사항	• 클라우드서비스 제공자 등 외부자의 키접근 가능성 등을 고려하여 키의 수명주기별 보안관리 방안 수립
6. 로깅	필수 사항 (전자금융감독규정상 규율사항)	• 제13조 제1항 제11호, 제13조 제4항, 제18조 제3호, 제25조
	추가 사항	• 클라우드 관리 콘솔 관리자 등 주요 계정에 대한 활동 내역 로깅 및 주기적 검토
7. 가상 환경 보안	필수 사항 (전자금융감독규정상 규율사항)	• 해당사항 없음
	추가 사항	• 가상 이미지 템플릿을 최신 상태로 유지하고, 이미지 무결성 등 보안사항을 주기적으로 점검
8. 보안 모니터링 및 취약점 분석·평가	필수 사항 (전자금융감독규정상 규율사항)	• 제14조 제1호 내지 제2호, 제14조 제6호 내지 제7호, 제15조 제1항 제1호 내지 제2호, 제15조 제2항 내지 제3항, 제16조 제1항, 제37조의2
	추가 사항	• 클라우드서비스 내 주요 변경 사항에 대한 실시간 경보 설정 및 모니터링 실시
		• 주요 정보처리시스템의 경우 침해사고 대응기관의 통합보안관제 적용
9. 인적보안	필수 사항 (전자금융감독규정상 규율사항)	• 제8조 제1항 제2호 내지 제3호
	추가 사항	• 클라우드서비스 제공자 및 클라우드서비스 운영을 위탁받은 관리형 서비스 제공자 등의 권한과 책임을 식별하고 관리

(가) 적용대상 클라우드(예시)

무상으로 제공하더라도 광고를 통해 수익을 올리는 등 상업용으로 제공 중인 클라우드서비스.

자체적으로 구축하거나 협회, 단체, 계열사 등이 구축한 클라우드시스템이라도 서비스의 전부 또는 일부를 소속 구성원 이외를 대상으로 상용으로 제공하고 있다면 그 범위 내에서 대상에 포함된다.

(나) 미적용 대상 클라우드(예시)

금융지주회사, 금융IT 회사, 협회 등이 소속 구성원 전용(구성원 이외 사용자와 물리적으로 분리되어 공유되지 않음)으로 구축한 클라우드서비스(소속 구성원만을 대상으로 서비스 제공하면서 감독규정을 모두 준수하고, 서비스 제공에 따른 최소한의 대가를 받는 경우도 非상용 클라우드로 인정 가능)는 적용대상에서 제외된다.

※ 단, 금융지주회사, 금융IT 회사 등에서 감독규정 제11조 제11호 및 제12호, 제15조 제1항 제5호를 준수하면서 非상용 프라이빗 클라우드서비스 등을 구축·운영하여 금융 계열사 내에서 사용하는 경우에만 해당(기업홍보 등의 목적으로 유튜브(YouTube) 및 페이스북(Facebook)과 같은 클라우드 기반의 웹서비스를 단순 이용하는 경우)

** 금융위원회 질의회신(2019. 7. 3.)

〈질의〉

고객이 스마트폰으로 촬영하는 공과금 고지서 이미지에 대해 고객이 선택적으로 제휴사에서 제공하는 OCR 텍스트 변환 기능을 이용하고, 은행 서버와 제휴사 서버 간에는 통신/정보 교환 없이 고객 스마트폰만이 제휴사 서버와 API 통신으로 고지서 이미지의 텍스트 변환이 이루어질 경우, 은행의 정보처리 업무 위탁 및 클라우드 컴퓨팅 서비스 이용 해당여부

〈회신〉

ㅁ "정보처리의 위탁"이라 함은 금융회사가 자신의 정보처리 업무를 제3자로 하여금 계속적으로 처리하도록 하는 행위를 의미합니다(금융회사의 정보처리 업무 위탁에 관한 규정 제2조 제6항).

• 따라서 OCR 서비스가 금융회사 자신의 정보처리 업무가 아니라면 동 규정이 적용되지 않으며, 이 경우 정보처리 업무 위탁의 한 유형인 전자금융감독규정상의 클라우드서비스 이용 관련 규정도 적용된다고 보기 어렵습니다.

〈이유〉

□ 질의하신 사항은 금융회사가 고객정보를 위탁·전송하지 않으며(은행 서버와 해당 업체 서버 간 통신 /정보 교환도 없음),

• 고객이 OCR 서비스를 제공하는 업체와 직접 정보 제공 동의, 이용 계약을 체결하는 경우에 정보처리 업무 위탁의 해당 여부 등입니다.

□ "정보처리의 위탁"이라 함은 금융회사가 자신의 정보처리 업무를 제3자로 하여금 계속적으로 처리하도록 하는 행위를 의미합니다(금융회사의 정보처리 업무 위탁에 관한 규정 제2조 제6항).

• 따라서 금융회사 자신의 정보처리 업무가 아니라면 동 규정이 적용되지 않으며, 이 경우 정보처리 업무 위탁의 한 유형인 전자금융감독규정상의 클라우드서비스 이용 관련 규정도 적용된다고 보기 어렵습니다.

• 질의사항은 OCR서비스 제공 업체가 자신의 서비스 업무를 처리할 목적으로 고객정보를 직접 수집·처리하고, 금융회사 - OCR서비스 제공자간 고객정보의 전송행위도 이루어지지 않으므로(이미지의 텍스트 변환 결과는 고객 스마트폰에 저장) 정보처리 업무위탁, 금융회사의 클라우드 서비스 이용 행위(클라우드 서비스는 OCR서비스 제공자가 이용)라고 보기는 어렵습니다.

** 금융위원회 질의회신(2019. 3. 20.)

〈질의〉

1. 전자금융업자가 국내에 전산센터를 둔 해외 클라우드 사업자의 서비스를 이용하는 것이 가능한지?

2. 전자금융업자가 개인신용정보를 처리하는 경우에도 국내에 전산센터를 둔 해외 클라우드 사업자의 서비스를 이용할 수 있는지?

3. 전자금융업자와 클라우드 제공자 간에 VPN을 사용하여 접속하는 것이 가능한지 여부

4. 클라우드서비스 제공자 선정시 정보보호위원회에서 심의해야 하는 평가항목은?

5. 전자금융업자의 시스템과 분리된 별도의 망에 구성된 시스템 간에 데이터/보안 암호키를 공유할 수 있는지?

6. 클라우드의 경우 논리적 망분리가 허용되는 것인지?

〈회신〉

□ 전자금융업자가 개인신용정보를 클라우드서비스를 통해 처리하고자 할 경우 국내에 이미 전산센터를 갖춘 해외 클라우드의 사업자의 서비스를 이용하는 것이 가능합니다.

* 다만, 개인신용정보는 국내(전산센터)에서 처리되어야 합니다.

• 또한, 고유식별정보, 개인신용정보를 제외한 비중요정보를 클라우드를 통해 처리하는 경우에는 해외 소재 클라우드도 이용할 수 있습니다(질의 1, 2에 대한 답변).

□ 전자금융업자가 클라우드서비스에 연결해야 할 경우 VPN을 이용하는 것이 가능합니다(질의 3에 대한 답변).

□ 전자금융업자는 클라우드서비스를 이용할 경우 중요도 평가 결과, 자체 업무 위수탁 운영기준, 클라우드서비스 제공자 건전성 및 안전성 평가 결과에 대해 정보보호위원회를 개최하여 심의·의결하여야 합니다(질의 4에 대한 답변).

□ 전자금융업자의 시스템과 타 시스템간 정보 공유가 필요할 경우 해당 정보와 관련한 암호키를 공유할 수 있으나, 이 경우에도 해당 암호키는 접근통제 정책을 통해 안전하게 관리할 필요가 있습니다(질의 5에 대한 답변).

□ 전자금융업자가 클라우드컴퓨팅서비스 이용 절차에 따라 클라우드서비스를 이용하는 경우에는 물리적 망분리의 예외가 인정됩니다(전자금융감독규정 제14조의2 제8항).

〈이유〉

□ 현행 규정은 전자금융업자가 개인신용정보를 클라우드서비스를 통해 처리하는 경우에는 해당 정보 처리시스템을 국내에 설치토록 하고 있습니다(전자금융감독규정 제14조의2 제8항).

• 동 규정은 개인신용정보 보호, 감독가능성 확보를 위해 정보시스템의 위치를 국내로 제한한 것이므로, 전자금융업자는 국내에 이미 전산센터를 갖춘 해외 클라우드의 사업자의 서비스도 이용할 수 있습니다.

• 한편, 고유식별정보, 개인신용정보를 포함하지 않은 비중요정보 시스템에 한정된 클라우드서비스를 이용할 경우에는 해외 소재 클라우드도 이용할 수 있습니다.

□ 전자금융업자의 업무용 단말기, 내부망 정보처리시스템을 클라우드서비스 제공자 구간에 위치한 내부망 정보처리시스템에 연결하거나, 관리용 단말기를 클라우드서비스에 연결해야 하는 경우 VPN을 이용하는 것이 가능합니다(전자금융감독규정 제14조의2 제8항).

□ 전자금융업자는 중요도 평가 결과, 자체 업무 위수탁 운영기준, 클라우드서비스 제공자 건전성 및 안전성 평가 결과에 대해 정보보호위원회를 개최하여 심의·의결하여야 합니다(전자금융감독규정 제14조의2 제2항).

□ 현행 규정은 전자금융업자로 하여금 암호 및 인증시스템에 적용되는 키에 대하여 주입·운용·갱신·폐기에 대한 절차 및 방법을 마련하여 안전하게 관리토록 하고 있습니다(전자금융감독규정 제31조).

• 암호키에 대해 비인가접근을 방지하기 위해 암호키에 대한 접근제어 정책을 수립하여야 합니다.

• 즉, 암호화 키는 접근이 통제된 보안네트워크에 저장하고, 클라우드서비스 제공자의 직원이나 동일 클라우드서비스를 이용하는 외부 기관이 접근할 수 없도록 조치가 필요합니다.

• 전자금융업자의 시스템과 타시스템간 정보 공유가 필요할 경우 해당 정보와 관련한 암호키를 공유할 수 있으나, 이 경우에도 해당 암호키는 접근통제 정책을 통해 안전하게 관리할 필요가 있습니다.

□ 전자금융업자가 클라우드컴퓨팅서비스 이용 절차(전자금융감독규정 제14조의2)에 따라 클라우드서비스를 이용하는 경우에는 물리적 망분리의 예외가 인정됩니다(전자금융감독규정 제14조의2 제8항).

* 망분리 예외와 관련한 구체적 사항은 전자금융감독규정 시행세칙상 망분리 대체 정보보호통제 수칙(전자금융감독규정 시행세칙 제2조의2), 금융분야 클라우드 이용가이드라인을 참조하시기 바랍니다.

** 금융위원회 질의회신(2020. 1. 13.)

〈질의〉

□ 전자금융업자가 정보 주체의 동의를 받아 개인신용정보 등을 제3자에게 제공*하고, 그 제3자가 제공 받은 정보를 클라우드컴퓨팅서비스를 이용하여 처리하는 경우

* 제3자 제공 시 개인정보 보호법, 정보통신망법, 신용정보법 등 개인정보 관계 법령을 준수하고 정보 주체의 동의를 받는 것을 전제로 함

• 전자금융감독규정 제14조의2에 따른 금융감독원 사전보고 대상에 해당하는지 여부

〈회신〉

ㅁ 전자금융업자가 자신의 정보처리 업무를 위탁하는 것이 아닌 고객 정보를 제3자에게 단순 제공하는 것은 전자금융감독규정 제14조의2에 따른 사전보고 대상에 해당하지 않습니다.

〈이유〉

ㅁ 전자금융감독규정 제14조의2에 따른 클라우드컴퓨팅서비스 이용은 금융회사 및 전자금융업자가 자신의 정보처리 업무를 클라우드서비스 제공자로 하여금 계속적으로 처리하게 하는 정보처리 위탁 행위에 해당하는데,*

* "금융분야 클라우드컴퓨팅서비스 이용 가이드"('19. 1.), 금융회사의 정보처리 업무 위탁에 관한 규정 제2조 제6항

• 마케팅 제휴 등으로 인해 고객 정보를 제3자에게 단순 제공하는 것은 자신의 정보처리 업무를 타인에게 위탁하는 것이 아니므로 동 규정의 적용을 받지 않습니다.

** 금융위원회 질의회신(2019. 11. 4.)

〈질의〉

ㅁ 전자금융업자가 전자금융감독규정 제14조의2에 따라 본인이 운영하는 상용 클라우드서비스를 이용하는 것이 가능한지 여부

ㅁ 자사 클라우드서비스 이용이 가능할 경우 동 규정 제3항에 따른 사전보고 제출 서류는 어떻게 되는지?

〈회신〉

ㅁ 금융회사 및 전자금융업자가 본인이 운영하는 상용 클라우드서비스를 이용하는 것은 가능하며, 이 경우에도 전자금융감독규정 제14조의2의 절차를 준수

해야 합니다.

ㅁ 자사 클라우드서비스 이용에 따른 사전보고 시 위탁계약서 등 위탁관계에 따른 서류를 제출할 필요는 없으나, 상용 클라우드 이용과 관련된 서류로 대체하여 제출해야 합니다.

〈이유〉

ㅁ 전자금융감독규정 제14조의2에서 자사 클라우드서비스 이용을 제한하고 있지 않으므로 금융회사 및 전자금융업자는 본인이 운영하는 상용 클라우드서비스를 이용할 수 있습니다.

• 다만, 이 경우에도 중요도 평가 등 동 규정에서 요구하고 있는 클라우드 이용 절차를 모두 준수해야 합니다.

ㅁ 자사 클라우드서비스 이용에 따른 사전보고 시 위탁계약서 등 위탁관계에 따른 서류 제출할 필요는 없으나, 상용 클라우드 이용과 관련된 서류로 대체* 하여 제출해야 합니다.

* 예) 업무위수탁 운영 기준 → 상용 클라우드 이용에 따른 운영 기준

** 금융위원회 질의회신(2019. 5. 27.)

〈질의〉

ㅁ 은행이 핀테크 기업을 지원하기 위한 OO개발지원센터를 운영하면서 스타트업이 사용하기 위한 개발용 클라우드 환경을 제공하는 경우, 전자금융감독규정 제14조의2에 따른 관련 절차*를 이행해야 하는지 여부

* 정보처리시스템 중요도 평가, 클라우드서비스 제공자(CSP)에 대한 건전성 및 안전성 평가, 자체 업무 위·수탁 운영기준 마련·준수 등

〈회신〉

ㅁ 금융회사가 자신의 정보처리 업무를 처리하는 것이 아닌 스타트업에 개발 환경을 지원하기 위해 클라우드를 이용하는 경우에는, 전자금융감독규정 제14조의2에 따른 절차가 적용되지 않습니다.

〈이유〉

ㅁ 전자금융감독규정 제14조의2에 따른 클라우드 이용은 금융회사의 정보처리 위탁에 해당*하는바,

* 「금융분야 클라우드컴퓨팅서비스 이용 가이드」 p. 3.

• "정보처리 위탁"은 금융회사가 자신의 정보처리 업무를 제3자로 하여금 계속적으로 처리하게 하는 것을 의미하므로(금융회사의 정보처리 업무 위탁에 관한 규정 제2조 제6항)

• 금융회사가 자신의 정보처리 업무를 처리하는 것이 아닌 스타트업에 개발 환경을 지원하기 위해 클라우드를 이용하는 경우에는 동 규정이 적용되지 않습니다.

---

(2) 평가결과 등의 정보보호위원회 심의 · 의결

금융회사 또는 전자금융업자는 위의 제1항 각 호에 따른 평가결과, 업무연속성 계획 및 안전성 확보조치에 대하여 정보보호위원회의 심의·의결을 거쳐야 한다(감독규정14의2②).

(3) 평가의 직접 수행 등

금융회사 또는 전자금융업자는 위의 제1항 제2호의 평가를 직접 수행하거나 감독규정 제37조의4 제1항의 침해사고대응기관이 수행한 평가결과를 활용할 수 있다(감독규정14의2③).

(4) 클라우드컴퓨팅서비스의 보고의무

금융회사 또는 전자금융업자는 다음의 어느 하나에 해당하는 사유가 발생한 날로부터 3개월 이내에 발생 사유, 관련 자료 및 대응계획을 첨부하여 금융감독원장[20]에게 보고하여야 한다(감독규정14의2④).

1. 클라우드컴퓨팅서비스 이용계약을 신규로 체결하는 경우

---

20) 감독규정시행세칙 제2조의3(클라우드컴퓨팅서비스의 보고) 규정 제14조의2 제4항에 따라 감독원장에게 보고하는 양식은 <별지 제6호 서식>에 따른다

2. 클라우드컴퓨팅서비스 제공자의 합병, 분할, 계약상 지위의 양도, 재위탁 등 중대한 변경사항이 발생한 경우
3. 클라우드컴퓨팅서비스 제공자가 서비스품질의 유지, 안전성 확보 등과 관련한 중요 계약사항을 이행하지 아니한 경우
4. 제1항 제2호 또는 제3호에 관한 중대한 변경사항이 발생한 경우

(5) 보고시 첨부서류

금융감독원장에게 보고할 경우 첨부해야 하는 서류는 다음과 같다(감독규정 14의2⑤).

1. 금융회사의 정보처리 업무위탁에 관한 규정 제7조 제1항 각 호[21]에 관한 서류
2. 제1항 제1호에 따른 업무의 중요도 평가 기준 및 결과
3. 제1항 제2호에 따른 클라우드컴퓨팅서비스 제공자의 건전성 및 안전성 등에 대한 평가결과
4. 제1항 제3호에 따른 업무 연속성 계획 및 안전성 확보조치에 관한 사항
5. 제2항에 따른 정보보호위원회 심의·의결 결과
6. <별표 2의5>의 계약서 주요 기재사항을 포함한 클라우드컴퓨팅서비스 이용계약서

---

21) 제7조(보고) ① 금융회사가 제4조 제1항에 따라 개인고객의 금융거래정보(금융거래의 내용이 누구의 것인지를 알 수 없는 경우를 제외) 처리업무를 위탁하고자 하는 경우로서 업무를 수탁받는 자가 국외에 소재하는 경우에는 그 사실을 업무를 위탁받은 자가 그 위탁받은 업무를 실제로 수행하려는 날의 30영업일 이전에 다음의 서류를 첨부하여 금융감독원장에게 보고하여야 한다.
1. 위탁계약서(안) 사본
2. 금융기관의 업무위탁 등에 관한 규정 제3조의2에 따라 금융기관이 마련하고 준수하여야 할 '업무 위수탁 운영기준'
3. 업무위탁 계약이 이 규정 등 관련법령에 위배되지 아니한다는 준법감시인(준법감시인이 없는 경우, 감사 등 이에 준하는 자)의 검토의견 및 관련자료 사본
4. 위탁의 필요성 및 기대효과
5. 위탁에 따른 업무처리절차의 주요 변경내용
6. 정보처리업무 운영에 대한 감독기관의 실질적 감독가능성을 확인할 수 있는 서류
7. 위탁계약 상대방(재위탁 예정시 재위탁계약 상대방 포함)에 관한 사항(상호, 자본금 규모, 소재지, 주된 업종, 개인의 경우 대표자 인적사항 등)
8. 전산사고 및 정보유출 등 발생시 피해자 구제절차

〈별표 2의5〉 클라우드컴퓨팅서비스 위수탁 계약서 주요 기재사항(제14조의2 관련)

금융회사 또는 전자금융업자가 클라우드컴퓨팅서비스 제공자와 위수탁 계약 체결 시 아래의 사항을 포함하여야 한다. 다만, 제14조의2 제1항 제1호에 따라 비중요업무로 분류된 경우 기본 사항만을 포함하고, 중요업무로 분류된 경우 기본 사항과 추가 사항을 모두 포함하여야 한다.

가. 기본 포함사항

- 클라우드서비스 이용 대상 업무 및 시스템 개요
- 위탁하는 업무 데이터에 관한 사항
- 위수탁 계약 및 재위탁 관련 중요 변경사항이 있는 경우 통보필요 사항
- 감독당국 또는 내외부 감사인의 조사 · 접근 수용 의무[22)]
- 비상대응훈련, 취약점 분석 · 평가, 침해사고 대응훈련 등 협조 사항
- 클라우드서비스 제공자의 보안관리 수준 등에 관한 사항
- 정보보호 의무 및 서비스 연속성 보장 등 보안 요구사항
- 서비스에 악영향을 미칠 수 있는 경우 계약 해지 권한 보유
- 서비스 제공 수준(SLA) 모니터링 및 시정조치 권리
- 고객정보보호 및 비밀유지
- 위탁계약 종료 시 데이터 파기
- 관련 법률 준수 및 보고 관련 의무

나. 추가 포함사항

- 금융회사 등이 위탁한 정보처리가 실제 수행되는 위치
- 서비스 제공 중단 시 데이터 접근권한 등 비상대책에 관한 사항
- 위탁업무를 다른 수탁자나 금융회사로 이전할 경우 지원의무 및 전환계획
- 합병 · 분할, 계약상 지위의 양도, 재위탁 등 중요 상황 발생시 대책
- 재위탁 또는 재위탁의 변경 등 금융회사의 동의가 필요한 사항

---

22) 금융위원회, 금융감독원, 침해사고대응기관, 금융회사 사내 · 사외 감사(정보보호담당자 포함) 및 금융회사가 임명한 제3자(이하 "금융위, 금감원 및 내외부 감사인")는 조사 · 접근을 수행*할 수 있으며, 클라우드서비스 제공자는 이를 위해 현장 방문, 관련 자료제출 요구 및 검사에 적극 협조해야 한다. 금융위, 금감원 및 내외부 감사인은 클라우드서비스에 이용되는 모든 범위의 장치, 시스템, 네트워크 및 데이터에 접근할 수 있다. 금융위, 금감원은 클라우드서비스 제공자를 대상으로 감독·검사를 수행할 수 있고, 내외부 감사인은 클라우드서비스 제공자를 대상으로 감사를 수행할 수 있으며, 필요시 다수 금융회사가 공동으로 또는 위탁받은 제3자를 통해 감사를 수행할 수 있다.
* 금융회사가 지정한 제3자의 감사보고서 검토로 내외부 감사인의 조사 · 접근을 일부 대체할 수 있다(단, 금융위, 금감원, 침해사고대응기관의 조사·접근은 대체할 수 없음).

– 재위탁 관련 클라우드서비스 제공자의 관리 · 감독 의무

(6) 첨부서류의 최신상태 유지와 제공

클라우드컴퓨팅서비스를 이용하는 금융회사 또는 전자금융업자는 보고의무와 관계없이 첨부서류를 최신상태로 유지하여야 하며, 금융감독원장의 요청이 있을 경우 이를 지체 없이 제공하여야 한다(감독규정14의2⑥).

(7) 보고서류의 개선 · 보완 요구

금융감독원장은 제출한 보고서류가 누락되거나, 중요도 평가 또는 업무연속성계획 · 안전성 확보조치 등이 충분하지 않다고 판단하는 경우에는 금융회사 또는 전자금융업자에 대하여 개선 · 보완을 요구할 수 있다(감독규정14의2⑦). 실무적으로는 위에서 요구한 자료에 더하여, 감독 및 검사 권한 확보를 위하여 클라우드컴퓨팅서비스 제공자의 수검확약서 등을 요구하는 경우도 있다.

(8) 일부 규정의 적용 여부

앞 제1항의 이용절차를 거친 클라우드컴퓨팅서비스 제공자의 정보처리시스템이 위치한 전산실에 대해서는 감독규정 제11조 제11호 및 제12호,[23] 제15조 제1항 제5호[24]를 적용하지 아니한다(감독규정14의2⑧ 본문). 다만, 금융회사 또는 전자금융업자(전자금융거래의 안전성 및 신뢰성에 중대한 영향을 미치지 않는 외국금융회사의 국내지점, 제50조의2에 따른 국외 사이버몰을 위한 전자지급결제대행업자는 제외)가 고유식별정보 또는 개인신용정보를 클라우드컴퓨팅서비스를 통하여 처리하는 경우에는 제11조 제12호를 적용하고, 해당 정보처리시스템을 국내에 설치하여야 한다(감독규정14의2⑧ 단서). 일부 클라우드컴퓨팅서비스 제공자는 한국 리전(Region)을 운영함으로써 본 규정을 준수하고 있다.

---

23) 11. 국내에 본점을 둔 금융회사의 전산실 및 재해복구센터는 국내에 설치할 것
12. 무선통신망을 설치하지 아니할 것

24) 5. 전산실 내에 위치한 정보처리시스템과 해당 정보처리시스템의 운영, 개발, 보안 목적으로 직접 접속하는 단말기에 대해서는 인터넷 등 외부통신망으로부터 물리적으로 분리할 것. 다만, 다음 각 목의 경우에는 그러하지 아니하다.
가. 이용자의 고유식별정보 또는 개인신용정보를 처리하지 않는 연구 · 개발 목적의 경우(단, 금융회사 또는 전자금융업자가 자체 위험성 평가를 실시한 후 금융감독원장이 정한 망분리 대체 정보보호통제를 적용한 경우에 한한다)
나. 업무상 불가피한 경우로서 금융감독원장이 인정하는 경우

(9) 금융회사의 정보처리 업무 위탁에 관한 규정의 적용

그 밖에 금융회사 또는 전자금융업자의 클라우드컴퓨팅서비스 이용에 대해서는 「금융회사의 정보처리 업무 위탁에 관한 규정」에 따른다(감독규정14의2⑨).

** 금융위원회 질의회신(2021. 12. 22.)

〈질의〉

전자금융감독규정 제14조의2 적용 대상관련 법령해석

ㅁ 전자금융업무를 수행하지 않는 금융회사가 클라우드컴퓨팅서비스를 이용하여 업무 및 중요정보를 처리하고자 하는 경우, 전자금융감독규정 제14조의2가 적용되는지?

ㅁ 적용된다면, 해당 금융회사는 전자금융거래법 제3조 제3항 각호에 해당하는 사항 또한 적용되는지?

〈회신〉

ㅁ 전자금융업무를 수행하지 않는 여신전문금융회사 등은 전자금융거래법 제3조 제3항 및 전자금융거래법 시행령 제5조 제2항에 따라 전자금융감독규정 제14조의2에 따른 클라우드컴퓨팅서비스 이용절차가 적용되지 않습니다.

〈이유〉

ㅁ 전자금융거래법 제3조 제3항 및 전자금융거래법 시행령 제5조 제2항에 따라 전자금융업무를 하지 않는 여신전문금융회사 등 금융회사는 전자금융거래법 제3조 제3항 각 호의 사항을 적용받지 않습니다.

ㅁ 특히 전자금융거래법 제21조 제2항에서는 전자금융거래의 안전성 확보를 위해 금융회사 및 전자금융업자로 하여금 전자금융업뿐만 아니라 일반 정보기술(IT)부분 업무에 대해서도 일정한 기준을 준수하도록 규정하고 있는 것으로, 전자금융업무를 하지 않는 금융회사는 전자금융거래법 제21조 제2항의 인력, 시설, 전자적 장치 등의 정보기술부문 및 전자금융업무에 관하여 금융위원회가 정하는 기준이 적용되지 않습니다.

5. 해킹 등 방지대책

금융회사 또는 전자금융업자는 인터넷 등 공개된 외부통신망과 접속되는 내부 정보통신망 및 정보처리시스템을 해킹 등 전자적 침해행위로부터 보호하기 위하여 침입차단시스템 등 정보보호시스템을 설치하고, 침해행위 발생 즉시 침해 사실을 탐지하여 대응할 수 있도록 대응 체계를 구축해야 한다.[25)]

(1) 해킹 등 방지대책의 수립 · 운용의무

금융회사 또는 전자금융업자는 정보처리시스템 및 정보통신망을 해킹[26)] 등 전자적 침해행위로부터 방지하기 위하여 다음의 대책을 수립·운용하여야 한다(감독규정15①).

1. 해킹 등 전자적 침해행위로 인한 사고를 방지하기 위한 정보보호시스템 설치 및 운영
2. 해킹 등 전자적 침해행위에 대비한 시스템프로그램 등의 긴급하고 중요한 보정(patch)사항에 대하여 즉시 보정작업 실시
3. 내부통신망과 연결된 내부 업무용시스템은 인터넷(무선통신망 포함) 등 외부통신망과 분리·차단 및 접속 금지. 다만, 다음 각 목의 경우에는 그러하지 아니하다.[27)]
   가. 이용자의 고유식별정보 또는 개인신용정보를 처리하지 않는 연구·개발 목적의 경우(단, 금융회사 또는 전자금융업자가 자체 위험성 평가를 실시한 후 금융감독원장이 정한 망 분리 대체 정보보호통제를 적용한 경우에 한한다)
   나. 업무상 불가피한 경우로서 금융감독원장의 확인을 받은 경우[28)]

---

25) 금융감독원(2017), 54쪽.
26) 감독규정에서 "해킹"이라 함은 접근을 허가받지 아니하고 전자금융기반시설에 불법적으로 침투하거나 허가받지 아니한 권한을 불법적으로 갖는 행위 또는 전자금융기반시설을 공격하거나 해를 끼치는 행위를 말한다(감독규정2(7)).
27) 감독규정 제15조 제1항 제3호 나목 등에 의하여 코로나로 인한 금융회사 재택근무 등으로 인하여 일부 기간 동안은 망분리 규정을 일부 완화하여 적용하기도 하였다.
28) 감독규정시행세칙 제2조의2(망분리 적용 예외) ① 규정 제15조 제1항 제3호 나목에서 금융감독원장의 확인을 받은 경우란 다음과 같다.
   1. 내부 통신망에 연결된 단말기가 업무상 필수적으로 외부기관과 연결해야 하는 경우(다만, 이 경우 필요한 서비스번호(port)에 한하여 특정 외부기관과 연결할 수 있다).

4. 내부통신망에서의 파일 배포기능은 통합 및 최소화하여 운영하고, 이를 배포할 경우에는 무결성 검증을 수행할 것
5. 전산실 내에 위치한 정보처리시스템과 해당 정보처리시스템의 운영, 개발, 보안 목적으로 직접 접속하는 단말기에 대해서는 인터넷 등 외부통신망으로부터 물리적으로 분리할 것. 다만, 다음 각 목의 경우에는 그러하지 아니하다.
   가. 이용자의 고유식별정보 또는 개인신용정보를 처리하지 않는 연구·개발 목적의 경우(단, 금융회사 또는 전자금융업자가 자체 위험성 평가를 실시한 後 금융감독원장이 정한 망 분리 대체 정보보호통제를 적용한 경우에 한한다)
   나. 업무상 불가피한 경우로서 금융감독원장이 인정하는 경우[29][30]

---

2. 규정 제12조의 보안대책을 적용한 단말기에서 전용회선과 동등한 보안수준을 갖춘 통신망을 이용하여 외부망으로부터 내부 업무용시스템으로 원격접속하는 경우

29) 감독규정시행세칙 제2조의2(망분리 적용 예외) ② 규정 제15조 제1항 제5호 나목에서 금융감독원장이 인정하는 경우란 다음과 같다.
1. 금융회사의 정보처리 업무 위탁에 관한 규정에 따라 정보처리 업무를 국외 소재 전산센터에 위탁하여 처리하는 경우(다만, 해당 국외 소재 전산센터에 대해서는 물리적 방식 외의 방법으로 망을 분리하여야 하며, 이 경우에도 국내 소재 전산센터 및 정보처리시스템 등은 물리적으로 망을 분리하여야 한다)
2. 업무상 외부통신망과 연결이 불가피한 다음의 정보처리시스템(다만, 필요한 서비스번호(port)에 한하여 연결할 수 있다)
   가. 전자금융업무의 처리를 위하여 특정 외부기관과 데이터를 송수신하는 정보처리시스템
   나. DMZ구간 내 정보처리시스템과 실시간으로 데이터를 송수신하는 내부통신망의 정보처리시스템
   다. 다른 계열사(「금융회사의 정보처리 업무 위탁에 관한 규정」 제2조 제3항의 "계열사")와 공동으로 사용하는 정보처리시스템
3. 규정 제23조의 비상대책에 따라 원격 접속이 필요한 경우
4. 전산실 내에 위치한 정보처리시스템의 운영, 개발, 보안 목적으로 직접 접속하는 단말기와 외부통신망과의 연결 구간, 규정 제15조 제1항 제3호의 내부 업무용 시스템과의 연결 구간을 각각 차단한 경우

30) 감독규정시행세칙 제2조의2(망분리 적용 예외) ③ 제2조의2 제1항 및 제2항의 규정은 금융회사 또는 전자금융업자가 자체 위험성 평가를 실시한 후 <별표 7>에서 정한 망분리 대체 정보보호통제를 적용하고 정보보호위원회가 승인한 경우에 한하여 적용한다.

<별표 7> 망분리 대체 정보보호통제

구 분	통제 사항
공통	· 외부망에서 내부망으로 전송되는 전산자료를 대상으로 악성코드 감염여부 진단·치료 · 지능형 해킹(APT)차단 대책 수립·적용 · 전산자료 외부전송 시 정보유출 탐지·차단·사후 모니터링

** 금융위원회 질의회신(2023. 5. 3.)

〈질의〉

투자자문업자의 망분리 시행 여부에 대한 질의

<table>
<tr><td>메일
시스템</td><td colspan="3">· 본문과 첨부파일 포함하여 메일을 통한 악성코드 감염 예방 대책 수립·적용
· 메일을 통한 정보유출 탐지·차단·사후 모니터링 대책 수립·적용</td></tr>
<tr><td>업무용
단말기</td><td colspan="3">· 사용자의 관리자 권한 제거
· 승인된 프로그램만 설치·실행토록 대책 수립·적용
· 전산자료 저장 시 암호화</td></tr>
<tr><td>연구·
개발</td><td colspan="3">· 유해 사이트 차단 등 외부 인터넷 접근통제 대책 수립·적용
· 연구·개발망과 내부망간 독립적인 네트워크 구성
· 연구·개발 단말기 및 시스템에 대한 보호대책 수립·적용 및 중요정보(고유식별정보, 개인신용정보 등) 처리여부 모니터링
· 연구·개발망의 침해사고 예방 및 사고대응 대책 수립·적용
· 중요 소스코드 등에 대한 외부 반출방지 등 보안관리 대책 수립·적용</td></tr>
<tr><td rowspan="7">원격
접속</td><td rowspan="3">외부
단말기</td><td>공통</td><td>· 백신 프로그램 설치, 실시간 업데이트 및 검사 수행
· 안전한 운영체제 사용 및 최신 보안패치 적용
· 로그인 비밀번호 및 화면 보호기 설정
· 화면 및 출력물 등으로 인한 정보유출 방지대책 적용</td></tr>
<tr><td>업무용 단말기를 경유하여 내부망에 접속하는 경우 (간접접속)</td><td>· 외부 단말기와 업무용 단말기의 파일 송·수신 차단</td></tr>
<tr><td>외부 단말기에서 내부망에 직접 접속하는 경우 (직접접속)</td><td>· 인가되지 않은 S/W 설치 차단
· 보안 설정 임의 변경 차단
· USB 등 외부 저장장치 읽기/쓰기 차단
· 전산자료(파일, 문서) 암호화 저장
· 단말기 분실 시 정보 유출 방지 대책적용(하드디스크 암호화, CMOS비밀번호 적용 등)</td></tr>
<tr><td>내부망
접근통제</td><td colspan="2">· 업무상 필수적인 IP, Port에 한하여 연결 허용
· 원격접속 기록 및 저장(예: 접속자 ID, 접속일자, 접속 시스템 등)</td></tr>
<tr><td>인증</td><td colspan="2">· 이중 인증 적용(예: ID/PW+OTP)
· 일정 횟수(예: 5회) 이상 인증 실패 시 접속 차단</td></tr>
<tr><td>통신
회선</td><td colspan="2">· 안전한 알고리즘으로 네트워크 구간 암호화
· 내부망 접속시 인터넷 연결 차단(단, 직접 내부망으로 접속하는 외부 단말기는 인터넷 연결 상시 차단)
· 원격 접속 후 일정 유휴시간 경과 시 네트워크 연결 차단</td></tr>
<tr><td>기타</td><td colspan="2">· 원격접속자에 대한 보안서약서 징구
· 공공장소에서 원격 접속 금지</td></tr>
</table>

□ 전자적 장치를 통하여 투자자문업을 영위하는 회사(예, 디지털 자문사)의 망분리 필요성 여부에 대한 질의

〈회신〉

□ 질의하신 내용만으로 판단하기는 어려우나, 자본시장법에 따른 투자자문업을 전자적 장치를 통해 제공하는 경우 전자금융감독규정 제15조 제1항 제3호 및 제5호에 따른 망분리 의무가 부과될 수 있습니다.

〈이유〉

□ 전자금융거래법은 소관 금융법에 따른 금융회사를 열거하는 방식을 채택하고 있으며, 원칙적으로 금융회사가 소관 금융법에 따라 제공하는 상품 및 서비스는 모두 전자금융거래법상 금융상품 및 서비스에 해당한다고 볼 수 있습니다.

□ 또한, 전자금융거래법은 자본시장법에 따른 금융투자업자를 금융회사로 포함하고 있고 금융투자업자에는 투자자문업자가 포함되므로,

• 투자자문업을 영위하는 회사가 투자자문업을 전자적 장치를 통해 제공하는 경우 전자금융거래법 제21조 제1항에 따른 안전성 확보의무가 부과되고, 이를 구체적으로 규정한 전자금융감독규정에 따라 망분리 의무가 부과됩니다.

□ 다만, 투자자문업을 영위하는 회사가 투자자문업을 전자적 장치를 통해 제공하지 않는 경우 전자금융거래법 제3조 제3항 및 동법 시행령 제5조 제2항에 따라 전자금융업무를 하지 않는 경우에 해당하여 망분리 준수의무가 부과되지 않습니다.

** 금융위원회 질의회신(2022. 4. 8.)

〈질의〉

□ 전자금융업무를 수행하지 않는 금융지주사에서 금융거래정보나 개인(신용)정보를 취급하지 않는 임직원이 이용하는 내부 정보처리시스템에 전자금융감독규정 제15조 제1항 제3호에 따른 망분리를 적용하지 않을 경우 전자금융거래법 등 관련 법령에 위반되는지 여부

〈회신〉

ㅁ 전자금융감독규정 제15조 제1항 제3호는 “내부통신망과 연결된 내부 업무용시스템은 인터넷(무선통신망 포함) 등 외부통신망과 분리·차단 및 접속을 금지”하도록 규정하고 있습니다.

• 따라서 동조 규정의 단서에 따른 “업무상 불가피하여 금융감독원장의 확인을 받은 경우”가 아니라면 망분리 의무를 준수하여야 합니다.

〈이유〉

ㅁ 금융지주사는 전자금융거래법 제21조, 전자금융감독규정 제15조 등에 따라 안전성 확보조치를 해야 하는 금융회사에 해당합니다(법 §1, 시행령 §2).

---

(2) 정보보호시스템 설치 · 운영시 준수사항

위의 제1항 제1호의 규정에 따른 정보보호시스템을 설치·운영하는 경우에는 다음 각 호의 사항을 준수하여야 한다(감독규정15②).

1. 삭제 <2015. 3. 18.>
2. 최소한의 서비스번호(port)와 기능만을 적용하고 업무목적 이외의 기능 및 프로그램을 제거할 것
3. 보안정책의 승인·적용 및 보안정책의 등록, 변경 및 삭제에 대한 이력을 기록·보관할 것
4. 정보보호시스템 원격관리를 금지할 것. 다만, 원격관리가 불가피한 경우 전용회선(전용회선과 동등한 보안수준을 갖춘 가상의 전용회선을 포함) 사용, 접근통제 등을 포함한 원격접속 보안대책을 수립·운영할 것
5. 정보보호시스템의 작동 상태를 주기적으로 점검할 것
6. 시스템 장애, 가동중지 등 긴급사태에 대비하여 백업 및 복구 절차 등을 수립·시행할 것

(3) 책임자의 지정 · 운영 및 운영결과의 보존

위의 제1항 각 호의 정보보호시스템에 대하여 책임자를 지정·운영하여야 하며, 운영결과는 1년 이상 보존하여야 한다(감독규정15③).

(4) 피해발생 대비 대책 마련의무

금융회사 또는 전자금융업자는 해킹 등 전자적 침해행위로 인한 피해 발생 시 즉시 대처할 수 있도록 적절한 대책을 마련하여야 한다(감독규정15④).

(5) 무선통신망 설치 · 운용시 준수사항

금융회사 또는 전자금융업자는 무선통신망을 설치·운용할 때에는 다음의 사항을 준수하여야 한다(감독규정15⑥).

1. 무선통신망 이용업무는 최소한으로 국한하고 정보보호최고책임자의 승인을 받아 사전에 지정할 것
2. 무선통신망을 통한 불법 접속을 방지하기 위한 사용자인증, 암호화 등 보안대책을 수립할 것
3. 금융회사 내부망에 연결된 정보처리 시스템이 지정된 업무 용도와 사용 지역(zone) 이외의 무선통신망에 접속하는 것을 차단하기 위한 차단시스템을 구축하고 실시간 모니터링체계를 운영할 것
4. 비인가 무선접속장비(Access Point: AP) 설치·접속여부, 중요정보 노출 여부를 주기적으로 점검할 것

6. 악성코드 감염 방지대책

악성코드(Malicious Code)는 컴퓨터에서 사용자의 허락 없이 스스로를 복사하거나 변형한 뒤 정보유출, 시스템 파괴 등의 작업을 수행하여 사용자에게 피해를 주는 프로그램으로 웜, 바이러스, 트로이목마, 스파이웨어, 애드웨어, 루트킷 등으로 분류된다. 악성코드 감염경로는 스팸메일, 이동식저장매체, 악성코드가 포함된 웹페이지 접속, 메신저, P2P프로그램 등이 주요 경로이다. 또한, 악성코드에 감염된 경우에는 전파 속도가 빠르고 치료 및 데이터 복원을 위해 금전적·시간적·심리적인 손해뿐만 아니라 해당 금융회사의 신뢰도에 치명적인 영향을 줄 수 있으므로 실효성 있는 대책 마련이 필요하다.[31]

31) 금융감독원(2017), 67쪽.

(1) 방지대책 수립 · 운용의무

금융회사 또는 전자금융업자는 악성코드 감염을 방지하기 위하여 다음을 포함한 대책을 수립 · 운용하여야 한다(감독규정16①).

1. 응용프로그램을 사용할 때에는 악성코드 검색프로그램 등으로 진단 및 치료 후 사용할 것
2. 악성코드 검색 및 치료프로그램은 최신상태로 유지할 것
3. 악성코드 감염에 대비하여 복구 절차를 마련할 것
4. 감독규정 제12조 제3호에 따른 중요 단말기는 악성코드 감염여부를 매일 점검할 것

(2) 악성코드 감염 발생시의 조치의무

금융회사 또는 전자금융업자는 악성코드 감염이 발견된 경우 악성코드 확산 및 피해를 최소화하기 위하여 필요한 조치를 신속하게 취하여야 한다(감독규정16②).

7. 홈페이지 등 공개용 웹서버 관리대책

공개용 웹서버는 외부 이용자에게 홈페이지 및 업무서비스를 제공하기 위해 운영되므로 내부서버와 달리 외부로부터 접근이 허용되므로 보안상 취약점을 이용한 해커의 공격에 취약하여 이에 대한 보안 조치가 필요하다.[32]

(1) 관리대책 수립 · 운용의무

금융회사 또는 전자금융업자는 공개용 웹서버[33]의 안전한 관리를 위하여 다음을 포함한 적절한 대책을 수립 · 운용하여야 한다(감독규정17①).

1. 공개용 웹서버를 내부통신망과 분리하여 내부통신망과 외부통신망 사이의 독립된 통신망("DMZ구간")에 설치하고 네트워크 및 웹 접근제어 수단으로 보호할 것

---

32) 금융감독원(2017), 68쪽.

33) 감독규정에서 "공개용 웹서버"라 함은 인터넷 이용자들이 웹페이지를 자유롭게 보고 웹서비스(월드 와이드 웹을 이용한 서비스)를 이용할 수 있게 해주는 프로그램이 실행되는 장치를 말한다(감독규정2(9)).

2. 공개용 웹서버에 접근할 수 있는 사용자계정은 업무관련자만 접속할 수 있도록 제한하고 아이디·비밀번호 이외에 추가 인증수단을 적용할 것
3. 공개용 웹서버에서 제공하는 서비스를 제외한 다른 서비스 및 시험·개발 도구 등의 사용을 제한할 것
4. DMZ구간 내에 이용자 정보 등 주요 정보를 저장 및 관리하지 아니할 것(다만, 거래로그를 관리하기 위한 경우에는 예외로 하되 이 경우 반드시 암호화하여 저장·관리하여야 한다)

(2) 공개용 웹서버에 게재된 내용에 대한 준수사항

금융회사 또는 전자금융업자는 공개용 웹서버에 게재된 내용에 대하여 다음의 사항을 준수하여야 한다(감독규정17②).

1. 게시자료에 대한 사전 내부통제 실시
2. 무기명 또는 가명에 의한 게시 금지
3. 홈페이지에 자료를 게시하는 담당자의 지정·운용
4. 개인정보의 유출 및 위·변조를 방지하기 위한 보안조치

(3) 공개용 웹서버의 해킹공격에 대한 노출방지 조치

금융회사 또는 전자금융업자는 공개용 웹서버가 해킹공격에 노출되지 않도록 대응 조치하여야 한다(감독규정17④).

(4) 음란 등 업무 무관 프로그램에 대한 접근 통제

금융회사 또는 전자금융업자는 단말기에서 음란, 도박 등 업무와 무관한 프로그램 또는 인터넷 사이트에 접근하는 것에 대한 통제대책을 마련하여야 한다(감독규정17⑤).

8. IP주소 관리대책

금융회사 또는 전자금융업자는 정보제공자 주소("IP주소")의 안전한 사용을 위하여 다음을 포함하여 적절한 대책을 수립·운용하여야 한다(감독규정18). IP는 외부에서 해킹시 가장 먼저 필요한 정보이므로 내부 IP는 외부에 노출되지 않도록 하여야 한다. 즉 외부 접속용 IP는 공인 IP체계, 내부IP는 사설 IP체계를 사용

하고 NAT(Network Address Translation) 기능을 이용하여 IP를 관리해야 한다.[34]

1. 내부통신망에서 사용하는 IP주소의 경우 사설 IP주소 사용 등으로 보안을 강화하며 내부 IP주소체계의 외부유출을 금지할 것
2. 개인별로 내부 IP주소를 부여하여 유지·관리할 것
3. 내부 IP주소 및 외부 IP주소의 인터넷 접속내용을 1년 이상 별도로 기록·보관할 것
4. 정보처리시스템의 운영담당, 개발담당 및 외부직원 등 업무 특성별로 네트워크를 적절하게 분리하여 IP주소를 사용할 것. 다만, 외부직원 등과의 공동작업 수행 등 네트워크의 분리가 어렵다고 금융감독원장이 정하는 경우에는 업무특성별로 접근권한을 분리하여 IP주소를 사용할 수 있다.
5. 내부통신망은 다른 기관 내부통신망과 분리하여 사용할 것

Ⅳ. 정보기술부문 내부통제

1. 정보기술부문 계획수립

"대통령령으로 정하는 금융회사 및 전자금융업자"는 안전한 전자금융거래를 위하여 대통령령으로 정하는 바에 따라 정보기술부문에 대한 계획을 매년 수립하여 대표자의 확인·서명을 받아 금융위원회에 제출하여야 한다(법21④).

(1) 정보기술부문 계획수립의 대상 금융회사

정보기술부문 계획수립의 대상 금융회사는 위의 "대통령령으로 정하는 금융회사 및 전자금융업자"이다. 여기서 "대통령령으로 정하는 금융회사 및 전자금융업자"란 i) 법 제2조 제3호 가목·나목·마목의 금융회사(제1호) 및 ii) 전자금융업자(제2호)를 말한다(영1의2①). 즉 법 제2조 제3호의 가목·나목·마목의 금융

34) 금융감독원(2017), 70쪽(공개된 인터넷과 사설망 사이에 방화벽(Firewall)을 설치하여 외부 공격으로부터 사용자의 통신망을 보호하는 기본적인 수단으로 활용할 수 있다. 이때 외부통신망, 즉 인터넷망과 연결하는 장비인 라우터에 NAT를 설정할 경우 라우터는 자신에게 할당된 공인 IP주소만 외부로 알려지게 하고, 내부에서는 사설 IP주소만 사용하도록 하여 필요시에 이를 서로 변환시켜 준다. 따라서 외부 침입자가 공격하기 위해서는 사설망의 내부 사설 IP주소를 알아야 하기 때문에 공격이 불가능해지므로 내부 네트워크를 보호할 수 있다).

회사는 ⅰ) 은행, 금융투자업자, 증권금융회사, 종합금융회사 및 명의개서대행회사, 보험회사, 상호저축은행과 그 중앙회, 신용협동조합 및 그 중앙회, 농협은행, 수협은행(법2(3) 가목), 여신전문금융회사(법2(3) 나목), 한국산업은행, 중소기업은행, 한국수출입은행, 산림조합과 그 중앙회의 신용사업부문, 농업협동조합, 수산업협동조합, 한국거래소, 한국예탁결제원, 전자등록기관, 금융지주회사와 「금융지주회사법 시행령」 제2조 제2항 제1호에 해당하는 회사, 보험업법에 따른 보험협회와 보험요율산출기관, 「화재로 인한 재해보상과 보험가입에 관한 법률」에 따른 한국화재보험협회, 한국금융투자협회, 신용정보회사, 채권추심회사 및 종합신용정보집중기관, 한국자산관리공사, 한국주택금융공사, 신용보증기금, 기술보증기금, 온라인투자연계금융업자(법2(3) 마목) 및 ⅱ) 전자금융업자(제2호)를 말한다(법21④, 영11의2①).

(2) 정보기술부문 계획수립의 필요적 포함사항

정보기술부문에 대한 계획에는 ⅰ) 정보기술부문의 추진목표 및 추진전략(제1호), ⅱ) 정보기술부문의 직전 사업연도 추진실적 및 해당 사업연도 추진계획(제2호), ⅲ) 정보기술부문의 조직 등 운영현황(제3호), ⅳ) 정보기술부문의 직전 사업연도 및 해당 사업연도 예산(제4호), ⅴ) 그 밖에 안전한 전자금융거래를 위하여 정보기술부문에 필요한 사항으로서 금융위원회가 정하여 고시하는 사항(제5호)이 포함되어야 한다(법21④, 영11의2②).

이에 따라 정보기술부문에 대한 계획에 포함되어야 하는 사항의 세부내용이나 제출방법 등에 관하여 필요한 사항은 금융위원회가 정하여 고시한다(법21④, 영11의2④).

(3) 정보기술부문 계획의 제출의무

정보기술부문에 대한 계획은 매 사업연도 초일(初日)부터 3개월 이내에 금융위원회에 제출하여야 한다(법21④, 영11의2③).

(4) 정보기술부문 계획서 제출 절차 등

(가) 장 · 단기 정보기술부문 계획의 매년 수립 · 운용의무

시행령 제11조의2에 따라 금융위원회에 정보기술부문 계획서를 제출해야 하는 금융회사 또는 전자금융업자는 현실적이고 실현 가능한 장·단기 정보기술부문 계획을 매년 수립·운용하여야 한다(감독규정19①).

(나) 계획서의 적정성 평가와 보고서 제출

금융위원장은 금융감독원장으로 하여금 정보기술부문 계획서의 적정성 등을 평가한 후 관련보고서를 제출하게 할 수 있다(감독규정19②). 정보화계획은 전략기획(장기계획)과 운용계획(단기계획)으로 구분하여 실현가능한 장·단기 정보기술부문 계획을 매년 수립(제1항)하여 대표자의 확인·서명을 받아 금융감독원에 제출한다.[35]

2. 정보보호 교육계획의 수립 시행

(1) 정보보호최고책임자의 교육계획 수립 시행 기준

정보보호최고책임자는 임직원의 정보보호역량 강화를 위하여 필요한 교육프로그램을 개발하고, 다음의 기준, 즉 i) 임원: 3시간 이상(단, 정보보호최고책임자는 6시간 이상)(제1호), ii) 일반직원: 6시간 이상(제2호), iii) 정보기술부문업무 담당 직원: 9시간 이상(제3호), iv) 정보보호업무 담당 직원: 12시간 이상(제4호)의 기준에 따라 매년 교육계획을 수립·시행하여야 한다(감독규정19의2①).

정보보호를 위해 가장 중요한 것은 임직원의 보안인식이므로 보안인식 강화를 위해 매년 임직원에 대한 정보보호 교육계획을 수립하여 시행해야 한다.[36]

(2) 최고경영자의 임직원 평가실시 의무

최고경영자는 정보보호교육을 실시한 이후 대상 임직원에 대해 평가를 실시하여야 한다(감독규정19의2②).

(3) 교육프로그램 개발과 정보보호교육의 위탁

교육프로그램 개발과 정보보호교육은 정보보호 전문 교육기관에 위탁할 수 있다(감독규정19의2③).

---

35) 금융감독원(2017), 73쪽.
36) 금융감독원(2017), 75쪽.

3. 정보처리시스템 구축 및 전자금융거래 관련 사업 추진

금융회사 또는 전자금융업자는 정보처리시스템 및 전자금융거래와 관련된 사업을 추진하는 경우에 다음의 사항을 준수하여야 한다(감독규정20).

1. 조직에 미치는 영향이 크거나 내부직무전결기준에 따라 부서장 전결 금액 이상의 사업 추진 시에는 사전에 충분한 타당성 검토를 실시할 것
2. 정보처리시스템의 신규 사업 및 통합·전환·재개발 등과 같은 주요 추진사업에 대하여 비용대비 효과분석을 실시할 것
3. 타당성 검토와 비용 대비 효과분석 결과는 전산운영위원회 등 독립적인 조직의 승인을 받을 것
4. 정보처리시스템의 안전성과 신뢰성을 확보하기 위하여 분석·설계 단계부터 보안대책을 강구할 것

4. 정보처리시스템 구축 및 전자금융거래 관련 계약

금융회사 또는 전자금융업자는 정보처리시스템 구축 및 전자금융거래와 관련된 계약체결 시에 다음의 사항을 준수하여야 한다(감독규정21).

1. 적합한 업체를 공정하게 선정하기 위하여 객관적인 업체 선정 기준 및 절차를 마련·운용할 것
2. 정보처리시스템의 안전성과 신뢰성을 확보하기 위하여 제1호에 따른 기준 및 절차의 내용에는 정보보안 관련 사항을 포함할 것
3. 공정하고 합리적인 예정가격 산출기준을 수립·적용할 것
4. 계약금액, 구축완료일자, 납품방법 및 대금지급방법 등 계약이행에 필요한 내용을 포함한 계약서 작성 기준을 수립·운용할 것
5. 구매 또는 개발한 제품의 소유권, 저작권 및 지적재산권 등의 귀속관계를 명확히 하여 사후 분쟁이 발생하지 않도록 할 것
6. 납품 또는 개발이 완료된 소프트웨어 등에 대하여 공급업체 파산 등 비상사태에 대비한 대책을 마련·운용할 것
7. 검수는 개발자, 계약자 등 이해당사자를 배제하여 공정하게 실시할 것
8. 계약조항을 이행하지 못하는 사유가 발생하였거나 계약조항을 변경할 경우에는 검사부서의 승인을 받을 것

9. 내부감사규정에 따라 감사가 정한 금액 이상의 계약에 대하여는 자체 감사를 실시하거나 검사부서의 승인을 받을 것

5. 정보처리시스템 감리

금융회사 또는 전자금융업자는 정보처리시스템의 안전성 및 효율성 확보를 위하여 i) 목적 및 대상, 시스템 감리인, 감리시기 및 계획 등 일반기준(제1호), ii) 기획, 개발 및 운용의 감리 실시 기준(제2호), iii) 지적사항 및 개선사항 등 감리 후 보고 기준(제3호), iv) 전자금융업무와 관련된 외부주문등에 대한 감리 기준(제4호)을 포함한 정보처리시스템 감리 지침을 작성·운용하여야 한다(감독규정22).

일반적으로 감사는 위법, 부당, 부정에 대한 적발 및 지적과 시정에 목적을 두는 반면 전산감리는 성과의 극대화를 위하여 기술적인 측면에서 기획, 개발, 운영단계에 이르기까지 단계별 또는 종합적으로 합리성, 타당성, 신뢰성, 안전성 및 효율성 등을 조사하고 감독하는 평가행위로 감사부서의 전산감사 업무와 구분된다.[37]

6. 비상대책 등의 수립 · 운용

정보처리시스템의 장애, 사고, 재해, 파업 등으로 인한 중단 사태에 대비하여 업무지속성 확보방안이 마련될 수 있도록 비상대책을 수립하고 이에 대한 정기적인 훈련을 실시해야 한다.[38]

(1) 업무지속성 확보방안의 수립 · 준수의무

금융회사 또는 전자금융업자는 장애·재해·파업·테러 등 긴급한 상황이 발생하더라도 업무가 중단되지 않도록 다음의 내용을 포함한 업무지속성 확보방안을 수립·준수하여야 한다(감독규정23①).

1. 상황별 대응절차
2. 백업 또는 재해복구센터를 활용한 재해복구계획

37) 금융감독원(2017), 80쪽.
38) 금융감독원(2017), 83쪽.

3. 비상대응조직의 구성 및 운용
4. 입력대행, 수작업 등의 조건 및 절차
5. 모의훈련의 실시
6. 유관기관 및 관련업체와의 비상연락체제 구축
7. 보고 및 대외통보의 범위와 절차 등

(2) 업무지속성 확보대책의 필요적 반영사항

업무지속성 확보대책에는 비상사태에 대비한 다음의 안전대책이 반영되어야 한다(감독규정23②).

1. 파업 시 핵심전산업무 종사자의 근무지 이탈에 따른 정보처리시스템의 마비를 방지하기 위하여 비상지원인력을 확보·운영할 것
2. 비상사태 발생 시에도 정보처리시스템의 마비를 방지하고 신속히 원상복구가 될 수 있도록 정보처리시스템 운영에 대한 비상지원인력 또는 외부 전문업체를 활용하는 방안을 수립·운영할 것
3. 비상지원인력이 사용법을 충분히 이해하고 업무운용이 가능한 수준으로 전산시스템 운영지침서, 사용자매뉴얼 등을 쉽고 자세하게 작성하고 최신상태로 유지할 것
4. 핵심전산업무 담당자 부재 시에도 비상지원 인력이 업무를 수행할 수 있도록 비상지원인력에 대한 연수를 실시할 것

(3) 업무지속성 확보대책의 매년 점검

금융회사 또는 전자금융업자는 업무지속성 확보대책의 실효성·적정성 등을 매년 1회 이상 점검하여 최신상태로 유지하고 관리하여야 한다(감독규정23③).

(4) 지정 금융회사의 행동매뉴얼 수립·준수와 통보

「국가위기관리기본지침」에 따라 금융위원회가 지정한 금융회사는 금융위원회의 「금융전산분야위기대응실무매뉴얼」에 따라 위기대응행동매뉴얼(“행동매뉴얼”)을 수립·준수하고 이를 금융위원회에 알려야 한다(감독규정23④).

(5) 비지정 금융회사 또는 전자금융업자의 비상대책 수립 · 운영의무

금융위원회가 별도로 지정하지 아니한 금융회사 또는 전자금융업자는 자연재해, 인적 재해, 기술적 재해, 전자적 침해 등으로 인한 전산시스템의 마비 방지와 신속한 복구를 위한 비상대책을 수립·운영하여야 한다(감독규정23⑤).

(6) 지정 금융회사의 행동매뉴얼 또는 비지정 금융회사의 비상대책 반영사항

지정 금융회사의 행동매뉴얼 또는 비지정 금융회사의 비상대책에는 업무지속성 확보대책이 반영되어야 한다(감독규정23⑥).

(7) 주요 전산장비에 대한 이중화 또는 예비장치 확보의무

금융회사 또는 전자금융업자는 중앙처리장치, 데이터저장장치 등 주요 전산장비에 대하여 이중화 또는 예비장치를 확보하여야 한다(감독규정23⑦).

(8) 재해복구센터의 구축 · 운용 대상 금융회사

다음의 금융회사는 시스템 오류, 자연재해 등으로 인한 전산센터 마비에 대비하여 업무지속성을 확보할 수 있도록 적정 규모·인력을 구비한 재해복구센터를 주전산센터와 일정거리 이상 떨어진 안전한 장소에 구축·운용하여야 한다(감독규정23⑧).

1. 은행(다만, 외국금융회사의 국내지점은 제외)
2. 한국산업은행, 중소기업은행, 농협은행, 수산업협동조합중앙회의 신용사업부문
3. 투자매매업자·투자중개업자(다만, 외국 투자매매업자·투자중개업자의 지점 등은 제외)
4. 증권금융회사 및 한국예탁결제원
5. 한국거래소
6. 신용카드업자(다만, 법인신용카드 회원에 한하여 신용카드업을 영위하는 자는 제외)
7. 보험업법에 의한 보험요율산출기관
8. 상호저축은행중앙회
9. 신용협동조합중앙회
10. 보험회사

(9) 재해복구센터 구축 · 운용 대상 금융회사의 핵심업무 선정 등

재해복구센터의 구축·운용 대상 금융회사는 업무별로 업무지속성 확보의 중요도를 분석하여 핵심업무를 선정하여야 하며, 업무별 복구목표시간을 정하여야 한다(감독규정23⑨ 전단). 이 경우 핵심업무의 복구목표시간은 3시간 이내로 하되, 보험회사의 핵심업무의 경우에는 24시간 이내로 한다(감독규정23⑨ 후단).

(10) 재해복구전환훈련 실시의무

재해복구센터의 구축·운용 대상 금융회사인 재해복구센터를 운영하는 금융회사는 매년 1회 이상 재해복구센터로 실제 전환하는 재해복구전환훈련을 실시하여야 한다(감독규정23⑩).

7. 비상대응훈련 실시

위기대응행동매뉴얼 및 비상대책을 수립한 금융회사 또는 전자금융업자는 위기대응행동매뉴얼 또는 비상대책에 따라 비상대응훈련을 연 1회 실시하여 재해, 장애 등 비상사태 발생시에도 업무지속성을 확보해야 한다.[39]

(1) 비상대응훈련 실시 및 보고 의무

금융회사 또는 전자금융업자는 지정 금융회사의 행동매뉴얼 또는 비지정 금융회사의 비상대책에 따라 연 1회의 비상대응훈련을 실시하고 그 결과를 금융위원회에 보고하여야 한다(감독규정24① 전단). 이때 재해복구전환훈련을 포함하여 실시할 수 있다(감독규정24① 후단).

(2) 금융분야 합동비상대응훈련 실시

금융위원회는 금융분야의 비상대응능력을 강화하기 위하여 금융회사 또는 전자금융업자를 선별하여 금융분야 합동비상대응훈련을 실시할 수 있다(감독규정24②).

(3) 금융분야 합동비상대응훈련 실시와 지원요청

금융위원회는 합동비상대응훈련을 실시할 때, 국가정보원(국가사이버안전센

---

39) 금융감독원(2017), 86쪽.

터), 경찰청(사이버테러대응센터), 침해사고대응기관, 또는 그 밖에 비상대응훈련의 실효성 확보를 위하여 금융위원회가 필요하다고 인정하는 기관에게 지원을 요청할 수 있다(감독규정24③).

(4) 전자금융보조업자에 대한 협조 요청

금융회사 또는 전자금융업자는 앞의 제1항 및 제2항에 따른 의무의 이행을 위하여 전자금융보조업자에게 협조를 요청할 수 있다(감독규정24④).

8. 정보처리시스템의 성능관리

금융회사 또는 전자금융업자는 정보처리시스템의 장애예방 및 성능의 최적화를 위하여 정보처리시스템의 사용 현황 및 추이 분석 등을 정기적으로 실시하여야 한다(감독규정25).

따라서 금융회사 또는 전자금융업자는 최적의 정보처리시스템 용량 확보를 통한 장애예방 및 성능 최적화를 실현함으로써 시스템의 가용성 확보 및 대고객 서비스를 제고하고, 효과적인 자원 활용을 통한 비용 절감 등을 동시에 추구하기 위하여 정기적으로 정보처리시스템 자원의 사용 현황 및 추이 분석 등을 실시해야 한다.[40]

9. 직무의 분리

금융회사 또는 전자금융업자는 다음의 업무에 대하여 직무를 분리·운영하여야 한다(감독규정26). 직무분리는 동일인이 여러 업무를 수행함으로 인하여 발생할 수 있는 시스템 조작, 원장 변경 등의 사고를 방지하기 위한 것으로, 직무분리는 담당업무별로 업무를 분리하는 것이 바람직하며 최대한 상호견제가 이루어질 수 있도록 통제체계 마련·운영해야 한다.[41]

1. 프로그래머와 오퍼레이터
2. 응용프로그래머와 시스템프로그래머
3. 시스템보안관리자와 시스템프로그래머

---

40) 금융감독원(2017), 86쪽.
41) 금융감독원(2017), 87쪽.

4. 전산자료관리자(librarian)와 그 밖의 업무 담당자
5. 업무운영자와 내부감사자
6. 내부인력과 전자금융보조업자 및 유지보수업자 등을 포함한 외부인력
7. 정보기술부문인력과 정보보호인력
8. 그 밖에 내부통제와 관련하여 직무의 분리가 요구되는 경우

10. 전산원장 통제

전산원장은 금융회사의 가장 중요한 정보로 고객 본인의 정상적인 거래 시에만 변경되어야 하나 프로그램 오류, 거래오류, 시스템 장애 등으로 인하여 변경이 불가피한 경우에는 엄격한 통제절차에 의하여 변경이 이루어지도록 하고 사후 철저한 검증을 실시해야 한다.[42]

(1) 전산원장 변경절차의 수립 · 운용의무

금융회사 또는 전자금융업자는 장애 또는 오류 등에 의한 전산원장의 변경을 위하여 별도의 변경절차를 수립·운용하여야 한다(감독규정27①).

(2) 전산원장 변경절차의 필요적 포함사항

전산원장 변경절차에는 변경 대상 및 방법, 변경 권한자 지정, 변경 전후내용 자동기록 및 보존, 변경내용의 정당여부에 대한 제3자 확인 등이 포함되어야 한다(감독규정27②).

(3) 중요 자료의 계상액과 각종 보조부 등의 계상액에 대한 상호일치 여부의 확인

금융회사 또는 전자금융업자는 대차대조표 등 중요 자료의 계상액과 각종 보조부·거래기록·전산원장파일의 계상액에 대한 상호일치 여부를 전산시스템을 통하여 주기적으로 확인하여야 한다(감독규정27③).

(4) 확인 결과 불일치에 대한 조치 내용 등 보존

금융회사 또는 전자금융업자는 앞의 제3항에 따른 확인 결과 불일치가 발견

42) 금융감독원(2017), 88쪽.

된 때에는 그 원인 및 조치 내용을 전산자료의 형태로 5년간 보존하여야 한다(감독규정27④).

(5) 중요원장의 조회 · 수정 · 삭제 · 삽입과 작업자 및 작업내용 등 기록 · 보존

금융회사 또는 전자금융업자는 이용자 중요원장에 직접 접근하여 중요원장을 조회 · 수정 · 삭제 · 삽입하는 경우에는 작업자 및 작업내용 등을 기록하여 5년간 보존하여야 한다(감독규정27⑤).

11. 거래통제 등

일정금액 이상의 고액인출, 각종 사고신고, 계좌일괄조회, 정정거래 등 사고위험도가 높거나 이상거래의 개연성이 있는 업무에 대해서는 업무 담당자가 단독으로 처리할 경우 사고 위험이 높으므로 책임자가 정보처리시스템에 의하여 실무자가 확인된 결과를 재확인해야 한다.[43]

(1) 사고위험도 높은 거래의 이중확인

금융회사 또는 전자금융업자는 사고위험도가 높은 거래에 대하여는 책임자 승인거래로 처리토록 하는 등 전산시스템에 의한 이중확인이 가능하도록 하여야 한다(감독규정28①).

(2) 정보처리시스템에 대한 중요작업 수행 시 책임자의 이중확인

금융회사 또는 전자금융업자는 전산원장, 주요정보 또는 이용자 정보 등이 저장된 정보처리시스템에 대한 중요작업 수행 시 책임자가 이중확인을 해야 한다(감독규정28②).

12. 프로그램 통제

금융회사 또는 전자금융업자는 다음의 사항을 포함한 프로그램 등록 · 변경 · 폐기 절차를 수립 · 운용하여야 한다(감독규정29). 프로그램은 전산업무처리의 근본으로 이에 대한 관리 및 변경은 신중하게 통제되어야 하며, 특히 보유 프

---

43) 금융감독원(2017), 90쪽.

로그램 목록 관리, 프로그램 변경 및 접근 통제를 실시해야 한다.[44]

1. 적용대상 프로그램 종류 및 등록·변경·폐기 방법을 마련할 것
2. 프로그램 변경 전후 내용을 기록·관리할 것
3. 프로그램 등록·변경·폐기내용의 정당성에 대해 제3자의 검증을 받을 것
4. 변경 필요시 해당 프로그램을 개발 또는 테스트 시스템으로 복사 후 수정할 것
5. 프로그램에 대한 접근은 업무담당자에 한정할 것
6. 운영시스템 적용은 처리하는 정보의 기밀성·무결성·가용성을 고려하여 충분한 테스트 및 관련 책임자 승인 후 실시할 것
7. 프로그램 반출, 실행프로그램의 생성 및 운영시스템 등록은 전산자료 관리자 등 해당프로그램 담당자 이외의 자가 수행할 것
8. 운영체제, 데이터베이스관리프로그램 등의 시스템 프로그램도 응용프로그램과 동일한 수준으로 관리할 것
9. 프로그램 설명서, 입·출력 레코드 설명서, 프로그램 목록 및 사용자·운영자 지침서 등 프로그램 유지보수에 필요한 문서를 작성·관리할 것
10. 전자금융거래에 사용되는 전산프로그램은 실제 업무를 처리하는 정보처리 시스템에 설치하기 전에 자체 보안성 검증을 실시할 것

13. 일괄작업에 대한 통제

금융회사 또는 전자금융업자는 안전하고 체계적인 일괄작업(batch)의 수행을 위하여 다음의 사항을 준수하여야 한다(감독규정30). 일괄작업의 경우 하나의 프로그램에 의하여 대량 자료가 변경되기 때문에 데이터의 무결성·신뢰성·정확성을 유지하기 위하여 작업처리에 대한 철저한 통제 실시(일괄작업으로 전산원장을 변경하는 경우에도 감독규정 제27조 준수 필요)해야 한다.[45]

1. 일괄작업은 작업요청서에 의한 책임자의 승인을 받은 후 수행할 것
2. 일괄작업은 최대한 자동화하여 오류를 최소화할 것
3. 일괄작업 수행 과정에서 오류가 발생하였을 경우 반드시 책임자의 확인을 받을 것
4. 모든 일괄작업의 작업내용을 기록·관리할 것

---

44) 금융감독원(2017), 91쪽.
45) 금융감독원(2017), 92쪽.

5. 책임자는 일괄작업 수행자의 주요업무 관련 행위를 모니터링할 것

14. 암호프로그램 및 키 관리 통제

암호프로그램과 암호키가 유출될 경우 금융거래에서 가장 중요한 고객정보인 주민번호, 계좌 비밀번호, 일회용비밀번호 등의 유출사고로 이어질 수 있으므로 일반프로그램보다 더욱 철저히 관리해야 한다.[46]

(1) 암호프로그램의 유포 및 부당 이용 발생 예방

금융회사 또는 전자금융업자는 암호프로그램에 대하여 담당자 지정, 담당자 이외의 이용 통제 및 원시프로그램(source program) 별도 보관 등을 준수하여 유포 및 부당 이용이 발생하지 않도록 하여야 한다(감독규정31①).

(2) 키에 대한 주입 · 운용 · 갱신 · 폐기 절차 및 방법 마련

금융회사 또는 전자금융업자는 암호 및 인증시스템에 적용되는 키에 대하여 주입·운용·갱신·폐기에 대한 절차 및 방법을 마련하여 안전하게 관리하여야 한다(감독규정31②).

15. 내부사용자 비밀번호 관리

금융회사 또는 전자금융업자는 내부사용자의 비밀번호 유출을 방지하기 위하여 다음의 사항을 정보처리시스템에 반영하여야 한다(감독규정32). 내부사용자의 비밀번호는 정보처리시스템에 직접 접근하여 고객 정보, 금융거래 정보 등에 접근할 수 있는 권한을 부여하는 핵심 정보이므로 비밀번호 유출방지 대책을 마련해야 한다.[47]

1. 담당업무 외에는 열람 및 출력을 제한할 수 있는 접근자의 비밀번호를 설정하여 운영할 것
2. 비밀번호는 다음 각 목의 사항을 준수할 것
   가. 비밀번호는 이용자 식별부호(아이디), 생년월일, 주민등록번호, 전화번호

---

46) 금융감독원(2017), 93쪽.
47) 금융감독원(2017), 94쪽.

를 포함하지 않은 숫자와 영문자 및 특수문자 등을 혼합하여 8자리 이상으로 설정하고 분기별 1회 이상 변경

나. 비밀번호 보관 시 암호화

다. 시스템마다 관리자 비밀번호를 다르게 부여

3. 비밀번호 입력 시 5회 이내의 범위에서 미리 정한 횟수 이상의 입력오류가 연속하여 발생한 경우 즉시 해당 비밀번호를 이용하는 접속을 차단하고 본인 확인절차를 거쳐 비밀번호를 재부여하거나 초기화할 것

16. 이용자 비밀번호 관리

이용자의 비밀번호는 예금거래, 주식거래, 보험청약 등에서 핵심이 되는 정보로서 금융회사 직원이라 하여도 임의로 조회가 금지되며, 이용자는 여러 종류의 비밀번호를 암기하기가 어려워 본인의 신상과 관련이 있는 숫자를 사용하는 것이 일반적이므로 전산시스템에서 유추 가능한 비밀번호의 등록을 제한하고, 일정 횟수 이상의 입력 오류 발생시에는 사용을 정지시킴으로써 전자금융 사고를 예방해야 한다.[48]

(1) 이용자 비밀번호의 암호화 보관

금융회사 또는 전자금융업자는 정보처리시스템 및 전산자료에 보관하고 있는 이용자의 비밀번호를 암호화하여 보관하며 동 비밀번호를 조회할 수 없도록 하여야 한다(감독규정33① 본문). 다만, 비밀번호의 조회가 불가피하다고 인정되는 경우에는 그 조회사유·내용 등을 기록·관리하여야 한다(감독규정33① 단서).

(2) 이용자 비밀번호 유출 방지를 위한 정보처리시스템 반영사항

금융회사 또는 전자금융업자는 이용자의 비밀번호 유출을 방지하기 위하여 다음의 사항을 정보처리시스템에 반영하여야 한다(감독규정33②).

1. 주민등록번호, 동일숫자, 연속숫자 등 제3자가 쉽게 유추할 수 있는 비밀번호의 등록 불가

---

48) 금융감독원(2017), 95-96쪽.

2. 통신용 비밀번호와 계좌원장 비밀번호를 구분해서 사용
3. 5회 이내의 범위에서 미리 정한 횟수 이상의 비밀번호 입력 오류가 발생한 경우 즉시 해당 비밀번호를 이용하는 거래를 중지시키고 본인 확인절차를 거친 후 비밀번호 재부여 및 거래 재개(이체 비밀번호 등 동일한 비밀번호가 다양한 형태의 전자금융거래에 공통으로 이용되는 경우, 입력오류 횟수는 이용되는 모든 전자금융거래에 대하여 통산한다)
4. 금융회사가 이용자로부터 받은 비밀번호는 거래전표, 계좌개설신청서 등에 기재하지 말고 핀패드(PIN pad) 등 보안장치를 이용하여 입력 받을 것
5. 신규 거래, 비밀번호 변경, 이체 신청과 같이 비밀번호를 등록·사용하는 경우 사전에 신청서 등에 기입하지 않고, 핀패드 등 보안장치를 이용하거나 이용자가 사후에 전자적 장치를 이용하여 직접 입력하는 방식으로 운영할 것

Ⅴ. 전자금융업무

1. 전자금융거래시 준수사항

금융회사 또는 전자금융업자는 전자금융거래와 관련하여 다음 사항을 준수하여야 한다(감독규정34). 전자금융거래는 인터넷 등 공개된 통신망을 이용한 비대면 거래로 데이터 전송 중 고객정보 유출, 타인으로 위장한 거래, 거래정보의 송·수신 과정에서 위·변조 등의 위험이 상존하기 때문에 안전한 전자금융거래 보호대책 마련이 필요하다.[49]

1. 전화 등 거래수단 성격상 암호화가 불가능한 경우를 제외한 전자금융거래는 암호화 통신을 할 것(다만, 전용선을 사용하는 경우로서 감독규정 제36조의 규정에 따라 자체 보안성심의를 실시한 경우에는 그러하지 아니하다)
2. 전자금융사고를 예방하기 위하여 비대면 전자금융거래를 허용하지 않는 계좌개설, 중요거래정보에 대한 문자메시지 및 이메일(e-mail) 통지 등의 서비스를 이용자가 요청하는 경우, 동 서비스를 제공할 수 있도록 시스템을 갖출 것
3. 전자금융거래에 사용되는 접근매체를 발급받기 위해서는 반드시 실명확인 후 교부할 것

49) 금융감독원(2017), 98쪽.

4. 거래인증수단 채택 시 안전성, 보안성, 이용편의성 등을 충분히 고려할 것
5. 금융회사 또는 전자금융업자는 전자금융거래에서 이용자에게 제공하거나 거래를 처리하기 위한 전자금융거래프로그램(거래전문포함)의 위·변조 여부 등 무결성을 검증할 수 있는 방법을 제공할 것

** 금융위원회 질의회신(2015. 6. 22.) ———

〈질의〉

전자지급결제대행업자의 전자상거래 결제시 금융회사의 보안카드 또는 OTP 사용의 적정성 검토 요청

(1) 온라인 계좌이체 방식을 통한 지급결제대행("계좌이체 PG") 거래가 전자금융감독 규정 제34조 제1항의 "전자자금이체" 거래에 해당하여 보안카드를 포함한 일회용 비밀번호를 적용해야 하는지 여부

(2) 전자금융업자가 PG업 수행을 위한 전자상거래 대금결제 단계에서 은행이 인터넷·폰뱅킹서비스의 거래 안전성을 위해 이용자에게 제공한 보안카드(또는 OTP)를 본인 확인 수단 등으로 요구하여 이용할 수 있는지 여부

〈회신〉

(1) 계좌이체 PG 거래는 전자금융감독 규정 제34조 제1항의 "전자자금이체" 거래에 해당되지 않습니다.

(2) 전자금융거래법 제6조 등 동법상 접근매체의 사용·관리 의무를 준수하는 경우, 전자금융업자가 PG업 수행을 위해 은행 등이 발급한 보안카드 또는 OTP를 본인 확인 수단으로 요구하여 이용하는 것 자체가 전자금융거래법에 위반되지 않습니다.

〈이유〉

(1) 계좌이체 PG 거래는 구매 및 결제절차가 연속적으로 실행되는 거래로서 해당 업을 수행하는 PG사는 자금 이체 행위의 당사자가 아니며, 은행 등과 연계하여 지급결제정보를 중계하고 정산을 대행하는 업무만을 수행하는 점 등을 고려해 볼 때 "전자자금이체" 거래에 해당된다고 보기 어렵습니다.

(2) 전자금융거래법은 금융회사 및 전자금융업자 등이 발급한 접근매체를

선정하여 사용·관리하는 행위 자체에 대해 제한하고 있지 않습니다.

---

2. 이용자 유의사항 공지

금융회사 또는 전자금융업자는 전자금융거래의 안전한 수행을 위하여 이용자에게 다음의 사항을 준수하도록 공지하여야 한다(감독규정35). 전자금융거래 이용자가 안전한 전자금융거래를 수행할 수 있도록 개인정보 유출방지, 금융 이용자 보호제도 및 비밀번호 관리에 관한 사항을 공지해야 한다. 금융회사 또는 전자금융업자는 전자금융거래 이용자 유의사항을 홈페이지 게시 등 전자적인 방법 또는 우편물 등을 통하여 이용자에게 공지해야 한다.[50]

1. 비밀번호 유출위험 및 관리에 관한 사항
2. 금융기관 또는 전자금융업자가 제공하고 있는 이용자 보호제도에 관한 사항
3. 해킹·피싱 등 전자적 침해방지에 관한 사항
4. 본인확인 절차를 거쳐 비밀번호 변경이 가능하도록 정보처리시스템을 구축하고 비밀번호변경 시 같은 번호를 재사용하지 않도록 할 것

** 금융위원회 질의회신(2020. 6. 1.)

〈질의〉

전자금융감독규정 제35조 제4호의 "같은 번호"의 범위에 과거 사용했던 모든 비밀번호가 포함되는지 여부

(1) 당행은 이용자가 계좌비밀번호 변경 시 과거에 사용했던 모든 비밀번호를 재사용하지 못하게 방지하는 장치를 정보처리시스템에 반영하고 있음

(2) 전자금융감독규정 제35조 제4호에서는 전자금융거래의 안전한 수행을 위하여 이용자에게 "본인확인 절차를 거쳐 비밀번호 변경이 가능하도록 정보처리 시스템을 구축하고 비밀번호 변경 시 같은 번호를 재사용하지 않도록 할 것"을 준수하도록 공지하여야 한다고 규정하고 있음

(3) 당행은 해당 규정의 "같은 번호"를 "직전에 사용했던 비밀번호"로 한정하여, 이용자가 계좌비밀번호 변경 시 과거에 사용했던 비밀번호라도 직전에 사

---

50) 금융감독원(2017), 99쪽.

용되지 않았다면 재사용할 수 있도록 하는 사항을 정보처리시스템에 반영하는 방안을 고려중에 있음

〈회신〉

□ 전자금융감독규정 제35조는 금융회사 등이 전자금융거래의 안전한 수행을 위해 이용자 유의사항을 공지하도록 하면서, 각 호에서 금융회사 등이 갖추어야 할 이용자 보호제도 및 비밀번호 관리에 관한 사항을 아울러 규정하고 있습니다.

□ 전자금융감독규정 제35조 제4호에서는 비밀번호의 재사용 금지와 관련하여 "같은 번호"의 범위를 따로 정하고 있지는 않으나, 동 규정은 이용자가 안전한 비밀번호를 설정하여 이용할 수 있도록 하기 위한 것입니다.

• 따라서 금융회사 등이 전자금융감독규정 제33조, 제35조 등에서 정한 사항을 준수하고, 선량한 관리자로서의 주의를 다하는 경우(전자금융거래법 제21조)에는 특별한 사정이 없는 한 비밀번호 관리보호 체계, 이용자 보호제도 등 자체 환경에 맞추어 안전하다고 판단되는 방법으로 재사용이 금지되는 "같은 번호"의 범위를 정하여 운영할 수 있을 것으로 판단됩니다.

〈이유〉

□ 전자금융거래법 제21조는 이용자의 금융회사 등에 대한 신임관계에 기반하는 전자금융거래계약의 위임(민법 제681조) 계약적 성격에 근거하여,

• 제1항에서 이용자 정보 관리 등을 비롯하여 전자금융거래가 안전하게 처리될 수 있도록 "선량한 관리자로서의 주의"를 다할 의무를 금융회사 등에 부과하고 있습니다.

• 한편, 제2항에서는 이러한 선관주의 의무를 구체화하는 차원에서 금융회사 등에 대하여 안전성 확보의무를 부과함으로써 금융보안(Cyber security)을 강화하도록 하면서, 전자금융업무 등에 관하여 금융위원회에서 정하는 기준을 준수하도록 하고 있습니다.

□ 전자금융감독규정 제35조도 전자금융거래법 제21조에 따른 선관주의 및 안전성 확보 의무를 구체화한 것으로 전자금융거래의 안전한 수행을 위해 금융회사 등이 이용자 유의사항을 공지하도록 하고 있습니다.

• 아울러, 각 호에서는 금융회사 등이 갖추어야 할 이용자 보호제도 및 비밀번호 관리에 관한 사항을 규정하고 있습니다.

• 따라서, 금융회사 등은 본인확인 절차를 거쳐 비밀번호 변경이 가능하도록 정보처리시스템을 구축하고, 이용자가 비밀번호를 변경할 경우 같은 번호를 재사용하지 않도록 관리하여야 합니다(전자금융거래법 제21조, 전자금융감독규정 제35조 제4항).

ㅁ 이 경우 비밀번호의 재사용 금지와 관련하여 "같은 번호"의 범위를 따로 정하고 있지는 않으나, 동 규정은 전자금융거래의 안전성과 신뢰성을 확보하기 위해 이용자가 안전한 비밀번호를 설정하여 이용할 수 있도록 하기 위한 것이므로,

• 금융회사 등은 전자금융감독규정 제33조, 제35조 등에서 정한 사항을 준수하되, 특별한 사정이 없는 한 자체 비밀번호 관리보호 체계, 이용자 보호제도 등을 고려하여 재사용이 금지되는 "같은 번호"의 범위를 정함으로써, 선량한 관리자로서의 주의를 다하여야(전자금융거래법 제21조) 합니다.

• 따라서 금융회사 등이 이용자 비밀번호 관리와 관련한 체계를 갖추고, 안전한 방법으로 판단하는 등 선량한 관리자로서의 주의를 다한 경우라면 직전 비밀번호에 대하여 재사용을 금지하는 관리 방안도 고려 가능할 것으로 사료됩니다.

---

3. 자체 보안성심의

금융회사 또는 전자금융업자의 정보통신망을 이용하여 이용자를 대상으로 신규로 전자금융업무를 수행하는 경우 전자금융업무의 안전성이 확보될 수 있도록 금융감독원장이 정한 거래당사자 인증, 거래정보의 기밀성 및 무결성, 정보유출 방지대책 등 기준과 절차에 따라 자체 보안성심의[51]를 실시하여 전자금융업무의 보안 문제점을 제거해야 한다.[52]

---

51) 클라우드컴퓨팅과 마찬가지로 연간 수백 건 이상 접수되고 있으며, 규정 위반시 제재수준도 전자금융거래법 제51조에 의해 제21조 위반이 되므로 5천만원 이하의 과태료가 건별로 부과된다. 다만, 이는 사후보고이며 실제로 검사를 나가기 전에는 실제로 위반이 있는지 등의 확인이 어렵다는 문제가 있다.

52) 금융감독원(2017), 101쪽.

(1) 보안성심의 기준과 절차

금융회사 또는 전자금융업자는 i) 정보통신망을 이용하여 이용자를 대상으로 신규 전자금융업무를 수행(제1호), ii) 복수의 금융회사 또는 전자금융업자가 공동으로 전자금융거래 관련 표준을 제정(제2호) 행위를 하고자 하는 경우 "금융감독원장이 정하는 기준과 절차"에 따라 보안성심의를 실시하여야 한다(감독규정36①).

(가) 금융감독원장이 정하는 기준과 절차

위에서 "금융감독원장이 정하는 기준과 절차"란 다음을 말한다(시행세칙3①).

1. 정보통신망을 이용하여 신규전자금융업무를 수행하는 경우 <별표 1>의 기준에 따라 보안성심의를 실시한 후 정보보호최고책임자의 승인을 받을 것
2. 공동으로 전자금융거래 관련 표준을 제정하는 경우 <별표 1의2>의 기준에 따라 보안성심의를 실시할 것(다만, 이 경우 특정 금융회사 또는 전자금융업자가 다른 금융회사등을 대표하여 규정 제36조 제2항에 따른 자체 보안성심의 결과보고서를 제출할 수 있음)

〈별표 1〉 자체 보안성심의 기준

	심의기준
1	거래 당사자 인증
2	거래정보의 기밀성 및 무결성
3	정보처리시스템 보호대책
4	고객 단말기 보호대책
5	정보유출 방지대책
6	이상금융거래 방지대책
7	시스템 가용성 확보 및 비상대책
8	시스템 설치장소에 대한 물리적 접근통제

※ 전자금융업무 유형에 따라 자체적으로 심의기준 추가 · 수정 가능[53)]

〈별표 1의2〉 자체 보안성 심의 기준

	심의기준
1	컴플라이언스 준수

53) 실제로도 변경하여 제출하는 경우가 많아, 각 금융회사별로 적절한 기준을 마련하여 보고하는 것이 실무이다.

2	사용자 접근성
3	호환성 지원
4	서비스 품질 보장(안정성)
5	불필요한 기능 제거(간결성)
6	표준화 그룹 체계 관리

※ 공동 표준안의 유형에 따라 자체적으로 심의기준 추가·수정

(나) 외부기관에 보안대책의 적정성 여부 등에 대한 검토 의뢰

금융회사 또는 전자금융업자는 자체 보안성심의를 수행함에 있어 필요한 경우 감독규정 제37조의4 제1항의 침해사고대응기관, 정보통신기반보호법 제16조 제1항[54]의 정보공유·분석센터 등 외부기관에 보안대책의 적정성 여부 등에 대한 검토를 의뢰할 수 있다(시행세칙3③).

(2) 자체 보안성심의 결과보고서 제출

금융회사 또는 전자금융업자는 자체 보안성심의를 마친 후 위의 제1항 각호의 행위를 수행한 날로부터 7일 이내에 금융감독원장이 정하는 자체 보안성심의 결과보고서를 금융감독원에 제출하여야 한다(감독규정36② 본문). 다만, 보안성심의의 경우 신규 전자금융업무가 제공 또는 시행된 날을 기준으로 과거 1년 이내에 전자금융사고가 발생하지 않은 기관으로서 금융감독원장이 정하는 기준에 해당하는 금융회사 또는 전자금융업자는 그러하지 아니하다(감독규정36② 단서).[55]

(가) 자체 보안성심의 결과보고서 양식

금융회사 또는 전자금융업자가 제출하는 자체 보안성심의 결과보고서의 양

54) 제16조(정보공유·분석센터) ① 금융·통신 등 분야별 정보통신기반시설을 보호하기 위하여 다음 각호의 업무를 수행하고자 하는 자는 정보공유·분석센터를 구축·운영할 수 있다.
1. 취약점 및 침해요인과 그 대응방안에 관한 정보 제공
2. 침해사고가 발생하는 경우 실시간 경보·분석체계 운영

55) 감독규정 제36조 제2항 단서에 대하여 질의가 많이 들어오나, 실제로 이와 같이 시행된 날을 기준으로 과거 1년 이내에 전자금융사고가 발생하지 않은 기관이라는 이유로 미제출하였다가, 추후에 실제 사고가 발생했음이 발견되어 제재를 받은 건들이 있다. 전자금융사고가 발생하지 않았다고 함은 금융감독원에 보고하는 사고가 발생하지 않았음을 의미하는 것이 아니라, 광의의 전자금융사고를 의미하므로 보고하지 않은 사고라도 발생하였다면 본 단서에 해당하지 않는 것으로 해석하여야 한다.

식은 시행세칙 제3조 제1항 제1호의 경우 <별지 제3호 서식>에, 시행세칙 제3조 제1항 제2호의 경우 <별지 제4호 서식>에 각각 따른다(시행세칙3②).

(나) 금융감독원장이 인정하는 기준

규정 제36조 제2항 단서에서 "금융감독원장이 인정하는 기준"이란 다음에서 정하는 요건을 충족하는 것을 말한다(시행세칙3④).

1. 전자금융업자: 법 제28조에 따라 금융위원회로부터 허가를 받았거나 금융위원회에 등록한 날 및 전자금융업무를 신규로 수행한 날로부터 1년이 경과하였을 것.
2. 금융회사: 전자금융업무를 신규로 수행한 날로부터 1년이 경과하였을 것

(3) 자체 보안성심의 결과보고서의 개선 · 보완 요구

금융감독원장은 제출받은 자체 보안성심의 결과보고서를 검토한 결과, 보안수준이 충분하지 않다고 인정되는 경우에는 금융회사 또는 전자금융업자에 대하여 개선·보완을 요구할 수 있다(감독규정36③).

(4) 자체 보안성심의 결과보고서 제출면제 기관

다음의 기관, 즉 체신관서, 새마을금고 및 새마을금고중앙회, 한국수출입은행, 또는 공공기관운영법 제4조에 따른 공공기관은 자체 보안성심의 결과보고서의 제출을 하지 아니할 수 있다(감독규정36④).

4. 인증방법 사용기준

금융회사 또는 전자금융업자는 전자금융거래의 종류·성격·위험수준 등을 고려하여 안전한 인증방법을 사용하여야 한다(감독규정37).

금융회사 또는 전자금융업자가 전자금융거래 이용자 신원확인, 거래내용의 위·변조, 거래 사실의 부인방지 등을 위해 전자금융거래 시 적용하였던 공인인증서의 사용의무가 폐지되고, 금융회사 등이 전자금융거래의 종류·성격·위험수준 등을 고려하여 전자금융거래의 안전성 및 정당성 확보에 가장 적합하다고 판단되는 인증방법을 사용할 수 있다.[56]

---

56) 금융감독원(2017), 104쪽.

제3절 특정 기술 또는 서비스 사용의 강제금지

금융위원회는 전자금융거래 종류별 안전성 기준을 정할 때 특정 기술 또는 서비스의 사용을 강제하여서는 아니 되며, 보안기술과 인증기술의 공정한 경쟁이 촉진되도록 노력하여야 한다(법21③).[57]

** 금융위원회 질의회신(2018. 8. 6.)

〈질의〉

태블릿 로그인 방식 FIDO 기반 인증방식 적용시 전자금융감독규정에 적정한지 검토 요청

ㅁ 당사 내부사용자가 업무시스템 접속시,* 아이디/비밀번호 입력 대신 FIDO기반 인증 방법을 적용하는 경우, "전자금융감독규정 제32조 내부사용자 비밀번호 관리" 규정과 관련 보안수준이 동등하거나 높음으로 판단되어 적용할 수 있는지 검토 요청

* (예) 신용카드 모집인용 태블릿 로그인, 임직원 PC내 인트라넷 로그인 등

〈회신〉

ㅁ 현행 전자금융거래법에서는 정보처리시스템에 대한 접속(인증)방법을 구체적으로 제한하지 않으며, 금융회사에서 자율적으로 보안수준을 판단하여 적용할 수 있습니다.

〈이유〉

ㅁ 현재 전자금융거래법 제21조 제3항에 따르면, 전자금융거래법은 전자금융거래상 내부사용자의 정보처리시스템 접속(인증)방법에 대해 특정 기술 또는 서비스 사용을 강제하지 않으므로 이에 관하여는 관련 규정을 준수하면서 안전

57) 질의가 자주 들어오는 건으로, 주로 어떠한 사업을 새롭게 시행하는데 이 과정에서 "공동인증서(구 공인인증서 등) 등을 필수적으로 사용하여야 하는지"에 대한 질의가 많이 들어오고 있다. 이 역시 기술중립성 원칙에 따라 "공인인증서 사용" 등을 강제하지는 않으나 이에 준하는 수준의 보안성을 가진 방식을 사용할 것을 권고하는 것이 금융감독원의 입장이다.

하고 편리한 인증기술의 적용이 가능합니다.

• FIDO기반 인증방법은 비밀번호를 대체하기 위한 인증기술로 전자금융감독규정 제32조 내부사용자 비밀번호 관리규정과 관련하여 담당업무에 따른 접근제한, 인증 오류에 따른 접속제한 및 초기화 등 비밀번호 기반 인증방법에 준하는 방식으로 관리함으로써 보안성 및 안정성을 확보해야 할 것입니다.

제4절 위반시 제재

Ⅰ. 과징금

금융위원회는 금융회사 또는 전자금융업자가 법 제21조 제1항 또는 제2항을 위반하여 전자금융거래정보를 타인에게 제공 또는 누설하거나 업무상 목적 외에 사용한 경우에는 50억원 이하의 과징금을 부과할 수 있다(법46①).

Ⅱ. 과태료

법 제21조 제1항 또는 제2항을 위반하여 선량한 관리자로서의 주의를 다하지 아니하거나 금융위원회가 정하는 기준을 준수하지 아니한 자(제1호)에게는 5천만원 이하의 과태료를 부과한다(법51①).

법 제21조 제4항을 위반하여 정보기술부문에 대한 계획을 제출하지 아니한 자(제4호)에게는 1천만원 이하의 과태료를 부과한다(법51③).

제 2 장

정보보호최고책임자 지정 등

제1절 정보보호최고책임자 지정

Ⅰ. 정보보호최고책임자 지정의무 등

1. 정보보호최고책임자 지정의무

금융회사 또는 전자금융업자는 전자금융업무 및 그 기반이 되는 정보기술부문 보안을 총괄하여 책임질 정보보호최고책임자를 지정하여야 한다(법21의2①).

2. 임원인 정보보호최고책임자 지정대상 금융회사

총자산, 종업원 수 등을 감안하여 직전 사업연도 말을 기준으로 총자산이 2조원 이상이고, 상시 종업원 수가 300명 이상인 금융회사 또는 전자금융업자는 정보보호최고책임자를 임원(상법 제401조의2 제1항 제3호[1]에 따른 자를 포함)으로 지정하여야 한다(법21의2②, 영11의3① 전단).

---

1) 3. 이사가 아니면서 명예회장·회장·사장·부사장·전무·상무·이사 기타 회사의 업무를 집행할 권한이 있는 것으로 인정될 만한 명칭을 사용하여 회사의 업무를 집행한 자

여기서 상시 종업원 수의 산정방식은 금융위원회가 정하여 고시한다(법21의2②, 영11의3① 후단). 이에 따라 "금융위원회가 정하여 고시하는 상시 종업원 수의 산정방식"이란 소득세법에 따른 원천징수의무자가 근로소득세를 원천징수한 자를 말한다(감독규정6의2①).

** 금융위원회 질의회신(2018. 10. 29.)

〈질의〉

[DGB생명] 상시 종업원수의 산정방식 관련 질의

ㅁ 전자금융거래법령상 직전 사업연도 말을 기준으로 총 자산 2조원 이상이고, 상시 종업원 수가 300명 이상인 금융회사는 정보보호최고책임자를 임원으로 지정하도록 되어 있음. 이 중 '상시 종업원 수'의 의미

1) 금융회사(원천징수의무자)가 직전 과세기간의 1월부터 12월까지의 매월 말일 현재의 근로소득세를 원천징수한 자의 평균인원수를 뜻하는 것인지?

2) 직전 사업연도 말을 기준으로 하여 금융회사(원천징수의무자)가 근로소득세를 원천징수한 자의 수를 뜻하는 것인지 여부

〈회신〉

ㅁ 전자금융거래법 제21조의2 제1항·제2항, 동법 시행령 제11조의3 제1항은 직전 사업연도 말을 기준으로 총자산 2조원 이상이고, 상시 종업원 수가 300명 이상인 금융 회사는 정보보호최고책임자를 임원으로 지정하도록 하고 있습니다.

ㅁ 한편, '상시종업원 수가 300명 이상인 경우'란 직전 사업연도 말을 기준으로 "소득세법에 따라 원천징수 의무자가 근로 소득세를 원천징수한 근로자의 수가 300명 이상인 경우"를 의미합니다(전자금융감독규정 제6조의2 제1항).

〈이유〉

ㅁ 전자금융거래법 제21조의2 제1항·제2항, 동법 시행령 제11조의3 제1항은 직전 사업연도 말을 기준으로 총자산 2조원 이상이고, 상시 종업원 수가 300명 이상인 금융 회사는 정보보호최고책임자를 임원으로 지정하도록 하고 있습니다.

ㅁ 또한, 상시 종업원 수의 산정 방식에 대하여 전자금융감독규정 제6조의2 제1항은 "소득세법에 따른 원천징수 의무자가 근로소득세를 원천 징수한 자"라

고 규정하고 있습니다.

• 이는 직전 사업연도 말을 기준으로 소득세법에 따라 원천징수 의무자가 근로소득세를 원천징수한 근로자의 수가 300명 이상인 경우를 의미합니다.

ㅁ 한편, 소득세법 제128조 제2항, 동법 시행령 제186조는 '상시고용인원'의 개념을 과세기간의 1월부터 12월까지의 매월 말일 현재의 상시고용인원의 평균 인원수로 정하고 있으나, 이는 원천징수세액 납부에 관한 특례를 정하기 위한 것이며, 전자금융감독규정의 상시 종업원 수의 개념과 동일한 의미로 보기는 어렵습니다.

• 전자금융감독규정이 상시 종업원 수에 대하여 "소득세법에 따른 원천징수의무자가 근로소득세를 원천징수한 자"라고 규정하고 있을 뿐, "소득세법에 따른 상시고용인원"이라 정하고 있지는 않기 때문입니다.

---

3. 일정 규모 이상 금융회사의 정보보호최고책임자 겸직 제한

총자산, 종업원 수 등을 감안하여 직전 사업연도 말을 기준으로 총자산이 10조원 이상이고, 상시 종업원 수가 1,000명 이상인 금융회사의 정보보호최고책임자는 뒤에서 살펴볼 법 제21조의2 제4항의 정보보호최고책임자의 업무 외의 다른 정보기술부문 업무를 겸직할 수 없다(법21의2③, 영11의3② 전단).

여기서 상시 종업원 수의 산정방식은 금융위원회가 정하여 고시한다(법21의2③, 영11의3② 후단, 영11의3① 후단). 이에 따라 "금융위원회가 정하여 고시하는 상시 종업원 수의 산정방식"이란 소득세법에 따른 원천징수의무자가 근로소득세를 원천징수한 자를 말한다(감독규정6의2①).

Ⅱ. 정보보호최고책임자의 업무

정보보호최고책임자는 i) 전자금융거래의 안정성 확보 및 이용자 보호를 위한 전략 및 계획의 수립, ii) 정보기술부문의 보호, iii) 정보기술부문의 보안에 필요한 인력관리 및 예산편성, iv) 전자금융거래의 사고 예방 및 조치, v) 전자금융업무 및 그 기반이 되는 정보기술부문 보안을 위한 자체심의에 관한 사항, vi) 정보기술부문 보안에 관한 임직원 교육에 관한 사항의 업무를 수행한다(법21

의2④, 영11의3③).

Ⅲ. 정보보호최고책임자의 자격요건

정보보호최고책임자의 자격요건은 <별표 1>과 같다(법21의2⑤, 영11의3④).

〈별표 1〉 정보보호최고책임자의 자격(제11조의3 제4항 관련)

1. 정보보호 또는 정보기술(IT) 분야의 학력 또는 기술자격을 가진 사람으로서 다음 각 목의 어느 하나에 해당하는 사람은 정보보호최고책임자의 자격을 가진다.
   가. 정보보호 또는 정보기술(IT) 분야의 전문학사학위를 취득한 후 4년 이상 정보보호 분야 업무 또는 5년 이상 정보기술(IT) 분야 업무를 수행한 경력이 있는 사람
   나. 정보보호 또는 정보기술(IT) 분야의 학사학위 또는 다음 전문자격을 취득한 후 2년 이상 정보보호 분야 또는 3년 이상 정보기술(IT) 분야 업무를 수행한 경력이 있는 사람
      1) 전자정부법 제2조 제15호에 따른 감리원
      2) 정보통신망법 제47조 제5항에 따른 정보보호 관리체계 인증기관의 인증심사원
      3) 자격기본법에 따라 공인을 받은 정보보호전문가(Specialist for Information Security)
      4) 국제정보시스템감사통제협회(Information Systems Audit and Control Association) 또는 정보기술(IT) 분야의 석사학위를 취득한 후 1년 이상 정보보호 분야 업무 또는 2년의 정보시스템감사사(Certified Information Systems Auditor)
      5) 국제정보시스템보안자격협회(International Information System Security Certification Consortium)의 정보시스템보호전문가(Certified Information System Security Professional)
   다. 정보보호 이상 정보기술(IT) 분야 업무를 수행한 경력이 있는 사람
2. 다음 각 목의 어느 하나에 해당하는 사람은 정보보호최고책임자의 자격을 가진다.
   가. 8년 이상 정보보호 분야 업무 또는 10년 이상 정보기술(IT) 분야 업무를 수행한 경력이 있는 사람
   나. 전문학사학위를 취득한 후 6년 이상 정보보호 분야 업무 또는 7년 이상 정보

기술(IT) 분야 업무를 수행한 경력이 있는 사람

다. 학사학위를 취득한 후 4년 이상 정보보호 분야 업무 또는 5년 이상 정보기술(IT) 분야 업무를 수행한 경력이 있는 사람

라. 석사학위를 취득한 후 2년 이상 정보보호 분야 업무 또는 3년 이상 정보기술(IT) 분야 업무를 수행한 경력이 있는 사람

3. 농업협동조합법에 따른 조합, 수산업협동조합법에 따른 조합, 산림조합법에 따른 조합, 신용협동조합법에 따른 신용협동조합 및 새마을금고법에 따른 지역금고의 경우에는 제1호 및 제2호에도 불구하고 다음 각 목의 어느 하나에 해당하는 사람도 정보보호최고책임자의 자격을 가진다.

가. 정보보호 또는 정보기술(IT) 분야의 학력 또는 기술자격을 가진 사람으로서 6년 이상 금융업에 종사한 사람

나. 금융위원회가 정하여 고시하는 교육을 이수한 사람으로서 조합·신용협동조합·지역금고의 장이나 그 장이 지정한 사람. 다만, 상시 종업원 수(금융위원회가 정하여 고시하는 산정방식[2]에 따라 계산된 상시 종업원 수)가 20명 이하인 조합·신용협동조합·지역금고의 경우로 한정한다.

비고

1. "정보보호 또는 정보기술(IT) 분야 학력"이란 고등교육법에 따른 해당 학교에서 다음 각 목에 해당하는 학과의 과정을 이수하고 졸업하거나 그 밖의 관계법령에 따라 국내 또는 외국에서 이와 같은 수준 이상으로 인정되는 학력을 말한다.
  가. 전자 관련 학과: 전기전자, 전기전자정보, 전기전자제어, 전자, 전자계산, 전자전기정보, 전자정보, 전자제어, 전자재료, 전자컴퓨터, 전자컴퓨터전기제어, 정보전자, 반도체, 메카트로닉스, 제어계측, 컴퓨터과학
  나. 정보통신 관련 학과: 통신, 국제정보통신, 무선통신, 방송통신, 이동통신, 전기전자통신, 전기전자정보통신, 정보통신, 전자통신, 전자정보통신, 전자제어통신, 전파통신, 컴퓨터통신, 항공통신정보, 전기통신설비, 전자정보통신반도체, 전파, 전기전자전파, 방송설비, 통신컴퓨터, 컴퓨터네트워크, 컴퓨터정보기술
  다. 정보보호 또는 정보처리기술 관련 학과: 전산, 전산통계, 정보전산, 정보처리, 시스템, 정보시스템, 구조시스템, 컴퓨터응용, 컴퓨터응용설계, 컴퓨터제어, 컴퓨터응용제어, 컴퓨터정보, 멀티미디어
  라. 그 밖에 교육부장관이나 해당 교육기관의 장으로부터 전자, 정보통신, 정보보호 또는 정보처리기술 관련 학과로 인정받은 학과
2. "정보보호 또는 정보기술(IT) 분야 기술자격"이란 국가기술자격법 제2조 제3호, 제8조의2 제2항 및 같은 법 시행규칙 별표 2의 전기·전자 직무분야 중 전자계산기 종목의 자격과 정보통신 직무분야 중 기술·기능 분야의 자격을 말한다.
3. "정보보호 분야 업무"란 공공기관, 민간기업, 교육기관 등에서 수행하는 다음 각 목에 해당하는 분야의 계획·분석·설계·개발·운영·유지보수·컨설팅·감리 또는 연구개발 업무 등을 말한다.
  가. 정보보호를 위한 공통기반기술 분야: 암호 기술, 인증 기술 등

나. 시스템 · 네트워크 보호 분야: 시스템 보호, 해킹 · 바이러스 대응, 네트워크 보호 등
다. 응용서비스 보호 분야: 전자거래 보호, 응용서비스 보호, 정보보호 표준화 등

4. "정보기술(IT) 분야 업무"란 공공기관, 민간기업, 교육기관 등에서 수행하는 다음 각 목에 해당하는 분야의 계획 · 분석 · 설계 · 개발 · 운영 · 유지보수 · 컨설팅 · 감리 또는 연구개발 업무 등을 말한다.
   가. 정보통신서비스 분야: 기간통신, 별정통신, 부가통신, 방송서비스 등
   나. 정보통신기기 분야: 정보기기, 방송기기, 부품 등
   다. 소프트웨어 및 컴퓨터 관련 서비스 분야: 범용 패키지 소프트웨어, 특정 업무용 프로그램, 디지털콘텐츠, 데이터베이스의 개발 · 구축 · 운영 · 활용 및 컴퓨터 관련 서비스
5. 정보보호업무를 수행한 기간과 정보기술(IT)업무를 수행한 기간은 서로 중복하여 인정되지 아니한다. 다만, 정보기술(IT)업무를 수행한 기간이 인정요건에 미달하는 경우에는 정보보호업무를 수행한 기간을 다음 산식의 비율로 환산하여 정보기술(IT)업무를 수행한 기간으로 합산할 수 있다.
   정보보호업무 수행기간 : 정보기술업무 수행기간 = 2 : 3
6. 외국에서 취득한 기술자격, 학력 또는 경력은 제1호부터 제5호까지의 기준에 따라 산정한다.

** 금융위원회 질의회신(2023. 5. 3.)

〈질의〉

전자금융거래법상 정보보호최고책임자의 업무 범위

(1) 전자금융거래법 제21조의2 제1항에서 정보보호최고책임자 정의에 따른 정보보호최고책임자의 업무 총괄 범위와 (2) 전자금융거래법 제25조(약관의 제정 및 변경)이 법 제21조의2 제4항 제1호에 해당하는지 여부

〈회신〉

□ 전자금융거래법 제21조의2 제1항에 따른 정보보호최고책임자의 업무 범위는 같은 조 제4항 각 호와 같은 법 시행령 제11조의3 제3항 각 호를 통해 규정하고 있습니다.

□ 또한, 전자금융거래법 제25조에 따른 약관의 제정 및 변경 등의 업무가 같은 법 제21조의2 제4항 제1호에서 규정한 업무 범위에 속하는지 여부는 금융회사 또는 전자금융업자가 자율적으로 판단할 사항입니다.

---

2) 시행령 <별표 1>의 제3호 나목 단서에서 "금융위원회가 정하여 고시하는 산정방식"이란 소득세법에 따른 원천징수의무자가 근로소득세를 원천징수한 자를 말한다(감독규정6의2 ②).

〈이유〉

□ 금융회사 또는 전자금융업자는 전자금융거래법 제21조의2 제1항에 따라 전자금융업무 및 그 기반이 되는 정보기술부문 보안을 총괄하여 책임질 정보보호최고책임자를 지정하여야 합니다. 또한, 같은 조 제4항 각 호와 같은 법 시행령 제11조의3 제3항 각 호에서는 정보보호책임자의 업무를 규정하고 있습니다.

□ 한편, 전자금융거래법 제25조는 금융회사 또는 전자금융업자가 전자금융거래에 관한 약관을 제정 또는 변경하는 경우에 대한 의무사항을 규정하고 있으며, 이를 수행하여야 하는 책임자를 구체적으로 명시하고 있지 않습니다. 또한, 이러한 의무사항이 전자금융거래법 제21조의2 제4항 제1호에 따른 정보보호 책임자의 업무 범위에 속하는지 여부 등은 금융회사 또는 전자금융업자가 자율적으로 판단하여 운영하여야 하는 사안입니다.

** 금융위원회 질의회신(2018. 3. 6.)

〈질의〉

□ 전자금융거래법에서 규정하고 있는 정보보호최고책임자의 겸직 제한 규정이 전자금융업자에게도 적용되는지 여부

〈회신〉

□ 직전 사업연도 말 기준으로 총자산이 10조원 이상이고, 상시 종업원 수가 1,000명 이상인 금융회사에 대해서 정보보호최고책임자 겸직 제한 규정이 적용됩니다.

〈이유〉

□ 현행 전자금융거래법 및 같은 법 시행령은 정보보호최고책임자(CISO)가 법령상 정보보안 업무를 전담할 수 있도록 겸직을 제한하여 사이버위협·내부통제 등의 위협에 대응토록 하되,

• 인력수급문제, 사고시 피해범위 등을 고려하여 총자산 10조원 이상이고 종업원 수 1,000명 이상인 대형 금융회사*에 우선 적용하도록 하였습니다.

* 전자금융업자는 상기 요건 충족 회사 중 순수 전자금융업 사업부문 규모가 작고, 정보통신망법상 CISO 지정 신고의무가 별도 적용됨을 고려하여 대상에

서 예외

** 금융위원회 질의회신(2017. 1. 12.)

〈질의〉

전자금융거래법상 정보보호최고책임자의 자격 요건

ㅁ 전자금융거래법 제21조의2(정보보호최고책임자 지정) 제2항에서 규정하는 "임원"에 대해 당사의 "부장직급의 실장"이 포함되는지 여부

〈회신〉

ㅁ 당사의 "부장직급의 실장"에게 임원과 동일한 책임과 권한이 부여된다면 동법에 따른 임원으로 인정이 가능함을 알려드립니다.

〈이유〉

ㅁ 전자금융거래법 제21조의2(정보보호최고책임자 지정) 제2항은 "총자산이 2조원 이상이고, 상시 종업원 수가 300명 이상인 금융회사 또는 전자금융업자의 경우 정보보호최고책임자를 임원(상법 제401조의2 제1항 제3호에 따른 자를 포함한다)으로 지정하여야 한다"라고 규정하고 있으며, "임원"에는 상법 제401조의2 제1항 제3호에 따라 "이사가 아니면서 명예회장·회장·사장·부사장·전무·상무·이사 기타 회사의 업무를 집행할 권한이 있는 것으로 인정될 만한 명칭을 사용하여 회사의 업무를 집행한 자"를 포함합니다.

ㅁ 전자금융거래법에서 일정 규모 이상의 회사에 대해 정보보호최고책임자를 임원으로 지정('13. 5. 22. 개정)하도록 한 취지는 정보보안의 중요성과 더불어 금융IT사고시 금융산업 전반에 미치는 파급력 등을 감안하여 소규모 회사에 비해 정보보호책임자로서의 정보보호 업무*를 집행할 권한과 책임을 강화하는 것입니다.

* 전자금융거래법 제21조의2 제4항 정보보호최고책임자의 업무

• 따라서 당사의 "부장직급의 실장"을 타 임원과 다르게 대우하지 않고 임원과 동일하게 업무를 집행할 권한 및 책임을 부여한다면 임원으로 인정이 가능함을 알려드립니다.

** 금융위원회 질의회신(2019. 12. 6.)

〈질의〉

정보보호최고책임자의 자격요건에 부합하는지 여부

아래의 자격을 가진 사람을 전자금융업자의 CISO로 지정하고자 하는 경우, 해당인이 전자금융거래법상 정보보호최고책임자의 자격요건에 부합하는지 질의

1. 정보 및 컴퓨터공학 학사학위 취득
2. 2년 이상 당사 전자금융사업부의 개인정보 보호책임자(CPO) 업무 수행

〈회신〉

□ 전자금융거래법 제21조의2, 같은 법 시행령 제11조의3 제4항에 따라 ㉠ "정보보호 또는 정보기술(IT) 분야의 학사학위"를 취득한 후 ㉡ "2년 이상 정보보호 분야 또는 3년 이상 정보기술(IT) 분야 업무를 수행한 경력"이 있는 사람의 경우 정보보호최고책임자의 자격 요건을 충족하는 것으로 볼 수 있습니다.

• 해당인은 정보 및 컴퓨터공학 학사학위를 취득하였기에, 정보보호 또는 정보기술(IT) 분야의 학사학위를 취득한 것으로 사료되나,

• 질문하신 취지가 명확하지는 않으나 해당인이 개인정보보호법 및 기타 관련 법령상의 개인정보 보호책임자의 업무를 2년 이상 수행한 것이라면, 그것만으로 곧 전자금융거래법상 정보보호 분야 업무를 수행한 것이라고 단정하기는 어렵습니다.

• 이에 해당인이 실제로 수행한 업무가 전자금융거래법상 정보보호 분야 업무*를 수행한 것인지 여부를 기준으로 하여 판단할 필요가 있습니다.

* 공공기관, 민간기업, 교육기관 등에서 수행하는 ㉠ 정보보호를 위한 공통기반 기술 분야(암호기술, 인증기술 등), ㉡ 시스템·네트워크 보호 분야, ㉢ 응용서비스 보호 분야(전자거래 보호, 응용서비스 보호, 정보보호 표준화 등)의 계획·분석·설계·개발·운영·유지보수·컨설팅·감리 또는 연구개발 업무 등

〈이유〉

□ 전자금융거래법 제21조의2, 같은 법 시행령 제11조의3 제4항에 따라 ㉠ "정보보호 또는 정보기술(IT) 분야의 학사학위"를 취득한 후 ㉡ "2년 이상 정보보호 분야 또는 3년 이상 정보기술(IT) 분야 업무를 수행한 경력"이 있는 사람은

정보보호최고책임자의 자격 요건을 충족하는 것으로 볼 수 있습니다.

□ 먼저, 해당인은 정보 및 컴퓨터공학 학사학위를 취득하였기에, 정보보호 또는 정보기술(IT) 분야의 학사학위를 취득한 것으로 사료됩니다.

* 고등교육법에 따른 해당 학교에서 ㉠ 전자 관련 학과, ㉡ 정보통신 관련 학과, 정보보호 또는 정보처리기술 관련 학과의 과정을 이수하고 졸업한 경우 이에 해당

□ 다만, "정보보호 분야 업무"란 정보보호를 위한 공통기반기술 분야(암호기술, 인증 기술), 시스템·네트워크 보호 분야(시스템 보호, 해킹·바이러스 대응, 네트워크 보호 등), 응용서비스 보호 분야(전자거래 보호, 응용서비스 보호, 정보보호 표준화 등)의 계획·분석·설계·개발·운영·유지보수·컨설팅·감리 또는 연구개발 업무 등을 의미합니다(시행령 제11조의3④, 별표 1).

• 전자금융거래법상 "정보보호"란 전자금융거래의 안전성 확보, 금융분야의 사이버보안에 관한 업무 등을 의미하고, 이는 개인정보보호법상 개인정보 보호책임자의 업무와는 차이가 있으므로 2년 이상 개인정보 보호책임자의 업무를 수행한 것이 곧 전자금융거래법상 정보보호 분야 업무를 수행한 것이라고 단정하기는 어렵습니다.

• 따라서 해당인이 실제로 수행한 업무가 시행령 제11조의3 제4항, 별표 1에서 제시한 정보보호 분야 업무를 수행한 것인지 여부를 기준으로 하여 판단할 필요가 있습니다.

제2절 전자금융기반시설의 취약점 분석·평가

전자금융기반시설이란 전자금융거래에 이용되는 정보처리시스템 및 정보통신망법 제2조 제1항 제1호[3]에 따른 정보통신망을 말한다(법2(21)).

---

3) 1. "정보통신망"이란 전기통신사업법 제2조 제2호에 따른 전기통신설비를 이용하거나 전기통신설비와 컴퓨터 및 컴퓨터의 이용기술을 활용하여 정보를 수집·가공·저장·검색·송신 또는 수신하는 정보통신체제를 말한다.

Ⅰ. 취약점 분석 · 평가의 내용

금융회사 및 전자금융업자는 전자금융거래의 안전성과 신뢰성을 확보하기 위하여 전자금융기반시설에 대한 ⅰ) 정보기술부문의 조직, 시설 및 내부통제에 관한 사항, ⅱ) 정보기술부문의 전자적 장치 및 접근매체에 관한 사항, ⅲ) 전자금융거래의 유지를 위한 침해사고 대응조치에 관한 사항, ⅳ) 정보기술부문과 연계된 전자금융보조업자의 정보처리시스템 등에 관한 사항을 분석·평가하고 그 결과(정보통신기반 보호법 제9조[4])에 따른 취약점 분석·평가를 한 경우에는 그 결과)를 금융위원회에 보고하여야 한다(법21의3①, 영11의4)).

** 금융위원회 질의회신(2015. 10. 15.) ────────────

〈질의〉

전자금융기반시설의 취약점 분석·평가 대상에서 금융거래정보 미포함 홈페이지 제외

---

4) 제9조(취약점의 분석·평가) ① 관리기관의 장은 대통령령으로 정하는 바에 따라 정기적으로 소관 주요정보통신기반시설의 취약점을 분석·평가하여야 한다.

② 중앙행정기관의 장은 다음의 어느 하나에 해당하는 경우 해당 관리기관의 장에게 주요정보통신기반시설의 취약점을 분석·평가하도록 명령할 수 있다.

1. 새로운 형태의 전자적 침해행위로부터 주요정보통신기반시설을 보호하기 위하여 필요한 경우
2. 주요정보통신기반시설에 중대한 변화가 발생하여 별도의 취약점 분석·평가가 필요한 경우

③ 관리기관의 장은 제1항 또는 제2항에 따라 취약점을 분석·평가하고자 하는 경우에는 대통령령이 정하는 바에 따라 취약점을 분석·평가하는 전담반을 구성하여야 한다.

④ 관리기관의 장은 제1항 또는 제2항에 따라 취약점을 분석·평가하고자 하는 경우에는 다음에 해당하는 기관으로 하여금 소관 주요정보통신기반시설의 취약점을 분석·평가하게 할 수 있다. 다만, 이 경우 제3항에 따른 전담반을 구성하지 아니할 수 있다.

1. 정보통신망법 제52조의 규정에 의한 한국인터넷진흥원("인터넷진흥원")
2. 제16조의 규정에 의한 정보공유·분석센터(대통령령이 정하는 기준을 충족하는 정보공유·분석센터에 한한다)
3. 정보보호산업법 제23조에 따라 지정된 정보보호 전문서비스 기업
4. 정부출연기관법 제8조의 규정에 의한 한국전자통신연구원

⑤ 과학기술정보통신부장관은 관계중앙행정기관의 장 및 국가정보원장과 협의하여 제1항 및 제2항에 따른 취약점 분석·평가에 관한 기준을 정하고 이를 관계중앙행정기관의 장에게 통보하여야 한다.

⑥ 주요정보통신기반시설의 취약점 분석·평가의 방법 및 절차 등에 관하여 필요한 사항은 대통령령으로 정한다.

ㅁ 금융거래정보 미포함 홈페이지의 경우 전자금융기반시설의 취약점 분석·평가 대상에서 제외되는지 여부

*(사실관계) ㅇㅇ자산운용의 경우 전자금융거래가 발생하는 펀드거래시스템 일체(거래 전용 홈페이지 포함)를 코스콤에 외주를 주고 있으며, 해당 시스템에 대해서는 매년 취약점을 분석하여 보고하고 있음

그러나 ㅇㅇ자산운용의 홈페이지는 금융거래와 관련한 정보는 일체 보유하고 있지 않으며 코스콤에서 위탁운용하고 있는 펀드거래시스템에 단순 링크만 해놓고 있음

〈회신〉

ㅁ 전자금융거래법 제21조의3 제1항에 따르면 금융회사 및 전자금융업자는 전자금융거래의 안전성과 신뢰성을 확보하기 위하여 "전자금융기반시설"에 대하여 취약점 분석·평가를 실시하고 그 결과를 금융위원회에 보고하여야 하나,

ㅁ 금융회사 및 전자금융업자가 운영하는 홈페이지가 전자금융거래법 제2조 제21호의 "전자금융기반시설"에 해당되지 않을 경우, 즉 전자금융거래에 이용되지 않거나 정보를 수집·가공·저장·검색·송신 또는 수신하는 정보통신체계가 없는 경우에는 같은 법 제21조의3 제1항에 따른 취약점 분석·평가 대상이 아닙니다.

〈이유〉

ㅁ 전자금융거래법 제21조의3 제1항은 금융회사 및 전자금융업자에 대해 전자금융거래의 안전성과 신뢰성을 확보하기 위해 전자금융기반시설에 대하여 취약점 분석·평가를 실시하도록 하고 있습니다.

ㅁ 한편, 같은 법 제2조 제21호에서는 "전자금융기반시설"에 대하여 "전자금융거래에 이용되는 정보시스템 및 정보통신망법 제2조 제1항 제1호에 따른 정보통신망"으로 정의하고 있고,정보통신망법 제2조 제1항 제1호에서는 "정보통신망"에 대하여 "전기통신설비와 컴퓨터 및 컴퓨터의 이용기술을 활용하여 정보를 수집가공저장검색송신 또는 수신하는 정보통신체제"로 정의하고 있습니다.

ㅁ 이상 각 법률의 정의에 따라 금융회사 및 전자금융업자가 운영하는 홈페이지가 전자금융거래에 이용되지 않거나 정보의 수집·가공·저장·검색·송신

또는 수신하는 정보통신체제를 사용하지 않는 경우 전자금융거래법 제21조의3 제1항에 따른 취약점 분석·평가 의무가 없습니다.

Ⅱ. 취약점 분석 · 평가의 절차 및 방법 등

1. 자체전담반 구성 후 실시 또는 외부 기관 의뢰

금융회사 및 전자금융업자는 전자금융기반시설의 취약점 분석·평가를 하려는 경우에는 자체전담반을 구성하여 실시하거나 전문성을 갖춘 외부 기관에 의뢰하여 실시하여야 한다(영11의5① 전단). 이 경우 자체전담반의 구성기준과 의뢰할 수 있는 외부 기관의 기준은 금융위원회가 정하여 고시한다(영11의5① 후단).

2. 자체전담반 구성의 기준

금융회사 및 전자금융업자는 취약점 분석·평가를 위하여 정보보호최고책임자(정보보호최고책임자가 없는 경우 최고경영자가 지정한다)를 포함하여 5인 이상으로 자체전담반을 구성하여야 하며, 구성원 중 30% 이상은 정보보호산업법 시행규칙 제8조[5]의 정보보호 전문서비스 기업 지정기준에서 정한 고급 기술인력 이상의 자격을 갖춘 자이어야 한다(감독규정37의2② 본문). 다만, 감독규정 제37조의

5) 제8조(정보보호 전문서비스 기업의 지정기준) 법 제23조 제1항에 따른 정보보호 전문서비스 기업("정보보호 전문서비스 기업")의 지정기준은 다음과 같다.
1. 별표 1에서 정한 자격기준을 갖춘 기술인력을 10명 이상 보유할 것(고급 또는 특급 기술인력을 3명 이상 포함하여야 한다)
2. 재무제표상 자본총계가 10억원 이상일 것
3. 다음의 설비를 보유할 것
가. 신원확인 및 출입통제를 위한 설비
나. 법 제23조 제1항 각 호의 업무(이하 이 조에서 "업무"라 한다)를 수행하거나 지원하기 위한 설비
다. 업무 관련 기록 및 자료의 안전한 관리를 위한 설비
4. 과학기술정보통신부장관이 정하여 고시하는 업무 수행능력 심사 평가방법에 따라 실시하는 심사에서 기준 점수 이상을 받을 것
5. 다음의 사항이 포함된 정보보호 전문서비스 관리규정을 정하고 이를 준수할 것
가. 업무 수행 구역 및 설비에 대한 보안대책
나. 업무 수행 인력에 대한 보안대책(인사관리 및 교육훈련에 관한 사항을 포함한다)
다. 문서 및 전산자료에 대한 보안대책
라. 그 밖에 과학기술정보통신부장관이 정보보호 전문서비스 기업의 관리를 위하여 필요하다고 인정하여 고시하는 보안대책

3 제1항에 따른 평가전문기관에 위탁하는 경우에는 자체전담반을 구성하지 아니할 수 있다(감독규정37의2② 단서).

3. 자체전담반 구성 제외

감독규정 제37조의2 제1항에 따른 금융회사 및 전자금융업자 이외의 자의 경우 연 1회 이상(홈페이지에 대해서는 6개월에 1회 이상) 실시하되 자체전담반을 구성하지 아니할 수 있다(감독규정37의2③ 전단). 이 경우 취약점 분석·평가의 내용은 금융감독원장이 정한다(감독규정37의2③ 후단). 이에 따른 의무의 이행을 위하여 금융회사 또는 전자금융업자는 전자금융보조업자에게 협조를 요청할 수 있다(감독규정37의2⑥).

감독규정 제37조의2 제3항에 따라 금융감독원장이 정하는 취약점 분석·평가의 내용은 ＜별표 3＞과 같다(시행세칙7의2).

〈별표 3〉 전자금융기반시설의 취약점 분석·평가의 내용

평가 부문	평가 항목
관리적 보안	– 정보보호 정책 – 정보보호 조직 및 인력 – 내부통제 – 정보보호 교육 및 훈련 – 자산관리 – 업무연속성 관리 – 사고관리 – 정보시스템 도입·개발·유지보수
물리적 보안	– 전산설비 보안 – 전산센터 보안
기술적 보안	– 인터넷 전자금융 보안 – 모바일 전자금융 보안 – 접근통제 – 전산자료 보안 – 서버 보안 – 데이터베이스 보안 – 웹 서비스 보안 – 단말기 보안 – 네트워크 보안 – 정보보호시스템 보안

Ⅲ. 취약점 분석 · 평가 주기

1. 사업연도마다 1회 이상 실시 등

전자금융기반시설의 취약점 분석·평가는 사업연도마다 1회 이상 하여야 한다(영11의5② 본문). 다만, ⅰ) 침해사고가 발생하여 그 피해 및 피해 확산을 방지하기 위한 긴급한 조치가 필요한 경우(제1호), ⅱ) 정보처리시스템이나 인터넷 홈페이지 구축 등 정보기술부문 관련 사업을 실시하였거나 정보기술부문의 기능개선·변경을 수행한 경우(제2호)의 어느 하나에 해당하는 경우에는 지체 없이 취약점 분석·평가를 하여야 한다(영11의5② 단서).

2. 연 1회 이상 실시 대상 금융회사

전자금융기반시설의 취약점 분석·평가는 총자산이 2조원 이상이고, 상시 종업원 수(소득세법에 따른 원천징수의무자가 근로소득세를 원천징수한 자를 기준으로 한다) 300명 이상인 금융회사 또는 전자금융업자이거나 수산업협동조합법, 산림조합법, 신용협동조합법, 상호저축은행법 및 새마을금고법에 따른 중앙회의 경우 연 1회 이상(홈페이지에 대해서는 6개월에 1회 이상) 실시하여야 한다(감독규정37의2①).

이에 따른 의무의 이행을 위하여 금융회사 또는 전자금융업자는 전자금융보조업자에게 협조를 요청할 수 있다(감독규정37의2⑥).

3. 구분 평가

금융회사 및 전자금융업자는 해당 주기 내에 평가 대상 시설과 평가기간을 나누어 평가할 수 있다(감독규정37의2④).

Ⅳ. 취약점 분석 · 평가 결과에 따른 이행계획 수립 · 시행

금융회사 및 전자금융업자는 전자금융기반시설의 취약점 분석·평가 결과에 따른 필요한 보완조치의 이행계획을 수립·시행하여야 한다(법21의3②).

1. 이행계획 수립 · 시행 시 준수사항

금융회사 또는 전자금융업자는 취약점 분석·평가에 따라 이행계획을 수립·시행하여야 하며 i) 취약점 분석·평가 결과에 따른 취약점의 제거 또는 이에 상응하는 조치의 시행(제1호), ii) 취약점의 제거 또는 이에 상응하는 조치가 불가한 경우에는 최고경영자 승인을 득할 것(제2호), iii) 이행계획의 시행 결과는 최고경영자에게 보고할 것(제3호)의 사항을 준수하여야 한다(감독규정37의2⑤).

2. 결과보고 및 보완조치 이행계획서 제출

금융회사 및 전자금융업자는 전자금융기반시설의 취약점 분석·평가를 하였을 때에는 다음의 사항이 포함된 결과보고 및 보완조치 이행계획서를 그 취약점 분석·평가 종료 후 30일 이내에 금융위원회에 제출하여야 한다(영11의5③).

1. 취약점 분석·평가의 사유, 대상, 기간 등 실시개요
2. 취약점 분석·평가의 세부 수행방법
3. 취약점 분석·평가 결과
4. 취약점 분석·평가 결과에 따른 필요한 보완조치의 이행계획
5. 그 밖에 취약점 분석·평가의 적정성을 확보하기 위하여 필요한 사항으로서 금융위원회가 정하여 고시하는 사항

3. 결과보고서 분석 및 보고

금융회사 및 전자금융업자는 전자금융기반시설의 취약점 분석·평가 결과보고서를 금융위원장에게 제출하여야 하며, 금융감독원장은 결과보고서를 분석하여 매분기 1개월 이내에 금융위원장에게 보고하여야 한다(감독규정37의3②).

4. 개선 · 보완 요구

금융위원장은 취약점 분석·평가 결과보고서에 근거하여 필요시 금융회사 및 전자금융업자에 대하여 개선·보완을 요구할 수 있다(감독규정37의3③).

Ⅴ. 취약점 분석 · 평가 전문기관의 지정

전자금융기반시설의 취약점 분석·평가를 위한 평가전문기관은 i) 정보통신기반 보호법 제16조에 따라 금융분야 정보공유·분석센터로 지정된 자(제1호), ii) 정보보호산업법 제23조에 따라 지정된 정보보호전문서비스 기업(제2호), iii) 침해사고대응기관(제3호), iv) 금융위원장이 지정하는 자(제4호)로 한다(감독규정 37의3①).

Ⅵ. 취약점 분석 · 평가 결과 점검

금융위원회는 소속 공무원으로 하여금 전자금융기반시설의 취약점 분석·평가 결과 및 보완조치의 이행실태를 점검하게 할 수 있다(법21의3③).

제 3 장

전자적 침해행위 등의 금지 등

제1절 전자적 침해행위 등의 금지

Ⅰ. 전자적 침해행위의 개념

전자적 침해행위란 해킹, 컴퓨터 바이러스, 논리폭탄, 메일폭탄, 서비스 거부 또는 고출력 전자기파 등의 방법으로 전자금융기반시설을 공격하는 행위를 말한다(법2(22)).

Ⅱ. 금지행위의 유형

누구든지 다음의 어느 하나에 해당하는 행위를 하여서는 아니 된다(법21의4).

1. 접근권한을 가지지 아니하는 자가 전자금융기반시설에 접근하거나 접근권한을 가진 자가 그 권한을 넘어 저장된 데이터를 조작·파괴·은닉 또는 유출하는 행위

2. 전자금융기반시설에 대하여 데이터를 파괴하거나 전자금융기반시설의 운영을 방해할 목적으로 컴퓨터 바이러스, 논리폭탄 또는 메일폭탄 등의 프로그램을 투입하는 행위
3. 전자금융기반시설의 안정적 운영을 방해할 목적으로 일시에 대량의 신호, 고출력 전자기파 또는 데이터를 보내거나 부정한 명령을 처리하도록 하는 등의 방법으로 전자금융기반시설에 오류 또는 장애를 발생하게 하는 행위

** 금융위원회 질의회신(2020. 8. 25.)

〈질의〉

통상적으로 은행 영업점을 이용하여 스마트뱅킹을 신청할 경우 창구에 비치된 핀패드를 이용하여 고객이 직접 임시비밀번호를 등록하고, 이후 전자적 장치를 통해 고객이 설정한 이용자ID와 임시비밀번호를 입력하는 과정을 거쳐 스마트뱅킹 정식 비밀번호를 지정하도록 함

* 해당 스마트 뱅킹 시스템에서는 이용자 ID 및 임시비밀번호 입력시에는 최초 비밀번호등록 화면으로 이동하여 비밀번호의 등록절차까지만 진행될 뿐, 해당 시스템을 통한 고객정보의 조회 등을 위해서는 등록한 최초 비밀번호를 이용하여 별도의 로그인 절차를 거쳐야 할 뿐만 아니라, 송금·이체 등을 위해서는 공인인증서·ARS 등 추가인증이 필요

만약 이러한 과정에서 영업점 직원이 고객의 이용자ID와 임시비밀번호를 이용하여 정식비밀번호를 등록하였다면,

1) 이와 같은 스마트뱅킹 이용 전의 정보처리업무가 전자금융거래법상 전자금융거래에 해당하는지 여부

2) 전자금융거래에 해당한다면 개인정보보호법과 전자금융거래법의 관계는 어떻게 되는지 여부

3) 전자금융거래법 제21조의4에서 정한 접근권한을 가지지 않은 자에 의한 전자금융거래에 이용되는 전자금융기반시설에 접근하는 행위에 해당하는지 여부

4) 임시비밀번호를 이용하여 정식비밀번호를 등록하도록 스마트뱅킹 시스템을 운영한 경우 전자금융거래법 제21조 제2항, 전자금융감독규정 제37조의 적용대상인지 여부 및 전자금융거래의 종류·성격·위험수준 등을 고려한 안전한 인증방법에 해당하는 것인지 여부

〈회신〉

□ 첫째, "전자금융거래"란 금융회사 등의 자금의 융통, 송금·자금이체 등 지급거래, 그 밖에 전자적 장치를 통해 이루어지는 "금융상품"의 제공 자체에 한정되는 개념이라기보다는, 금융상품의 제공 과정에서 수반되거나 밀접한 관련을 가지고 이용자에게 제공되는 "서비스"로서 개인정보·신용정보·전자금융거래기록 등을 비롯한 일체의 "정보처리"를 포함하는 법개념으로 해석됩니다.

• 스마트뱅킹 이용 전 정보처리업무도 금융상품의 제공 과정에서 수반되거나 이에 밀접한 관련을 가지고 있으므로 전자금융거래법상 전자금융거래에 해당한다고 볼 수 있습니다.

□ 둘째, 전자금융거래법은 다른 법률에 특별한 규정이 있는 경우를 제외하고는 원칙적으로 모든 전자금융거래에 적용되므로(법 제3조 제1항), 금융회사등의 전자금융업무로서 개인신용정보에 해당하지 아니하는 개인정보의 처리 및 보호에 대해서도 일반법인 개인정보 보호법에 우선하여 금융 분야의 사이버보안에 관한 특별법으로서 전자금융거래법이 우선 적용됩니다.

□ 셋째, 최초 비밀번호를 등록하기 위한 정보처리시스템도 "전자금융기반시설"에 해당할 뿐만 아니라, 은행의 영업점 직원 등이 해당 시스템을 통해 임시비밀번호를 이용하여 최초 비밀번호를 등록하였으므로 특별한 사정이 없는 한 전자금융거래법 제21조의4 제1호에서 정하는 "전자금융기반시설에 접근"하는 행위에 해당합니다.

• 앞서 밝힌 바와 같이 "전자금융기반시설"의 개념요소로서 전자금융거래에는 금융상품의 제공뿐만 아니라 그에 수반되거나 밀접한 관련을 가지고 제공되는 서비스로서 일체의 정보처리업무가 포함되므로, 전자금융기반시설 또한 자금의 융통, 송금·자금이체 등 금융상품의 제공업무에 관한 정보처리시스템 부분에 한정되지 아니하고, 그에 수반되거나 밀접한 관련이 있는 정보를 처리하는 시스템 부분도 포함되기 때문입니다.

• 고객은 은행과 그 영업점에서 스마트뱅킹 서비스를 이용하기로 하는 전자금융거래계약(법 제2조 제7호 참조)을 체결하였고, 그 전자금융거래계약에 따라 은행으로부터 부여받은 이용자ID와 고객이 영업점에서 직접 등록한 임시비밀번호를 통해 최초 비밀번호를 등록하는 행위를 하였다면, 비록 그 정보처리시스템 부분에서는 송금·이체 등 금융상품의 제공업무가 이루어지지 않는다고 할지라

도 최초 비밀번호 등록행위를 통해 스마트뱅킹 서비스라는 “금융상품의 제공업무에 수반되거나 밀접한 관련이 있는 정보를 처리하는 시스템”으로서 “전자금융기반시설에 접근”하는 행위가 있었다고 평가할 수 있습니다.

ㅁ 끝으로, 귀하께서 질의하신 행위가 전자금융거래법 제21조의4 제1호에서 정하는 “데이터의 조작” 등에 의한 전자적 침해사고 등에 해당하는지 및 은행 영업점 직원의 이러한 행위에 대해 시스템적인 통제가 이루어지지 아니한 해당 은행 및 관련 임직원들이 같은 법 제21조 제2항 등에 따른 안전성 확보의무 등을 위반한 것으로 볼 수 있는지 등에 대해서는 보다 구체적인 사실관계를 확인해야 할 필요가 있다고 판단됩니다.

〈이유〉

1. 전자금융거래법에 따른 전자금융거래의 의미

ㅁ 전자금융거래란 금융회사 또는 전자금융업자가 i) 전자적 장치를 통하여, ii) 금융상품 및 서비스를 제공(“전자금융업무”)하고, iii) 이용자가 금융회사 또는 전자금융업자의 종사자와 직접 대면하거나 의사소통을 하지 아니하고 자동화된 방식으로 이를 이용하는 거래를 말합니다(전자금융거래법 제2조 제1호). 이 경우 질의하신 해당 스마트뱅킹 시스템이 전자금융거래의 개념중 i)·iii)의 개념요소를 포함하고 있음은 명백하지만 그 시스템에서 ii)의 “금융상품 및 서비스의 제공”이 이루어지는지 여부는 추가로 살펴보아야 합니다.

• 전자금융거래법에서는 전자적 장치를 통한 “금융상품 및 서비스의 제공”, 즉 전자금융업무에 대해서는 별도로 개념을 정하고 있지는 아니합니다. 그런데 “금융상품 및 서비스”에 대해서는 자금의 융통과 관계된 상품 또는 서비스를 제공하는 경우에 국한하지 않고, 금융회사 등이 제공하는 금융 관련 상품 및 서비스 일반을 의미한다고 보아 인터넷을 통한 신용정보, 자산보유 또는 거래내역 조회 서비스 제공도 전자금융업무에 해당한다고 보는 실무해석 관행이 확인됩니다(금융감독원, “전자금융감독규정해설”, 2017년 참조). 이러한 실무 해석 관행이 일반적·보편적인 법해석으로 나아가기 위해서는 “문언의 통상적인 의미에 충실하는 것을 원칙으로 하고, 나아가 법률의 입법취지와 목적, 그 제·개정 연혁, 법질서 전체와의 조화, 다른 법령과의 관계 등을 고려하는 체계적·논리적 해석 방법을 추가적으로 동원”할 필요가 있습니다(대법원 2009. 4. 23. 선고 2006다81035 판

결 등 참조).

• 먼저, "금융상품"에 관한 다른 법령과의 관계를 살펴보면, 금융소비자보호법에 따른 "금융상품"이란, 은행법에 따른 예금 및 대출, 자본시장법에 따른 금융투자상품, 보험업법에 따른 보험상품등을 의미하고, 자본시장법에 따른 "금융투자상품"이란 이익을 얻거나 손실을 회피할 목적으로 현재 또는 장래 특정시점에 금전, 그 밖의 재산적 가치가 있는 것을 지급하기로 약정함으로써 취득하는 "계약상의 권리"를 말하며, 보험업법도 보험상품을 위험보장을 목적으로 우연한 사건발생에 관하여 금전 및 그 밖의 급여를 지급할 것을 약정하고 대가를 수수하는 "계약"으로 정의하는 점 등에 비추어 볼 때 금융상품의 통상적 의미에는 계약이라는 개념요소를 포함하고 있음을 확인할 수 있습니다.

• 한편, 금융상품의 계약적 요소 등으로 인해 대부분의 전자금융업무 처리과정에는 그 계약당사자를 확인하는 과정을 거치게 됩니다. 특히, 금융회사 등과 이용자 간에 비대면, 자동화된 방식으로 이루어지는 전자금융거래의 특성상, 계약당사자의 진실성과 정확성을 확인하는 절차도 전자적으로 이루어질 수밖에 없습니다. 이는 전자금융거래법에서 전자금융거래에 있어서 거래지시를 하거나 이용자 및 거래내용의 진실성과 정확성을 확보하기 위하여 사용되는 수단 또는 정보로서 "접근매체"에 대해 별도의 규율을 두고 있는 점(법 제2조 제10호) 등에서도 확인됩니다. 이와 같이 전자금융업무에는 계약당사자의 확정 등을 위한 개인정보, 거래내역 등에 관한 신용정보, 거래지시 등에 관한 전자금융거래기록 등 다양한 정보처리가 필수적으로 수반된다고 할 수 있습니다.

• 따라서 스마트뱅킹 이용 전 정보처리업무 역시 금융상품의 제공 과정에서 수반되거나 이에 밀접한 관련을 가지고 있으므로 전자금융거래법상 전자금융거래에 해당한다고 볼 수 있습니다.

2. "전자금융거래"에 있어 개인정보 보호법과 전자금융거래법의 관계

ㅁ 그런데 "전자금융거래"의 법률관계를 명확히 하여 전자금융거래의 안전성과 신뢰성을 확보(법 제1조)하는 것을 입법목적으로 하는 전자금융거래법의 취지상 전자금융업무에 이용되는 정보처리시스템 및 그 시스템에서 보유·처리되는 정보의 기밀성·무결성·가용성을 보장하고 그 안전성을 확보하기 위한 금융보안(Cyber security: 유럽연합 일반정보보호법 제32조 등 참조)에 관한 체계가 마련될

필요가 있습니다.

• 이를 위해 전자금융거래법에서는 전자금융거래가 안전하게 처리될 수 있도록 "선량한 관리자로서의 주의"를 다할 의무를 금융회사 등에 부과함과 동시에 이러한 선관주의 의무를 구체화하는 차원에서 전자적 전송이나 처리를 위한 인력, 시설, 전자적 장치, 정보기술부문, 전자금융업무 등에 관하여 금융위원회에서 정하는 기준(전자금융감독규정)을 준수하도록 하는 내용의 안전성 확보의무를 금융회사 등에 부과하고 있으며(법 제21조 제1항 및 제2항), 금융회사 등으로 하여금 전자금융업무 및 그 기반이 되는 정보기술부문 보안을 총괄하여 책임질 정보보호최고책임자를 지정(법 제22조)하도록 하는 등 금융보안에 대해 체계적으로 규율하고 있습니다.

ㅁ 따라서 전자금융거래법의 입법취지와 목적, 다른 법령과의 관계 등을 종합적으로 고려할 때 같은 법에 따른 "전자금융거래"란 금융회사 등의 자금의 융통, 송금 · 자금이체 등 지급거래, 그 밖에 전자적 장치를 통해 이루어지는 "금융상품"의 제공 자체에 한정되는 개념이라기 보다는 금융상품의 제공 과정에서 수반되거나 밀접한 관련을 가지고 이용자에게 제공되는 "서비스"로서 개인정보 · 신용정보 · 전자금융거래기록 등을 비롯한 일체의 "정보처리"를 포함하는 법개념으로 해석됩니다.

• 참고로 전자금융거래법은 다른 법률에 특별한 규정이 있는 경우를 제외하고는 원칙적으로 모든 전자금융거래에 적용되므로(법 제3조 제1항) 금융회사 등의 전자금융업무로서 개인신용정보에 해당하지 아니하는 개인정보의 처리 및 보호에 대해서도 일반법인 개인정보 보호법에 우선하여 금융 분야의 사이버보안에 관한 특별법으로서 전자금융거래법이 우선 적용됩니다(행정안전부 · 금융위원회 · 금융감독원, "금융분야 개인정보보호 가이드", 2017년 참조). 예를 들어, 전자금융거래법은 개인정보 보호법과 관련한 다수의 특칙 규정(제21의4 제1호, 제26조 등)을 두고 있는바, 일정한 사실관계 하에서 전자금융거래법에 따른 특칙 규정의 적용 · 포섭이 문제되는 경우에는 일반법인 개인정보 보호법의 해당 규정(제59조 제3호, 제18조 제1항 등)은 적용되지 아니합니다.

• 이는 전자금융거래법은 금융회사 및 그 임직원이 전자금융업무의 처리 과정에서 수시로 이용자의 개인정보를 비롯한 다양한 정보를 처리한다는 현실을 전제로 하고 있기 때문입니다. 특히 금융회사 등과 고객 간에 비대면의 자동화된

방식으로 이루어지는 전자금융업무의 특성상 개인정보 처리 업무에도 고도의 자율성·독립성을 부여받고 있는 금융회사 등으로 하여금 그 정보처리의 안전성·신뢰성을 사전에 확보토록 할 필요가 있습니다. 이에 따라 전자금융거래법은 금융회사 등에 강력한 접근권한 통제, 직무분리 등 전자금융거래의 안전성 확보장치를 마련하도록 하고(법 제21조 제2항), 이러한 안전성 확보의무를 위반한 금융회사등에 대해서는 그 임직원에 대한 신분제재 및 과태료를 부과하고 있는 등(법 제39조 제6항, 제51조 제1항 제1호) 개인정보 보호법과 별도로 금융보안에 관한 특별한 규율체계를 채택하고 있는 점 등에서도 확인됩니다.

3. "전자금융기반시설"에 접근하는 행위에 해당하는지 여부

ㅁ 우선, "전자금융기반시설"이란 전자금융거래에 이용되는 정보처리시스템 및 정보통신망법 제2조 제1항 제1호에 따른 정보통신망을 말합니다(전자금융거래법 제2조 제21호).

• 이 경우 해당 스마트뱅킹 시스템 중 최초 비밀번호를 등록하는 절차를 구현하는 부분도 "정보처리시스템"에 해당하는 것은 분명하지만, 해당 시스템 부분까지만 접근하는 것으로는 송금·이체 등을 할 수 없으므로 전자금융거래에 이용되는 정보처리시스템, 즉 전자금융기반시설에 접근한 것으로 평가할 수는 없지 않은가라는 의문이 제기될 수 있습니다. 이러한 의문을 해소하기 위해서는 전자금융거래법에 따른 "전자금융거래"의 의미를 먼저 확인하여야 합니다.

ㅁ 위에서 살펴본 바와 같이, 전자금융기반시설의 개념요소로서 전자금융거래에는 금융상품의 제공뿐만 아니라 그에 수반되거나 밀접한 관련을 가지고 제공되는 서비스로서 일체의 정보처리 업무가 포함되므로, 전자금융기반시설 또한 자금의 융통, 송금·자금이체 등 금융상품의 제공 업무에 관한 정보처리시스템 부분에 한정되지 아니하고, 그에 수반되거나 밀접한 관련이 있는 정보를 처리하는 시스템 부분도 포함된다고 해석됩니다.

• 질의하신 사실관계만으로 판단한다면, 고객은 은행과 그 영업점에서 스마트뱅킹 서비스를 이용하기로 하는 전자금융거래계약(법 제2조 제7호 참조)을 체결하였고, 그 전자금융거래계약에 따라 은행으로부터 부여받은 이용자ID와 고객이 영업점에서 직접 등록한 임시 비밀번호를 통해 최초 비밀번호를 등록할 수 있도록 하는 정보처리시스템에 고객의 이용자ID와 임시비밀번호를 알게 된 은행

의 영업점 직원이 이를 이용하여 최초 비밀번호를 등록하는 행위를 하였다면, 비록 그 정보처리시스템 부분에서는 송금·이체 등 금융상품의 제공 업무가 이루어지지 않는다고 할지라도 최초 비밀번호의 등록 행위를 통해 스마트뱅킹 서비스라는 "금융상품의 제공 업무에 수반되거나 밀접한 관련이 있는 정보를 처리하는 시스템"으로서 "전자금융기반시설에 접근"하는 행위가 있었다고 평가할 수 있습니다.

4. 전자금융거래법상 안전성 확보의무 위반 등 관련

ㅁ 다만, 질의하신 행위가 전자금융거래법 제21조의4 제1호에서 정하는 "데이터의 조작" 등에 의한 전자적 침해사고 등에 해당하는지 및 은행의 영업점 직원의 이러한 행위에 대해 시스템적인 통제가 이루어지지 아니한 해당 은행 및 관련 임직원들이 같은 법 제21조 제2항 등에 따른 안전성 확보의무 등을 위반한 것으로 볼 수 있는지 등에 대해서는 보다 구체적인 사실관계를 확인할 필요가 있다고 판단됩니다.

제2절 침해사고의 통지

Ⅰ. 침해사고의 발생 통지

금융회사 및 전자금융업자는 전자적 침해행위로 인하여 전자금융기반시설이 교란·마비되는 등의 사고("침해사고")가 발생한 때에는 금융위원회에 지체 없이 이를 알려야 한다(법21의5①).

Ⅱ. 침해사고의 원인분석과 피해 확산 방지

금융회사 및 전자금융업자는 침해사고가 발생하면 그 원인을 분석하고 피해의 확산을 방지하기 위하여 필요한 조치를 하여야 한다(법21의5②).

제3절 침해사고의 대응

Ⅰ. 침해사고 대응을 위한 금융위원회의 업무

금융위원회는 침해사고에 대응하기 위하여 ⅰ) 침해사고에 관한 정보의 수집·전파(제1호), ⅱ) 침해사고의 예보·경보(제2호), ⅲ) 침해사고에 대한 긴급조치(제3호), ⅳ) 그 밖에 침해사고 대응을 위하여 대통령령으로 정하는 사항(제4호)의 업무를 수행한다(법21의6①).

위 제4호에서 "대통령령으로 정하는 사항"이란 다음의 사항을 말한다(영11의6①).

1. 침해사고 대응을 총괄·관리하는 침해사고 대책본부의 운영 및 침해사고 긴급대응을 위한 침해사고 대응기관의 지정에 관한 사항
2. 침해사고 대응을 위한 비상계획의 수립 및 훈련 등에 관한 사항
3. 침해사고 조사 및 관련 금융회사·전자금융업자·전자금융보조업자 등에 대한 정보제공 등 요청에 관한 사항
4. 금융회사 및 전자금융업자가 사용하고 있는 소프트웨어 중 침해사고와 관련 있는 소프트웨어를 제작한 자 및 관계 행정기관 등에 대한 보안취약점 통보 등에 관한 사항

Ⅱ. 관계 행정기관 등에 대한 협조 요청

금융위원회는 업무를 수행하기 위하여 필요한 경우 관계 행정기관 등에 관련 정보제공 등의 협조를 요청할 수 있다(법21의6②, 영11의6②).

Ⅲ. 침해사고대응기관 지정 및 업무범위 등

1. 침해사고대응기관 지정

침해사고에 대응하기 위한 침해사고대응기관은 금융보안원 또는 금융위원

장이 지정한 자로 한다(감독규정37의4①).

2. 침해사고대응기관의 업무

침해사고대응기관은 i) 침해사고에 관한 정보의 수집·전파를 위한 정보공유체계의 구축(제1호), ii) 침해사고의 예보·경보 발령내용의 전파(제2호), iii) 침해사고의 원인분석과 신속한 대응 및 피해 확산방지를 위해 필요한 조치(제3호), iv) 금융회사 및 전자금융업자와 관련된 해킹 등 전자적 침해행위 정보를 탐지·분석하여 즉시 대응 조치를 하기 위한 기구("금융권 통합 보안관제센터")의 운영(제4호), v) 금융회사 및 전자금융업자의 침해사고 예방, 대응을 위한 자율기준의 마련 및 운영(제5호)의 업무를 수행한다(감독규정37의4②).

3. 침해사고조사단 구성

금융위원장은 침해사고대응기관을 포함하여 침해사고조사단을 구성할 수 있다(감독규정37의4③).

4. 협조 요청

금융위원장은 침해사고 긴급대응을 위한 침해사고대응기관의 업무 수행 또는 침해사고조사단 구성에 따른 침해사고 원인분석 및 긴급조치를 위하여 금융회사 및 전자금융업자, 전자금융보조업자에 협조를 요청할 수 있다(감독규정37의4④).

5. 침해사고 대응 및 복구훈련 계획의 수립·시행 등

금융회사 및 전자금융업자는 침해사고에 대한 대응능력 확보를 위하여 연 1회 이상 침해사고 대응 및 복구훈련 계획을 수립·시행하여야 하며 그 계획 및 결과를 침해사고대응기관의 장에게 제출하여야 한다(감독규정37의4⑤ 본문). 다만 i) 신용협동조합(제1호), ii) 체신관서, 새마을금고 및 새마을금고중앙회(제2호), iii) 산림조합, 농업협동조합, 수산업협동조합(제3호), iv) 시행령 제5조 제2항의 요건을 충족한 금융회사(제4호)[1]의 어느 하나에 해당하는 금융회사는 그러하지

---

1) i) 은행, 금융투자업자, 증권금융회사, 종합금융회사 및 명의개서대행회사, 보험회사, 상호저축은행과 그 중앙회, 신용협동조합 및 그 중앙회, 농협은행, 수협은행, 여신전문금융

아니한다(감독규정37의4⑤ 단서).

6. 개선 · 보완 요구

금융위원장은 침해사고대응기관의 장으로 하여금 침해사고 대응·복구 및 훈련결과를 점검하고 보완이 필요하다고 판단되는 경우 개선·보완을 요구할 수 있다(감독규정37의4⑥).

7. 보안취약점 통보를 위한 소프트웨어 조사 · 분석 실시

금융위원장은 침해사고대응기관의 장으로 하여금 보안취약점 통보를 위하여 금융회사 및 전자금융업자가 사용하고 있는 소프트웨어에 대한 조사·분석을 실시하게 할 수 있다(감독규정37의4⑦).

Ⅳ. 정보보호최고책임자의 업무

정보보호최고책임자는 정보보안점검의 날을 지정하고, 임직원이 금융감독원장이 정하는 정보보안 점검항목을 준수했는지 여부를 매월 점검하고, 그 점검 결과 및 보완 계획을 최고경영자에게 보고하여야 한다(감독규정37의5). 이에 따라 금융감독원장이 정하는 정보보안 점검항목은 ＜별표 3-2＞와 같다(시행세칙7의3).

〈별표 3-2〉 정보보안 점검항목

	점검항목
전산실	상시출입자외 출입자에 대한 책임자 승인 및 출입자관리기록부 기록·보관 여부
	무인감시카메라 또는 출입자동기록시스템 등의 정상 작동 여부
단말기	업무담당자 이외의 단말기 무단조작 금지 조치 여부
	정보처리시스템 접속 단말기의 정당한 사용자인가를 확인할 수 있는 기록 유지 여부
	중요 단말기의 외부 반출 금지 여부

회사, 체신관서, 새마을금고 및 새마을금고중앙회(제1호), ii) 산림조합과 그 중앙회의 신용사업부문, 농업협동조합, 수산업협동조합(제2호), iii) 신용정보회사 및 채권추심회사(제3호), iv) 온라인투자연계금융업자(제4호)의 어느 하나에 해당하는 금융회사로서 전자금융업무를 하지 아니하는 금융회사를 말한다(영5②).

단말기	중요 단말기의 인터넷 접속 금지 여부
	중요 단말기의 그룹웨어 접속 금지 여부
	단말기에서 보조기억매체 및 휴대용 전산장비 접근 통제 여부
전산자료	개인별 사용자계정과 비밀번호 부여 여부
	사용자계정과 비밀번호 등록·변경·폐기의 체계적 관리 여부
	이용자 정보 조회·출력 통제 여부
	테스트시 이용자 정보 사용 금지 및 불가피한 경우 이용자정보를 변환하여 사용하고 테스트 종료 즉시 삭제 여부
	단말기에 이용자 정보 등 주요정보 보관을 금지하고 불가피한 경우 책임자의 승인을 받고 있는지 여부
	단말기 공유 금지 여부
	전산자료 및 전산장비의 반출·반입 통제 여부
	사용자 인사 조치시 지체 없이 해당 사용자계정 삭제, 계정 사용 중지, 공동 사용 계정 변경 등 정보처리시스템 접근을 통제하고 있는지 여부
정보처리 시스템	내부통신망의 비인가 전산장비·무선통신 접속 통제 여부
해킹 등 방지대책	해킹 등을 방지하기 위한 정보보호시스템의 정상 작동 여부
	정보보호시스템에 최소한의 서비스번호와 기능만을 적용하고 있는지 여부
	정보보호시스템에 업무목적 이외 기능 및 프로그램 제거 여부
	정보보호시스템의 원격관리 금지 여부
	시스템프로그램 등 긴급하고 중요한 보정사항에 대한 즉시 보정작업 실시 여부
	무선통신망 이용 업무에 대한 승인 및 사전 지정 여부
악성코드	악성코드 검색 및 치료프로그램의 최신상태 유지 여부
	중요 단말기의 악성코드 감염여부를 매일 점검하고 있는지 여부
공개용 웹서버	사용자계정에 아이디·비밀번호 이외 추가 인증수단 적용 여부
	DMZ구간 내 이용자 정보 등 주요정보를 저장, 관리하지 않는지 여부
내부사용자 비밀번호	접근자 비밀번호 설정·운영 여부
	비밀번호 보관시 암호화 여부
이용자 비밀번호 관리	정보처리시스템 및 전산자료에 보관하고 있는 이용자 비밀번호 암호화 보관 여부
이용자 유의사항	비밀번호 유출위험 및 관리에 관한 사항의 공지 여부
	제공하고 있는 이용자보호 제도에 관한 사항의 공지 여부
	해킹·피싱 등 전자적 침해방지에 관한 사항의 공지 여부
전자금융 사고보고	전자적 침해행위에 대한 보고 및 조치 여부

제 4 장

전자금융거래기록의 생성 · 보존 및 파기 등

제1절 전자금융거래기록의 생성 · 보존 및 파기

Ⅰ. 전자금융거래기록의 생성 · 보존 등

1. 전자금융거래기록의 생성 · 보존

금융회사등은 전자금융거래의 내용을 추적·검색하거나 그 내용에 오류가 발생할 경우에 이를 확인하거나 정정할 수 있는 기록("전자금융거래기록")을 생성하여 5년의 범위 안에서 대통령령이 정하는 기간 동안 보존하여야 한다(법22①).

아래서는 보존기간을 구체적으로 살펴본다.

2. 전자금융거래기록의 보존기간

금융회사등의 전자금융거래기록의 종류별 보존기간은 다음과 같다(법22①③, 영12①).

(1) 5년 보존 전자금융거래기록

다음의 전자금융거래기록, 즉 i) 영 제7조 제4항 제1호 내지 제5호[1]에 관한 사항(가목), ii) 해당 전자금융거래와 관련한 전자적 장치의 접속기록(나목), iii) 전자금융거래의 신청 및 조건의 변경에 관한 사항(다목), iv) 건당 거래금액이 1만원을 초과하는 전자금융거래에 관한 기록(라목)은 5년간 보존하여야 한다(영12①(1)).

(2) 1년 보존 전자금융거래기록

다음의 전자금융거래기록, 즉 i) 건당 거래금액이 1만원 이하인 전자금융거래에 관한 기록(가목), ii) 전자지급수단의 이용과 관련된 거래승인에 관한 기록(나목), iii) 그 밖에 금융위원회가 정하여 고시하는 전자금융거래기록(다목)은 1년간 보존하여야 한다(영12①(2)).

위 다목에서 "금융위원회가 정하여 고시하는 거래기록"이라 함은 오류정정 요구사실 및 처리결과에 관한 사항(감독규정4(1))을 말한다(감독규정38).

(3) 전자금융보조업자의 보존기간: 3년

금융회사 또는 전자금융업자와 동일한 전자금융거래기록을 생성·보존하는 전자금융보조업자가 앞의 영 제12조 제1항 제1호 각 목의 전자금융거래기록(= 5년 보존 전자금융거래기록)을 보존하여야 하는 기간은 3년으로 한다(영12②).

3. 전자금융거래기록의 보존방법

금융회사등은 전자금융거래기록을 서면, 마이크로필름, 디스크 또는 자기테이프, 그 밖의 전산정보처리조직을 이용한 방법으로 보존해야 하며(영12③), 이에 따라 전자금융거래기록을 디스크, 자기테이프, 그 밖의 전산정보처리조직을 이용하여 보존하는 경우에는 전자문서법 제5조 제1항 각 호[2]의 요건을 모두 갖추어

---

1) 1. 전자금융거래의 종류(보험계약의 경우에는 보험계약의 종류) 및 금액, 전자금융거래의 상대방에 관한 정보
2. 전자금융거래의 거래일시, 전자적 장치의 종류 및 전자적 장치를 식별할 수 있는 정보
3. 전자금융거래가 계좌를 통하여 이루어지는 경우 거래계좌의 명칭 또는 번호(보험계약의 경우에는 보험증권번호)
4. 금융회사 또는 전자금융업자가 전자금융거래의 대가로 받은 수수료
5. 법 제15조 제1항에 따른 지급인의 출금 동의에 관한 사항

야 한다(영12④).

Ⅱ. 전자금융거래기록의 파기

금융회사등은 보존기간이 경과하고 금융거래 등 상거래관계가 종료된 경우에는 5년 이내에 전자금융거래기록(신용정보법에 따른 신용정보는 제외)을 파기하여야 한다(법22② 본문). 다만, 다른 법률에 따른 의무를 이행하기 위하여 불가피한 경우(법22②(1))에는 그러하지 아니하다(법22② 단서).

1. 파기절차 · 방법

금융회사등이 전자금융거래기록을 파기할 때 그 절차와 방법에 관하여는 개인정보 보호법 시행령 제16조[3]를 준용한다(법22②, 영12⑤).

2. 상거래관계가 종료된 날의 기준

상거래관계가 종료된 날의 기준은 금융회사등과 거래상대방 간의 상거래관계가 관계 법령, 약관 또는 합의 등에 따라 계약기간의 만료, 해지권·해제권·취소권의 행사, 소멸시효의 완성, 변제 등으로 인한 채권의 소멸, 그 밖의 사유로 종료된 날을 그 기준으로 한다(법22③, 영12⑥).

Ⅲ. 위반시 제재

법 제22조 제2항을 위반하여 전자금융거래기록을 파기하지 아니한 자(제6

---

2) 1. 전자문서법 제4조의2에 따라 서면으로 보는 전자문서일 것
2. 전자문서의 작성자, 수신자 및 송신·수신 일시에 관한 사항이 포함되어 있는 경우에는 그 부분이 보존되어 있을 것

3) 제16조(개인정보의 파기방법) ① 개인정보처리자는 법 제21조에 따라 개인정보를 파기할 때에는 다음의 구분에 따른 방법으로 해야 한다
1. 전자적 파일 형태인 경우: 복원이 불가능한 방법으로 영구 삭제. 다만, 기술적 특성으로 영구 삭제가 현저히 곤란한 경우에는 법 제58조의2에 해당하는 정보로 처리하여 복원이 불가능하도록 조치해야 한다.
2. 제1호 외의 기록물, 인쇄물, 서면, 그 밖의 기록매체인 경우: 파쇄 또는 소각
② 제1항에 따른 개인정보의 안전한 파기에 관한 세부 사항은 보호위원회가 정하여 고시한다.

호)에게는 2천만원 이하의 과태료를 부과한다(법51②).

법 제22조 제1항(제29조 제2항에서 준용하는 경우를 포함)을 위반하여 기록을 생성하거나 보존하지 아니한 자(제7호)에게는 1천만원 이하의 과태료를 부과한다(법51③).

** 금융위원회 질의회신(2020. 8. 24.)

〈질의〉

전자금융거래기록 파기 관련 질의: 전자금융거래기록에 대해 익명처리를 하여 더 이상 특정 정보주체를 알아볼 수 없게 된다면, 이와 같이 익명처리된 정보는 전자금융거래법 제22조 제2항에 따른 파기 대상이 아니라고 볼 수 있는지 여부

〈회신〉

ㅁ 전자금융거래법상 "전자금융거래기록"에는 ① 신용정보법에 따른 신용정보, ② 신용정보가 아닌 개인정보보호법에 따른 개인정보, ③ 그 밖의 신용정보나 개인정보가 아닌 기타 금융거래정보 등이 포함될 수 있습니다.

① 첫째, 신용정보인 전자금융거래기록은 신용정보법의 파기에 관한 조항을 준수해야 합니다.

– 전자금융거래법 제22조 제2항은 전자금융거래기록의 파기 의무를 규정하면서, 신용정보법에 따른 신용정보를 제외하고 있기 때문에,

– 신용정보의 경우 신용정보법 제20조의2에 따른 익명처리 등 파기 조치를 이행하면 전자금융거래법에 따른 파기 의무를 준수한 것으로 볼 수 있습니다.

② 둘째, 개인정보인 전자금융거래기록의 경우 전자금융거래법 제22조 제3항, 동법 시행령 제12조 제5항에 따라 개인정보 보호법 시행령에 따른 파기 절차와 방법이 준용됩니다.

– 따라서 개인정보 보호법 시행령 제16조에 따라 익명처리 등을 한 경우에는 원칙적으로 전자금융거래법에 따른 파기의무를 이행한 것으로 볼 수 있습니다.

③ 셋째, 신용정보나 개인정보가 아닌 무기명 선불전자지급수단의 거래기록, 전자금융거래의 내용을 추적·검색할 수 있는 로그 기록 등의 경우에는 전자금융거래법상 전자금융거래기록에 해당한다면 파기대상에 해당할 수 있습니다.

– 그런데 전자금융거래법상 "전자금융거래기록"이란 전자금융거래의 내용

을 추적·검색하거나 오류 발생시 이를 확인·정정할 수 있는 기록(법 §22①)을 의미하므로,

– 전자금융거래의 내용을 추적·검색할 수 없고, 오류 발생시에도 이를 확인·정정할 수 없도록 하였다면, 특별한 사정이 없는 한 법 제22조 제2항에 따른 파기 대상이 아니라고 볼 수 있습니다.

⇒ 따라서 (i) 신용정보나 개인정보에 해당하는 전자금융거래기록의 경우 신용정보법 등 관련 법령에 따른 파기절차·방법에 따라 익명조치 등을 하고, (ii) 그 외 전자금융거래기록은 추적·검색할 수 없도록 하는 등의 조치를 한 경우라면 특별한 사정이 없는 한 전자금융거래법에 따른 파기의무를 준수하였거나, 파기 대상이 아닌 경우에 해당합니다.

** 금융위원회 질의회신(2019. 12. 13.)

〈질의〉

(전자금융) 종료된 서비스 데이터 보관 정책 관련 문의: (백업TAPE에 보관된 전자금융) 종료된 서비스 전자금융거래기록 중 5년 경과된 데이터 삭제 정책

– daily 삭제 여부

현재 저희가 제공하는 서비스 중, 18년 12월 말일자로 종료된 서비스가 있습니다.

해당 서비스에 대한 데이터는 개인정보 관련 데이터는 파기, 그 외 결제내역(개인정보제외) 데이터는 몇년치 데이터가 통으로 백업테이프에 보관 중입니다.

이 경우 전자금융거래법 시행령의 전자금융거래기록의 보존기간에 대한 부분과 전자금융거래법 전자금융거래기록 파기에 대한 부분입니다.

– 전자금융거래법 시행령: 제12조 ①항 1. 다음 각 목의 전자금융거래기록은 5년간 보존하여야 한다

– 전자금융거래법: 제22조 ② 금융회사등은 제1항에 따라 보존하여야 하는 기간이 경과하고 금융거래 등 상거래관계가 종료된 경우에는 5년 이내에 전자금융거래기록(신용정보법에 따른 신용정보는 제외한다)을 파기하여야 한다.

서비스 중인 데이터인 경우 데이터를 일별로 보관하고 있으므로, 5년 경과시 삭제하는데 무리가 없습니다.

다만 종료된 서비스의 경우(백업tape에 보관된 전자금융거래기록)에는

1. 서버에 종료된 건별 데이터를 보관할 수도 없습니다.

2. 또한 통으로 백업tape에 보관된 데이터 중 5년 지난 데이터만 선별해서 지우려면, 데이터를 복원하고, 일부 데이터를 삭제 후 다시 백업을 하는 수밖에 없습니다.

이 경우 해당 작업을 하는 동안 1번과 같은 상황이 발생합니다.

일배치로 삭제하는 경우, 매일 데이터가 풀렸다 삭제되는 일이 발생합니다.

종료된 서비스에 대한 백업데이터인 경우, 위의 이슈에 대해 어떻게 처리를 해야 하는지 답변 부탁드립니다.

– 2번의 경우로 처리를 해야 한다면, 매일 처리해야 하는지, 1개월 또는 분기, 반기, 1년 단위로 처리해도 되는지도 답변 부탁드립니다.

〈회신〉

ㅁ 전자금융거래 서비스 종료시점과 전자금융거래 기록 보존 기간 경과시점 중 가장 최근 시점을 기준으로 5년 이내에 전자금융거래 기록을 삭제하면 해당 규정을 준수한 것으로 판단됩니다.

• 귀사께서는 해당 규정을 준수하여 자체적으로 전자금융거래기록에 대한 파기계획을 수립하고 이행하시기 바랍니다.

〈이유〉

ㅁ 질의하신 사항은 귀사의 종료된 서비스의 전자금융거래기록 중 전자금융거래법 제22조 제1항에 따라 5년간 보존해야 하는 기록이 있는 경우 전자금융거래법 제22조 제2항에 따른 전자금융거래기록 파기 시 이를 일별로 삭제해야 하는지 여부입니다.

ㅁ 전자금융거래법 제22조 제1항 및 전자금융거래법 시행령 제12조 제1항 제1호는 해당하는 전자금융거래기록을 5년간 보존하도록 하고, 전자금융거래법 제22조 제2항은 법상 보존기간이 경과하고 금융거래 및 상거래가 종료된 경우에는 5년 이내에 전자금융거래기록을 파기하도록 규정하고 있습니다.

• 따라서 파기주기와 무관하게 귀사의 전자금융거래 관계 종료시점과 법상 전자금융거래기록 보존기간 경과시점 중 가장 최근 시점을 기준으로 5년 이내에 전자금융거래기록을 삭제하면 해당 법령을 준수한 것으로서, 이에 따라 파기주

기 등 자체 파기계획을 수립하여 이행하시기 바랍니다.

제2절 전자지급수단 등의 발행과 이용한도

Ⅰ. 이용한도 제한 등

금융위원회는 전자지급수단의 특성을 감안하여 대통령령이 정하는 바에 따라 금융회사 또는 전자금융업자에게 i) 전자화폐 및 선불전자지급수단의 발행권면 최고한도(제1호), ii) 전자자금이체의 이용한도(제2호), iii) 직불전자지급수단의 이용한도(제3호)를 제한하거나 그 밖에 필요한 조치를 할 수 있다(법23①).

아래서는 위 제1호, 제2호, 제3호의 내용을 규정하고 있는 시행령을 살펴본다.

1. 전자화폐 및 선불전자지급수단의 발행권면 최고한도

전자화폐의 발행권면 최고한도는 200만원으로, 선불전자지급수단의 발행권면 최고한도는 50만원으로 한다(영13① 본문). 다만, 다음에 따라 발행하는 선불전자지급수단의 발행권면 최고한도는 다음의 구분에 따른 금액으로 한다(영13① 단서).

1. 재난안전법 제3조 제1호[4]의 재난에 대응하여 국가 또는 지방자치단체가 수급자, 사용처 및 사용기간 등을 정하여 지원금을 지급하기 위해 발행하는 경

---

4) 1. "재난"이란 국민의 생명·신체·재산과 국가에 피해를 주거나 줄 수 있는 것으로서 다음 각 목의 것을 말한다.
가. 자연재난: 태풍, 홍수, 호우(豪雨), 강풍, 풍랑, 해일(海溢), 대설, 한파, 낙뢰, 가뭄, 폭염, 지진, 황사(黃砂), 조류(藻類) 대발생, 조수(潮水), 화산활동, 소행성·유성체 등 자연우주물체의 추락·충돌, 그 밖에 이에 준하는 자연현상으로 인하여 발생하는 재해
나. 사회재난: 화재·붕괴·폭발·교통사고(항공사고 및 해상사고를 포함)·화생방사고·환경오염사고 등으로 인하여 발생하는 대통령령으로 정하는 규모 이상의 피해와 국가핵심기반의 마비, 「감염병의 예방 및 관리에 관한 법률」에 따른 감염병 또는 「가축전염병예방법」에 따른 가축전염병의 확산, 「미세먼지 저감 및 관리에 관한 특별법」에 따른 미세먼지 등으로 인한 피해

우: 300만원

2. 제1호 외의 경우로서 금융실명법 제2조 제4호[5]에 따른 실지명의로 발행하는 경우: 200만원

** 금융위원회 질의회신(2018. 10. 29.)

〈질의〉

ㅁ 전자금융거래법상 선불전자지급수단의 발행권면 한도의 기준이 되는 "실지명의"의 구체적 의미

* 정보통신망법 제23조의3에 따른 본인확인기관에서 부여하는 연계정보(CI: Connecting Information)를 활용하여 본인여부를 판단할 수 있는지?

〈회신〉

ㅁ 전자금융거래법상 기명식 선불전자지급수단이란 ① 금융실명법 제2조 제4호에 따른 실지명의로 발행되거나, ② 예금계좌와 연결되어 발행된 경우를 의미합니다.

• 따라서 정보통신망법상 본인확인기관에서 부여하는 고유번호만으로는 전자금융거래법상 규정하고 있는 실지명의의 요건을 충족하지 않는 것으로 판단됩니다.

〈이유〉

ㅁ 전자금융거래법 시행령 제13조는 금융실명법 제2조 제4호에 따른 실지명의로 발행된 선불전자지급수단의 발행권면 최고한도를 200만원으로 규정하고 있으며, 전자금융감독규정 <별표 3>은 선불전자지급수단 발행권면 최고한도의 기준이 되는 기명식 선불전자지급수단을 실지명의가 확인되거나 예금계좌와 연결되어 발행된 선불전자지급수단으로 규정하고 있습니다.

ㅁ 전자금융거래법 시행령 제31조 제3항에 따라 금융회사 또는 전자금융업자는 선불전자지급수단의 발행에 관한 사무 등을 수행하기 위하여 불가피한 경우 주민등록번호 등이 포함된 자료를 처리할 수 있습니다.

5) 4. "실지명의"란 주민등록표상의 명의, 사업자등록증상의 명의, 그 밖에 대통령령으로 정하는 명의를 말한다.

** 금융위원회 질의회신(2022. 8. 4.)

〈질의〉

비대면 실명확인 가이드라인에 따른 비대면 실명 확인 후 선불전자지급수단이 전자금융거래법상 기명식 선불전자지급수단에 해당하는지 여부

ㅁ 비대면 실명확인 가이드라인에 따른 비대면 실명확인 후 발급된 선불전자지급수단이 전자금융거래법상 기명식 선불전자지급수단에 해당하는지 여부

〈회신〉

ㅁ '비대면 실명확인 관련 구체적 적용방안'에 따라 실명확인된 선불전자지급수단의 경우 기명식 선불전자지급수단에 해당합니다.

〈이유〉

ㅁ 전자금융거래법 시행령 제13조 및 전자금융감독규정 <별표 3>은 기명식 선불전자지급수단을 실지명의가 확인되거나 예금계좌와 연결되어 발행된 선불전자지급수단으로 규정하고 있으며,

• 별도로 비대면 실명확인 방식으로 실지명의를 확인하는 것을 금지하고 있지 않습니다.

** 금융위원회 질의회신(2023. 8. 23.)

〈질의〉

"이용자가 미리 직접 대가를 지불하지 아니한 선불전자지급수단" 발행 시 KYC 생략가능 여부

ㅁ 전자금융업자의 고객이 재화 등의 구매나 이벤트 등 일정 요건을 충족하여, 전자금융업자가 고객에게 무상으로 포인트를 제공하는 경우, 이는 자금세탁행위와 공중협박자금조달행위에 이용될 가능성이 현저히 적은 전자금융거래법 제23조 제1항 제1호의 선불전자지급수단의 발행에 해당되는 것으로 보아 「특정금융거래정보 보고 및 감독규정」 제21조에 열거된 금융거래와 마찬가지로 고객확인면제가 가능한지 여부

〈회신〉

ㅁ 제공하는 포인트가 전자금융거래법 제23조 제1항 제1호, 같은 법 시행령 제13조 제1항 본문에서 정하는 발행권면 최고한도 50만원의 선불전자지급수단에 해당한다면, 고객확인의무를 면제할 수 있다고 판단됩니다.

• 다만, 제공하는 포인트가 50만원 이상의 발행권면 최고한도가 있어 금융실명법 제2조 제4호에 따른 실지명의로 발행(200만원까지 발행 가능)한 선불전자지급수단에 해당하는 경우 고객확인의무를 면제하기 어렵다고 보입니다.

ㅁ 제공하는 포인트가 전자금융거래법 제23조 제1항 제1호, 같은 법 시행령 제13조 제1항 본문에서 정하는 발행권면 최고한도 50만원 미만의 선불전자지급수단에 해당하는지에 대해서는 질의하신 사실관계만으로는 단정할 수는 없으므로, 추가 확인이 필요하다고 보입니다.

• 다만, 전자금융거래법 제2조 제14호에 따르면 "선불전자지급수단"이란 이전가능한 금전적 가치가 전자적 방법으로 저장되어 발행된 증표 또는 그 증표에 관한 정보로서,

① 발행인(대통령령이 정하는 특수관계인을 포함) 외의 제3자로부터 재화 또는 용역을 구입하고 그 대가를 지급하는데 사용되며,

② 구입할 수 있는 재화 또는 용역의 범위가 통계법 제22조 제1항에 따른 한국표준산업분류 중분류상 2개 이상 업종인 것을 말하므로, 귀사가 제공하는 무상포인트가 선불전자지급수단에 해당하는지는 위 정의조항을 충족하는지에 따라 판단할 수 있다고 보입니다.

〈이유〉

ㅁ 특정 금융거래정보 보고 및 감독규정 제21조 제6호에 따르면, 전자금융거래법 제23조 제1항 제1호, 같은 법 시행령 제13조 제1항 본문에서 정하는 선불전자지급수단의 발행은 고객확인의무를 면제하는바, 이러한 예외규정은 발행권면 최고한도가 선불전자지급수단의 발행권면 최고한도는 50만원 이하의 무기명 선불전자지급수단에만 적용됩니다.

• 따라서 질의하신 사실관계만으로는 단정할 수는 없으나, 귀사가 제공하는 포인트가 전자금융거래법 제23조 제1항 제1호, 같은 법 시행령 제13조 제1항 본문에서 정하는 발행권면 최고한도 50만원인 선불전자지급수단에 해당한다면,

고객확인의무를 면제할 수 있다고 판단됩니다.

• 다만, 제공하는 포인트가 50만원 이상의 발행권면 최고한도가 있어 금융실명법 제2조 제4호에 따른 실지명의로 발행(200만원까지 발행 가능)한 선불전자지급수단에 해당하는 경우 고객확인의무를 면제하기 어렵다고 보입니다.

ㅁ 제공하는 포인트가 전자금융거래법 제23조 제1항 제1호, 같은 법 시행령 제13조 제1항 본문에서 정하는 발행권면 최고한도 50만원의 선불전자지급수단에 해당하는지에 대해서는 질의하신 사실관계만으로는 단정할 수는 없으므로, 추가 확인이 필요하다고 보입니다.

• 다만, 전자금융거래법 제2조 제14호에 따르면 "선불전자지급수단"이란 이전가능한 금전적 가치가 전자적 방법으로 저장되어 발행된 증표 또는 그 증표에 관한 정보로서,

① 발행인(대통령령이 정하는 특수관계인을 포함) 외의 제3자로부터 재화 또는 용역을 구입하고 그 대가를 지급하는데 사용되며,

② 구입할 수 있는 재화 또는 용역의 범위가 통계법 제22조 제1항에 따른 한국표준산업분류 중분류상 2개 이상 업종인 것을 말하므로, 귀사가 제공하는 무상포인트가 선불전자지급수단에 해당하는지는 위 정의조항을 충족하는지에 따라 판단할 수 있다고 보입니다.

** 금융위원회 질의회신(문서번호 140190)

〈질의〉

선불전자지급수단의 발행한도 등 관련 질의

• 선불전자지급수단의 발행권면 최고한도가 선불전자지급수단의 1회 충전금액을 50만원까지(기명식의 경우 200만원) 제한하는 것인지?

• 1회 충전금액만 제한하는 경우 반복 충전을 통한 총보유금액에는 제한이 없는 것인지?

〈회신〉

• 전자금융거래법 제23조 및 동법 시행령 제13조 등에 따라 선불전자지급수단의 발행권면 최고한도를 50만원(실지명의로 발행된 경우는 200만원)으로 정하고 있으며, 이는 단일 선불전자지급수단에 저장될 수 있는 금전적 가치의 최고한

도를 의미합니다.

• 따라서 반복 충전을 통하여 선불전자지급수단의 발행권면 최고한도를 초과하여 금전적 가치를 저장할 수 없음을 알려 드립니다.

** 금융위원회 질의회신(2021. 12. 29.)

〈질의〉

전자금융거래법상 선불전자지급수단의 발행권면 최고한도의 해석 관련

㉠ 전자적 정보로서 포인트 형식의 선불전자지급수단[1point=1원, 이하 "포인트"라고 칭함]의 경우 전자금융거래법상 선불전자지급수단의 "발행권면 최고한도"가 이용자의 "보유한도"를 의미하는지?

㉡ [위 "발행권면 최고한도"가 "보유한도"를 의미하는 경우를 전제로 함] 포인트의 보유한도 초과 여부 판단 시 이용자 인별(人別) 기준인지, 포인트 발행사별(發行社別) 기준인지, 아니면 포인트 종류별(種類別) 기준인지?

㉢ A사(社)가 a포인트를, B사(社)가 b포인트를 발행하고, 이용자가 a포인트와 b포인트를 보유하고 있는데, 포인트 각각은 보유한도를 초과하지 않으나, 합산하면 보유한도를 초과하는 경우 위법한지?

㉣ A사(社)가 a포인트와 b포인트를 발행하고, 이용자가 a포인트와 b포인트를 보유하고 있는데, 포인트 각각은 보유한도를 초과하지 않으나, 합산하면 보유한도를 초과하는 경우 위법한지?

㉤ A사(社)가 a포인트를 발행하고, a포인트를 현금구매로 충전할 수도 있고(a1), 카드이용 시 적립될 수도 있는데, 이를 a1과 a2라는 2가지 유형으로 나누고, 유형별 포인트 각각은 보유한도를 초과하지 않으나, 합산하면 보유한도를 초과하는 경우 위법한지?

〈회신〉

ㅁ 질의하신 내용으로 선불전자지급수단 발행권면 최고한도는 인별·발행사별·포인트 종류별로 선불전자지급수단의 발행권면 최고한도를 의미하는 것이 아니라, 각 선불전자지급수단마다 최대 금전적 가치로 50만원(무기명), 200만원(기명식)까지 저장될 수 있음을 의미합니다.

〈이유〉

ㅁ 귀사께서는 선불전자지급수단 발행권면 최고한도가 이용자 인별 기준인지, 포인트 발행사별 기준인지, 포인트 종류별 기준인지 질의하신 것으로 이해됩니다.

ㅁ 선불전자지급수단이란, 이전 가능한 금전적 가치가 전자적 방법으로 저장되어 발행된 증표를 말합니다(전자금융거래법 제2조 제14호). 선불전자지급수단 발행권면 최고한도는 무기명식은 50만원, 기명식(금융실명법 제2조 제4호에 따른 실지명의로 발행)은 200만원으로 정하고 있습니다(전자금융거래법 제23조 제1항 제1호, 같은법 시행령 제13조 제1항).

• 이에 따라 질의하신 내용으로 선불전자지급수단 발행권면 최고한도는 인별·발행사별·포인트 종류별로 선불전자지급수단의 발행권면 최고한도를 의미하는 것이 아니라, 각 선불전자지급수단마다 최대 금전적 가치로 50만원(무기명), 200만원(기명식)까지 저장될 수 있음을 의미합니다.

---

2. 전자자금이체의 이용한도

전자자금이체의 이용한도는 100억원의 범위에서 금융위원회가 정하여 고시[6]한다(영13② 본문). 다만, 금융회사 또는 전자금융업자와 이용자 간에 별도의 계약이 있는 경우에는 그 이용한도를 달리 정할 수 있다(영13② 단서).

** 금융위원회 질의회신(2016. 8. 19.)

〈질의〉

전자금융거래법 시행령 제13조 제2항 관련 비조치의견서 요청

ㅁ 해당 금융회사는 본인 명의 여러 계좌를 보유하고 있는 고객이 본인명의 계좌에서 또다른 본인명의계좌로 자금이체시

• 고객에게 별도의 동의 절차를 받아 계좌 잔액 전액을 1회성으로 자기명의 다른 계좌로 한꺼번에 이체할 수 있는 서비스("일괄대체 서비스")를 제공하고자 함

– 이때 경우 해당 동의절차를 전자금융거래법 시행령 제13조 제2항 단서에 따라 "금융회사와 이용자 간 별도계약 체결*"로 볼 수 있는지 질의

6) 고시의 내용은 후술하는 <별표 3>을 참조할 것.

* 전자자금이체 이용한도는 각 수단별로 이용한도(인터넷. 모바일 뱅킹 1회 1억원, 1일 5억원)가 있으나, 금융회사와 이용자간 별도계약이 있는 경우 그 이용한도를 달리 정할 수 있음

〈회신〉

ㅁ 전자금융거래법 시행령 제13조 제2항 단서에 따른 “금융회사와 이용자간 별도계약”은 금융회사와 이용자 간 전자자금이체 계약으로서

• 해당 동의절차가 전자금융감독규정 제40조 제3항의 요건*을 충족하는 경우 전자금융거래 계약체결 방식으로 인정될 수 있습니다.

* 이용자에게 약관의 중요내용에 대한 설명을 전자적 장치를 통해 표시하고, 이용자로부터 해당 내용을 충분히 인지하였다는 의사표시를 전자적 장치를 통하여 수령

ㅁ 다만 참고로 동법 제13조 제2항은 전자자금이체의 이용한도를 100억원의 범위에서 정하도록 하고 있으므로

• 별도계약으로 감독규정 ＜별표 3＞의 이용한도를 넘은 한도를 정할 수는 있으나 그 이용한도의 경우에도 100억원의 범위 내에서 정할 수 있습니다.

〈이유〉

ㅁ 해당 “별도계약”은 동법 제24조에 따른 전자금융거래의 계약에 해당되며,

• 동 계약 체결을 위한 절차가 적절한가는 전자금융거래 계약 체결과 관련한 동법 제24조 및 제25조 및 감독규정 제40조 등에 따라 판단할 사항입니다.

ㅁ 질의 요지상 동 서비스는 본인의 계좌에서 본인의 계좌로 이체하는 경우라면 고객의 동의를 얻어 금액한도에 제한이 없이 계좌금액 전체를 이체할 수 있는 것으로 보이나,

• 전자금융거래법 시행령 제13조 제2항은 전자자금이체의 이용한도를 100억원의 범위에서 금융위가 정하여 고시하되, 금융회사와 이용자간 별도계약이 있을 경우 이용한도를 달리 정할 수 있도록 하고 있습니다.

• 이는 별도계약이 있는 경우 금융위가 정하여 고시한 이용한도 외에 다른 이용한도를 정할 수 있다는 것으로 별도계약이라고 하더라도 최대 이용한도인 100억원을 넘은 이용한도를 정할 수는 없습니다.

3. 직불전자지급수단의 이용한도

직불전자지급수단의 이용한도는 1억원의 범위에서 금융위원회가 정하여 고시[7]한다(영13③ 본문). 다만, 금융회사 또는 전자금융업자와 이용자 간에 별도의 계약이 있는 경우에는 그 이용한도를 달리 정할 수 있다(영13③ 단서).

Ⅱ. 현금 출금 최고한도

금융위원회는 대통령령으로 정하는 바에 따라 금융회사 또는 전자금융업자에게 전자적 장치로부터의 현금 출금 최고한도를 제한하거나 그 밖에 필요한 조치를 할 수 있다(법23②).

이에 따른 전자적 장치로부터의 현금 출금 최고한도는 1천만원의 범위에서 금융위원회가 정하여 고시한다(영13④ 본문). 다만, 금융회사 또는 전자금융업자와 이용자 간에 별도의 계약이 있는 경우에는 그 최고한도를 달리 정할 수 있다(영13④ 단서).

Ⅲ. 전자지급수단의 세부적 이용한도

앞의 시행령 제13조 제2항부터 제4항에 따라 금융위원회가 정하는 전자지급수단의 구체적인 이용한도는 <별표 3>과 같다(영13⑤, 감독규정39).

〈별표 3〉 전자지급수단의 세부적 이용한도

가. 전자화폐 및 선불전자지급수단 발행권면 최고한도

(단위: 만원)

구 분	발행권면 한도	
	무기명식[1]	기명식[2]
전자화폐	5	200
선불전자지급수단	50	200

1) 실지명의 확인이 없거나 예금계좌와 연결되지 않고 발행된 전자화폐 내지 선불전자지급수단
2) 실지명의가 확인되거나 예금계좌와 연결되어 발행된 전자화폐 내지 선불전자지급수단

---

7) 고시의 내용은 후술하는 <별표 3>을 참조할 것.

나. 전자자금이체한도(지급이체의 경우)

(단위: 억원)

구 분		1회 이체한도	1일 이체한도
현금카드[1]	인출한도	0.01	0.06
	이체한도	0.06	0.3
텔레뱅킹[2]	개인	0.5	2.5
	법인	1	5
인터넷뱅킹[3]	개인	1	5
	법인	10	50
모바일뱅킹[4]		1	5
메일뱅킹[5]		0.1	0.5

1) 금융회사의 자동화기기(CD/ATM)에서 현금을 인출하기 위해 사용하는 접근매체
2) 유선전화를 통하여 예금조회, 자금이체 등의 업무를 수행하는 전자금융방식
3) 유무선 인터넷을 통해 예금조회, 자금이체 등의 업무를 수행하는 전자금융방식
4) 이동통신용 기기에 IC칩을 넣거나 뱅킹용 프로그램을 다운로드하여 예금조회, 자금이체 등의 업무를 수행하는 전자금융방식
5) 예금계좌와 연결된 전자우편 주소(기타 전화번호)를 통해 자금이체 등의 업무를 수행하는 전자금융방식

* 전자자금이체시 제34조 및 제37조의 규정에서 정한 사항을 준수하여야 한다.

다. 직불전자지급수단 이용한도

(단위: 만원)

구 분	1회 이용한도	1일 이용한도
직불전자지급수단	10,000	10,000
실명증표확인 외의 본인확인수단을 이용하여 발급된 직불전자지급수단	200	200

제 5 장

전자금융거래의 이용자 보호

제1절 약관의 명시와 변경통지

Ⅰ. 약관의 명시 등

금융회사 또는 전자금융업자는 이용자와 전자금융거래의 계약을 체결함에 있어서 약관을 명시하여야 하고, 이용자의 요청이 있는 경우에는 금융위원회가 정하는 방법에 따라 그 약관의 사본을 교부하고 그 약관의 내용을 설명하여야 한다(법24①).

1. 약관 마련의무

전자금융업무를 수행하는 금융회사 및 전자금융업자는 전자금융거래와 관련한 약관을 별도로 마련하여야 한다(감독규정40①).

2. 약관 사본 교부의무

금융회사 또는 전자금융업자는 이용자와 전자금융거래의 계약을 체결함에 있어 이용자의 요청이 있는 경우 전자문서의 전송(전자우편을 이용한 전송을 포함), 모사전송, 우편 또는 직접 교부의 방식으로 전자금융거래 약관의 사본을 이용자에게 교부하여야 한다(감독규정40②).

3. 약관 중요내용 설명의무

금융회사 또는 전자금융업자는 이용자와 전자금융거래의 계약을 체결함에 있어 이용자가 약관의 내용에 대한 설명을 요청하는 경우 다음의 어느 하나의 방법으로 이용자에게 약관의 중요내용을 설명하여야 한다(감독규정40③).

1. 약관의 중요내용을 이용자에게 직접 설명
2. 약관의 중요내용에 대한 설명을 전자적 장치를 통하여 이용자가 알기 쉽게 표시하고 이용자로부터 해당 내용을 충분히 인지하였다는 의사표시를 전자적 장치를 통하여 수령

** 금융위원회 질의회신(2018. 9. 20.)

〈질의〉

모바일 서비스 이용을 목적으로 하는 필수약관 등에 방법에 대한 질의

1. 모바일 서비스 이용을 목적으로 서비스 약관에 동의하고자 할 경우 복수개의 필수 약관을 하나의 통합약관이라는 명칭으로 제시하여 한번에 동의를 받을 수 있는지 여부(선택약관은 개별 동의하도록 프로세스 구현)

위의 1번 질의와 같이 약관 동의를 받을 수 없다면, 대상을 보다 세분화하여 질의 드립니다.

모바일 서비스 중 모바일뱅킹 이용을 목적으로 서비스 약관에 동의하고자 할 경우(1번 질문과의 차이점은 모바일 뱅킹에 한정되는 것임) 필수약관에 해당하는 전자통지서비스이용약관을 하나의 통합약관이라는 명칭으로 제시하여 한번에 동의를 받을 수 있는지 여부(선택약관은 개별 동의하도록 프로세스 구현)

〈회신〉

□ 법령해석 요청서 및 신청인과의 유선통화를 통해 확인한 결과, 신청인은 전자금융거래법 제24조에 따른 전자금융거래약관이 여러 건인 경우 온라인상으

로 「○○○ 서비스 통합약관」이라는 하나의 명칭으로 제시하는 것이 가능한지 문의하셨습니다.

ㅁ 전자금융거래법 제24조 제1항은 금융회사 등은 이용자와 전자금융거래의 계약을 체결함에 있어 약관을 명시하도록 하고 있으며,

• 이는 금융회사 등이 이용자에게 전자금융거래약관을 분명하게 드러내 보이도록 하여 이용자가 충분히 인지할 수 있도록 하는데 그 목적이 있습니다.

ㅁ 여러 개의 전자금융거래약관을 하나의 명칭으로 제시할 경우 이용자가 개별 약관을 충분히 인지하기 어려운 측면이 있으므로 문의하신 방식은 전자금융거래법 제24조 제1항의 제정 목적에 부합하지 않는 것으로 판단됩니다.

Ⅱ. 약관 명시 · 교부 · 설명의무 위반의 효과

금융회사 또는 전자금융업자는 법 제24조 제1항의 규정을 위반하여 계약을 체결한 때에는 당해 약관의 내용을 계약의 내용으로 주장할 수 없다(법24②).

Ⅲ. 약관의 변경통지 등

금융회사 또는 전자금융업자는 약관을 변경하는 때에는 변경되는 약관의 시행일 1월 전에 금융위원회가 정하는 방법에 따라 이를 게시하고 이용자에게 알려야 한다(법24③ 본문). 다만, 법령의 개정으로 인하여 긴급하게 약관을 변경하는 때에는 금융위원회가 정하는 방법에 따라 이를 즉시 게시하고 이용자에게 알려야 한다(법24③ 단서).

1. 약관변경 통지 방법 등

금융회사 또는 전자금융업자는 약관을 변경하는 때에는 그 시행일 1월 전에 변경되는 약관을 해당 전자금융거래를 수행하는 전자적 장치(해당 전자적 장치에 게시하기 어려울 경우에는 이용자가 접근하기 용이한 전자적 장치로서 당해 금융회사등이 지정하는 대체장치를 포함)에 게시하고 이용자에게 통지하여야 한다(감독규정40④ 본문). 다만, 이용자가 이의를 제기할 경우 금융회사 또는 전자금융업자는 이

용자에게 적절한 방법으로 약관 변경내용을 통지하였음을 확인해 주어야 한다(감독규정40④ 단서).

2. 긴급한 약관변경의 경우

금융회사 또는 전자금융업자가 법령의 개정으로 인하여 긴급하게 약관을 변경한 때에는 변경된 약관을 전자적 장치에 최소 1월 이상 게시하고 이용자에게 통지하여야 한다(감독규정40⑤).

3. 계약해지 기간 등

이용자는 약관의 변경내용이 게시되거나 통지된 후부터 변경되는 약관의 시행일 전의 영업일까지 전자금융거래의 계약을 해지할 수 있다(법24④ 전단). 전단의 기간 안에 이용자가 약관의 변경내용에 대하여 이의를 제기하지 아니하는 경우에는 약관의 변경을 승인한 것으로 본다(법24④ 후단).

Ⅳ. 위반시 제재

법 제24조 제1항 또는 제3항을 위반하여 약관의 명시, 설명, 교부를 하지 아니하거나 게시 또는 통지하지 아니한 자(제8호)에게는 1천만원 이하의 과태료를 부과한다(법51③).

제2절 약관의 제정 및 변경

Ⅰ. 약관의 제정 또는 변경의 보고

1. 사전 보고

금융회사 또는 전자금융업자가 전자금융거래에 관한 약관을 제정하거나 변경하고자 하는 경우에는 미리 금융위원회에 보고하여야 한다(법25① 본문).

(1) 관련서류의 금융감독원 제출

금융회사 또는 전자금융업자가 전자금융거래 약관을 제정 또는 변경하고자 하는 경우에는 해당 약관 및 약관내용을 이해하는데 필요한 관련서류를 시행예정일 45일 전까지 금융감독원장에게 제출하여야 한다(감독규정41② 전단). 이 경우 약관 및 관련서류는 전자문서로 제출할 수 있다(감독규정41② 후단).

(2) 약관심사와 약관의 변경권고

금융감독원장은 제출받은 약관을 심사하고 건전한 금융거래질서의 유지를 위하여 약관내용의 변경이 필요하다고 인정하는 경우 해당 금융회사 또는 전자금융업자에 대하여 약관의 변경을 권고할 수 있다(감독규정41③).

(3) 권고의 수락여부 보고

약관의 변경권고를 받은 금융회사 또는 전자금융업자는 권고의 수락여부를 금융감독원장에게 보고하여야 한다(감독규정41④).

2. 사후 보고

(1) 사유

이용자의 권익이나 의무에 불리한 영향이 없는 경우로서 i) 이용자의 권익을 확대하거나 의무를 축소하기 위한 약관의 변경(제1호), ii) 금융감독원장에게 보고된 약관의 내용과 동일하거나 유사한 약관의 제정 또는 변경(제2호), iii) 그 밖에 이용자의 권익이나 의무에 불리한 영향이 없는 경우로서 금융감독원장이 정하는 약관의 제정 또는 변경(제3호)의 경우에는 약관의 제정 또는 변경 후 10일 이내에 금융위원회에 보고할 수 있다(법25① 단서, 감독규정41①).

위의 제3호에 따른 금융감독원장이 정하는 약관의 제정 또는 변경이란 다음의 어느 하나를 말한다(시행세칙8①).

1. 법령의 개정 또는 금융위원회의 명령에 따른 약관의 변경
2. 이용자의 권익이나 의무사항을 제외한 사항으로서 단순히 업무편의를 위한 약관의 변경
3. 사업자단체의 표준약관을 원용하는 약관의 제정 또는 변경

(2) 관련 서류의 보고

금융회사 또는 전자금융업자가 약관을 제정하거나 변경하는 경우에는 당해 약관과 약관내용을 이해하는 데 필요한 관련서류를 ＜별지 제7호 서식＞에 따라 금융감독원장에게 보고한다(시행세칙8②).

Ⅱ. 약관의 변경 권고와 수락 여부

1. 약관의 변경 권고

금융위원회는 건전한 전자금융거래질서를 유지하기 위하여 필요한 경우에는 금융회사 또는 전자금융업자에 대하여 약관의 변경을 권고할 수 있다(법25②).

2. 변경 권고 수락 여부의 보고

변경 권고를 받은 전자금융업자는 해당 권고를 받은 날로부터 10영업일 이내에 해당 권고의 수락여부 및 수정된 약관(수락한 경우에 한함)을 금융감독원장에게 보고하여야 한다(시행세칙8③ 본문). 다만, 금융감독원장이 따로 기간을 정한 경우에는 그러하지 아니하다(시행세칙8③ 단서).

Ⅲ. 적용 제외 금융회사

법 제25조 제1항 내지 제3항의 규정은 법 제2조 제3호 다목(=체신관서) 및 라목(=새마을금고 및 새마을금고중앙회)에 대하여는 이를 적용하지 아니한다(법25④).

Ⅳ. 위반시 제재

법 제25조 제1항을 위반하여 금융위원회에 보고하지 아니한 자(제9호)에게는 1천만원 이하의 과태료를 부과한다(법51③).

** 금융위원회 질의회신(2021. 1. 22.)

〈질의〉

전자서명인증 관련 사업이 전자금융거래법 및 전자금융감독규정의 적용 대상인지 여부 질의

ㅁ 은행이 전자서명법 제2조 제8호에 따른 전자서명인증사업자, 정보통신망법 제23조의3에 따른 본인확인기관으로서 사업추진 시, 그러한 사업이 전자금융거래법, 전자금융감독규정 적용 대상 사업인지 여부

〈회신〉

ㅁ 은행의 전자서명인증사업자 또는 본인확인기관으로서의 업무는 전자금융거래법(§2)의 전자금융거래에 해당한다고 보기 어렵습니다.

• 따라서, 전자서명업무 등을 위한 약관의 제정·변경 등은 전자금융거래법의 약관에 관한 규정(§24, §25) 등을 적용받지 않습니다.

** 금융위원회 질의회신(2022. 2. 18.)

〈질의〉

본인신용정보관리업의 약관 심사 및 보고 대상 여부 질의

○ 질의 요지

본인신용정보관리업자의 서비스에 대한 약관 제정/변경과 관련하여, 해당 약관에 대해 금융위원회 및 금융감독원에 보고 및 심사를 받아야 하는지?

○ 구체적 사실관계

(1) 전자금융업자가 본인신용정보관리업을 영위하는 경우 본인신용정보관리업의 고유 업무가 전자금융거래법 제2조 제1항에서 정의하는 "전자금융거래"에 해당하는지, – 해당하지 않는다면 본인신용정보관리업에 관한 약관에 대해 별도의 약관 보고 및 심사가 필요 없는지

(2) 회사가 본인신용정보관리업만을 영위하는 경우 신용정보법과 그 하위 법령에서 약관 보고 및 심사에 관한 내용을 규정하지 않고 있는 것으로 보임 – 회사가 본인신용정보관리업만을 영위하는 경우 서비스 약관에 대한 보고 및 심사가 필요 없는지?

ㅇ 신청인의 의견

(1) 전자금융업자가 본인신용정보관리업을 영위하는 경우

– 전자금융거래법 제2조 제1항에서 "전자금융거래"를 "금융회사 또는 전자금융업자가 전자적 장치를 통하여 금융상품 및 서비스를 제공"으로 폭넓게 정의하고 있음

– 이에 따라 본인신용정보관리업의 고유 업무도 이에 해당한다고 볼 수도 있음

– 다만, 본인신용정보관리업자는 관련 법령에서 금융회사나 전자금융업자로 정의하고 있지 않고 있어, 본인신용정보관리업자로서 행하는 행위가 '전자금융거래'에 해당하는지 모호함

– 이에 따라 전자금융거래법 제25조에서 정하고 있는 약관의 제정 및 변경에 관한 사항에 해당하는지 모호함

(2) 회사가 본인신용정보관리업만을 영위하는 경우

– 본인신용정보관리업자의 행위 규칙을 정하고 있는 신용정보의 이용 및 보호에 관한 법률과 그 하위 시행령 및 규칙 등에서는 약관에 대한 보고 및 심사를 규정하고 있지 않음

– 반면, 전자금융업자, 은행 등은 관련법에서 약관의 제정/변경에 대한 보고 및 심사를 규정하고 있음

– 이에 따라 회사가 본인신용정보관리업만을 영위하는 경우 별도의 약관 보고 및 심사를 받지 않아도 되는 것으로 보임

〈회신〉

ㅁ 본인신용정보관리업의 약관 심사 및 보고 대상여부 질의에 대하여,

• 신용정보법상 본인신용정보관리회사는 전자금융거래법 시행령 제2조에 따른 금융회사의 범주에서 배제된바, 본인신용정보관리회사의 고유업무는 전자금융거래법상 "전자금융거래"에 해당하지 않습니다.

• 따라서 회사가 본인신용정보관리업과 별도로 전자금융거래법상 "전자금융거래"에 해당하는 행위를 업으로 하지 않는 한, 신용정보법상 "본인신용정보관리업"을 영위하는 경우는 전자금융거래법 제25조에 따른 약관 제정 및 변경 보고의 의무이행 대상에 해당하지 않는 것으로 판단됩니다.

〈이유〉

ㅁ 본인신용정보관리업을 영위하는 경우 전자금융거래법 제25조의 적용대상이 되는지 여부에 대해 질의하신 것으로 이해됩니다.

ㅁ "전자금융거래"란 금융회사 또는 전자금융업자가 전자적 장치를 통하여 금융상품 및 서비스를 제공("전자금융업무")하고, 이용자가 금융회사 또는 전자금융업자의 종사자와 직접 대면하거나 의사소통을 하지 아니하고 자동화된 방식으로 이를 이용하는 거래를 말합니다(§2-1).

• 이와 관련하여 전자금융거래법 시행령 제2조 제14호는 금융회사의 종류로 신용정보법상 신용정보회사, 채권추심회사 및 종합신용정보집중기관을 정하고 있을 뿐, 본인신용정보관리업을 규정하고 있지 않습니다.

제3절 선불충전금의 보호 및 보호조치의 고지의무

아래 내용은 2023년 9월 14일 개정으로 신설되어 2024년 9월 15일부터 시행될 예정이다.

Ⅰ. 선불충전금의 보호

선불전자지급수단의 발행 및 관리업을 영위하는 전자금융업자("선불업자")가 선불충전금의 50% 이상에 해당하는 금액으로서 대통령령으로 정하는 금액을 은행 등 대통령령으로 정하는 금융회사에 신탁, 예치 또는 대통령령으로 정하는 방법에 따른 지급보증보험의 방법으로 별도관리하도록 하였다(법25의2①).[1]

별도관리하는 선불충전금을 상계·압류(가압류를 포함)하거나 대통령령으로 정하는 경우 외에는 양도 또는 담보로 제공할 수 없도록 하였다(법25의2⑤⑥).

선불충전금에 관한 청구권을 가지는 이용자, 그 청구권의 양수인, 그 밖에 대통령령으로 정하는 자가 다른 채권자보다 우선하여 청구권에 관한 금액을 변

---

1) 본조 신설 2023. 9. 14. 시행일 2024. 9. 15.

제받을 수 있는 권리를 가지도록 하였다(법25의2⑪ 제11항).

Ⅱ. 선불충전금 보호조치의 고지의무

선불업자는 선불충전금 보호조치의 내용을 이용자에게 고지하여야 한다(법25의3①). 이에 따른 고지 내용의 세부사항 및 고지 방법에 관하여 필요한 사항은 대통령령으로 정한다(법25의3②).[2]

제4절 전자금융거래정보의 제공 등

Ⅰ. 비밀유지의무

전자금융거래와 관련한 업무를 수행함에 있어서 ⅰ) 이용자의 인적사항(제1호), ⅱ) 이용자의 계좌, 접근매체 및 전자금융거래의 내용과 실적에 관한 정보 또는 자료(제2호)의 어느 하나에 해당하는 사항을 알게 된 자는 이용자의 동의를 얻지 아니하고 이를 타인에게 제공·누설하거나 업무상 목적 외에 사용하여서는 아니된다(법26 본문).

Ⅱ. 비밀유지의무의 예외

금융실명법 제4조 제1항 단서[3]의 규정에 따른 경우 그 밖에 다른 법률에서

2) 본조 신설 2023. 9. 14. 시행일 2024. 9. 15.
3) 다만, 다음의 어느 하나에 해당하는 경우로서 그 사용 목적에 필요한 최소한의 범위에서 거래정보등을 제공하거나 그 제공을 요구하는 경우에는 그러하지 아니하다.
   1. 법원의 제출명령 또는 법관이 발부한 영장에 따른 거래정보등의 제공
   2. 조세에 관한 법률에 따라 제출의무가 있는 과세자료 등의 제공과 소관 관서의 장이 상속·증여 재산의 확인, 조세탈루의 혐의를 인정할 만한 명백한 자료의 확인, 체납자(체납액 5천만원 이상인 체납자의 경우에는 체납자의 재산을 은닉한 혐의가 있다고 인정되는 다음 각 목에 해당하는 사람을 포함)의 재산조회, 국세징수법 제14조 제1항 각 호의 어느 하나에 해당하는 사유로 조세에 관한 법률에 따른 질문·조사를 위하여 필요로 하는 거래정보등의 제공

정하는 바에 따른 경우에는 제공할 수 있다(법26 단서).

Ⅲ. 위반시 제재

법 제26조를 위반하여 전자금융거래정보를 타인에게 제공 또는 누설하거나 업무상 목적 외에 사용한 자(제28조 제4항에 따라 이를 준용하는 선불전자지급수단을 발행하는 자를 포함)(제4호)는 10년 이하의 징역 또는 1억원 이하의 벌금에 처한다

가. 체납자의 배우자(사실상 혼인관계에 있는 사람을 포함)
나. 체납자의 6촌 이내 혈족
다. 체납자의 4촌 이내 인척

3. 국정감사 및 조사에 관한 법률에 따른 국정조사에 필요한 자료로서 해당 조사위원회의 의결에 따른 금융감독원장 및 예금보험공사사장의 거래정보등의 제공
4. 금융위원회(증권시장·파생상품시장의 불공정거래조사의 경우에는 증권선물위원회), 금융감독원장 및 예금보험공사사장이 금융회사등에 대한 감독·검사를 위하여 필요로 하는 거래정보등의 제공으로서 다음의 어느 하나에 해당하는 경우와 제3호에 따라 해당 조사위원회에 제공하기 위한 경우
   가. 내부자거래 및 불공정거래행위 등의 조사에 필요한 경우
   나. 고객예금 횡령, 무자원(無資源) 입금 기표(記票) 후 현금 인출 등 금융사고의 적발에 필요한 경우
   다. 구속성예금 수입(受入), 자기앞수표 선발행(先發行) 등 불건전 금융거래행위의 조사에 필요한 경우
   라. 금융실명거래 위반, 장부 외 거래, 출자자 대출, 동일인 한도 초과 등 법령 위반행위의 조사에 필요한 경우
   마. 예금자보호법에 따른 예금보험업무 및 예금보험공사사장이 예금자표(預金者表)의 작성업무를 수행하기 위하여 필요한 경우
5. 동일한 금융회사등의 내부 또는 금융회사등 상호간에 업무상 필요한 거래정보등의 제공
6. 금융위원회 및 금융감독원장이 그에 상응하는 업무를 수행하는 외국 금융감독기관(국제금융감독기구를 포함)과 다음의 사항에 대한 업무협조를 위하여 필요로 하는 거래정보등의 제공
   가. 금융회사등 및 금융회사등의 해외지점·현지법인 등에 대한 감독·검사
   나. 자본시장법 제437조에 따른 정보교환 및 조사 등의 협조
7. 거래소허가를 받은 한국거래소("거래소")가 다음의 경우에 필요로 하는 투자매매업자·투자중개업자가 보유한 거래정보등의 제공
   가. 자본시장법 제404조에 따른 이상거래(異常去來)의 심리 또는 회원의 감리를 수행하는 경우
   나. 이상거래의 심리 또는 회원의 감리와 관련하여 거래소에 상응하는 업무를 수행하는 외국거래소 등과 협조하기 위한 경우. 다만, 금융위원회의 사전 승인을 받은 경우로 한정한다.
8. 그 밖에 법률에 따라 불특정 다수인에게 의무적으로 공개하여야 하는 것으로서 해당 법률에 따른 거래정보등의 제공

(법49①).

** 금융위원회 질의회신(문서번호 110240)

〈질의〉

선불카드의 거래내역 정보 제공 관련 질의

• 무기명 선불카드의 경우 이용자와 카드조회 의뢰인이 동일인인지 여부를 확인할 방법이 없는바, 공사가 교통카드 가맹점으로서 고객에게 정보를 제공해도 되는지?

〈회신〉

• 귀 공사는 전자금융거래법 제7조의 금융기관 또는 전자금융업자가 아닌 교통카드 가맹점이므로 이용자에게 거래정보를 제공하여야 할 의무가 있는 것은 아니며, 동법 제26조에 따라 이용자 동의 등이 없이 타인에게 정보가 제공되지 않도록 하여야 할 의무가 있는 것입니다.

• 한편, 귀 공사가 고객서비스 차원에서 무기명 선불카드의 승하차 정보 등을 이용자에게 제공할 수는 있으나, 이 경우 타인에게 제공되지 않도록 선불전자지급수단 발행자처럼 홈페이지 이용자 실명등록 후 확인 등의 방법에 의하여야 할 것으로 보입니다.

〈이유〉

• 전자금융거래법 제26조에 따라 각호의 정보를 알게 된 자는 타인에게 각호의 정보를 제공할 경우 이용자의 동의, 금융실명법 제4조 제1항 단서 또는 그 밖의 법률에 의하여야 하고, 이용자 본인의 경우에는 전자금융거래법 제7조(거래내용의 확인)에 따라 제공하여야 합니다.

** 금융위원회 질의회신(문서번호 100208)

〈질의〉

• 전자금융거래 정보제공 관련 질의

• 배송지 주소 및 수령자 이름을 제출받으려고 하는바 전자금융거래법 제26조에 따라 영장이 없으면 자료를 줄 수 없다고 함(수령자 이름이 사이트 가입자

와 다르다는 이유)

• 은행의 경우 방문하여 통장의 거래내역을 받을 때 출금 및 입금 상대방 이름도 기입되어 있는바 은행에서 법에 저촉되는 일을 하는 것인지

〈회신〉

• 전자금융거래법 제26조는 전자금융거래와 관련한 업무를 수행함에 있어서 거래정보(법 제26조 제1호 및 제2호의 정보)를 알게 된 자는 이용자의 동의를 얻지 아니하고는 타인에게 제공, 누설하거나 업무목적 외에 사용하여서는 아니되지만, 금융실명법 제4조 제1항 단서의 규정에 따른 경우나, 다른 법률에서 정하는 바에 따른 경우에는 그러하지 아니하다고 규정하고 있습니다.

• 은행에 방문하여 통장의 거래내역을 받을 때 출금 및 입금상대방 이름의 거래정보는 명의인 본인의 거래정보에 해당되어 금융실명법 제4조 제1항의 명의인의 요구가 있는 경우에는 은행에서 제공이 가능하며 금융실명법에 위반되지 않습니다.

제5절 분쟁처리 및 분쟁조정

Ⅰ. 손해배상 등의 분쟁처리절차 마련의무 등

1. 분쟁처리절차 마련의무

금융회사 또는 전자금융업자는 전자금융거래와 관련하여 이용자가 제기하는 정당한 의견이나 불만을 반영하고 이용자가 전자금융거래에서 입은 손해를 배상하기 위한 절차를 마련하여야 한다(법27①).

2. 분쟁처리책임자 및 담당자 지정과 이용자에 대한 고지

금융회사 또는 전자금융업자는 손해배상 등의 분쟁처리를 위한 분쟁처리책임자 및 담당자를 지정하고, 그 연락처(전화번호·팩스번호·전자우편주소 등을 말한다)를 인터넷 등을 통하여 이용자에게 알려야 한다(영14①).

Ⅱ. 손해배상 등 분쟁처리 요구 또는 분쟁조정 신청 등

1. 분쟁처리 요구 또는 분쟁조정 신청

이용자는 전자금융거래의 처리에 관하여 이의가 있을 때에는 손해배상 등 분쟁처리를 요구하거나 금융감독원 또는 한국소비자원 등을 통하여 분쟁조정을 신청할 수 있다(법27②).

2. 손해배상 등의 분쟁처리 요구 절차와 방법

(1) 금융회사 또는 전자금융업자의 본점에 분쟁처리 신청

이용자는 손해배상 등의 분쟁처리를 요구하는 경우에는 서면(전자문서 포함) 또는 전자적 장치를 이용하여 금융회사 또는 전자금융업자의 본점이나 영업점에 분쟁의 처리를 신청할 수 있다(법27③, 영14② 전단).

(2) 금융회사 또는 전자금융업자의 분쟁처리에 대한 조사 또는 처리 결과 통지

금융회사 또는 전자금융업자는 15일 이내에 손해배상 등 분쟁처리에 대한 조사 또는 처리 결과를 이용자에게 알려야 한다(법27③, 영14② 후단).

3. 분쟁조정 신청

이용자는 금융감독원의 금융분쟁조정위원회 또는 한국소비자원의 소비자분쟁조정위원회에 분쟁조정을 신청할 수 있다(법27③, 영14③).

Ⅲ. 전자금융거래의 계약체결 시 분쟁처리 및 분쟁조정 명시의무

금융회사 또는 전자금융업자는 전자금융거래의 계약을 체결하는 때에는 법 제27조 제1항 내지 제3항의 규정에 따른 절차를 명시하여야 한다(법27④).

Ⅳ. 위반시 제재

법 제27조 제1항을 위반하여 분쟁처리 절차를 마련하지 아니한 자(제10호)에게는 1천만원 이하의 과태료를 부과한다(법51③).

제4편

전자금융업의 허가와 등록 및 업무

제 1 장

전자금융업의 허가와 등록 등

제1절 전자금융업의 허가와 등록

Ⅰ. 허가업무: 전자화폐의 발행 및 관리업무

1. 허가대상

전자화폐의 발행 및 관리업무를 행하고자 하는 자는 금융위원회의 허가를 받아야 한다(법28① 본문). 금융위원회는 허가에 조건을 붙일 수 있다(법28⑤).

2. 허가면제기관

은행, ⅰ) 체신관서, 새마을금고 및 새마을금고중앙회(제1호), ⅱ) 상호저축은행과 그 중앙회, 신용협동조합 및 그 중앙회, 농협은행, 수협은행(제2호), ⅲ) 신용카드사업자(제3호), ⅳ) 한국산업은행, 중소기업은행, 한국수출입은행, 산림조합과 그 중앙회의 신용사업부문, 농업협동조합, 수산업협동조합(제4호)은 허가를 받지 아니하고 전자화폐의 발행 및 관리업무를 할 수 있다(법28① 단서, 영15①).

Ⅱ. 등록업무: 전자자금이체업무 등

1. 등록대상

다음의 업무, i) 전자자금이체업무(제1호), ii) 직불전자지급수단의 발행 및 관리(제2호), iii) 선불전자지급수단의 발행 및 관리(제3호), iv) 전자지급결제대행에 관한 업무(제4호), v) 그 밖에 대통령령이 정하는 전자금융업무(제5호)를 행하고자 하는 자는 금융위원회에 등록하여야 한다(법28② 본문).

위 제5호에서 "대통령령이 정하는 전자금융업무"라 함은 전자금융거래와 관련하여 자금을 수수(授受)하거나 수수를 대행하는 전자금융업무로서 다음의 어느 하나에 해당하는 업무를 말한다(영15③).

1. 전자상거래법 제13조 제2항 제10호[1]에 따라 결제대금을 예치받는 업무
2. 수취인을 대행하여 지급인이 수취인에게 지급하여야 할 자금의 내역을 전자적인 방법으로 지급인에게 고지하고, 자금을 직접 수수하며 그 정산을 대행하는 업무

** 금융위원회 질의회신(2021. 12. 1.) ───────────

〈질의〉

하나의 사업자가 복수의 선불전자지급수단을 발행할 수 있는지 여부 및 그에 따른 개별 선불전자지급수단의 한도 적용 등

ㅁ 선불전자지급수단의 발행 및 관리 업무 수행을 위해 금융위원회 등록을 마친 사업자가 복수의 선불전자지급수단(a 포인트, b 포인트)을 발행할 수 있는지 여부

만약 위 행위가 가능한 경우, a 포인트와 b 포인트는 각 별도로 전자금융감독규정 별표3에 따른 발행권면 최고한도를 적용 받는지 여부

---

1) 10. 소비자가 구매의 안전을 위하여 원하는 경우에는 재화등을 공급받을 때까지 대통령령으로 정하는 제3자에게 그 재화등의 결제대금을 예치하는 것("결제대금예치")의 이용을 선택할 수 있다는 사항 또는 통신판매업자의 제24조 제1항에 따른 소비자피해보상보험계약등의 체결을 선택할 수 있다는 사항(제15조 제1항에 따른 선지급식 통신판매의 경우에만 해당하며, 제24조 제3항에 각 호의 어느 하나에 해당하는 거래를 하는 경우는 제외)

〈회신〉

ㅁ 전자금융거래법은 같은 법 제28조에 따라 선불전자지급수단 발행 및 관리업을 등록한 사업자가 기존에 발행하는 선불전자지급수단 외에 추가로 선불전자지급수단을 발행하는 것을 별도로 제한하고 있지 않습니다.

• 전자금융거래법 제23조, 같은 법 시행령 제13조 제1항에 따른 기명식 선불전자지급수단 발행권면의 최고한도는 200만원으로, 이용한도는 발행되는 각 선불전자지급수단별로 적용됩니다.

ㅁ 한편, 추가 선불전자지급수단을 발행하는 경우 선불업을 영위하기 위해 충족하여야 하는 경영지도기준(전자금융거래법 제42조, 전자금융감독규정 제63조)으로서 미상환잔액 대비 자기자본비율은 귀사가 발행하는 선불수단의 미상환잔액을 합산하여 산정하는 등 관련 규정을 준수하여야 함을 알려드립니다.

** 금융위원회 질의회신(2018. 10. 5.)

〈질의〉

오픈마켓의 전자금융업법상 전자금융업 등록이 필수인지 여부

ㅁ 전자상거래법상 통신판매중개업자(또는 "오픈마켓")가 사업을 영위하기 위해서 전자금융거래법상 전자지급결제대행업자 등록이 필수인지 여부

〈회신〉

ㅁ 전자상거래법상 통신판매중개업자 등이 사업을 영위하기 위해서 전자금융거래법상 전자지급결제대행업 등록이 필수적인 것은 아닙니다.

• 다만, 통신판매중개업자 등이 일반상품 판매거래에서 결제대금을 정산하는 과정에 관여한다면 전자금융거래법상 전자지급결제대행업 등록이 필요합니다.

〈이유〉

ㅁ 전자금융거래법 제2조 제19호는 "전자지급결제대행"을 전자적 방법으로 재화의 구입 또는 용역의 이용에 있어서 지급결제정보를 송신하거나 수신하는 것 또는 그 대가의 정산을 대행하거나 매개하는 것으로 정의하고 있으며,

• 동법 제28조 제2항에 의해 전자지급결제대행에 관한 업무를 하고자 하는 경우 등록을 하여야 합니다.

• 다만, 전자지급결제대행과 관련하여 자금이동에 직접 관여하지 않고 전자지급거래의 정보만을 단순히 전달하는 경우에는 등록이 면제됩니다(동법 제28조 제3항 제2호).

---

2. 등록면제기관

은행 그 밖에 "대통령령이 정하는 금융회사"는 등록하지 아니하고 위의 등록대상인 전자자금이체 업무 등을 수행할 수 있다(법28② 단서). 여기서 "대통령령이 정하는 금융회사"란 다음의 어느 하나에 해당하는 금융회사를 말한다(영15②).

1. i) 체신관서, 새마을금고 및 새마을금고중앙회(제1호), ii) 상호저축은행과 그 중앙회, 신용협동조합 및 그 중앙회, 농협은행, 수협은행(제2호), iii) 신용카드사업자(제3호), iv) 한국산업은행, 중소기업은행, 한국수출입은행, 산림조합과 그 중앙회의 신용사업부문, 농업협동조합, 수산업협동조합(제4호). 다만, 제3호의 신용카드업자는 전자자금이체업무를 금융위원회에 등록하지 아니하고 행할 수 있는 금융회사에서 제외한다.
2. 다음의 어느 하나에 해당하는 금융회사(전자자금이체업무로 제한)
   가. 투자매매업자·투자중개업자 및 증권금융회사
   나. 삭제 [2008. 7. 29][시행일 2009. 2. 4]
   다. 종합금융회사
   라. 보험회사
   마. 온라인투자연계금융업자

** 금융위원회 질의회신(2016. 9. 21.)

〈질의〉

은행이 타전자금융업자와 업무 위수탁을 통하여 업무수행 가능여부

ㅁ 은행법상 은행이 전자금융거래법 제28조 제2항에서 정하는 업무 중 일부업무만을 수행하고 있던 중, 동법에서 정하는 업무 중 일부를 새로이 영위하고자 하는 경우 겸업업무 신고 후 업무수행을 하여야 하는지 여부

ㅁ 은행이 다른 전자금융업자의 업무 중 일부를 수탁업무로 업무수행하는 것이 부수업무에 해당하는지 여부

□ 은행이 타 전자금융업자(금융위에 등록한 업자)의 업무 중 일부를 수탁받아 수행하는 업무가 가능한지 여부

〈회신〉

□ 은행이 전자금융거래법 제28조 제2항에서 정하는 업무 중 하나 이상을 새로이 영위하고자 하는 경우, 그 업무를 운영하려는 날의 7일 전까지 금융위원회에 신고하여야 합니다.

□ 은행이 다른 전자금융업자의 업무 중 일부를 수탁업무로 업무수행하는 것은 부수업무에 해당하지 않습니다.

□ 금융기관의 업무위탁 등에 관한 규정 제3조 제1항에 의거하여 금융기관(은행)은 그 인가받은 업무를 영위함에 있어 제3자(전자금융업자)의 업무를 수탁할 수 있습니다.

〈이유〉

□ 전자금융거래법 제28조 제2항에 따른 전자금융업은 은행법 제28조 제1항 제2호("대통령령으로 정하는 법령에서 정하는 금융관련 업무로서 해당 법령에서 은행이 운영할 수 있도록 한 업무")에 따른 은행의 겸영업무로서, 동법 제28조 제2항에 따라 그 업무를 운영하려는 날의 7일 전까지 금융위원회에 신고하여야 합니다.

□ 은행법 제27조의2 제1항에 따르면 은행의 부수업무는 은행업무에 부수하는 업무이고, 은행법 제28조의 겸영업무는 은행업이 아닌 업무이므로 두 업무는 구분됩니다. 전자금융업자의 업무 중 일부를 수탁업무로 수행하는 것은 앞서 살펴보았듯이 은행의 겸영업무에 해당하고, 은행의 부수업무에는 해당하지 않습니다.

□ 금융기관의 업무위탁 등에 관한 규정 제3조 제1항에 의거하여 금융기관(은행)은 그 인가받은 업무를 영위함에 있어 제3자(전자금융업자)의 업무를 수탁할 수 있습니다.

• 다만, 이 경우 은행이 수탁하고자 하는 업무는 관련 법규에 따라 제3자(전자금융업자)가 위탁할 수 없는 업무여서는 아니될 것이며, 수탁 업무를 처리하는 과정에서 규정 제3조 제3항 각 호의 사항을 고려하여 수탁 업무가 적정하게 처리될 수 있도록 하여야 합니다.

Ⅲ. 등록면제 대상자와 그 업무

다음의 어느 하나에 해당하는 자는 금융위원회에 등록하지 아니하고 다음의 업무를 수행할 수 있다(법28③).

1. 선불전자지급수단을 발행하는 자

다음의 어느 하나의 경우에 해당하는 선불전자지급수단을 발행하는 자는 등록하지 아니하고 다음의 업무를 수행할 수 있다(법28③(1)).[2]

가. 특정한 건물 안의 가맹점 등 대통령령이 정하는 기준[3]에 해당하는 가맹점에서만 사용되는 경우[4]

나. 총발행잔액이 대통령령이 정하는 금액[5] 이하인 경우

다. 이용자가 미리 직접 대가를 지불하지 아니한 선불전자지급수단으로서 이용자에게 저장된 금전적 가치에 대한 책임을 이행하기 위하여 대통령령이 정하는 방법[6]에 따라 상환보증보험 등에 가입한 경우[7]

---

2) 가목, 나목, 다목 개정 2023. 9. 14. 시행일 2024. 9. 15.
가. 하나의 가맹점(가맹점의 사업주가 동일한 경우로 한정한다)에서만 사용되는 선불전자지급수단을 발행하는 자
나. 선불전자지급수단의 발행잔액 및 연간 총발행액(두 종류 이상의 선불전자지급수단을 발행한 경우 각각의 발행잔액 및 총발행액을 합산한 금액을 말한다)이 대통령령으로 정하는 금액 미만인 자
다. 이용자가 미리 직접 대가를 지불하지 아니한 선불전자지급수단으로서 이용자에게 저장된 금전적 가치에 대한 책임을 이행하기 위하여 대통령령이 정하는 방법에 따라 상환보증보험 등에 가입한 경우

3) "대통령령이 정하는 기준"이라 함은 다음의 어느 하나에 해당하는 것을 말한다(영15④).
1. 가맹점이 1개의 기초자치단체(지방자치법 제2조 제1항 제2호에 따른 지방자치단체를 말하며, 제주특별자치도의 경우에는 행정시를 말한다) 안에만 위치할 것
2. 가맹점 수가 10개 이하일 것
3. 가맹점이 1개의 건축물(건축법 제2조 제1항 제2호에 따른 건축물) 안에만 위치할 것
4. 가맹점이 1개의 사업장(부가가치세법 시행령 제8조 및 제10조에 따른 사업장) 안에만 위치할 것

4) 가맹계약을 체결한 자연인 또는 법인의 수가 10개 이하이면 등록의무 면제에 해당된다.

5) "대통령령이 정하는 금액"이라 함은 30억원을 말한다. 이 경우 법 제28조 제3항 제1호 나목에 따른 총발행잔액의 구체적인 산정방법은 금융위원회가 정하여 고시한다(영15⑤).

6) "대통령령이 정하는 방법에 따라 상환보증보험 등에 가입한 경우"라 함은 선불전자지급수단의 미상환잔액 전부에 대하여 제22조 제2항 각 호의 어느 하나에 해당하는 금융회사로부터 지급보증을 받거나 상환보증보험(이에 상당하는 공제를 포함한다)에 가입한 경우를 말한다(영15⑥).

7) 감독규정 시행세칙 제42조(총발행잔액의 산정방법 등) ① 시행령 제15조 제5항에 따른 선

2. 전자지급결제대행업자

자금이동에 직접 관여하지 아니하고 전자지급거래의 전자적 처리를 위한 정보만을 전달하는 업무 등 대통령령이 정하는 전자지급결제대행에 관한 업무를 수행하는 자는 등록하지 아니하고 그 업무를 수행할 수 있다(법28③(2)).

위에서 "대통령령이 정하는 전자지급결제대행에 관한 업무"라 함은 전자금융거래와 관련된 자금을 수수하거나 수수를 대행하지 아니하고 전자지급거래에 관한 정보만을 단순히 전달하는 업무를 말한다(영15⑦).

** 금융위원회 질의회신(문서번호 100211)

〈질의〉

전자금융결제대행업 인허가 요건 관련 문의

• 전자금융거래법 제2조에서 정의한 "전자금융보조업자"에 PG업이 포함되는지

• 전자금융거래법 제28조 제2항의 전자지급결제대행업무와 제28조 제3항 예외규정에 나와 있는 전자지급결제대행업무는 어떤 차이가 있는지

• 전자결제대행업을 영위하려면 자본금은 얼마 이상이 되어야 하는지

〈회신〉

• 전자금융거래법 제28조 제2항에 따라 전자지급결제대행업(PG)은 원칙적으로 금융감독원(전자금융거래법 제48조에 따라 금융감독원에 등록업무 위탁)에 등록하여야 하며, 전자지급결제대행업(PG)을 하는 자는 전자금융업자에 해당됩니다. 다만, 동법 제28조 제3항 제2호 및 동법 시행령 제15조 제7항에 따라 전자금융거래와 관련하여 자금을 수수하거나 수수를 대행하지 아니하고 전자지급거래에 관

불전자지급수단 발행 시 총발행잔액은 등록신청일이 속하는 사업연도의 직전 사업연도 1분기(직전 사업연도 1분기말 이후에 사업을 개시한 경우에는 사업개시한 날이 속하는 분기를 말한다)부터 등록신청일 직전 분기까지 각 분기말 미상환 발행잔액의 단순평균으로 한다. 다만, 사업기간이 3월 미만인 경우에는 등록신청일 직전 월말 미상환 발행잔액으로 한다.

② 법 제28조 제3항 제1호 다목에 따라 금융위원회에 등록하지 아니하고 선불전자지급수단을 발행하는 자는 매분기말 기준으로 선불전자지급수단의 미상환잔액을 평가하여 이를 시행령 제15조 제6항에 따른 지급보증, 상환보증보험 또는 공제에 반영하여야 한다

한 정보만을 단순히 전달하는 업무는 등록이 면제됩니다.

• 전자지급결제대행업의 자본금, 출자총액 또는 기본재산은 동법 제30조 제3항 및 동법 시행령 제17조 제2항에 따라 10억원입니다.

** 금융위원회 질의회신(문서번호 120214)

〈질의〉

전자금융업 등록 관련 문의

• 전자금융거래법 제28조 제2항 제3호의 등록의무대상자인지 여부

• 전자금융거래법 제28조 제2항 제4호의 등록의무대상자인지 여부

• 사실관계: 신청인은 소셜커머스를 운영하는 사업자로 "선불충전식 e머니"를 발행하여 사업을 진행하려고 함. "선불충전식 e머니"를 발행하게 되면 전자금융거래법의 전자금융업으로 등록해야 하는지

〈회신〉

• 선불전자지급수단의 등록여부 관련 자기 상품의 판매 이외 타인의 상품 위탁 또는 대리 등 판매행위가 있다면 등록할 필요가 있다고 판단됩니다.

• PG 등록여부 관련 자금의 수수 및 정산 등 업무수행에 따라 등록하여야 합니다.

** 금융위원회 질의회신(문서번호 110239)

〈질의〉

전자금융업 등록 관련 질의

• 전자금융거래법 제28조 제3항 제1호 나목의 "총발행잔액"(30억 – 시행령 제15조 제5항)은 A코인과 B코인의 발행잔액을 합산한 액수를 의미하는 것인지, A코인과 B코인 각각의 발행잔액을 의미하는 것인지

• A코인(무상충전 방식)에 관하여 그 미상환잔액 전부에 대하여 상환보증보험에 가입할 경우, 전자금융거래법 제28조 제3항 제1호 다목에 의한 선불전자지급수단 등록을 면제받을 수 있는지

• 사실관계: 한 회사에서 A코인(무상충전방식)과 B코인(유상충전방식)이라는 2개의 선불전자지급수단을 만들어 운영할 경우 전자금융거래법 제28조 제3항 제

1호(등록 면제사유)의 해석 관련 문의

〈회신〉

• 전자금융거래법 제28조 제3항 제1호 나목의 총발행잔액은 유무상 선불전자지급수단의 총발행잔액을 합산하는 것을 의미합니다.

• 전자금융거래법 제28조 제3항 제1호 다목은 "이용자가 미리 직접 대가를 지불하지 아니한" 선불전자지급수단을 발행하는 자에게 적용되는 것으로 유무상의 선불전자지급수단을 발행하는 경우에는 동법 제28조 제3항 제1호 다목을 적용하기 곤란한 것으로 보입니다.

** 금융위원회 질의회신(문서번호 120211)

〈질의〉

전자금융업의 등록의무 면제 관련 질의

• 전자금융거래법 제28조 및 동법 시행령 제15조의 등록의무 면제 조항 중 ②항에서 의미하는 가맹점의 의미가 "선불전자지급수단을 발행하는 자와 가맹계약을 체결한 자"로서 자연인과 법인으로 해석하여야 하는지, 아니면 선불전자지급수단의 요건과의 관련성을 고려하여 "업종" 또는 "사업장 수"로 해석하여야 하는지?

〈회신〉

• 전자금융거래법 제2조 제20호에서 「"가맹점"이라 함은 금융기관 또는 전자금융업자와의 계약에 따라 직불전자지급수단이나 선불전자지급수단 또는 전자화폐에 의한 거래에 있어서 이용자에게 재화 또는 용역을 제공하는 자로서 금융기관 또는 전자금융업자가 아닌 자를 말한다」라고 정의되어 있습니다. 따라서 귀하께서 질의하신 전자금융거래법시행령 제15조 제4항 제2호의 가맹점 수는 계약에 의한 자연인 또는 법인의 수임을 알려드립니다. 이와 관련하여 가맹계약을 체결한 자연인 또는 법인의 수가 10개 이하이면 등록의무 면제에 해당됨을 알려드립니다.

** 금융위원회 질의회신(문서번호 130226)

〈질의〉

전자금융업 등록 관련 질의

• 게임 아이템 쿠폰 판매와 관련한 업무를 수행하고자 하는 경우 전자금융거래법 제28조에 따라 등록해야 하는지

〈회신〉

• 쿠폰(발행당시 지정된 게임아이템 구입용으로만 이용 가능한 종이 쿠폰 및 핸드폰 메시지 형태로 전송되는 모바일 쿠폰)을 전자금융거래법상 유사한 "선불전자지급수단(전자금융거래법 제2조 제14호)"의 요건에 해당하는지 검토한 결과 • 선불전자지급수단의 요건에 비추어, 종이 쿠폰의 경우에는 이전 가능한 금전적 가치가 전자적 방법으로 저장되어 발행되는 형태가 아니므로 선불전자지급수단에 해당한다고 볼 수 없으며, • 핸드폰 메시지 형태로 전송되는 모바일 쿠폰의 경우에는, 귀하가 적시해준 내용만으로는 선불전자지급수단의 요건(①,②: 전자금융거래법 제2조 제14호 가목 및 나목)에 해당하는지 판단하기 어려움을 알려드리오니 업무에 참고하시기 바랍니다. ① 발행인(전금법 시행령이 정하는 특수관계인 포함) 외의 제3자로부터 재화 또는 용역을 구입하고 그 대가를 지급하는데 사용될 것, ② 구입할 수 있는 재화 또는 용역의 범위가 2개 업종(통계법 제22조 제1항의 규정에 따라 통계청장이 고시하는 한국표준산업분류의 중분류상의 업종) 이상일 것

〈이유〉

• 전자금융거래법 제28조 제2항에서는 등록을 해야 하는 업무를 규정하고 있으며, 해당 업무에 대한 정의(요건)를 같은 법 제2조 각 호에서 명시하고 있습니다.

** 금융위원회 질의회신(문서번호 140188)

〈질의〉

전자금융업자 등록 관련 질의

• 판매대금을 받은 후 국내 PG사에게 정산업무를 맡기더라도 전자금융업자로 등록해야 하는지?

〈회신〉

• 귀회는 무역협회 명의의 계좌로 해외결제 전문 PG업체로부터 판매대금을 받은 후, 다시 국내 PG업체를 통해 개별 공급사로 판매대금 정산을 의뢰하는 방식을 취하고자 한다고 밝혔습니다. 이는 전자금융거래법 제2조 제19호에 따라 "전자지급결제대행" 업무에 해당됩니다. 따라서 전자금융거래법 제28조 및 동 법 시행령 제15조 등에 따라 전자금융업자로 등록한 후 진행할 수 있음을 알려드립니다.

** 금융위원회 질의회신(문서번호 130218)

〈질의〉

선불지급수단 해당 여부 등 관련 질의

• 당사가 발행하여 운행하려는 카드가 전자금융거래법 제2조 제14호의 "선불지급수단" 또는 제28조 제3항 제1호 다목의 "이용자가 미리 직접 대가를 지불하지 아니한 선불전자지급수단"에 해당하는지 여부

• 당사가 위 카드를 발행하여 운영할 경우, 전자금융거래법 제28조에 따라 금융위원회에 등록하거나(제2항), 상환보증보험에 가입해야 하는 사업자(제3항 제1호 다목)에 해당하는지

• 사실관계: 당사는 휘발유, 경유 등을 판매하는 사업자로, 아래와 같은 카드를 발급하여 영업을 하고자 함 – 적립: 회사 물품 구입시 일정비율에 따라 카드에 마일리지 적립 – 사용: 적립 마일리지는 당사와 제휴된 거래처에서 상품 구매후 사용 가능 – 마일리지를 포인트 교환사이트에서 전할 수 있고 / 카드 발급 회원간 포인트 "선물" 기능 예정

〈회신〉

• 귀사가 발행하고자 하는 카드는 전자금융거래법 제2조 제14조 각 목에서 규정하고 있는 바와 같이 발행인 외의 제3자로부터 재화를 구입하고 그 대가를 지급하는데 이용하고, 구입할 수 있는 재화의 범위가 2개 업종(통계법 제22조 제1항의 규정에 따라 통계청장이 고시하는 한국표준산업분류의 중분류상의 업종을 말한다) 이상에서 사용하게 할 예정인 경우에는 선불전자지급수단에 해당됩니다. 또한 이용자가 미리 대가를 지급하지 않는 경우에 해당되므로 같은 법 제28조 제3항

제1호 다목의 "이용자가 미리 대가를 지불하지 아니한 선불전자지급수단"에 해당됩니다.

• 귀사가 발행하고자 하는 카드가 전자금융거래법 제28조 제3항 제1호 각 목의 어느 하나에 해당하는 경우에는 등록을 하지 아니하고 업무를 수행할 수 있다고 규정되어 있습니다. 같은 호 다목에서 규정하고 있는 대통령령이 정하는 바에 따라 선불전자지급수단 발행자는 상환보증보험에 가입한 경우에만 등록을 면제하고 있으므로 해당 요건을 충족하지 못하는 경우 등록을 해야 할 것으로 사료됩니다.

** 금융위원회 질의회신(문서번호 140186)

〈질의〉

전자금융업 등록 관련 질의

• 선·후불카드 거래내역 중계시스템 구축 및 운영에 따른 수수료 징구 시 전자금융거래법 제28조 제3항 제2호 및 동법 시행령 제15조 제7항에 따른 등록 면제가 가능한지 여부

〈회신〉

• 전자금융거래법상 전자금융거래와 관련된 자금을 수수하거나 수수를 대행하지 아니하고 전자지급거래에 관한 정보만 단순히 전달하는 업무를 수행할 경우에는 등록 없이 전자지급결제대행 업무를 수행할 수 있습니다.

** 금융위원회 질의회신(문서번호 130216)

〈질의〉

소셜커머스 운영사업자의 전자지급결제대행에 관한 업무 등록에 대한 문의

• "전자금융거래법 제28조 제2항 제4호(전자지급결제대행에 관한 업무)의 등록의무대상자"인지 여부

• 사실관계: 소셜커머스로 연결되는 구조로 대금정산을 받고 있음

〈회신〉

전자금융거래법 제2조(정의) 제19호에 의거 "전자지급결제대행"이라 함은

전자적 방법으로 재화의 구입 또는 용역의 이용에 있어서 지급결제정보를 송신하거나 수신하는 것 또는 그 대가의 정산을 대행하거나 매개하는 것을 말합니다. 반면, 전자금융거래법 제28조(전자금융업의 허가와 등록) 제3항 제2호에 의거 자금이동에 직접 관여하지 아니하고 전자지급거래의 전자적 처리를 위한 정보만을 전달하는 업무 등 대통령령이 정하는 지급결제대행에 관한 업무를 수행하는 자는 등록하지 아니하고 업무를 행할 수 있습니다.

** 금융위원회 질의회신(문서번호 110238)

〈질의〉

선불전자지급수단 관련 질의

• 근로자가 사용자로부터 받은 카드와 같은 매체를 통해 특정 가맹점에서 복리후생 한도를 실시간 소진(차감)하여 용역이나 재화를 제공받는다면, 그 복리후생 한도가 전자금융거래법 제28조 제3항의 "이용자(근로자)가 미리 직접 대가를 지불하지 아니한 선불전자지급수단"에 해당되는지?

〈회신〉

• 선택적복지카드(선불전자지급수단)를 사용자가 미리 저장하고 사용자가 발행하여 근로자에게 제공하며 사용자와 가맹점 계약을 한 곳에서 사용하는지 아니면 제3자가 발행하는 선택적복지카드(선불전자지급수단)를 사용자가 미리 저장하여 이를 근로자에게 제공하여 사용하는지는 알 수 없습니다. 만약 선택적복지카드(선불전자지급수단)를 사용자가 미리 저장하고 사용자가 발행하여 근로자에게 제공하고 사용자와 가맹점 계약을 한 곳에서 사용하는 경우 임금 등 대가에 해당하지 않으면 전자금융거래법 제28조 제3항 제1호 다목의 "이용자가 미리 직접 대가를 지불하지 아니한 선불전자지급수단"으로 볼 수 있습니다.

〈이유〉

• 선불전자지급수단이란 전자금융거래법 제2조 제14호의 요건을 갖춘 것으로서 미리 대가를 지불하고 이전 가능한 금전적 가치가 저장된 수단과 대가가 없는 포인트, 마일리지처럼 이전 가능한 금전적 가치가 미리 저장된 수단을 말합니다. 따라서 선택적복지도 선불전자지급수단이 되기 위해서는 이전 가능한 금

전적 가치가 미리 저장되어야 합니다.

• 만약 미리 저장되지 않고 후불 행태가 되면 여신으로서 신용카드 등 여신전문금융업법의 적용을 받을 수도 있으므로 관련 부분에 대해서는 별도로 확인해 보시기 바랍니다.

** 금융위원회 질의회신(문서번호 130229)

〈질의〉

선불전자상품권 발행 관련 질의

• 전자금융거래법 제28조 나 및 다항에 해당하면 별도의 허가 등록을 하지 않아도 선불전자상품권 발행을 즉시 시행해도 되는지?

〈회신〉

• 귀사에서 발행하고자 하는 "전자상품권"이 전자금융거래법("법") 제2조 제14호의 "선불전자지급수단"의 요건을 충족하는 경우, 법 제28조 제2항 제3호에 해당되어 금융위원회에 등록하여야 하나, 같은 조 제3항 제1호 각 목의 어느 하나에 해당하는 경우 등록을 하지 아니하고도 선불전자지급수단을 발행할 수 있다고 규정되어 있습니다.

〈이유〉

① 법 제28조 제3항 제1호 가목 및 법 시행령 제15조 제4항에 따르면 아래와 같은 기준에 해당하는 가맹점에서만 사용되는 경우 등록을 면제하고 있습니다. • 가맹점이 1개 기초자치단체(지방자치법 제2조 제1항 제2호에 따른 지방자치단체를 말하며, 제주특별자치도의 행정시를 말한다) 안에만 위치할 것, • 가맹점 수가 10개 이하일 것, • 가맹점이 1개의 건축물(건축법 제2조 제1항 제2호에 따른 건축물을 말한다) 안에만 위치할 것, • 가맹점이 1개의 사업장(부가가치세법 시행령 제8조 및 제10조에 따른 사업장을 말한다) 안에만 위치할 것

② 법 제28조 제3항 제1호 나목 및 법 시행령 제15조 제5항에 따르면, 총발행잔액이 30억원 이하인 경우 등록을 아니할 수 있으며 이 경우 총발행잔액의 산정은 시행령 제15조 제5항 및 전자금융감독규정 제42조 제1항에 따라 등록신청일이 속하는 사업연도의 직전 사업연도 1분기(직전 사업연도 1분기말 이후에 사업

을 개시한 경우에는 사업개시한 날이 속하는 분기를 말한다)부터 등록신청일 직전 분기까지 각 분기말 미상환 발행잔액의 단순평균으로 합니다. 다만, 사업기간이 3월 미만인 경우에는 등록신청일 직전 월말 미상환 발행잔액으로 하도록 하고 있습니다.

** 금융위원회 질의회신(문서번호 130231)

〈질의〉

전자금융업 등록면제 요건 질의

• 법 제28조 제3항 제1호 나목에 따라 총발행잔액이 30억원 이하면 되는 것인지, 캐시 총발행금액이 얼마인지는 무관한 것인지

• 법 제28조 제3항에서의 "총발행잔액"을 계산할 때 상품 구매 고객에게 적립해 준 금액이 포함되는 것인지, 아니면 적립금은 제외되고 "발행하여 판매되는 금액"만을 의미하는 것인지

〈회신〉

• 전자금융거래법 제28조 제3항 제1호 나목에서 등록이 면제되는 요건은 총발행잔액을 기준으로 30억원 이하여야 합니다. 총발행금액과 총발행잔액은 의미가 상이함을 알려드립니다.

• 전자금융거래법 제28조 제3항 제1호 나목의 총발행잔액을 계산할 때 이용자가 미리 직접 대가를 지불하지 아니한 적립금은 포함되지 않습니다. "이용자가 미리 직접 대가를 지불하지 아니한 적립금"에 대하여는 법 제28조 제3항 제1호 다목에 따라 상환보증보험 등을 가입하여야 합니다.

Ⅳ. 등록이 면제된 선불전자지급수단을 발행하는 자

1. 전자금융업자에 관한 규정 준용

법 제28조 제3항 제1호 다목의 규정에 따라 등록이 면제된 선불전자지급수단을 발행하는 자에 대하여는 법 제4조, 제2장(제19조는 제외) 및 제3장(제21조 제4항, 제21조의2, 제21조의3, 제23조 및 제25조는 제외), 제37조, 제38조, 제39조 제1항·

제6항, 제41조 제1항, 제43조 제2항 · 제3항, 제46조, 제46조의2 및 제47조의 전자금융업자에 관한 규정을 준용한다(법28④ 본문).

2. 금융사고가 발생한 경우의 준용 규정

소속 임직원의 위법 · 부당한 행위로 지급불능 상태가 되는 등 "대통령령이 정하는 금융사고가 발생하는 경우"에는 제25조, 제39조 제2항 내지 제5항 및 제40조 제2항 · 제3항을 준용한다(법28④ 단서).

위에서 "대통령령이 정하는 금융사고가 발생한 경우"라 함은 다음의 어느 하나에 해당하는 경우를 말한다(영15⑧).

1. 해당 법인 임직원의 위법하거나 부당한 행위로 이용자 또는 가맹점에 대한 환급 또는 정산이 사실상 불가능하게 된 경우
2. 해당 전자금융업무와 관련된 접근매체의 위조 또는 변조로 이용자 또는 가맹점에 손해가 발생한 경우
3. 해당 지급수단의 관리를 위한 정보처리시스템의 장애로 이용자 또는 가맹점에 손해가 발생한 경우
4. 해당 법인의 임직원 또는 가맹점이 이용자의 전자금융거래정보를 노출하거나 그 밖에 다른 법령에 따른 개인정보 또는 신용정보보호 관련 규정을 위반한 것이 명백한 경우

** 금융위원회 질의회신(2015. 9. 8.)

〈질의〉

전자금융거래법 제19조의 "선불전자지급수단"에 무상 증정한 선불전자지급수단이 포함되는지 여부

ㅁ 고객이 미리 대가를 지급하지 않은 마일리지성 선불전자지급수단의 경우에도 전자금융거래법 제19조에 따른 환급 의무가 적용되는지 여부

〈회신〉

ㅁ 고객이 미리 대가를 지급하지 않은 마일리지성 선불전자지급수단의 경우에는 전자금융거래법 제19조에 따른 환급 의무가 적용되지 않습니다.

〈이유〉

ㅁ 전자금융거래법 제28조 제4항은 고객이 미리 대가를 지급하지 않은 마일리지성 선불전자지급수단 발행자에 대해서는 같은 법 제19조에 따른 환급의무의 적용을 면제하고 있으며, 마일리지성 선불전자지급수단의 경우 고객 마케팅 수단으로서의 특성의 감안할 때 법 제19조에 따른 선불전자지급수단의 환급의무를 적용하는 것은 부적절하기 때문입니다.

Ⅴ. 위반시 제재

법 제28조의 규정에 따라 허가를 받거나 등록을 하지 아니하고 그 업무를 행한 자(제5호), 허위 그 밖의 부정한 방법으로 법 제28조의 규정에 따라 허가를 받거나 등록을 한 자(제6호)는 3년 이하의 징역 또는 2천만원 이하의 벌금에 처한다(법49⑤).

** 금융위원회 질의회신(문서번호 110243)

〈질의〉

전자금융업 해당 여부 질의

• 전자화폐를 발행하거나 관리하거나, VAN사와 같이 선불식전자지급수단의 발행 또는 관리를 업으로 하는 것이 전자금융거래법상 전자금융업에 해당하는지?

• 전자금융거래법상의 전자금융업이 공정거래법상 "금융업"에 해당하는지?

〈회신〉

• 전자금융거래법 제28조 제1항에 따르면 전자화폐 발행 및 관리업무를 행하고자 하는 자는 금융위원회의 허가를 받아야 하고, 동법 제28조 제2항 제3호에 따르면 선불전자지급수단의 발행 및 관리업무를 행하고자 하는 자는 금융위원회에 등록하여야 합니다.

** 금융위원회 질의회신(문서번호 110237)

〈질의〉

전자금융업 등록 관련 질의

• 전자금융거래법 제2조 제14호 나목의 2개 업종이 자사를 포함해서 2개 업종인지

• 전자금융거래법 제2조에 따라 가맹점을 계약사(제휴사)로 본다면 비항공소진 계약사(제휴사)를 최대 10개사까지 유지하는 경우 전자금융업자 등록이 면제되는지?

〈회신〉

• 전자금융거래법 제2조 제14호의 선불전자지급수단은 발행인 외의 제3자로부터 재화와 용역을 구입하고 그 대가를 지급하는 데 사용되고, 발행인을 제외한 중분류상 2개업종 이상에 해당하여야 합니다.

• 전자금융거래법 시행령 제15조 제4항 제2호 "가맹점 수가 10개 이하일 것"에 해당할 경우 전자금융업자 등록이 면제됩니다. 문의하신 가맹점 수는 동일법인은 1개 가맹점으로 보며, 동일법인이 아닌 대리점이나 자영사업자도 1개 가맹점으로 봅니다. 계약사(제휴사)의 가맹점 수는 법인 여부, 대리점이나 자영사업자 포함여부 등에 따라 판단할 사항으로 보입니다.

제2절 전자채권관리기관의 등록

Ⅰ. 전자채권 등록에 관한 절차와 방법

전자채권의 등록 및 관리업무를 행하고자 하는 자는 금융위원회에 등록하여야 한다(법29①).

1. 계좌개설약정 체결

전자채권을 전자채권관리기관(전자채권의 등록 및 관리업무를 행하기 위하여 등

록한 자)에 등록하려는 자는 미리 금융회사와 전자채권의 발행 및 채무의 이행을 위한 계좌개설약정을 체결하여야 한다(법29③, 영16①).

2. 등록신청과 통지

전자채권관리기관은 금융회사를 거쳐 전자채권의 등록을 신청받은 때에는 그 전자채권의 발행 내역의 이상 유무를 확인하고, 이상이 없으면 전자채권등록원장에 등록한 후 이를 채권자에게 통지하여야 한다(법29③, 영16②).

3. 등록사항

전자채권관리기관이 전자채권을 등록하는 경우 그 등록사항은 i) 전자채권의 채권번호와 종류(보증채권인지 무보증채권인지 여부)(제1호), ii) 채권자 및 채무자와 그 거래 금융회사에 관한 사항(제2호), iii) 전자채권의 발행일 및 변제기(제3호), iv) 전자채권의 발행한도 및 발행금액(제4호), v) 그 밖에 전자채권의 등록에 필요한 사항(제5호)이다(법29③, 영16③).

4. 관리내용

전자채권관리기관은 등록된 전자채권에 대하여 i) 전자채권의 변제기와 관련된 사항의 채무자에 대한 통지(제1호), ii) 전자채권의 변제내역 및 미변제내역(제2호), iii) 전자채권의 양도내역(제3호), iv) 금융회사 간 전자채권 관련 결제내역(제4호), v) 전자채권 관련 거래의 정지에 관한 사항(제5호), vi) 그 밖에 전자채권의 관리와 관련된 사항(제6호)을 관리하여야 한다(법29③, 영16④).

Ⅱ. 준용규정

법 제21조(안전성의 확보의무), 제22조(전자금융거래기록의 생성·보존 및 파기), 제39조(감독 및 검사), 제41조(한국은행의 자료제출 요구 등) 및 제43조(허가와 등록의 취소 등)의 규정은 전자채권의 등록 및 관리업무를 행하기 위하여 등록한 전자채권관리기관에 대하여 이를 준용한다(법29②).

Ⅲ. 위반시 제재

1. 형사제재

법 제29조의 규정에 따라 등록을 하지 아니하고 그 업무를 행한 자(제5호), 허위 그 밖의 부정한 방법으로 법 제29조의 규정에 따라 등록을 한 자(제6호)는 3년 이하의 징역 또는 2천만원 이하의 벌금에 처한다(법49⑤).

2. 과태료

법 제39조 제3항(제29조 제2항에서 준용하는 경우를 포함)에 따른 검사, 자료제출, 출석요구 및 조사를 거부 또는 방해하거나 기피한 자(제3호)에게는 5천만원 이하의 과태료를 부과한다(법51①). 법 제22조 제1항(제29조 제2항에서 준용하는 경우를 포함)을 위반하여 기록을 생성하거나 보존하지 아니한 자(제7호)에게는 1천만원 이하의 과태료를 부과한다(법51③).

제3절 자본금 요건

Ⅰ. 허가대상: 전자화폐의 발행 및 관리업무

전자화폐의 발행 및 관리업무를 행하고자 하는 자는 금융위원회의 허가를 받아야 하는데(법28①), 이 규정에 따라 허가를 받고자 하는 자는 주식회사로서 자본금이 50억원 이상이어야 한다(법30①).

Ⅱ. 등록대상: 전자자금이체업무 등

전자자금이체업무(법28②(1)), 직불전자지급수단의 발행 및 관리(법28②(2)), 선불전자지급수단의 발행 및 관리(법28②(3))를 행하고자 하는 자는 금융위원회에 등록하여야 하는데(법28②), 이 규정에 따라 등록할 수 있는 자는 ⅰ) 상법 제170조[8]에서 정한 회사(제1호), ⅱ) 특별법에 따라 설립된 법인(해당 법률에서 정한 업무를 수행하기 위하여 행하는 법 제28조 제2항 제3호의 선불전자지급수단의 발행 및 관리업무로 한정)(제2호)의 어느 하나에 해당하는 자로 하되, 업무의 종류별로 자본금 또는 출자총액이 20억원 이상으로서 다음의 금액 이상이어야 한다(법30②).

1. 전자자금이체업무

전자자금이체업무의 경우 자본금은 30억원 이상이어야 한다(영17①(1)).

2. 직불전자지급수단의 발행 및 관리업무

직불전자지급수단의 발행 및 관리의 경우 자본금은 20억원 이상이어야 한다(영17①(2)).

3. 선불전자지급수단의 발행 및 관리업무

선불전자지급수단의 발행 및 관리의 경우 자본금은 20억원 이상이어야 한다(영17①(3)).

Ⅲ. 등록대상: 전자지급결제대행에 관한 업무 등

1. 등록대상

전자지급결제대행에 관한 업무(법28②(4)), 전자상거래법 제13조 제2항 제10호에 따라 결제대금을 예치받는 업무(법28②(5), 영15③(1)), 수취인을 대행하여 지급인이 수취인에게 지급하여야 할 자금의 내역을 전자적인 방법으로 지급인에게 고지하고, 자금을 직접 수수하며 그 정산을 대행하는 업무(법28②(5), 영15③(2)) 및 전자채권의 등록 및 관리업무를 행하고자 하는 자(법29)는 금융위원회에 등록하여야 하는데, 이 규정에 따라 등록할 수 있는 자는 상법 제170조에서 정한 회사 또는 민법 제32조[9]에서 정한 법인으로서 업무의 종류별로 자본금·출자총액 또는 기본재산이 다음의 구분에 따른 금액 이상이어야 한다(법30③).

---

8) 제170조(회사의 종류) 회사는 합명회사, 합자회사, 유한책임회사, 주식회사와 유한회사의 5종으로 한다.

9) 제32조(비영리법인의 설립과 허가) 학술, 종교, 자선, 기예, 사교 기타 영리 아닌 사업을 목적으로 하는 사단 또는 재단은 주무관청의 허가를 얻어 이를 법인으로 할 수 있다.

(1) 분기별 전자금융거래 총액이 30억원 이하의 범위에서 금융위원회가 정하는 기준 이하로 운영하고자 하는 자(제1호)

분기별 전자금융거래 총액이 당해 전자금융업에 대한 분기별 결제대행금액(이용자가 지급한 재화 및 용역의 매출총액), 결제대금예치금액 또는 전자고지결제금액이 30억원 이하(감독규정42의2①)로 운영하고자 하는 자(전자채권관리기관의 등록을 하고자 하는 자는 제외)는 i) 전자지급결제대행에 관한 업무(법28②(4)): 3억원(제1호), ii) 전자상거래법 제13조 제2항 제10호에 따라 결제대금을 예치받는 업무(영15③(1)): 3억원(제2호), iii) 수취인을 대행하여 지급인이 수취인에게 지급하여야 할 자금의 내역을 전자적인 방법으로 지급인에게 고지하고, 자금을 직접 수수하며 그 정산을 대행하는 업무(영15③(2)): 3억원(제3호) 이상이어야 한다(법30③(1), 영17②).

(2) 제1호 외의 자(제2호)

제1호 외의 자는 i) 전자지급결제대행에 관한 업무(법28②(4)): 10억원, ii) 전자상거래법 제13조 제2항 제10호에 따라 결제대금을 예치받는 업무(영15③(1)): 10억원(제2호), iii) 수취인을 대행하여 지급인이 수취인에게 지급하여야 할 자금의 내역을 전자적인 방법으로 지급인에게 고지하고, 자금을 직접 수수하며 그 정산을 대행하는 업무(영15③(2)): 5억원(제3호), iv) 전자채권의 등록 및 관리업무의 경우(법29): 30억원(제4호) 이상이어야 한다(법30③(2), 영17③).

2. 거래금액 기준 초과시 신고 등

분기별 전자금융거래 총액이 30억원 이하의 범위에서 금융위원회가 정하는 기준 이하로 운영하고자 하는 자(법30③(1))가 등록을 한 후 2분기 이상 계속하여 금융위원회가 정하는 기준을 초과하는 경우에는 그 내용을 금융위원회에 신고하고 신고한 때로부터 6월 이내(감독규정42의2②)에 법 제30조 제3항 제2호에서 정하는 자본금요건을 갖추어야 한다(법30④).

등록 자본금 초과시 신고와 관련한 절차 및 방법 등 세부사항은 금융감독원장이 정하는 바에 따른다(감독규정42의2③).[10)]

---

10) 감독규정시행세칙 제8조의3(거래금액 기준 초과시 신고 등) ① 법 제30조 제3항 제1호에 해당하는 전자금융업자는 분기별 거래 총액(결제대행금액, 결제대금예치금액 또는 전자고

Ⅳ. 2개 이상의 업무를 영위하는 경우의 자본금

법 제28조 및 법 제29조에 따른 업무를 2 이상 영위하려는 경우에는 영 제17조 제1항부터 제3항까지의 구분에 따른 금액의 합계액을 자본금·출자총액 또는 기본재산으로 한다(영17④ 본문). 다만, 그 합계액이 50억원 이상이면 50억원으로 한다(영17④ 단서).

제4절 허가 및 등록의 요건

법 제28조 및 제29조의 규정에 따라 허가를 받거나 등록을 하고자 하는 자는 법 제31조 제1항 제1호부터 제5호까지의 요건을 모두 갖추어야 한다(법31① 전단). 제4호 및 제5호는 허가의 경우에 한한다(법31① 후단).

여기서는 제1호부터 제5호의 요건을 살펴본다.

Ⅰ. 자본금 또는 기본재산 요건(허가·등록 요건)

허가를 받거나 등록을 하고자 하는 자는 법 제30조(자본금)의 규정에 의한 자본금 또는 기본재산을 보유하여야 한다(법31①(1)).

Ⅱ. 인력 및 물적 시설 요건(허가·등록 요건)

허가를 받거나 등록을 하고자 하는 자는 이용자의 보호가 가능하고 행하고자 하는 업무를 수행함에 있어서 충분한 전문인력과 전산설비 등 물적 시설을

지결제금액)이 규정 제42조의2 제1항에 따른 거래금액 기준을 초과한 경우 해당 분기 종료 후 45일 이내에 <별지 제5호 서식>에 따라 감독원장에게 초과 내역 및 자본금 증액 계획을 신고하여야 한다.
② 제1항에 따른 신고를 마친 자는 법 제30조 제4항에 따른 자본금 요건을 갖춘 후, 신고한 때부터 6개월 이내에 자본금 납입 증명서류 등 관련 서류를 감독원장에게 제출하여야 한다.

갖추고 있어야 한다(법31①(2)).

1. 인력 및 물적 시설 세부요건(허가 · 등록 요건)

법 제28조 및 제29조에 따라 허가를 받거나 등록을 하고자 하는 자는 인력과 물적 시설에 대한 다음의 요건을 모두 갖추어야 한다(감독규정50①).

1. 신청 당시 전산업무 종사 경력이 2년 이상인 임직원을 5명 이상 확보하고 있거나 허가·등록 시점에 확보 가능할 것
2. 전자금융업을 원활히 영위하는데 필요한 전산기기를 갖출 것
3. 전산장애 발생 시 전산자료 손실에 대비한 백업(backup)장치를 구비할 것
4. 전자금융업의 원활한 영위를 위한 각종 프로그램을 갖출 것
5. 전산자료 보호 등을 위한 적절한 정보처리시스템 관리방안을 확보하고 정보보호시스템 등 감시운영체제를 구축할 것
6. 전산실 등의 구조 및 내장, 설비 등의 안전성을 확보하고 적절한 보안대책을 수립할 것

** 금융위원회 질의회신(2020. 4. 24.)

〈질의〉

전자금융감독규정 전산기기 보유 관련 문의 건

ㅁ 전자금융감독규정 제50조 제1항 제2호 및 제4호 중 "갖출 것"에 대한 적용범위 질의

– 상기 조항에 따라 전자금융업자가 전자금융업을 원활히 영위하는데 필요한 전산기기 및 각종 프로그램을 타 사업자로부터 빌려서 운영하는 것이 가능한지 여부

– 혹은 클라우드 서비스를 이용하는 범위에 한해서만 관련 전산기기 및 프로그램에 대한 위탁 운영이 가능하고, 그 외에는 전자금융업자의 자산으로 보유하여야 하는지 여부

〈회신〉

ㅁ 전자금융거래법 제28조에 따라 전자금융업 수행을 위해 허가를 받거나 등록을 하려는 자는 같은 법 제31조의 요건을 준수하여야 합니다.

• 전자금융감독규정 제50조에서는 이를 구체화하여 전자금융업을 원활히

수행하는데 필요한 전산기기, 각종 프로그램 등을 갖출 것을 요구하고 있습니다.

• 이 경우 “갖추다”는 “있어야 할 것을 가지거나 차리다”라는 의미로서 전산설비 등을 직접 소유하거나 보유하는 것으로 한정되는 것은 아니며, 임차, 사용대차 시설대여 및 위탁 운영 등 다양한 방법이 가능합니다.

ㅁ 다만, 이러한 방법으로 전산설비를 위탁 활용하는 경우에는 관련 법령상 규정을 준수해야 합니다.

※관련 법령상 규정: ㉠ 금융회사의 정보처리 업무 위탁에 관한 규정(업무위수탁 운영기준 등의 보고), ㉡ 전자금융거래법 §40, 전자금융감독규정 §60 등

〈이유〉

ㅁ 전자금융거래법 제28조에 따라 전자금융업 수행을 위해 허가를 받거나 등록을 하려는 자는 같은 법 제31조의 요건을 준수하여야 합니다.

• 특히 이용자의 보호가 가능하고 행하고자 하는 업무를 수행함에 있어서 충분한 전문인력과 전산설비 등 물적 시설을 갖추도록 규정하고,

– 전자금융감독규정 제50조에서는 이를 구체화하여 전자금융업을 원활히 수행하는데 필요한 전산기기, 각종 프로그램 등을 갖출 것을 요구하고 있습니다.

ㅁ 이 경우 “갖추다”는 “있어야 할 것을 가지거나 차리다”라는 의미로서 전산설비 등을 직접 소유하거나 보유하는 것으로 한정되는 것은 아닙니다.

* (참고) 보험업법의 경우 허가의 요건으로 제6조에서 전문 인력과 전산설비 등 물적(物的) 시설을 충분히 갖추도록 규정하고, 보험업법 시행령 제10조 제2항에서 전산설비의 개발·운영 및 유지·보수에 관한 업무, 정보처리 업무를 외부에 위탁하는 경우에도 그 업무와 관련된 전문 인력, 물적 시설을 갖춘 것으로 봅니다.

• 입법 연혁적 측면에서 볼 때에도 ’19. 1월, 클라우드 이용 확대에 따른 조문 정비를 추진하면서 허가·등록의 물적 시설 세부요건 중 ‘보유’의 용어를 개별 금융업법상 물적설비 요건과 동일하게 ‘갖출 것’으로 개정(전자금융감독규정 §50 ① Ⅱ, Ⅳ)한 바 있습니다.

• 따라서, 허가·등록의 요건으로서 전산기기 등을 갖추는 방법에는 임차, 사용대차, 시설대여 등 다양한 방법이 있을 수 있고,

– 특별한 사정이 없는 한 지주사·계열사 등이 보유한 설비를 이용하여 위

탁 운영하는 것도 가능하다고 판단됩니다.

ㅁ 그런데, 이러한 방법으로 전산설비를 위탁 활용하는 경우 금융회사 등이 자신의 정보처리 업무를 제3자로 하여금 계속적으로 처리하게 되므로,

• '정보처리의 위탁'에 해당하고, 이에 따라 금융회사의 정보처리 업무 위탁에 관한 규정(업무위수탁 운영기준 등의 보고)을 준수하여야 합니다.

ㅁ 또한, 특별한 사정이 없는 한 전자금융거래와 관련하여 금융회사 등과 제휴, 위탁 또는 외부주문에 관한 계약을 체결, 전산설비 위탁 운영 등을 수행하는 상대방은

• 전자금융업무와 관련된 정보처리시스템을 해당 금융회사 또는 전자금융업자를 위하여 운영하는 사업자로서 전자금융보조업자에 해당(전자금융거래법 §2 Ⅴ, 전자금융감독규정 §3Ⅲ)합니다.

– 이 경우 금융회사 등은 안전성 확보를 위한전자금융거래법령상 외부주문 등에 관한 기준 등(전자금융거래법 §40, 전자금융감독규정 §60 등)을 준수하여야 하며,

– 외부주문 등에 대한 감독·검사를 위해 전자금융보조업자는 계약서, 계약서 부속자료 및 그 밖의 전자금융업무와 관련한 자료 등의 자료제출 의무를 부담(전자금융거래법 §40, 전자금융감독규정 §61)합니다.

ㅁ 한편, 전자금융업자가 VAN사업 등을 겸영하는 등 전자금융업 이외의 다른 금융 관련업을 함께 영위하는 경우 다른 금융업 관련 법령 등을 준수*하여야 합니다.

* (예) 전자금융업자가 VAN사업 등을 함께 영위하는 경우 여신전문금융업감독규정상 신용카드 등 부가통신업의 등록기준 등을 개별 검토하여 준수 필요 (여신전문금융업감독규정 §5의2, 별표1의2)

---

2. 국외 사이버몰을 위한 전자지급결제대행업

(1) 등록요건

국외에서 주로 영업하는 국외 사이버몰("국외 사이버몰"이란 컴퓨터 등과 정보통신설비를 이용하여 재화 등을 거래할 수 있도록 설정된 가상의 영업장으로서 운용자의 사무소가 국외에 있는 경우를 말한다)에서의 상거래에 수반한 전자지급결제대행업

을 영위할 목적으로 전자금융업을 등록하고자 하는 자는 감독규정 제50조 제1항의 규정에도 불구하고 다음의 요건을 모두 충족한 경우 등록할 수 있다(감독규정 50②).

1. 국외에 소재한 계열사(금융회사의 정보처리 및 전산설비 위탁에 관한 규정 제2조 제3항의 "계열사"를 말한다)와 이용계약을 체결하였고, 계열사의 인력 및 물적 시설이 감독규정 제50조 제1항 각 호의 세부요건을 충족할 것
2. 제1호의 규정에도 불구하고 전자금융업을 등록하고자 하는 자는 신청 당시 법령 준수업무와 이용자 민원처리업무를 담당할 3명 이상의 임직원(전산업무 종사 경력이 2년 이상인 임직원 1명을 포함하여야 한다)은 직접 확보하고 있거나 등록시점에 확보 가능할 것
3. 신청 당시 계열사의 인력 또는 물적시설을 통해 5개국 이상의 국가에서 전자지급결제대행업무가 수행되고 있을 것

이에 따라 등록을 하려는 자가 계열사의 인력 또는 물적시설의 이용계약을 체결하는 경우에는 금융회사의 정보처리 및 전산설비 위탁에 관한 규정을 적용한다(감독규정50③ 본문). 다만, 동 규정의 제7조는 적용하지 아니한다(감독규정50③ 단서).

(2) 등록서류 제출

국외 사이버몰을 위한 전자지급결제대행업(감독규정50②)을 등록하고자 하는 경우 시행령 제20조(허가와 등록의 신청방법 등) 제2항 제8호[11]에 따라 다음의 서류를 제출하여야 한다(감독규정50의2①).

1. 금융회사의 정보처리 및 전산설비 위탁에 관한 규정 제7조 제1항 각 호의 서류
2. 등록신청자 및 계열사의 수탁업무 수행 과정에서의 법·시행령 및 감독규정 등 준수에 대한 확약서
3. 신청 시점에 전자지급결제대행업무를 수행하고자 하는 국외 사이버몰에 대한 다음 각 목의 사항(해당 국가의 법령 등에서 이와 유사한 것으로 인정되는 사항을 포함)을 기재한 서류

11) 8. 그 밖에 허가 또는 등록에 필요한 서류로서 금융위원회가 정하여 고시하는 서류

가. 전자상거래법 제10조 제1항 각 호[12)]의 서류
나. 신청일 직전연도에 사이버몰에서 체결된 전자상거래 중 국내에 소재한 소비자와 사업자 간 거래의 비중

(3) 업무의 제한

국외 사이버몰을 위한 전자지급결제대행업(감독규정50②)을 등록한 자는 국외에서 주로 영업하는 국외 사이버몰을 통한 상거래에 대해서만 전자지급결제대행업을 영위하여야 한다(감독규정50의2②).

(4) 국외에서 주로 영업하는 국외 사이버몰의 판단기준

금융감독원장은 국외에서 주로 영업하는 국외 사이버몰의 판단기준 등 필요한 사항을 정할 수 있다(감독규정50의2③).[13)]

Ⅲ. 재무건전성 기준(허가 · 등록 요건)

허가를 받거나 등록을 하고자 하는 자는 "대통령령이 정하는 재무건전성 기준"을 충족하여야 한다(법31①(3)).

1. 검사대상기관인 경우

법 제28조 및 법 제29조에 따른 허가를 받거나 등록을 하려는 자("신청인")

---

12) 1. 상호 및 대표자 성명
2. 영업소가 있는 곳의 주소(소비자의 불만을 처리할 수 있는 곳의 주소를 포함)
3. 전화번호 · 전자우편주소
4. 사업자등록번호
5. 사이버몰의 이용약관
6. 그 밖에 소비자보호를 위하여 필요한 사항으로서 대통령령으로 정하는 사항

13) 감독규정시행세칙 제8조의2(국외에서 주로 영업하는 국외 사이버몰의 판단기준) 규정 제50조의2 제3항에 따라 감독원장은 국외에서 주로 영업하는 국외 사이버몰을 판단하는데 있어 다음의 사항 등을 고려한다.
1. 사이버몰 운용자의 사무소, 인적 · 물적 시설의 소재지
2. 사이버몰에서 이루어지는 상거래 대상 국가의 수
3. 사이버몰에 대한 국외 감독당국, 규제기관의 감독 · 규제여부
4. 사이버몰에서 체결된 전자상거래 중 국내에 소재한 소비자와 사업자간 거래의 비중
5. 규정 제50조의2 제2항에 따른 제한을 회피하기 위한 사이버몰 여부

가 금융위원회법 제38조[14]에 규정된 금융감독원의 검사대상기관인 경우에는 그 기관의 설립·운영 등에 관한 법령에서 정하는 경영건전성에 관한 기준 등을 감안하여 금융위원회가 정하여 고시하는 재무건전성 기준에 적합하여야 한다(영18①).

2. 검사대상기관이 아닌 경우

신청인이 검사대상기관이 아닌 경우에는 신청인[신청인의 대주주가 공정거래법 제2조 제11호에 따른 기업집단(같은 법 시행령 제38조 제1항 제1호 및 제2호에 해당하는 기업집단은 제외)에 속하는 기업인 경우에는 금융업이나 보험업을 경영하는 회사를 제외한 그 기업집단을 포함]의 자기자본·출자총액 또는 기본재산에 대한 부채총액의 비율이 200%의 범위 안에서 금융위원회가 정하여 고시하는 비율 이하이어야 한다(영18② 본문). 다만, 다음의 요건을 모두 갖춘 신청인에 대하여는 금융위원회가 그 비율을 달리 정하여 고시할 수 있다(영18② 단서).

1. 정부 또는 광역지방자치단체("정부등")가 자본금·출자총액 또는 기본재산의 10% 이상을 소유하고 있거나 출자하고 있을 것
2. 신청인의 사업 수행이 곤란하게 되는 경우 정부등이 해당 사업을 인수할 것을 확약하는 등 그 사업의 연속성에 대하여 정부등이 보장하고 있을 것
3. 금융위원회가 정하여 고시하는 요건에 맞추어 재무구조개선계획을 제출할 것

3. 재무건전성 세부기준 및 계산방법 등

(1) 금융위원회가 정하는 재무건전성 기준

앞의 시행령 제18조 제1항 및 제2항에 따라 금융위원회가 정하는 재무건전성 기준은 다음과 같다(감독규정51①).

1. 시행령 제18조 제1항의 규정에 따른 기관 중 금융산업구조개선법 제2조 제1호[15]의 금융회사에 해당하는 기관은 그 기관의 설립·운영 등에 관한 법령상

---

14) 제38조(검사대상기관) 금융감독원의 검사를 받는 기관은 다음과 같다.
1. 은행, 2. 금융투자업자, 증권금융회사, 종합금융회사 및 명의개서대행회사, 3. 보험회사, 4. 상호저축은행과 그 중앙회, 5. 신용협동조합 및 그 중앙회, 6. 여신전문금융회사 및 겸영여신업자(兼營與信業者), 7. 농협은행, 8. 수협은행, 9. 다른 법령에서 금융감독원이 검사를 하도록 규정한 기관, 10. 그 밖에 금융업 및 금융 관련 업무를 하는 자로서 대통령령으로 정하는 자

15) 1. "금융기관"이란 다음의 어느 하나에 해당하는 것을 말한다. 가. 은행, 나. 중소기업은행, 다. 투자매매업자·투자중개업자, 라. 집합투자업자, 투자자문업자 또는 투자일임업자,

경영개선권고, 경영개선요구 또는 경영개선명령 등의 요건이 되는 재무기준에 해당하지 아니할 것

2. 제1호 이외의 경우에는 다음 각 목의 요건을 충족할 것

가. 시행령 제18조 제1항의 규정에 따른 금융회사 중 금융산업구조개선법 제2조 제1호의 금융회사에 해당하지 않는 기관은 자기자본 대비 부채총액의 비율이 200% 이내일 것. 다만, 금융회사 업무의 성격 및 재무구조 등을 감안할 때 부채비율 기준을 적용하지 아니하고, 금융산업구조개선법 제2조 제1호 각 목 중 어느 하나의 금융회사("기준 금융회사")의 재무건전성 기준을 적용하는 것이 적절하다고 금융위원회가 승인하는 경우에는, 기준 금융회사의 설립, 운영 등에 관한 법령에 따라 산출한 재무비율이 같은 법령상의 경영개선권고, 경영개선요구 또는 경영개선명령 등의 요건이 되는 기준에 해당하지 아니할 것

나. 법 제28조 제1항에 따른 허가대상 전자금융업일 경우에는 자기자본 대비 부채총액의 비율이 180% 이내일 것

다. 법 제28조 제2항 및 제29조에 따른 등록대상 전자금융업일 경우에는 자기자본·출자총액 또는 기본재산 대비 부채총액의 비율이 200% 이내일 것

(2) 부채비율의 산출

앞의 감독규정 제51조 제1항 제2호의 부채비율은 신청일이 속하는 사업연도의 직전 사업연도말 대차대조표(최근 대차대조표를 사용하고자 하는 경우에는 신청일 최근 분기말 대차대조표 또는 회계법인의 확인을 받은 신청일 최근 월말 대차대조표) 상의 자기자본 및 부채총액을 이용하여 산출한다(감독규정51② 전단). 이 경우 전자화폐·선불전자지급수단의 미상환잔액 및 전자자금이체·전자지급결제대행·결제대금예치·전자고지결제·정보통신망법 제2조 제10호[16]에 따른 통신과금서비스 등의 업무를 영위하는 자가 이용자와의 거래 관계에서 일시 보관하는 금액("미정산 잔액")은 부채총액에서 차감한다(감독규정51② 후단).

마. 보험회사, 바. 상호저축은행, 사. 신탁업자, 아. 종합금융회사, 자. 금융지주회사, 차. 그 밖의 법률에 따라 금융업무를 하는 기관으로서 대통령령으로 정하는 기관

16) 10. "통신과금서비스" 정보통신서비스로서 다음의 업무를 말한다.

가. 타인이 판매·제공하는 재화 또는 용역("재화등")의 대가를 자신이 제공하는 전기통신역무의 요금과 함께 청구·징수하는 업무

나. 타인이 판매·제공하는 재화등의 대가가 가목의 업무를 제공하는 자의 전기통신역무의 요금과 함께 청구·징수되도록 거래정보를 전자적으로 송수신하는 것 또는 그 대가의 정산을 대행하거나 매개하는 업무

(3) 금융위원회가 정하는 재무건전성 기준의 제외

앞의 감독규정 제51조 제1항에도 불구하고 다음의 요건을 갖춘 신청인의 재무건전성 기준은 자기자본 대비 부채총액의 비율이 1,500% 이내일 것으로 한다(감독규정51③).

1. 정부등이 자본금·출자총액 또는 기본재산의 10% 이상을 소유하고 있거나 출자하고 있을 것
2. 신청인의 사업 수행이 곤란하게 되는 경우 정부등이 해당 사업을 인수할 것을 확약하는 등 그 사업의 연속성에 대하여 정부등이 보장하고 있을 것
3. 사업 개시 후 5년 이내 제1항의 재무건전성 기준을 충족하는 것을 내용으로 하는 실현가능한 재무구조개선계획을 수립하여 관련서류와 함께 제출할 것

Ⅳ. 사업계획에 관한 요건(허가 요건)

허가를 받고자 하는 자는 사업계획이 타당하고 건전하여야 한다(법31①(4)). 이에 따라 허가를 받고자 하는 자의 사업계획은 다음의 요건을 모두 갖추어야 한다(법31②, 감독규정52)

1. 추정재무제표 및 수익전망의 타당성

사업계획은 영업개시 후 3년간 추정재무제표 및 수익전망이 전자화폐 내지 선불전자지급수단 발행업계의 과거 수익상황 등에 비추어 타당성이 있고 그 내용이 해당 신청회사의 영업계획에 부합하여야 한다(감독규정52(1)).

2. 이용자 확보계획의 타당성

사업계획은 전자화폐 발행업을 원활히 영위하는데 필요한 이용자 확보계획이 구체적이고 타당하며 실현가능성이 있어야 한다(감독규정52(2)).

3. 영업내용의 합법성

사업계획은 영위하고자 하는 영업의 내용이 법령에 위반되지 아니하고 투자자보호나 건전한 금융질서를 저해할 우려가 없어야 한다(감독규정52(3)).

Ⅴ. 주요출자자에 관한 요건(허가 요건)

1. 주요출자자의 범위

허가를 받고자 하는 자는 "대통령령이 정하는 주요출자자"가 충분한 출자능력, 건전한 재무상태 및 사회적 신용을 갖추고 있어야 한다(법31①(5)). 여기서 "대통령령이 정하는 주요출자자"라 함은 다음과 같다(영18③).

1. 의결권 있는 발행주식총수 또는 출자총액을 기준으로 본인 및 그와 금융사지배구조법 시행령 제3조 제1항 각 호[17]의 어느 하나에 해당하는 관계에 있는

---

17) 1. 본인이 개인인 경우: 다음의 어느 하나에 해당하는 자. 다만, 공정거래법 시행령 제5조 제1항 제2호 가목에 따른 독립경영자 및 같은 목에 따라 공정거래위원회가 동일인관련자의 범위로부터 분리를 인정하는 자는 제외한다.
가. 배우자(사실상의 혼인관계에 있는 사람을 포함)
나. 6촌 이내의 혈족
다. 4촌 이내의 인척
라. 양자의 생가(生家)의 직계존속
마. 양자 및 그 배우자와 양가(養家)의 직계비속
바. 혼인 외의 출생자의 생모
사. 본인의 금전이나 그 밖의 재산으로 생계를 유지하는 사람 및 생계를 함께 하는 사람
아. 본인이 혼자서 또는 그와 가목부터 사목까지의 관계에 있는 자와 합하여 법인이나 단체에 30% 이상을 출자하거나, 그 밖에 임원(업무집행책임자는 제외)의 임면 등 법인이나 단체의 중요한 경영사항에 대하여 사실상의 영향력을 행사하고 있는 경우에는 해당 법인 또는 단체와 그 임원(본인이 혼자서 또는 그와 가목부터 사목까지의 관계에 있는 자와 합하여 임원의 임면 등의 방법으로 그 법인 또는 단체의 중요한 경영사항에 대하여 사실상의 영향력을 행사하고 있지 아니함이 본인의 확인서 등을 통하여 확인되는 경우에 그 임원은 제외)
자. 본인이 혼자서 또는 그와 가목부터 아목까지의 관계에 있는 자와 합하여 법인이나 단체에 30% 이상을 출자하거나, 그 밖에 임원의 임면 등 법인이나 단체의 중요한 경영사항에 대하여 사실상의 영향력을 행사하고 있는 경우에는 해당 법인 또는 단체와 그 임원(본인이 혼자서 또는 그와 가목부터 아목까지의 관계에 있는 자와 합하여 임원의 임면 등의 방법으로 그 법인 또는 단체의 중요한 경영사항에 대하여 사실상의 영향력을 행사하고 있지 아니함이 본인의 확인서 등을 통하여 확인되는 경우에 그 임원은 제외)
2. 본인이 법인이나 단체인 경우: 다음의 어느 하나에 해당하는 자
가. 임원
나. 공정거래법에 따른 계열회사("계열회사") 및 그 임원
다. 혼자서 또는 제1호 각 목의 관계에 있는 자와 합하여 본인에게 30% 이상을 출자하거나, 그 밖에 임원의 임면 등 본인의 중요한 경영사항에 대하여 사실상의 영향력을 행사하고 있는 개인(그와 제1호 각 목의 관계에 있는 자를 포함) 또는 법인(계열회사는 제외), 단체와 그 임원

자("특수관계인")가 소유하는 주식의 수 또는 출자지분이 가장 많은 경우의 그 본인("최대주주"). 다만, 최대주주가 법인인 경우에는 다음 각 목의 어느 하나에 해당하는 자를 포함한다.

가. 최대주주인 법인의 최대주주(최대주주인 법인을 사실상 지배하는 자가 그 법인의 최대주주와 다른 경우에는 그 사실상 지배하는 자를 포함한다)

나. 최대주주인 법인의 대표자

2. 최대주주의 특수관계인인 주주 또는 출자자
3. 누구의 명의로 하든지 자기의 계산으로 소유한 주식 또는 출자지분의 합계액이 의결권 있는 발행주식총수 또는 출자총액의 10% 이상에 해당하는 자
4. 임원의 임면(任免) 등 해당 법인의 주요 경영사항에 대하여 사실상 영향력을 행사하고 있는 주주 또는 출자자

2. 주요출자자 요건

주요출자자(시행령 제18조 제3항에 따른 주요출자자)는 ＜별표 4＞에서 정한 요건을 충족하여야 한다(감독규정53).

〈별표 4〉 주요출자자 요건

구 분	요 건
1. 주요출자자가 금융위원회법 제38조의 규정에 의하여 금융감독원으로부터 검사를 받는 기관인 경우	가. 최근 사업연도말 현재 대차대조표상 자산총액에서 부채총액을 차감한 금액("자기자본")이 출자하고자 하는 금액의 3배 이상일 것 나. 그 금융기관의 재무상태가 다음 기준을 충족할 것 (가) 그 금융기관에 적용되는 금융산업구조개선법상 적기시정조치의 기준이 있는 경우에는 그 금융기관의 재무상태가 동 기준을 상회할 것 (나) 그 금융기관에 적용되는 금융산업구조개선법상 적기시정조치 기준이 없는 경우에는 그 금융기관의 재무상태가 그 금융기관과 유사업종을 영위하는 금융기관의 적기시정조치 기준을 상회할 것. 다만, 그 금융기관에 대하여 유사업종의 적기시정조치기준을 적용하는 것이 현저히 부적합한 경우에는 2호 나목의 기준을 충족할 것 다. 당해 금융기관이 공정거래법에 의한 기업집단에 속하는 회사인 경우에는 당해 기업집단 (금융업 또는 보험업을 영위하는 회사는 제외)의 부채비율

라. 본인이 혼자서 또는 본인과 가목부터 다목까지의 관계에 있는 자와 합하여 다른 법인이나 단체에 30% 이상을 출자하거나, 그 밖에 임원의 임면 등 다른 법인이나 단체의 중요한 경영사항에 대하여 사실상의 영향력을 행사하고 있는 경우에는 해당 법인, 단체와 그 임원(본인이 임원의 임면 등의 방법으로 그 법인 또는 단체의 중요한 경영사항에 대하여 사실상의 영향력을 행사하고 있지 아니함이 본인의 확인서 등을 통하여 확인되는 경우에 그 임원은 제외)

1. 주요출자자가 금융위원회법 제38조의 규정에 의하여 금융감독원으로부터 검사를 받는 기관인 경우	(최근 사업연도말 현재 대차대조표상 부채총액을 자본총액으로 나눈 비율)이 200% 이하일 것 라. 자본금 납입자금은 주요출자자의 출자능력을 초과하여 금융기관 등으로부터 단순 차입(출자자가 법인인 경우 기업어음·회사채 발행 등 부채성 조달자금을 포함)에 의한 것이 아니며, 그 출처가 명확할 것 마. 금융산업구조개선법 또는 금융관련 법령에 의하여 부실금융기관으로 결정된 당해 부실금융기관의 대주주(최대주주 또는 주요주주를 말하며, 특수관계인을 포함)이었던 자 또는 부실금융기관에 준하는 금융기관으로서 인가취소 등의 처분을 받은 당해 금융기관의 대주주가 아닐 것. 다만, 그 대주주가 부실경영에 관하여 직접 또는 간접으로 책임이 없다는 것이 인정되거나 금융위원회가 정하는 부실금융기관 대주주의 경제적 책임 부담기준에 의하여 경제적 책임부담의무를 이행 또는 면제받은 경우에는 그러하지 아니함 바. 최근 5년간 법, 영, 금융관계법령, 공정거래법 및 조세법 처벌법을 위반하여 벌금 이상의 처벌을 받은 사실이 없을 것. 다만, 그 사실이 영위하고자 하는 업무의 건전한 영위를 어렵게 한다고 볼 수 없는 경우에는 그러하지 아니함
2. 주요출자자가 제1호 외의 내국법인인 경우	가. 최근 사업연도말 현재 자기자본이 출자하고자 하는 금액의 3배 이상일 것 나. 최근 사업연도말 현재 부채비율이 200% 이하일 것 다. 기업집단에 속하는 회사인 경우에는 당해 기업집단(금융업 또는 보험업을 영위하는 회사는 제외)의 부채비율이 200% 이하일 것 라. 제1호 라목부터 바목의 요건을 충족할 것
3. 주요출자자가 내국인으로서 개인인 경우	가. 제1호 라목부터 바목의 요건을 충족할 것
4. 주요출자자가 외국법령에 의하여 설립된 외국기업인 경우	가. 제1호 가목 및 마목의 요건을 충족할 것

제5절 허가와 등록의 결격사유

다음의 어느 하나에 해당하는 자는 법 제28조 및 제29조의 규정에 따른 허가를 받거나 등록을 할 수 없다(법32).

Ⅰ. 등록 말소 후 1년 미경과 법인 등

법 제34조(신청에 따른 등록의 말소)의 규정에 따라 등록이 말소된 날부터 1년이 지나지 아니한 법인 및 그 등록이 말소될 당시 그 법인의 대주주(대통령령이 정하는 출자자)이었던 자로서 그 말소된 날부터 1년이 지나지 아니한 자는 법 제28조 및 제29조의 규정에 따른 허가를 받거나 등록을 할 수 없다(법32(1)).

위에서 "대통령령이 정하는 출자자"란 영 제18조 제3항에 따른 주요출자자를 말한다(영19①). 이에 관하여는 앞에서 살펴보았다.

** 금융위원회 질의회신(2019. 3. 21.)

〈질의〉

전자고지결제업 등록 말소 후 1년 이내 결제대금예치업 등록 가능 여부

ㅁ 전자금융거래법 제34조 제1항에 따라 "전자고지결제업"의 등록을 말소하였다가 1년 이내에 "결제대금예치업'의 등록을 하고자 하는 경우에도 전자금융거래법 제32조 제1호 등록 결격사유에 해당하는지 여부

〈회신〉

ㅁ 전자금융거래법 제32조 제1호는 허가와 등록의 결격사유로 제34조 제1항에 따라 등록이 말소된 날부터 1년이 지나지 아니한 법인 및 법인의 대주주를 명시하고 있습니다.

• 이 조항은 전자금융업자의 사업 계속성에 대한 소비자의 신뢰를 증진하기 위한 것이므로 여러 전자금융업 중 특정한 전자금융업에 대해 등록이 말소된 경 우 해당 특정 업에 대해 일정기간 허가 또는 등록을 제한하는 것으로 해석함이 타당하다고 판단됩니다.

ㅁ 그러므로 여러 전자금융업 중 하나인 특정 전자금융업(전자고지결제업)의 등록을 말소하고 1년 이내에 다른 전자금융업(결제대금예치업)을 등록하는 것은 전자금융거래법 제32조 제1호의 등록 결격사유에 해당하지 않는다고 판단됩니다.

Ⅱ. 허가 · 등록 취소 후 3년 미경과 법인 등

법 제43조(허가와 등록의 취소 등) 제1항의 규정에 따른 허가 또는 등록의 취소가 있은 날부터 3년이 지나지 아니한 법인 및 그 취소 당시 그 법인의 대주주이었던 자로서 그 취소가 있은 날부터 3년이 지나지 아니한 자는 법 제28조 및 제29조의 규정에 따른 허가를 받거나 등록을 할 수 없다(법32(2)).

Ⅲ. 회생절차 중의 회사 등

채무자회생법에 따른 회생절차 중에 있는 회사 및 그 회사의 대주주는 법 제28조 및 제29조의 규정에 따른 허가를 받거나 등록을 할 수 없다(법32(3)).

Ⅳ. 금융거래 등 상거래에 있어서 채무불이행자

금융거래 등 상거래에 있어서 약정한 기일 내에 채무를 변제하지 아니한 자로서 "금융위원회가 정하는 자"는 법 제28조 및 제29조의 규정에 따른 허가를 받거나 등록을 할 수 없다(법32(4)).

위에서 "금융위원회가 정하는 자"라 함은 신용정보법 제25조 제2항 제1호의 종합신용정보집중기관에 ⅰ) 어음 · 수표 거래정지처분 또는 부도거래정보(제1호), ⅱ) 대출금 등의 용도 외 유용 사실(제2호), ⅲ) 부정한 방법으로 대출을 받는 등 금융거래질서를 문란하게 한 사실(제3호) 중 어느 하나의 신용정보가 등록된 자를 말한다(감독규정54).

Ⅴ. 금융관계법령을 위반하여 벌금형 이상의 처벌을 받은 사실이 있는 자

허가 또는 등록 신청일을 기준으로 최근 3년간 "대통령령이 정하는 금융관계법령"을 위반하여 벌금형 이상의 처벌을 받은 사실이 있는 자는 법 제28조 및 제29조의 규정에 따른 허가를 받거나 등록을 할 수 없다(법32(5)).

여기서 "대통령령이 정하는 금융관계법령"이라 함은 <별표 1의2> 각 호의 법령을 말한다(영19②).

〈별표 1의2〉

1. 은행법
2. 한국은행법
3. 예금자보호법
4. 한국산업은행법
5. 중소기업은행법
6. 장기신용은은행
7. 한국수출입은행법
8. 자본시장법
9. 금융소비자보호법
10. 삭제 <2008.7.29>
11. 삭제 <2008.7.29>
12. 보험업법
13. 자산유동화법
14. 삭제 <2023. 5. 16.>
15. 산업발전법
16. 상호저축은행법
17. 여신전문금융업법
18. 신용보증기금법
19. 기술보증기금법
20. 신용협동조합법
21. 새마을금고법
22. 중소기업 창업지원법
23. 신용정보법
24. 삭제 <2008.7.29>
25. 금융위원회법
26. 농업협동조합법
27. 수산업협동조합법
28. 산림조합법
29. 외국환거래법
30. 외국인투자촉진법

31. 금융산업구조개선법
32. 금융실명법
33. 금융지주회사법
34. 자산관리공사법
35. 특정금융정보법
36. 한국주택금융공사법
37. 유사수신행위법
38. 대부업법

Ⅵ. 대주주인 법인

앞의 제1호 내지 제5호에 해당하는 자가 대주주인 법인은 법 제28조 및 제29조의 규정에 따른 허가를 받거나 등록을 할 수 없다(법32(6)).

** 금융위원회 질의회신(문서번호 120212)

〈질의〉

전자금융업자 등록 관련문의

• 당사가 전자금융업자로 등록을 하려할 때, 등록이 가능한 시점은 언제인지?

• 당사 대주주의 금융관계법령 위반에 대한 2009. ×. ××. 유죄판결 이후 2009. ○. ○○. 특별사면 되었음

〈회신〉

• 전자금융거래법 제32조(허가와 등록의 결격사유) 제5호 및 제6호에 따라 허가 또는 등록 신청일을 기준으로 최근 3년간 대통령령이 정하는 금융관계법령을 위반하여 벌금형 이상의 처벌을 받은 사실이 있는 자가 대주주인 법인은 허가와 등록의 결격사유에 해당합니다. 최근 3년간에 대한 기산일은 신청일 시점을 기준으로 역산하여 3년간 형집행기간의 효력이 없는 경우에 전자금융업으로 허가 또는 등록이 가능합니다.

제6절 허가 및 등록의 신청

Ⅰ. 허가신청

1. 신청서 제출

법 제28조에 따라 허가를 받고자 하는 자는 대통령령이 정하는 바에 따라 신청서를 금융위원회에 제출하여야 한다(법33①).

(1) 허가신청서 기재사항

법 제28조에 따라 허가를 받으려는 자는 ⅰ) 상호 및 주된 사무소의 소재지(제1호), ⅱ) 임원에 관한 사항(제2호), ⅲ) 자본금 및 출자자(금융위원회가 정하여 고시하는 소액출자자[18]를 제외)의 성명 또는 명칭과 그 지분율(제3호), ⅳ) 영위하려는 전자금융업무(제4호), ⅴ) 전자금융업무 외의 사업을 영위하고 있거나 영위하려는 자의 경우에는 해당 사업의 내용(허가의 경우에 한한다)(제5호)을 기재한 허가 또는 등록신청서를 금융위원회에 제출하여야 한다(영20①).

금융위원회는 신청서류의 서식을 정하여 고시한다(영20⑥). 신청인은 예비허가의 내용 및 조건을 이행한 후 금융감독원장이 정하는 바에 따라 <별지 제4호 서식>에 따른 관련 신청서 및 첨부서류를 금융위원회에 제출하여야 한다(감독규정45①).

(2) 첨부서류

허거신청서에는 ⅰ) 정관 및 자본금 납입 증명서류(제1호), ⅱ) 재무제표와 그 부속서류(제2호), ⅲ) 주주의 구성(허가의 경우만 해당)(제3호), ⅳ) 업무개시 후 3년 간의 사업계획서(추정재무제표 및 예산수입·지출 계산서를 포함)(제4호), ⅴ) 전문인력 및 시설현황을 기재한 서류(제5호), ⅵ) 영업현황(허가의 경우만 해당)을 기재한 서류(제6호)를 첨부해야 한다(영20② 전단). 이 경우 금융위원회는 전자정부

---

18) "금융위원회가 정하여 고시하는 소액출자자"라 함은 허가 또는 등록대상 전자금융업자가 되고자 하는 법인의 의결권 있는 발행주식총수의 1% 이하의 주식을 소유하는 자를 말한다(감독규정49).

법 제36조 제1항에 따른 행정정보의 공동이용을 통하여 법인 등기사항증명서(신청인이 법인인 경우로 한정)를 확인해야 한다(영20② 후단).

(3) 흠결의 보완 요청

금융위원회는 제출받은 서류에 흠결이 있는 경우에는 서류를 제출받은 날부터 10일 이내에 보완할 것을 요청할 수 있다(영20⑤ 전단). 이 경우 보완에 걸린 기간은 영 제20조 제3항에 따른 3월의 기간에 산입하지 아니한다(영20⑤ 후단).

2. 허가 절차

(1) 허가 심사

금융위원회는 허가신청에 대하여 관련 법령과 허가의 세부기준에 따라 심사하여 허가 여부를 결정한다(감독규정45②).

(2) 조건부 허가

허가에는 조건을 붙일 수 있으며 허가를 거부하는 경우에는 이를 서면으로 신청인에게 통보하여야 한다(감독규정45③).

(3) 실지조사

금융위원회는 예비허가의 내용 및 조건의 이행 여부를 확인하기 위하여 실지조사를 실시할 수 있으며, 신청인은 이에 적극 협조하여야 한다(감독규정45④).

(4) 이행상황의 보고

신청인은 예비허가 또는 허가 시에 부과된 조건이 있는 경우 그 이행상황을 이행기일 경과 후 지체 없이 금융위원회에 보고하여야 한다(감독규정45⑤).

(5) 보완서류 등의 제출

금융위원회는 예비허가 또는 허가의 심사 시 보완서류 등의 추가자료가 필요한 경우 신청인에게 기한을 정하여 그 자료의 제출을 요구할 수 있다(감독규정46).

3. 허가 결과의 통보

금융위원회는 신청서를 접수한 때에는 대통령령이 정하는 바에 따라 허가를 하고 그 결과를 신청인에게 통보하여야 한다(법33②).

따라서 금융위원회는 허가신청서를 제출받은 날부터 3월 이내에 허가 여부를 결정하고, 신청인에게 통보하여야 한다(영20③).

4. 허가의 공고

금융위원회는 제28조 및 제29조에 따라 허가를 한 때에는 지체 없이 그 내용을 관보에 공고하고 컴퓨터통신 등을 이용하여 일반인에게 알려야 한다(법33③).

따라서 금융위원회는 허가신청을 승인한 경우에는 지체 없이 그 내용을 관보에 공고하고 인터넷 등을 이용하여 일반인들에게 알려야 한다(감독규정47).

Ⅱ. 등록신청

1. 신청서 제출

법 제28조 및 법 제29조에 등록을 하고자 하는 자는 대통령령이 정하는 바에 따라 신청서를 금융위원회에 제출하여야 한다(법33①).

(1) 등록신청서 제출

법 제28조 및 법 제29조에 따라 등록을 하려는 자는 i) 상호 및 주된 사무소의 소재지(제1호), ii) 임원에 관한 사항(제2호), iii) 자본금 및 출자자(금융위원회가 정하여 고시하는 소액출자자[19]를 제외)의 성명 또는 명칭과 그 지분율(제3호), iv) 영위하려는 전자금융업무(제4호), v) 전자금융업무 외의 사업을 영위하고 있거나 영위하려는 자의 경우에는 해당 사업의 내용(허가의 경우에 한한다)(제5호)을 기재한 등록신청서를 금융위원회에 제출하여야 한다(영20①).

금융위원회는 신청서류의 서식을 정하여 고시한다(영20⑥). 법 제28조 및 제

19) "금융위원회가 정하여 고시하는 소액출자자"라 함은 허가 또는 등록대상 전자금융업자가 되고자 하는 법인의 의결권 있는 발행주식총수의 1% 이하의 주식을 소유하는 자를 말한다(감독규정49).

29조에 따라 등록을 신청하고자 하는 자는 금융감독원장이 정하는 바에 따라 <별지 제5호 서식>에 따른 등록신청서를 금융감독원에 제출하여야 하며 금융감독원장은 등록신청일로부터 20일 이내에 서면으로 등록여부를 통지한다(감독규정48① 본문). 다만, 실지조사에 걸린 기간은 통지기간에 산입하지 아니한다(감독규정48① 단서).

(2) 첨부서류

등록신청서에는 i) 정관 및 자본금 납입 증명서류(제1호), ii) 재무제표와 그 부속서류(제2호), iii) 주주의 구성(허가의 경우만 해당)(제3호), iv) 업무개시 후 3년 간의 사업계획서(추정재무제표 및 예산수입·지출 계산서를 포함)(제4호), v) 전문인력 및 시설현황을 기재한 서류(제5호), vi) 영업현황(허가의 경우만 해당)을 기재한 서류(제6호)를 첨부해야 한다(영20② 전단). 이 경우 금융위원회는 전자정부법 제36조 제1항에 따른 행정정보의 공동이용을 통하여 법인 등기사항증명서(신청인이 법인인 경우로 한정)를 확인해야 한다(영20② 후단).

(3) 흠결의 보완 요청

금융위원회는 제출받은 서류에 흠결이 있는 경우에는 서류를 제출받은 날부터 10일 이내에 보완할 것을 요청할 수 있다(영20⑤ 전단). 이 경우 보완에 걸린 기간은 영 제20조 제3항에 따른 3월의 기간에 산입하지 아니한다(영20⑤ 후단).

2. 등록 여부 결정

금융감독원장은 신청인의 등록 신청에 대하여 심사기준에 따라 등록 여부를 결정한다(감독규정48②).

3. 실지조사

금융감독원장은 등록의 내용 및 조건의 이행여부를 확인하기 위한 실지조사를 실시할 수 있다(감독규정48③).

4. 등록 결과의 통보

금융위원회는 신청서를 접수한 때에는 대통령령이 정하는 바에 따라 등록을 하고 그 결과를 신청인에게 통보하여야 한다(법33②).

이에 따라 금융위원회는 등록신청서를 제출한 자가 등록요건을 갖춘 경우에는 지체 없이 등록을 하고, 그 사실을 신청인에게 통보하여야 한다(영20④).

5. 등록의 공고

금융위원회는 제28조 및 제29조에 따라 등록을 한 때에는 지체 없이 그 내용을 관보에 공고하고 컴퓨터통신 등을 이용하여 일반인에게 알려야 한다(법33③).

따라서 금융감독원장은 등록 신청을 수리한 경우에는 지체 없이 그 내용을 관보에 공고하고 인터넷 등을 이용하여 일반인들에게 알려야 한다(감독규정48④).

제7절 예비허가

Ⅰ. 예비허가의 신청

법 제28조 제1항에 따른 허가("본허가")를 받으려는 자는 미리 금융위원회에 예비허가를 신청할 수 있다(법33의2①).

예비허가를 신청하고자 하는 자는 금융감독원장이 정하는 바에 따라 <별지 제3호 서식>에 따른 관련 신청서 및 첨부서류를 금융위원회에 제출하여야 한다(감독규정44①).

Ⅱ. 본허가 요건의 충족 여부 확인

금융위원회는 예비허가 여부를 결정할 때에는 예비허가를 받으려는 자가 본허가 요건을 모두 충족할 수 있는지를 확인하여야 한다(법33의2②).

Ⅲ. 예비허가 절차

1. 심사와 이해관계인의 의견요청 및 공청회

금융위원회는 예비허가의 심사를 위하여 필요하다고 인정하는 때에는 예비허가의 신청에 대하여 이해관계인의 의견을 요청할 수 있고, 금융시장에 중대한 영향을 미칠 우려가 있다고 판단되는 경우 공청회를 개최할 수 있다(감독규정44②).

2. 소명기회 부여

금융위원회는 접수된 이해관계인의 의견 중 신청인에게 불리한 의견에 대하여는 신청인에게 소명하도록 기한을 정하여 통보할 수 있다(감독규정44③).

3. 신청내용의 심사

금융감독원장은 예비허가의 신청내용에 대한 진위 여부를 확인하고 이해관계인, 일반인 및 관계기관 등으로부터 제시된 의견을 감안하여 신청내용이 관련 법령과 허가등 세부기준에 부합되는지 여부를 심사하여야 한다(감독규정44④).

4. 사업계획의 타당성 평가위원회 구성과 실지조사

금융감독원장은 사업계획의 타당성을 평가하기 위하여 평가위원회를 구성·운영할 수 있으며 신청내용의 확인, 발기인 및 경영진과의 면담 등을 위하여 실지조사를 실시할 수 있다(감독규정44⑤).

5. 예비허가의 여부 결정

금융위원회는 예비허가의 신청에 대하여 관련 법령과 허가의 세부기준을 감안하여 예비허가의 여부를 결정한다(감독규정44⑥).

6. 예비허가의 절차 생략

금융위원회는 합병, 영업양도 등 구조조정 및 이용자보호 등을 위하여 신속한 처리가 필요하거나 예비허가의 신청 시 허가의 요건을 갖추었다고 판단되는 때에는 예비허가의 절차를 생략할 수 있다(감독규정44⑧).

Ⅳ. 조건부 예비허가

금융위원회는 예비허가에 조건을 붙일 수 있다(법33의2③). 따라서 금융위원회는 예비허가 시에 조건을 붙일 수 있으며 예비허가를 거부하는 경우 이를 서면으로 신청인에게 통보하여야 한다(감독규정44⑦).

Ⅴ. 본허가 신청과 예비허가 조건의 이행 확인

금융위원회는 예비허가를 받은 자가 본허가를 신청하는 경우에는 예비허가 조건을 이행하였는지와 본허가 요건을 모두 충족하는지를 확인한 후 본허가 여부를 결정하여야 한다(법33의2④).

Ⅵ. 준용규정

예비허가에 관하여는 제33조(허가·등록 및 인가의 신청 등) 제1항 및 제2항을 준용한다(법33의2⑤).

제8절 신청에 따른 등록의 말소

Ⅰ. 등록말소신청

법 제28조 제2항 및 제29조의 규정에 따라 등록을 한 자는 대통령령이 정하는 바에 따라 그 등록의 말소를 신청할 수 있다(법34①).

1. 등록말소신청서의 제출

등록의 말소를 신청하려는 자는 금융위원회가 정하여 고시하는 바에 따라 이용자 보호조치를 마친 후, ⅰ) 상호 및 주된 사무소 소재지(제1호), ⅱ) 등록을 말소하려는 전자금융업무의 종류(제2호), ⅲ) 등록말소의 사유(제3호), ⅳ) 등록말소에 따른 이용자 보호조치내역(제4호)을 기재한 등록말소신청서를 금융위원회에 제출하여야 한다(영21①).

이에 따라 등록의 말소를 신청하고자 하는 전자금융업자는 <별지 제6호 서식>에 따른 등록말소신청서를 금융위원회에 제출하여야 한다(감독규정55①).

2. 이용자 보호조치 계획의 제출 및 보완 요구

등록의 말소를 신청하고자 하는 전자금융업자는 신청 이전에 이용자 보호조치 계획을 금융위원회에 제출하여야 한다(감독규정55②). 금융위원회는 전자금융업자가 제출한 계획이 이용자 보호에 충분하지 않은 경우에 그 보완을 요구할 수 있다(감독규정55③).

Ⅱ. 등록말소

금융위원회는 등록말소신청이 있는 때에는 지체 없이 그 등록을 말소한다(법34②).

Ⅲ. 등록말소의 공고

금융위원회는 등록을 말소한 때에는 지체 없이 그 내용을 관보에 공고하고 컴퓨터통신 등을 이용하여 일반인에게 알려야 한다(법34③).

제 2 장

전자금융업의 업무

제1절 겸업제한과 유사명칭의 사용금지 등

Ⅰ. 겸업제한

1. 겸업제한 업무

허가를 받은 전자금융업자는 다음의 업무가 아닌 업무는 이를 겸영하지 못한다(법35①).

1. 법 제28조 제2항 각 호의 업무(등록한 경우에 한한다)= ⅰ) 전자자금이체업무(법28②(1)), ⅱ) 직불전자지급수단의 발행 및 관리(법28②(2)), ⅲ) 선불전자지급수단의 발행 및 관리(법28②(3)), ⅳ) 전자지급결제대행에 관한 업무(법28②(4)), ⅴ) 그 밖에 대통령령이 정하는 전자금융업무(제5호)[1]

---

1) "대통령령이 정하는 전자금융업무"라 함은 전자금융거래와 관련하여 자금을 수수(授受)하거나 수수를 대행하는 전자금융업무로서 다음의 어느 하나에 해당하는 업무를 말한다(영15③).
1. 전자상거래법 제13조 제2항 제10호에 따라 결제대금을 예치받는 업무

2. 법 제28조 제1항의 규정에 따라 허가를 받은 업무 및 앞의 제1호의 업무를 행하기 위하여 필요한 업무로서 대통령령이 정하는 업무

위 제2호에서 "대통령령이 정하는 업무"라 함은 i) 전자금융업과 관련된 정보처리시스템 및 소프트웨어의 개발·판매·대여(제1호), ii) 금융회사 및 전자금융업자를 위한 전자금융업무의 일부 대행(제2호), iii) 그 밖에 법 제28조 또는 법 제29조에 따른 허가를 받거나 등록을 한 업무를 수행하기 위하여 필요한 업무로서 금융위원회가 정하여 고시하는 업무(제3호)[2]의 어느 하나에 해당하는 업무를 말한다(영22①).

2. 겸영가능 업무

허가를 받은 전자금융업자는 전자화폐 미상환잔액 전부에 대하여 은행, 종합금융회사, 농협은행, 수협은행, 신용보증기금, 기술보증기금, 보험회사, 한국산업은행, 또는 중소기업은행으로부터 지급보증을 받거나 상환보증보험에 가입한 경우에는 위의 겸영제한 업무 아닌 업무를 행할 수 있다(법35②, 영22②).

Ⅱ. 소액후불결제업무의 겸영

이 내용은 2023년 9년 14일 신설되어 2024년 9월 15일부터 시행될 예정이다.

1. 소액후불결제업무의 의의

선불업자는 대통령령으로 정하는 바에 따라 금융위원회의 승인을 얻어 재화 또는 용역의 대가의 지급을 위하여 하는 업무로서 이용자의 선불충전금이 부족한 경우에 그 부족분에 대하여 선불업자 스스로의 신용으로 가맹점에 그 대가를 지급하는 업무("소액후불결제업무")를 할 수 있다(법35의2①).

---

2. 수취인을 대행하여 지급인이 수취인에게 지급하여야 할 자금의 내역을 전자적인 방법으로 지급인에게 고지하고, 자금을 직접 수수하며 그 정산을 대행하는 업무

2) "금융위원회가 정하여 고시하는 업무"란 다음의 어느 하나에 해당하는 업무를 말한다(법 56).
1. 전자화폐 발행 및 관리를 위한 가맹점의 모집
2. 전자화폐 발행 및 관리를 위한 인터넷 홈페이지의 운영 및 이를 통한 통신판매 중개

2. 선불업자의 금지행위

선불업자는 소액후불결제업무를 영위할 때 다음의 행위를 하여서는 아니 된다(법35의2②).

1. 선불충전금을 소액후불결제업무의 재원(財源)으로 하는 행위
2. 소액후불결제업무 이용자에게 금전의 대부 또는 융자를 하는 행위
3. 그 밖에 이용자 보호 및 건전한 거래질서를 저해할 우려가 있는 행위로서 대통령령으로 정하는 행위

3. 업무 범위 등

앞의 제1항 및 제2항에서 규정한 사항 외에 소액후불결제업무의 범위, 이용한도, 총제공한도, 경영 건전성 관리, 신용정보 관리, 채권회수 관리 방안, 이용자 보호 방안, 그 밖에 필요한 사항은 대통령령으로 정한다(법35의2③).

Ⅲ. 유사명칭의 사용금지

1. 유사 전자화폐의 명칭 사용금지

전자화폐(법2(15))가 아닌 것에는 전자화폐라는 명칭을 사용하지 못한다(법36①).

2. 유사 전자화폐의 상호사용 금지

허가를 받지 아니한 자는 그 상호 중에 전자화폐라는 명칭을 사용하지 못한다(법36②).

3. 위반시 제재

법 제36조를 위반하여 전자화폐의 명칭을 사용한 자(제2호)에게는 5천만원 이하의 과태료를 부과한다(법51①).

** 금융위원회 질의회신(2019. 10. 23.)

〈질의〉

선불전자지급수단 관련 서비스에 송금 등 용어 사용 금지 여부

ㅁ 휴대폰 앱(App) 등 전자적 장치를 활용한 자금의 이체에 있어 "선불전자지급수단"(ex) 리브 머니)을 활용하여 고객에게 서비스를 제공하는 경우 이와 같은 서비스 명칭에 "이체", "송금" 등의 용어를 사용하는 것이 금지되는지 여부

〈회신〉

ㅁ 선불전자지급수단의 충전·양수도·환급 과정의 자금의 이체와 같은 금융서비스의 명칭에 대한 전자금융거래법상 제한 사항은 없음을 알려드립니다.

〈이유〉

ㅁ 전자금융거래법 제36조(유사명칭의 사용금지), 제51조(과태료)는 "전자화폐" 명칭 사용금지 및 그에 따른 처벌사항을 규정하고 있으나, 그 외에는 별도의 명칭 관련 금지규정이 없습니다.

Ⅳ. 선불업자의 행위규칙

아래 내용은 2023년 9년 14일 신설되어 2024년 9월 15일부터 시행될 예정이다.

선불업자는 다음에서 정하는 행위를 하여서는 아니 된다(법36의2).

1. 대통령령으로 정하는 재무건전성 요건을 충족하지 아니한 자가 선불전자지급수단의 할인발행 또는 적립금 지급 등 이용자에게 경제적 이익을 부여하는 행위
2. 제1호의 해당 금액을 제25조의2에 따라 별도관리하지 아니하고 경제적 이익을 부여하는 행위
3. 대통령령으로 정하는 기간 내에 이용자에게 통지하지 아니하고 이용자에게 불리하게 선불전자지급수단을 이용할 수 있는 가맹점을 축소하거나 선불전

자지급수단의 이용조건을 변경하는 행위
4. 그 밖에 이용자 보호 또는 건전한 거래질서를 저해할 우려가 있는 행위로서 대통령령으로 정하는 행위

제2절 가맹점의 준수사항과 가맹점의 모집

Ⅰ. 가맹점의 의의

가맹점이라 함은 금융회사 또는 전자금융업자와의 계약에 따라 직불전자지급수단이나 선불전자지급수단 또는 전자화폐에 의한 거래에 있어서 이용자에게 재화 또는 용역을 제공하는 자로서 금융회사 또는 전자금융업자가 아닌 자를 말한다(법2(20)).[3]

Ⅱ. 가맹점의 준수사항

1. 재화 또는 용역의 제공 등 거절 금지

가맹점은 직불전자지급수단이나 선불전자지급수단 또는 전자화폐("전자화폐 등")에 의한 거래를 이유로 재화 또는 용역의 제공 등을 거절하거나 이용자를 불리하게 대우하여서는 아니 된다(법37①).

2. 가맹점수수료 부담행위 금지

가맹점은 이용자로 하여금 가맹점수수료를 부담하게 하여서는 아니 된다(법37②).

---

3) 20. "가맹점"이란 다음 각 목의 자를 말한다. [개정 2023. 9. 14][시행일 2024. 9. 15]
가. 금융회사 또는 전자금융업자와의 계약에 따라 직불전자지급수단이나 선불전자지급수단 또는 전자화폐에 의한 거래에 있어서 이용자에게 재화 또는 용역을 제공하는 자
나. 금융회사 또는 전자금융업자와의 계약에 따라 이용자에게 재화 또는 용역을 제공하는 자를 위하여 직불전자지급수단이나 선불전자지급수단 또는 전자화폐에 의한 거래를 대행하는 자로서 대통령령으로 정하는 자

3. 금지행위의 유형

가맹점은 i) 재화 또는 용역의 제공 등이 없이 전자화폐등에 의한 거래를 한 것으로 가장(假裝)하는 행위(제1호), ii) 실제 매출금액을 초과하여 전자화폐등에 의한 거래를 하는 행위(제2호), iii) 다른 가맹점 이름으로 전자화폐등에 의한 거래를 하는 행위(제3호), iv) 가맹점의 이름을 타인에게 빌려주는 행위(제4호), v) 전자화폐등에 의한 거래를 대행하는 행위(제5호)의 어느 하나에 해당하는 행위를 하여서는 아니 된다(법37③).[4]

4. 가맹점 아닌 자의 가맹점 명의의 거래금지

가맹점이 아닌 자는 가맹점의 이름으로 전자화폐등에 의한 거래를 하여서는 아니 된다(법37④).

5. 일정 가맹점의 준수사항

법 제2조 제20호 나목에 따른 가맹점은 다음의 사항을 준수하여야 한다.[5]

1. 재화 또는 용역의 제공 등을 하는 자의 신용정보(신용정보법 제2조 제1호에 따른 신용정보) 및 전자화폐등에 의한 거래를 대행한 내용을 금융회사 및 전자금융업자에게 제공할 것
2. 재화 또는 용역의 제공 등을 하는 자의 상호 및 주소를 이용자 등이 알 수 있도록 할 것
3. 이용자 등이 거래취소 또는 환불 등을 요구하는 경우 이에 따를 것
4. 그 밖에 이용자 보호 및 건전한 거래질서를 위하여 대통령령으로 정하는 사항

6. 위반시 제재

법 제37조 제3항 제3호의 규정을 위반하여 다른 가맹점의 이름으로 전자화폐등에 의한 거래를 한 자(제7호), 법 제37조 제3항 제5호의 규정을 위반하여 전자화폐등에 의한 거래를 대행한 자(제8호), 법 제37조 제4항의 규정을 위반하여

---

4) 다만, 제2조 제20호 나목에 따른 가맹점은 제1호·제4호 및 제5호를 적용하지 아니한다. [개정 2023. 9. 14][시행일 2024. 9. 15]
5) [신설 2023. 9. 14][시행일 2024. 9. 15]

가맹점의 이름으로 전자화폐등에 의한 거래를 한 자(제9호)는 3년 이하의 징역 또는 2천만원 이하의 벌금에 처한다(법49⑤).

** 금융위원회 질의회신(문서번호 130084)

〈질의〉

가맹점 준수사항 위반 여부 및 PG업을 영위하고 있는지 여부 관련 질의

• 사례가 전자금융거래법 제37조 및 여신전문금융업법 제19조의 각호의 어느 하나에 해당하는지

• B사의 행위가 전자금융거래법 제28조 및 제49조의 법률에 저촉되는 행위인지

• 사실관계: 다단계판매업체 "A사"는 카드가맹거래 없이 결제대행업체인 "○○○○○○○"의 하부쇼핑몰업체인 "B사"와 제휴하여 "B사"의 명의로 "A사" 판매원의 매출(월간 매출 약 30억원)을 "○○○○○○○"를 통해 카드매출을 발생시키고 "B사"가 "○○○○○○○"로부터 결제받아 "A사"에게 대금을 지급하고 "A사"는 판매원들에게 수당을 지급하고 있어 실질적으로 "B사"가 결제대행업체의 역할을 하고 있음

〈회신〉

• A사 및 B사는 전자금융거래법 또는 여신전문금융업법상 가맹점에 해당하지 아니하며, • B사가 결제대행업체 역할을 수행한다고 보기 어려움을 알려드립니다.

〈이유〉

• 전자금융거래법상 가맹점은 금융기관 또는 전자금융업자와의 계약에 따라 직불전자지급수단이나 선불전자지급수단 또는 전자화폐에 의한 거래에 있어서 이용자에게 재화 또는 용역을 제공하는 자로서 금융기관 또는 전자금융업자가 아닌 자를 의미하며(전자금융거래법 제2조제20호), • 여신전문금융업법상 신용카드가맹점은 신용카드업자와의 계약에 따라 신용카드회원·직불카드회원 또는 선불카드소지자에게 신용카드·직불카드 또는 선불카드를 사용한 거래에 의하여 물품의 판매 또는 용역의 제공 등을 하는 자 또는 신용카드업자와의 계약에 따

라 신용카드회원 등에게 물품의 판매 또는 용역의 제공 등을 하는 자를 위하여 신용카드등에 의한 거래를 대행하는 자(결제대행업체)를 의미합니다(여신전문금융업법 제2조 제5호).

Ⅲ. 가맹점의 모집

1. 모집대상자의 영업여부 등 확인

금융회사 또는 전자금융업자가 가맹점을 모집하는 경우에는 가맹점이 되고자 하는 자의 영업여부 등을 확인하여야 한다(법38① 본문). 다만, 여신전문금융업법 제16조의2[6]의 규정에 따라 이미 확인을 한 가맹점인 경우에는 그러하지 아니하다(법38① 단서).

2. 분실된 전자화폐등에 의한 거래에 따른 손실의 가맹점 책임

(1) 가맹점 책임의 금지

금융회사 또는 전자금융업자는 ⅰ) 분실되거나 도난된 전자화폐등에 의한 거래(제1호), ⅱ) 위조되거나 변조된 전자화폐등에 의한 거래(제2호)의 어느 하나에 해당하는 거래에 따른 손실을 가맹점에 떠넘길 수 없다(법38② 본문).

(2) 가맹점의 고의 또는 중과실과 가맹점의 책임

금융회사 또는 전자금융업자가 그 거래에 대하여 그 가맹점의 고의 또는 중대한 과실을 증명하는 경우에는 그 손실의 전부 또는 일부를 가맹점의 부담으로 할 수 있다는 취지의 계약을 가맹점과 체결한 경우에는 그러하지 아니하다(법38

---

6) 제16조의2(가맹점의 모집 등) ① 신용카드가맹점을 모집할 수 있는 자는 다음의 어느 하나에 해당하는 자이어야 한다.
1. 해당 신용카드업자의 임직원
2. 가맹점모집인
② 신용카드가맹점을 모집하는 자가 모집할 때 지켜야 할 사항과 모집방법에 필요한 사항은 대통령령으로 정한다.
③ 금융위원회는 건전한 가맹점모집질서의 확립을 위하여 필요하다고 인정하는 경우에는 신용카드가맹점을 모집하는 자에 대하여 대통령령으로 정하는 바에 따라 조사를 할 수 있다.

② 단서).

3. 가맹점에 대한 고지사항과 고지방법

금융회사 또는 전자금융업자는 i) 가맹점수수료(제1호), ii) 법 제38조 제2항의 규정에 따른 가맹점에 대한 책임(제2호), iii) 법 제37조의 규정에 따른 가맹점의 준수사항(제3호)을 금융위원회가 정하는 방법에 따라 가맹점에 알려야 한다(법38③).

위의 고지사항은 i) 가맹점에의 개별 통보(제1호), ii) 전국적으로 보급되는 일간신문에의 공고(제2호), iii) 해당 금융회사 또는 전자금융업자 영업장 및 인터넷 홈페이지에의 게시(제3호)의 방법 중 제1호의 방법을 포함한 2 이상의 방법으로 가맹점에게 알려야 한다(감독규정57).

4. 전자금융업 가맹점계약 해지 사유

금융회사 또는 전자금융업자는 가맹점이 법 제37조(가맹점의 준수사항 등)의 규정을 위반하여 형의 선고를 받거나 관계 행정기관으로부터 위반사실에 대하여 서면통보를 받는 등 i) 가맹점이 법 제26조 또는 법 제37조 제3항 제3호 내지 제5호를 위반하여 형을 선고받은 경우(제1호), ii) 가맹점이 법 제37조 제1항·제2항 또는 제3항 제3호 내지 제5호를 위반한 사실에 관하여 관계 행정기관으로부터 서면통보가 있는 경우(제2호), iii) 관계 행정기관으로부터 해당 가맹점의 폐업사실을 서면으로 통보받은 경우(제3호)에 해당하는 때에는 특별한 사유가 없는 한 지체 없이 가맹점계약을 해지하여야 한다(법38④, 영23).

** 금융위원회 질의회신(2019. 4. 3.)

〈질의〉

"직불전자지급수단"을 이용한 모바일 간편결제 서비스 가맹점 모집 시 가맹점 모집 위탁에 대한 제한 여부

㉠ "직불전자지급수단"을 이용한 썸패스 서비스 가맹점 모집을 모집인에 위탁하여 모집하는 행위가 가능한지 여부

㉡ 가맹점 모집 위탁 시 모집인(사)에 대한 제한 사항

㉢ 동 모집 위탁 업무가 금융기관의 업무위탁 등에 관한 규정 제3조에서 정

한 위탁 제한 사항에 해당하는지 여부

㉣ 기존 신용카드 가맹점을 썸패스 가맹점으로 유치할 경우(썸패스 가맹점 가입시점에 신용카드 가맹점 유지 여부 확인) 전자금융거래법 제38조 제1항의 영업확인을 생략할 수 있는지 여부

〈회신〉

㉠㉡ 전자금융거래법상 가맹점 모집행위의 위탁을 금지하는 규정이 없고, 여신전문금융업법은 가맹점 모집인의 가맹점 모집을 허용(여신전문금융업법 제16조의2)하는 점을 감안할 때, 전자금융거래법은 가맹점 모집행위의 위탁을 금지하지 않는 것으로 판단됩니다.

㉢ 모바일간편결제 서비스의 가맹점 모집 업무의 경우 금융기관의 업무위탁 등에 관한 규정에 따른 위탁제한 사항에 해당하지 않는 것으로 판단됩니다. 다만, 금융기관의 업무위탁 등에 관한 규정 제4조에 따라 업무위탁의 사실을 금융감독원장에게 보고하여야 하며, 금융거래 비밀보장 의무 등 여타 관련법령상 의무를 준수하여야 합니다. 또한 위탁업무에 대한 모니터링 등 위탁자로서의 관리책임을 충실히 이행하여 주시기 바랍니다.

업무위탁규정에 따라 금융기관은 원칙적으로 인가받은 업무를 제3자에 위탁할 수 있습니다. 다만, 위탁대상 업무가 금융업의 본질적 업무에 해당하는 등 금융기관의 업무위탁 등에 관한 규정 제3조*에 해당되는 경우에는 동 업무의 위탁이 제한됩니다.

* 위탁제한 사유: ① 해당 금융업의 본질적 요소를 포함하는 업무의 위탁

② 관련 법령에서 금융기관이 수행하도록 의무를 부여하고 있는 경우

③ 당해 금융기관의 건전성 또는 신인도를 크게 저해하거나 금융질서의 문란 또는 금융이용자의 피해 발생이 심히 우려되는 경우

귀 행이 제3자에 위탁하고자 하는 모바일간편결제 서비스의 가맹점 모집 업무의 경우 원칙적으로 금융기관의 업무위탁 등에 관한 규정에 따른 위탁제한 사항에는 해당하지 않는 것으로 판단됩니다. 모바일간편결제 서비스의 가맹점 모집 업무는 금융기관의 업무위탁 등에 관한 규정 <별표 2>에서 규정하는 은행업의 본질적 요소에 해당하지 않으며, 전자금융거래법 등 관련법령에서 금융기

관이 직접 수행하도록 의무를 부여하고 있지도 않습니다. 다만, 금융기관은 제3자와 업무위탁시 금융감독원장에게 관련 사실을 보고하여야 하며(금융기관의 업무위탁 등에 관한 규정 제4조), 금융거래 비밀보장 의무(금융실명법 제4조) 등 여타 관련법령상의 의무를 준수하여야 합니다. 수탁회사가 이러한 법령상의 의무를 위반하여 발생하는 손해에 대해서는 위탁회사가 수탁회사와 연대하여 배상할 책임을 부담합니다(금융기관의 업무위탁 등에 관한 규정 제3조 제5항).

㉣ 전자금융거래법 제38조 제1항은 여신전문금융업법 제16조의2에 따라 이미 영업여부 등을 확인한 가맹점인 경우 전자금융업자가 가맹점을 모집하는 경우 영업여부 등을 확인하는 것을 생략할 수 있도록 규정하고 있습니다. 이는 신용카드 가맹점은 여신전문금융업법상 동일한 내용에 대해 이미 확인 절차를 거쳤음을 감안한 것인바, 신용카드 가맹점에 대해서는 전자금융업자의 가맹점 영업여부 확인 등을 생략 가능한 것으로 판단됩니다.

제5편

전자금융업무의 감독, 검사 및 제재

제 1 장

감독 및 검사 등

제1절 감독 및 검사

Ⅰ. 감독

1. 금융감독원의 감독권

금융감독원은 금융위원회의 지시를 받아 금융회사 및 전자금융업자에 대하여 전자금융거래법 또는 전자금융거래법에 의한 명령의 준수여부를 감독한다(법39①).

2. 업무와 재무상태의 보고

금융감독원장은 감독을 위하여 필요한 때에는 금융회사 또는 전자금융업자로 하여금 그 업무 및 재무상태에 관한 보고를 하게 할 수 있다(법39②).

3. 금융회사의 정보기술부문 실태평가 등

(1) 건전성 여부 감독

금융감독원장은 금융회사의 정보기술부문의 건전성 여부를 감독하여야 한다(감독규정58①).

(2) 운영실태 평가와 감독 및 검사업무 반영

금융감독원장은 업무의 성격 및 규모, 정보기술부문에 대한 의존도 등을 감안하여 <별표 5>에 규정된 금융회사("은행등")에 대하여 검사를 통해 정보기술부문 운영실태를 평가하고 그 결과를 경영실태평가 등 감독 및 검사업무에 반영하여야 한다(감독규정58②).

〈별표 5〉 정보기술부문 실태평가 대상 금융회사

1. 은행법에 의해 인가를 받아 설립된 은행. 다만, 은행법 제58조에 의해 인가를 받은 외국금융회사의 국내지점은 제외한다.
2. 한국산업은행법에 의한 한국산업은행, 중소기업은행법에 의한 중소기업은행, 농업협동조합법에 의한 농협은행, 수산업협동조합법에 의한 수산업협동조합 중앙회의 신용사업부문
3. 자본시장법에 의한 투자매매업자·투자중개업자(다만, 자본시장법 제12조에 의해 인가를 받은 외국 투자매매업자·투자중개업자의 지점 등은 제외), 증권금융회사, 한국금융투자협회 및 한국예탁결제원
4. 보험업법에 의한 보험회사. 다만, 외국보험회사의 국내지점은 제외한다. 보험협회, 보험요율산출기관 및 「화재로 인한 재해보상과 보험가입에 관한 법률」에 의한 한국화재보험협회
5. 여신전문금융업법에 의한 여신전문금융회사(다만, 신용카드사 이외 여신전문금융회사의 경우 직전 사업년도 기준 자산규모 2조원 이상인 회사에 한한다) 및 여신전문금융업협회
6. 자본시장법에 의한 종합금융회사
7. 자본시장법에 의한 거래소
8. 상호저축은행법에 의한 상호저축은행중앙회 및 상호저축은행(다만, 직전 사업년도 기준 자산규모 2조원 이상인 상호저축은행에 한한다)

9. 신용협동조합법에 의한 신용협동조합중앙회
10. 신용정보법에 의한 종합신용정보집중기관

(3) 실태평가의 구분

정보기술부문 실태평가는 1등급(우수), 2등급(양호), 3등급(보통), 4등급(취약), 5등급(위험)의 5단계 등급으로 구분한다(감독규정58③). 감독규정 제58조 제3항의 평가등급별 정의는 <별표 5>와 같다(시행세칙9③).

〈별표 5〉 평가등급별 정의

가. IT 감사 부문에 대한 평가등급별 정의

평가등급	정 의
1등급 (우수: Strong)	감사업무가 독립적으로 정확하게 이루어지고 감사내용 및 결과처리가 적절하며 특별한 문제점이 없어 감독상 주의를 기울일 필요가 거의 없음
2등급 (양호: Satisfactory)	감사업무가 독립적으로 비교적 정확하게 이루어지나 감사내용 및 결과처리에 경미한 문제점이 있어 감독상 최소의 주의를 요함
3등급 (보통: Less than satisfactory)	감사활동의 독립성과 감사내용 및 감사결과처리가 다소 미흡하여 개선이 요망되며 업무의 정확성 및 적시성이 부족하여 적정수준의 감독이 요구됨
4등급 (취약:Deficient)	감사활동의 독립성과 감사내용 및 감사결과처리가 현저하게 미흡하고 업무수행이 부적절하여 적절한 통제 및 시정이 요구됨
5등급 (위험: Critically deficient)	감사활동 및 감사결과처리가 크게 미흡하여 감사업무 전반에 대한 신뢰성이 없음

나. IT 경영 부문에 대한 평가등급별 정의

평가등급	정 의
1등급 (우수: Strong)	경영전략 및 비상대책이 우수하고 이를 효율적으로 추진할 수 있는 조직과 경영정보시스템 등이 적절히 구축되어 정보기술부문의 취약점이나 문제점에 대해 효과적으로 대응할 수 있음
2등급 (양호: Satisfactory)	경영전략 및 비상대책이 양호하고 이를 추진하는 조직과 경영정보시스템 등이 비교적 효율적으로 구축되어 정보기술부문의 취약점이나 문제점에 대해 적절히 대응할 수 있음
3등급 (보통: Less than satisfactory)	경영전략 및 비상대책이 다소 미흡하고 이를 추진하는 조직과 경영정보시스템 등에 대한 개선이 요망되며 정보기술부문의 취약점이나 문제점에 대한 대응이 약간 부족함

4등급 (취약: Deficient)	경영전략 및 비상대책 및 이를 추진하는 조직과 경영정보시스템 등이 전반적으로 부족하여 이에 대한 개선이 요망됨
5등급 (위험: Critically deficient)	경영전략 및 비상대책 및 이를 추진하는 조직과 경영정보시스템 등이 전반적으로 크게 부족하여 긴급대책이 요구됨

다. 시스템 개발, 도입 및 유지보수 부문에 대한 평가등급별 정의

평가등급	정 의
1등급 (우수: Strong)	시스템이 효율적으로 구축되고 사용목적에 부합하며 시스템 및 프로그램의 변경과정에 대한 효과적인 통제제도 등이 수립되어 있음
2등급 (양호: Satisfactory)	시스템이 비교적 효율적으로 구축되고 시스템 및 프로그램의 변경과정에 대한 통제제도 등이 건전하나 사용목적에 다소 부합하지 않고 경미한 문제점이 발견됨
3등급 (보통: Less than satisfactory)	시스템에 일부 결함이 발견되고 시스템 및 프로그램의 변경과정에 대한 통제제도 등이 다소 미흡하며 사용목적에 부합하기 위해서는 개선이 요망됨
4등급 (취약: Deficient)	시스템이 심각한 취약점을 내포하고 사용목적에 부합하지 않으며 시스템 및 프로그램의 변경과정에 대한 통제제도가 미흡하여 금융회사의 건전성에 손해를 초래할 우려가 있음
5등급 (위험: Critically deficient)	시스템과 시스템 및 프로그램의 변경과정에 대한 통제제도가 극히 취약하며 중대한 결함을 갖고 있고 사용목적을 전혀 고려하지 못하여 금융회사의 존립이 위태로움

라. IT 서비스 제공 및 지원 부문에 대한 평가등급별 정의

평가등급	정 의
1등급 (우수: Strong)	IT 서비스 부문이 효율적이고 일상적인 운영상황에 특별한 문제점이 없음
2등급 (양호: Satisfactory)	IT 서비스 부문이 비교적 효율적이고 일상적인 운영상황에 경미한 문제점이 있으나 정상적인 운영과정에서 적절히 대응할 수 있음
3등급 (보통: Less than satisfactory)	IT 서비스 부문의 효율성이 다소 미흡하고 일상적인 운영상의 취약점이나 문제점에 대한 대응이 부족하여 개선이 요구됨
4등급 (취약: Deficient)	IT 서비스 부문의 효율성이 취약하고 일상적인 운영상의 취약점이나 문제점이 현저하게 드러나 동 부문의 안전성 및 건전성에 위험을 초래할 가능성이 큼
5등급 (위험: Critically deficient)	IT 서비스 부문이 비효율적이고 일상적인 운영상의 취약점이나 문제점이 크게 심각하여 동 부문의 안전성 및 건전성 확보가 위태로움

마. IT보안 및 정보보호 부문에 대한 평가등급별 정의

평가등급	정 의
1등급 (우수: Strong)	IT보안 및 정보보호가 우수하고 이를 효율적으로 추진할 수 있는 조직과 정보보호시스템 등이 적절히 구축되어 보안부문의 취약점이나 문제점에 대해 효과적으로 대응할 수 있음
2등급 (양호: Satisfactory)	IT보안 및 정보보호가 양호하고 이를 추진하는 조직과 정보보호시스템 등이 비교적 효율적으로 구축되어 보안부문의 취약점이나 문제점에 대해 적절히 대응할 수 있음
3등급 (보통: Less than satisfactory)	IT보안 및 정보보호가 다소 미흡하고 이를 추진하는 조직과 정보보호시스템 등에 대한 개선이 요망되며 보안부문의 취약점이나 문제점에 대한 대응이 약간 부족함
4등급 (취약: Deficient)	IT보안 및 정보보호를 추진하는 조직과 이를 지원하는 정보보호시스템 등이 전반적으로 부족하여 이에 대한 개선이 요망됨
5등급 (위험: Critically deficient)	IT보안 및 정보보호를 추진하는 조직과 이를 추진하는 정보보호시스템 등이 전반적으로 크게 부족하여 긴급대책이 요구됨

바. 종합평가등급의 정의

평가등급	정 의
1등급 (우수: Strong)	– 전자금융업무와 정보기술부문 전반에 걸쳐 운영상태가 건전하며 정상적인 감독상의 주의만 요구됨 – 약간의 적출사항은 있으나 그 정도가 경미하여 통상적인 방법으로 해결이 가능함
2등급 (양호: Satisfactory)	– 전자금융업무와 정보기술부문 전반에 걸쳐 운영상태가 근본적으로 건전하나, 약간의 취약점을 내포하고 있으며 필요 시 제한된 범위 내의 감독조치가 요구됨
3등급 (보통: Less than satisfactory)	– 전자금융업무와 정보기술부문 전반에 걸쳐 즉각적인 시정을 요하는 다양한 취약점을 내포하고 있어 이를 시정하기 위해 통상적인 수준 이상의 감독상의 주의가 요구됨
4등급 (취약: Deficient)	– 전자금융업무와 정보기술부문 전반에 걸쳐 즉각적인 시정을 요하는 다양한 취약점을 내포하고 있어 감독당국의 면밀한 주의 및 문제점을 시정하기 위한 조치가 필요함 – 전자금융업무와 정보기술부문 전반에 걸친 취약점이 심각하여 장래 동 업무처리 자체가 위험하게 될 가능성이 있으므로 감독당국의 면밀한 주의 및 문제점을 시정하기 위한 조치가 필요함
5등급 (위험: Critically deficient)	– 전자금융업무와 정보기술부문 전반에 걸쳐 취약점이 매우 심각하여 정상적인 업무처리를 할 수 없는 상황임

(4) 확약서 제출 또는 양해각서 체결

금융감독원장은 정보기술부문 실태평가 결과 종합등급이 4등급인 경우에는 해당 은행등에게 이의 개선을 위한 확약서 제출을 요구할 수 있으며, 종합등급이 5등급이거나 직전 정보기술부문 실태평가 결과에 비해 평가등급이 2등급 이상 하향된 경우에는 취약점 개선대책의 수립·이행을 내용으로 하는 양해각서를 체결할 수 있다(감독규정58④).

(5) 확약서 제출 또는 양해각서 체결 방식

확약서는 대표자의 승인을 받아 제출하고, 양해각서는 해당 은행등의 이사회 재적이사 전원의 서명을 받아 체결한다(감독규정58⑤).

(6) 확약서 또는 양해각서의 이행상황 점검

금융감독원장은 확약서 또는 양해각서의 이행상황을 점검하여 그 이행이 미흡하다고 판단되는 경우에는 확약서를 다시 제출받거나 양해각서를 다시 체결할 수 있다(감독규정58⑥).

(7) 확약서 또는 양해각서의 효력발생일자 규정 등

확약서 또는 양해각서의 효력발생일자, 이행시한 및 이행상황 점검주기는 각 확약서 또는 양해각서에서 정한다(감독규정58⑦ 본문). 다만, 이행상황 점검주기를 따로 정하지 않은 경우 은행등은 매분기 익월말까지 분기별 이행상황을 금융감독원장에게 보고하여야 한다(감독규정58⑦ 단서).

(8) 실태평가 결과의 반영

정보기술부문 실태평가 결과는 경영실태평가 세부 평가항목 중 경영관리 또는 위험관리 항목의 평가비중에서 최소 20% 이상 반영되어야 하며, 금융감독원장은 정보기술부문 실태평가 결과가 4등급 이하인 은행등에 대해 경영실태평가 2등급 이상으로 평가할 수 없다(감독규정58⑧).

(9) 정보기술부문 실태평가 방법 등

정보기술부문의 실태평가를 위한 세부사항은 금융감독원장이 정한다(감독규정58⑨).

(가) 부문평가와 종합평가

정보기술부문 실태평가는 검사기준일 현재 평가대상기관의 정보기술부문 실태를 IT감사, IT경영, 시스템 개발·도입·유지 보수, IT서비스 제공 및 지원, IT보안 및 정보보호의 부문별로 구분 평가하고 부문별 평가결과를 감안하여 종합평가한다(시행세칙9①).

(나) 부문별 세부 평가항목

부문별 세부 평가항목은 <별표 4>와 같다(시행세칙9②).

〈별표 4〉 정보기술부문 실태평가 부문별 평가항목

평가 부문	평가 항목
1. IT 감사	– IT감사조직 및 요원 – IT감사 실시 내용 – IT감사 사후관리 및 기타
2. IT 경영	– IT부서 조직 및 요원 – IT관련 내규(규정, 지침, 절차, 편람 등) – IT계획 및 방향제시 – 비상계획 – 경영정보시스템(MIS) 등 – IT 인력 및 예산의 적정성
3. 시스템 개발, 도입 및 유지보수	– 시스템 개발, 도입 및 유지보수 관련 조직 및 요원 – 시스템 개발, 도입 및 유지보수 관련 내규(규정, 지침, 절차 등) – 시스템 개발, 도입, 유지보수 현황 – 내부통제용 시스템, 시스템통합 등
4. IT서비스 제공 및 지원	– IT서비스 제공/지원 관련 조직 및 요원 – IT서비스 제공/지원 관련 내규(규정, 지침, 절차 등) – 시설 및 장비 – 운영통제 – 통신망 – 최종사용자 컴퓨팅 – 전자금융거래 등
5. IT보안 및 정보보호	– IT보안 절차 – IT보안 리스크 평가 – IT보안 및 정보보호 전략 – IT보안 통제 구현 – IT보안 모니터링

Ⅱ. 검사

1. 업무와 재무상태 검사 및 자료제출요구 등

금융감독원장은 금융회사 및 전자금융업자의 전자금융업무와 그와 관련된 재무상태를 검사하고, 검사를 위하여 필요하다고 인정하는 때에는 금융회사 및 전자금융업자에 대하여 업무와 재무상태에 관한 자료의 제출 또는 관계인의 출석을 요구할 수 있다(법39③).

법 제39조 제3항(제29조 제2항에서 준용하는 경우를 포함)에 따른 검사, 자료제출, 출석요구를 거부 또는 방해하거나 기피한 자(제3호)에게는 5천만원 이하의 과태료를 부과한다(법51①).

2. 증표 제시

검사를 하는 자는 그 권한을 표시하는 증표를 지니고 이를 관계인에게 내보여야 한다(법39④).

3. 검사결과의 보고

금융감독원장은 검사를 한 때에는 그 결과를 금융위원회가 정하는 바에 따라 금융위원회에 보고하여야 한다(법39⑤). 금융감독원장은 법 제39조 제5항에 따른 결과보고를 하는 경우 「금융기관 검사 및 제재에 관한 규정」(“검사제재규정”) 제3장부터 제4장을 준용한다(감독규정59).

준용되는 검사제재규정에 관한 내용은 후술한다.

Ⅲ. 조치

1. 금융회사, 전자금융업자, 또는 임직원에 대한 조치

금융위원회는 금융회사 또는 전자금융업자가 전자금융거래법 또는 전자금융거래법에 따른 명령을 위반하여 금융회사 또는 전자금융업자의 건전한 운영을 해할 우려가 있다고 인정하는 때에는 금융감독원장의 건의에 따라 ⅰ) 위반행위에 대한 시정명령(제1호), ⅱ) 금융회사 또는 전자금융업자에 대한 주의 또는 경고(제2호), ⅲ) 임원과 직원에 대한 주의, 경고 또는 문책의 요구(제3호), ⅳ) 임원

(금융사지배구조법 제2조 제5호[1])에 따른 업무집행책임자는 제외)의 해임권고 또는 직무정지(제4호)의 어느 하나에 해당하는 조치를 하거나 금융감독원장으로 하여금 i) 위반행위에 대한 시정명령(제1호), ii) 금융회사 또는 전자금융업자에 대한 주의 또는 경고(제2호), iii) 임원과 직원에 대한 주의, 경고 또는 문책의 요구(제3호)에 해당하는 조치를 하게 할 수 있다(법39⑥).

2. 퇴임한 임직원에 대한 조치

(1) 금융회사 또는 전자금융업자의 장에 대한 통보

금융위원회(금융감독원장을 포함)는 금융회사 또는 전자금융업자의 퇴임한 임원 또는 퇴직한 직원(금융사지배구조법 제2조 제5호에 따른 업무집행책임자를 포함)이 재임 또는 재직 중이었더라면 법 제39조 제6항 제3호(=임원과 직원에 대한 주의, 경고 또는 문책의 요구) 또는 제4호(=임원의 해임권고 또는 직무정지)에 해당하는 조치를 받았을 것으로 인정되는 경우에는 그 조치의 내용을 해당 금융회사 또는 전자금융업자의 장에게 통보할 수 있다(법39의2①).

(2) 해당 임직원에 대한 통보

통보를 받은 금융회사 또는 전자금융업자의 장은 이를 퇴임·퇴직한 해당 임직원에게 통보하고, 그 내용을 기록·유지하여야 한다(법39의2①).

Ⅳ. 검사결과의 보고, 통보 및 조치

금융감독원장은 법 제39조 제5항에 따른 결과보고를 하는 경우 「금융기관 검사 및 제재에 관한 규정」(“검사제재규정”) 제3장을 준용한다(감독규정59). 여기서는 준용규정을 살펴본다.

1. 검사결과의 보고

금융감독원장은 금융기관에 대하여 검사를 실시한 경우에는 그 결과를 종합

1) 5. “업무집행책임자”란 이사가 아니면서 명예회장·회장·부회장·사장·부사장·행장·부행장·부행장보·전무·상무·이사 등 업무를 집행할 권한이 있는 것으로 인정될 만한 명칭을 사용하여 금융회사의 업무를 집행하는 사람을 말한다.

정리하여 금융위에 보고하여야 한다(검사제재규정13① 본문). 다만, 현지조치사항만 있거나 조치요구사항이 없는 경우에는 보고를 생략할 수 있다(검사제재규정13① 단서). 금융감독원장은 시스템리스크 초래, 금융기관 건전성의 중대한 저해, 다수 금융소비자 피해 등의 우려가 있다고 판단하는 경우에는 보고와 별도로 검사 종료 후 지체없이 그 내용을 금융위원회에 보고하여야 한다(검사제재규정13②). 금융감독원장은 타기관에 위임 또는 위탁한 검사에 대하여도 그 검사결과를 보고받아 금융위에 보고하여야 한다(검사제재규정13③).

2. 검사결과의 통보 및 조치

(1) 검사결과의 통보 및 조치요구

(가) 의의

금융감독원장은 금융기관에 대한 검사결과를 검사서에 의해 당해 금융기관에 통보하고 필요한 조치를 취하거나 당해 금융기관의 장에게 이를 요구할 수 있으며(검사제재규정14①), 조치를 요구한 사항에 대하여 금융기관의 이행상황을 관리하여야 한다(검사제재규정14③ 본문). 다만, 현지조치사항에 대하여는 당해 금융기관의 자체감사조직의 장이나 당해 금융기관의 장에게 위임하며, 신용협동조합·농업협동조합·수산업협동조합·산림조합에 대한 조치요구사항은 당해 설립법에 의한 중앙회장에게 위임할 수 있다(검사제재규정14③ 단서).

(나) 검사결과 조치요구사항

검사서 작성 및 검사결과 조치요구사항은 아래와 같이 구분한다(검사제재규정14②). 여기서 "조치요구사항"이란 경영유의사항, 지적사항, 현지조치사항 등 금융감독원장이 금융기관에 대하여 조치를 요구하는 사항을 말한다(검사제재규정3(8)).

1) 경영유의사항

경영유의사항이란 금융기관에 대한 검사결과 경영상 취약성이 있는 것으로 나타나 경영진의 주의 또는 경영상 조치가 필요한 사항을 말한다(검사제재규정3(9)).

2) 지적사항

지적사항이란 금융기관에 대한 검사결과 나타난 위법·부당한 업무처리내용 또는 업무처리방법의 개선 등이 필요한 사항을 말하며, 이는 문책·자율처리

필요·주의·변상·개선사항으로 다음과 같이 구분한다(검사제재규정3(10)).

ⅰ) 문책사항(가목): 금융기관 또는 금융기관의 임직원이 금융관련법규를 위반하거나 금융기관의 건전한 영업 또는 업무를 저해하는 행위를 함으로써 신용질서를 문란하게 하거나 당해 기관의 경영을 위태롭게 하는 행위로서 과태료·과징금 부과, 기관 및 임원에 대한 주의적 경고 이상의 제재, 직원에 대한 면직·업무의 전부 또는 일부에 대한 정직·감봉·견책에 해당하는 제재의 경우, ⅱ) 자율처리필요사항(나목): 금융기관 직원의 위법·부당행위에 대하여 당해 금융기관의 장에게 그 사실을 통보하여 당해 금융기관의 장이 조치대상자와 조치수준을 자율적으로 결정하여 조치하도록 하는 경우, ⅲ) 주의사항(다목): 위법 또는 부당하다고 인정되나 정상참작의 사유가 크거나 위법·부당행위의 정도가 상당히 경미한 경우, ⅳ) 변상사항(라목): 금융기관의 임직원이 고의 또는 중대한 과실로 금융관련법규 등을 위반하는 등으로 당해 기관의 재산에 대하여 손실을 끼쳐 변상책임이 있는 경우, ⅴ) 개선사항(마목): 규정, 제도 또는 업무운영 내용 등이 불합리하여 그 개선이 필요한 경우

3) 현지조치사항

현지조치사항이란 금융기관에 대한 검사결과 나타난 위법·부당행위 또는 불합리한 사항 중 그 정도가 경미하여 검사반장이 검사현장에서 시정, 개선 또는 주의조치하는 사항을 말한다(검사제재규정3(11)).

(2) 표준검사처리기간

금융감독원장은 표준검사처리기간 운영을 통해 검사결과가 신속히 처리될 수 있도록 노력하여야 한다(검사제재규정14⑤). 표준검사처리기간이란 검사종료 후부터 검사결과 통보까지 소용되는 기간으로서 180일 이내에서 금융감독원장이 정하는 기간을 말하는데(검사제재규정14⑤), 정기검사 180일, 수시검사 152일을 말하며, 수시검사 중 연인원 150명 이상인 검사는 정기검사와 동일한 처리기간을 적용하며, 세부사항은 <별표 10>의 표준검사처리기간에 의한다(시행세칙30의2①). 금융감독원장은 표준검사처리기간을 경과한 검사 건에 대하여 그 건수와 각각의 지연사유, 진행상황 및 향후 처리계획을 매 반기 종료 후 1개월 이내에 금융위에 보고하여야 한다(검사제재규정14⑧ 본문).

표준검사처리기간에는 ⅰ) 관련 사안에 대한 유권해석, 법률·회계 검토에

소요되는 기간(제1호), ii) 제재대상자에 대한 사전통지 및 의견청취에 소요되는 기간(제2호), iii) 검사종료 후 추가적인 사실관계 확인을 위해 소요되는 기간(제3호), iv) 관련 소송 및 수사·조사기관의 수사 및 조사 진행으로 인하여 지연되는 기간(제4호), v) 제재심의위원회의 추가 심의에 소요되는 기간(제5호), vi) 제재심의위원회의 최종 심의일로부터 금융위 의결일(금융위가 금융위원장에게 제재조치 권한을 위임한 경우 동 제재조치의 결정일)(제6호), vii) 기타 표준검사처리기간에 산입하지 않는 것이 제재의 공정성 및 형평성 등을 위해 필요하다고 금융감독원장이 인정하는 기간(제7호)은 산입하지 아니한다(검사제재규정14⑥). 표준검사처리기간의 운영과 관련하여 구체적인 불산입 기간 등 세부사항은 금융감독원장이 정한다(검사제재규정14⑦).[2)]

(3) 조치요구사항에 대한 정리기한 및 보고

금융기관은 조치요구사항에 대하여 특별한 사유가 있는 경우를 제외하고는 검사서를 접수한 날로부터 경영유의사항은 6월 이내(제1호), 지적사항(제2호) 중 문책사항은 관련 임직원에 대한 인사조치내용은 2월 이내, 문책사항에 주의사항 또는 개선사항 등이 관련되어 있는 경우에는 나목에서 정한 기한 이내(가목), 자

2) 검사제재규정 시행세칙 제30조의2(표준검사처리기간)
② 규정 제14조 제7항에 따른 표준처리기간에 산입되지 아니하는 기간으로서 금융감독원장이 정하는 기간은 다음의 각 호와 같다. 다만, 제1호, 제3호 및 제6호의 경우에는 최대 60일을 초과하여서는 아니 된다.
1. 검사실시부서가 관련법규 소관 정부부처, 법무법인, 회계법인 및 감독원 법무·회계 관련부서에 검사처리 관련 사안에 대한 유권해석(과태료·과징금 부과건의 관련 질의를 포함한다.) 또는 법률·회계 검토를 의뢰한 날로부터 회신일까지 소요기간
2. 시행세칙 제59조 제1항의 규정에 의한 제재대상자에 대한 사전통지 및 의견청취 소요기간(사전통지일부터 의견접수일까지의 기간), 같은 조 제2항의 규정에 의한 제재대상자에 대한 공고기간, 제60조의 규정에 의한 청문절차 소요기간(청문실시 통지일부터 청문주재자의 의견서 작성일까지의 기간)
3. 검사종료후 추가적인 사실관계 확인을 위한 후속검사 소요기간(검사총괄담당부서장이 합의하는 사전준비기간 및 집중처리기간을 포함) 및 주요 입증자료 등 징구에 소요되는 기간(자료요구일로부터 자료접수일까지의 기간)
4. 검사결과 처리가 관련 소송 및 수사·조사기관의 수사·조사 결과에 연관된다고 금융감독원장이 판단하는 경우 동 판단시점부터 재판 확정 또는 수사 및 조사 결과 통지 등까지 소요되는 기간
5. 제재심의위원회가 심의를 유보한 경우 심의 유보일로부터 제재심의위원회 최종 심의일까지의 소요기간
6. 제재의 형평성을 위해 유사사안에 대한 다수의 검사 건을 함께 처리할 필요가 있는 경우 일괄처리를 위해 소요되는 기간

율처리필요·주의·변상·개선사항은 3월 이내(나목)에 이를 정리하고 그 결과를 기한종료일로부터 10일 이내에 <별지 서식>에 의하여 금융감독원장에게 보고하여야 한다(검사제재규정15①).

금융감독원장은 검사결과 조치요구사항(경영유의사항, 자율처리필요사항 및 개선사항은 제외)에 대한 금융기관의 정리부진 및 정리 부적정 사유가 관련 임직원의 직무태만 또는 사후관리의 불철저에서 비롯된 것으로 판단하는 경우에는 책임이 있는 임직원에 대하여 제재절차를 진행할 수 있다(검사제재규정15②).

(4) 자체감사결과에 따른 조치

금융기관은 자체감사결과 등으로 발견한 정직 이상 징계처분이 예상되는 직원에 대하여 다음과 같이 조치하여야 한다(검사제재규정16②).

1. 위법·부당행위가 명백하게 밝혀졌을 경우에는 지체없이 직위를 해제하되 징계확정 전에 의원면직 처리하여서는 아니된다.
2. 직원이 사직서를 제출하는 경우에는 동 사직서 제출경위를 조사하고 민법 제660조 등 관계법령에 의한 고용계약 해지의 효력이 발생하기 전에 징계조치 및 사고금 보전 등 필요한 조치를 취한다.

Ⅴ. 제재(검사결과 조치)

금융감독원장은 법 제39조 제5항에 따른 결과보고를 하는 경우 「금융기관 검사 및 제재에 관한 규정」("검사제재규정") 제4장을 준용한다(감독규정59).

1. 서설

(1) 제재의 의의

제재라 함은 금융감독원의 검사결과 등에 따라 금융기관 또는 그 임직원에 대하여 금융위 또는 금융감독원장이 검사제재규정에 의하여 취하는 조치를 말한다(검사제재규정3(18)). 검사결과 법규위반행위에 대하여는 제재를 하게 되는데, 제재는 금융기관 또는 그 임직원에게 영업상, 신분상, 금전상의 불이익을 부과함으로써 금융기관 경영의 건전성 확보 및 금융제도의 안정성 도모 등 금융기관

감독목적의 실효성을 확보하기 위한 사후적 감독수단이다.[3)]

제재는 금융관련법령의 목적달성인 금융감독의 목적을 달성하기 위하여 검사 대상기관에 부과하는 징계벌이라는 점에서 검사 대상기관의 장이 그 소속직원에 대하여 취하는 면직, 정직, 감봉, 견책 등의 신분상의 조치인 징계와 구별된다. 징계란 금융감독원장의 요구에 의하여 당해 기관의 장이 그 소속직원에 대하여 취하는 면직, 정직, 감봉, 견책 등 신분상의 제재조치를 말한다(검사제재규정 3(19)).

(2) 제재의 법적 근거

제재는 금융기관 및 그 임직원에게 새로운 의무를 부과하거나 기존의 권리나 이익을 박탈하는 등 영업상, 신분상, 금전상의 불이익 부과를 주된 내용으로 하고 있으므로 명확한 법적 근거가 있어야 한다. 따라서 금융감독기관이 제재를 하기 위해서는 명확한 법적 근거가 요구되는데, 현행 금융기관 임직원에 대한 제재는 금융위원회법, 여신전문금융업법, 은행법, 자본시장법, 보험업법 등의 개별 금융관련법령, 그리고 금융기관 검사 및 제재에 관한 규정 및 동 규정 시행세칙에 그 법적 근거를 두고 있다.

금융위원회법은 금융위원회의 소관 사무 중 하나로 금융기관 감독 및 검사·제재에 관한 사항을 규정하고 있으며(금융위원회법17(2)), 또한 금융감독원은 금융위원회법 또는 다른 법령에 따라 검사 대상기관의 업무 및 재산상황에 대한 검사업무를 수행한 검사결과와 관련하여 금융위원회법 또는 다른 법령에 따른 제재업무를 수행한다(금융위원회법37(2)).

금융감독원장은 검사 대상기관의 임직원이 ⅰ) 금융위원회법 또는 금융위원회법에 따른 규정·명령 또는 지시를 위반한 경우(제1호), ⅱ) 금융위원회법에 따라 원장이 요구하는 보고서 또는 자료를 거짓으로 작성하거나 그 제출을 게을리한 경우(제2호), ⅲ) 금융위원회법에 따른 금융감독원의 감독과 검사 업무의 수행을 거부·방해 또는 기피한 경우(제3호), ⅳ) 원장의 시정명령이나 징계요구에 대한 이행을 게을리한 경우(제4호)에는 그 기관의 장에게 이를 시정하게 하거나 해당 직원의 징계를 요구할 수 있다(금융위원회법41①). 징계는 면직·정직·감봉·

---

3) 금융감독원(2020), 436쪽.

견책 및 경고로 구분한다(금융위원회법41②).

금융감독원장은 검사 대상기관의 임원이 금융위원회법 또는 금융위원회법에 따른 규정·명령 또는 지시를 고의로 위반한 때에는 그 임원의 해임을 임면권자에게 권고할 수 있으며, 그 임원의 업무집행의 정지를 명할 것을 금융위원회에 건의할 수 있다(금융위원회법42).

금융감독원장은 검사 대상기관이 금융위원회법 또는 금융위원회법에 따른 규정·명령 또는 지시를 계속 위반하여 위법 또는 불건전한 방법으로 영업하는 경우에는 금융위원회에 ⅰ) 해당 기관의 위법행위 또는 비행(非行)의 중지(제1호), 또는 ⅱ) 6개월의 범위에서의 업무의 전부 또는 일부 정지(제2호)를 명할 것을 건의할 수 있다(금융위원회법43).

2. 제재의 종류

(1) 기관제재의 종류와 사유

금융위원회법, 금융산업구조개선법 및 금융업관련법의 규정 등에 의거 금융기관에 대하여 취할 수 있는 제재의 종류 및 사유는 다음 각호와 같다(검사제재규정17①). 금융감독원장은 금융기관이 다음 각호에 해당하는 사유가 있는 경우에는 당해 금융기관에 대하여 제1호 내지 제6호에 해당하는 조치를 취할 것을 금융위에 건의하여야 하며, 제7호 및 제9호에 해당하는 조치를 취할 수 있다(다만, 개별 금융업관련법 등에서 달리 정하고 있는 때에는 그에 따른다. 이하 제18조 제2항, 제19조 제1항, 제21조에서 같다)(검사제재규정17②).

(가) 영업의 인가·허가 또는 등록의 취소, 영업·업무의 전부 정지

제재 사유는 ⅰ) 허위 또는 부정한 방법으로 인가·허가를 받거나 등록을 한 경우 또는 인가·허가의 내용이나 조건에 위반한 경우(가목), ⅱ) 금융기관의 건전한 영업 또는 업무를 크게 저해하는 행위를 함으로써 건전경영을 심히 훼손하거나 당해 금융기관 또는 금융거래자 등에게 중대한 손실을 초래한 경우(나목), ⅲ) 영업·업무의 전부 또는 일부에 대한 정지조치를 받고도 당해 영업·업무를 계속하거나 동일 또는 유사한 위법·부당행위를 반복하는 경우(다목), ⅳ) 위법부당행위에 대한 시정명령을 이행하지 않은 경우(라목)이다.

(나) 영업·업무의 일부에 대한 정지

제재 사유는 ⅰ) 금융기관의 건전한 영업 또는 업무를 저해하는 행위를 함으로써 건전경영을 훼손하거나 당해 금융기관 또는 금융거래자 등에게 재산상 손실을 초래한 경우(나목),[4] ii) 제3호의 영업점 폐쇄, 영업점 영업의 정지조치 또는 위법·부당행위의 중지조치를 받고도 당해 영업점 영업을 계속하거나 당해 행위를 계속하는 경우(다목), iii) 제7호의 기관경고를 받고도 동일 또는 유사한 위법·부당행위를 반복하는 경우(라목)이다.

(다) 영업점의 폐쇄, 영업점 영업의 전부 또는 일부의 정지

제재 사유는 금융기관의 위법·부당행위가 제2호의 "영업·업무의 일부에 대한 정지"에 해당되나 그 행위가 일부 영업점에 국한된 경우로서 위법·부당행위의 경중에 따라 당해 영업점의 폐쇄 또는 그 영업의 전부 또는 일부를 정지시킬 필요가 있는 경우이다.

(라) 위법·부당행위 중지

제재 사유는 금융기관의 위법·부당행위가 계속되고 있어 이를 신속히 중지시킬 필요가 있는 경우이다.

(마) 계약이전의 결정

제재 사유는 금융산업구조개선법에서 정한 부실금융기관이 동법 제14조 제2항[5] 각호의 1에 해당되어 당해 금융기관의 정상적인 영업활동이 곤란한 경우이다.

(바) 위법내용의 공표 또는 게시요구

제재 사유는 금융거래자의 보호를 위하여 위법·부당내용을 일간신문, 정기

---

4) 가목은 삭제됨<2006. 8. 31.>

5) 금융산업구조개선법 제14조(행정처분)

② 금융위원회는 부실금융기관이 다음 각 호의 어느 하나에 해당하는 경우에는 그 부실금융기관에 대하여 계약이전의 결정, 6개월 이내의 영업정지, 영업의 인가·허가의 취소 등 필요한 처분을 할 수 있다. 다만, 제4호에 해당하면 6개월 이내의 영업정지처분만을 할 수 있으며, 제1호 및 제2호의 부실금융기관이 부실금융기관에 해당하지 아니하게 된 경우에는 그러하지 아니하다.

1. 제10조 제1항 또는 제12조 제3항에 따른 명령을 이행하지 아니하거나 이행할 수 없게 된 경우
2. 제10조 제1항 및 제11조 제3항에서 규정하는 명령 또는 알선에 따른 부실금융기관의 합병 등이 이루어지지 아니하는 경우
3. 부채가 자산을 뚜렷하게 초과하여 제10조 제1항에 따른 명령의 이행이나 부실금융기관의 합병 등이 이루어지기 어렵다고 판단되는 경우
4. 자금사정의 급격한 악화로 예금등 채권의 지급이나 차입금의 상환이 어렵게 되어 예금자의 권익이나 신용질서를 해칠 것이 명백하다고 인정되는 경우

간행물 기타 언론에 공표하거나 영업점에 게시할 필요가 있는 경우이다.

(사) 기관경고

기관경고의 사유는 다음과 같다.

가. 제2호 나목의 규정에 해당되나 위법·부당행위의 동기, 목적, 방법, 수단, 사후수습 노력 등을 고려할 때 그 위반의 정도가 제2호의 제재에 해당되는 경우보다 가벼운 경우
나. 위법·부당행위로서 그 동기·결과가 다음 각호의 1에 해당하는 경우
(1) 위법·부당행위가 당해 금융기관의 경영방침이나 경영자세에 기인한 경우
(2) 관련점포가 다수이거나 부서 또는 점포에서 위법·부당행위가 조직적으로 이루어진 경우
(3) 임원이 위법·부당행위의 주된 관련자이거나 다수의 임원이 위법·부당행위에 관련된 경우
(4) 동일유형의 민원이 집단적으로 제기되거나 금융거래자의 피해규모가 큰 경우
(5) 금융실명법의 중대한 위반행위가 발생한 경우
(6) 위법·부당행위가 수사당국에 고발 또는 통보된 사항으로서 금융기관의 중대한 내부통제 또는 감독 소홀 등에 기인한 경우
다. 최근 1년 동안 내부통제업무 소홀 등의 사유로 금융사고가 발생하여
(1) 당해 금융기관의 최직근 분기말 현재 자기자본(자기자본이 납입자본금보다 적은 경우에는 납입자본금. 이하 같다)의 100분의 2(자기자본의 100분의 2가 10억원 미만인 경우에는 10억원) 또는 다음의 금액을 초과하는 손실이 발생하였거나 발생이 예상되는 경우
(가) 자기자본이 1조 5천억원 미만인 경우: 100억원
(나) 자기자본이 1조 5천억원 이상 2조 5천억원 미만인 경우: 300억원
(다) 자기자본이 2조 5천억원 이상인 경우: 500억원
(2) 손실(예상)금액이 (1)에 미달하더라도 내부통제가 매우 취약하여 중대한 금융사고가 빈발하거나 사회적 물의를 크게 야기한 경우

(아) 기관주의

제7호에 해당되나 위법·부당행위의 동기, 목적, 방법, 수단, 사후수습 노력 등을 고려할 때 정상참작의 사유가 크거나 위법·부당행위의 정도가 제7호의 제

재에 해당되는 경우보다 경미한 경우이다.

(2) 임원제재의 종류와 사유

금융위원회법, 금융산업구조개선법 및 금융업관련법의 규정 등에 의거 금융기관의 임원에 대하여 취할 수 있는 제재의 종류 및 사유는 다음과 같다(검사제재규정18①).[6] 금융감독원장은 금융기관의 임원이 제1항 각호에 해당하는 사유가 있는 경우에는 당해 임원에 대하여 제1항 제1호 및 제2호에 해당하는 조치를 취할 것을 금융위에 건의하여야 하며, 제1항 제3호 내지 제5호에 해당하는 조치를 취할 수 있다(검사제재규정18②). 다만, 개별 금융업관련법 등에서 달리 정하고 있는 때에는 그에 따른다(검사제재규정17②).

(가) 해임권고(해임요구, 개선요구 포함)

제제 사유는 i) 고의로 중대한 위법·부당행위를 함으로써 금융질서를 크게 문란시키거나 금융기관의 공신력을 크게 훼손한 경우(가목),[7] ii) 금융기관의 사회적 명성에 중대한 손상이 발생하는 등 사회적 물의를 야기하거나 금융기관의 건전한 운영을 크게 저해함으로써 당해 금융기관의 경영을 심히 위태롭게 하거나 당해 금융기관 또는 금융거래자 등에게 중대한 재산상의 손실을 초래한 경우(나목), iii) 고의 또는 중과실로 재무제표 등에 허위의 사실을 기재하거나 중요한 사실을 기재하지 아니하여 금융거래자등에게 중대한 재산상의 손실을 초래하

---

6) 대법원 2019. 5. 30. 선고 2018두52204 판결(신용협동조합법 제83조 제1항, 제2항, 제84조 제1항 제1호, 제2호, 제42조, 제99조 제2항 제2호, 신용협동조합법 시행령 제16조의4 제1항, 금융위원회의 설치 등에 관한 법률(이하 '금융위원회법'이라 한다) 제17조 제2호, 제60조, 금융위원회 고시 '금융기관 검사 및 제재에 관한 규정' 제2조 제1항, 제2항, 제18조 제1항 제1호 (가)목, 제2항의 규정 체계와 내용, 입법 취지 등을 종합하면, 위 고시 제18조 제1항은 금융위원회법의 위임에 따라 법령의 내용이 될 사항을 구체적으로 정한 것으로서 금융위원회 법령의 위임 한계를 벗어나지 않으므로 그와 결합하여 대외적으로 구속력이 있는 법규명령의 효력을 가진다).

7) 대법원 2019. 5. 30. 선고 2018두52204 판결(신용협동조합의 임직원이 고의로 중대한 위법행위를 하여 금융질서를 크게 문란시키거나 금융기관의 공신력을 크게 훼손하였다면 금융위원회의 설치 등에 관한 법률 제60조의 위임에 따라 금융위원회가 고시한 '금융기관 검사 및 제재에 관한 규정' 제18조 제1항 제1호 (가)목에서 정한 해임권고의 사유가 될 수 있다. 그가 퇴임이나 퇴직을 하였다가 다시 동일한 신용협동조합의 임원이 된 경우에도 신용협동조합법 제84조 제1항 제1호에서 정한 조치 요구의 대상이 된다고 보아야 한다. 왜냐하면 신용협동조합의 임직원이 고의로 중대한 위법행위를 저지른 후 다시 동일한 신용협동조합의 임원으로 취임한 경우 신용협동조합의 공신력을 크게 훼손할 수 있기 때문이다).

거나 초래할 우려가 있는 경우 또는 위의 행위로 인하여 금융산업구조개선법에서 정한 적기시정조치를 회피하는 경우(다목), iv) 고의 또는 중과실로 금융감독원장이 금융관련법규에 의하여 요구하는 보고서 또는 자료를 허위로 제출함으로써 감독과 검사업무 수행을 크게 저해한 경우(라목), v) 고의 또는 중과실로 직무상의 감독의무를 태만히 하여 금융기관의 건전한 운영을 크게 저해하거나 금융질서를 크게 문란시킨 경우(마목), vi) 기타 금융관련법규에서 정한 해임권고 사유에 해당하는 행위를 한 경우(바목)이다.

(나) 업무집행의 전부 또는 일부의 정지

제재 사유는 i) 위법·부당행위가 제1호 각 목의 어느 하나에 해당되고 제1호에 따른 제재의 효과를 달성하기 위해 필요한 경우(가목), ii) 위법·부당행위가 제1호 각 목의 어느 하나에 해당되나 위법·부당행위의 동기, 목적, 방법, 수단, 사후수습 노력 등을 고려할 때 정상참작의 사유가 있는 경우(나목)이다.

(다) 문책경고

문책경고는 i) 금융관련법규를 위반하거나 그 이행을 태만히 한 경우(가목), ii) 당해 금융기관의 정관에 위반되는 행위를 하여 신용질서를 문란시킨 경우(나목), iii) 금융감독원장이 금융관련법규에 의하여 요구하는 보고서 또는 자료를 허위로 제출하거나 제출을 태만히 한 경우(다목), iv) 직무상의 감독의무 이행을 태만히 하여 금융기관의 건전한 운영을 저해하거나 금융질서를 문란시킨 경우(라목), v) 금융관련법규에 의한 감독원의 감독과 검사업무의 수행을 거부·방해 또는 기피한 경우(마목), vi) 금융위원회, 금융감독원장, 기타 감독권자가 행한 명령, 지시 또는 징계요구의 이행을 태만히 한 경우(바목), vii) 기타 금융기관의 건전한 운영을 저해하는 행위를 한 경우(사목)이다.

(라) 주의적 경고

주의적 경고는 제3호 각목의 1에 해당되나 위법·부당행위의 동기, 목적, 방법, 수단, 사후수습 노력 등을 고려할 때 정상참작의 사유가 있거나 위법·부당행위의 정도가 제3호의 제재에 해당되는 경우보다 가벼운 경우이다.

(마) 주의

주의는 제4호에 해당되나 위법·부당행위의 동기, 목적, 방법, 수단, 사후수습 노력 등을 고려할 때 정상참작의 사유가 크거나 위법·부당행위의 정도가 제4호의 제재에 해당되는 경우보다 경미한 경우이다.

(3) 직원제재의 종류와 사유

금융감독원장은 금융관련법규에 따라 i) 금융기관의 건전성 또는 금융소비자 권익을 크게 훼손하거나 금융질서를 문란하게 한 경우(제1호), ii) 당해 금융기관의 내부통제체제가 취약하거나 제2항에 의한 자율처리필요사항이 과거에 부적정하게 처리되는 등 자율처리필요사항을 통보하기에 적합하지 않다고 판단되는 경우(제2호) 금융위에 금융기관의 직원에 대한 면직요구 등을 건의하거나 당해 금융기관의 장에게 소속 직원에 대한 면직, 정직, 감봉, 견책 또는 주의 등의 제재조치를 취할 것을 요구할 수 있다(검사제재규정19②). 다만, 개별 금융업관련법 등에서 달리 정하고 있는 때에는 그에 따른다(검사제재규정17②). 금융기관 직원에 대한 제재의 종류 및 사유는 다음과 같다(시행세칙45①).

(가) 면직

면직 사유는 i) 고의 또는 중대한 과실로 위법·부당행위를 행하여 금융기관 또는 금융거래자에게 중대한 손실을 초래하거나 신용질서를 크게 문란시킨 경우(가목), ii) 횡령, 배임, 절도, 업무와 관련한 금품수수 등 범죄행위를 한 경우(나목), iii) 변칙적·비정상적인 업무처리로 자금세탁행위에 관여하여 신용질서를 크게 문란시킨 경우(다목), iv) 고의 또는 중과실로 금융감독원장이 금융관련법규에 의하여 요구하는 보고서 또는 자료를 허위로 제출함으로써 감독과 검사업무 수행을 크게 저해한 경우(라목), v) 고의 또는 중과실로 직무상의 감독의무를 태만히 하여 금융기관의 건전한 운영을 크게 저해하거나 금융질서를 크게 문란시킨 경우(마목)이다.

(나) 업무의 전부 또는 일부에 대한 정직

업무의 전부 또는 일부에 대한 정직 사유는 위 제1호 각목의 1에 해당되나 위법·부당행위의 동기, 목적, 방법, 수단, 사후수습 노력 등을 고려할 때 정상참작의 사유가 있거나 위법·부당행위의 정도가 제1호의 제재에 해당되는 경우보다 비교적 가벼운 경우이다.

(다) 감봉

감봉 사유는 i) 위법·부당행위를 한 자로서 금융기관 또는 금융거래자에게 상당한 손실을 초래하거나 신용질서를 문란시킨 경우(가목), ii) 업무와 관련하여 범죄행위를 한 자로서 사안이 가벼운 경우 또는 손실을 전액 보전한 경우(나목), iii) 자금세탁행위에 관여한 자로서 사안이 가벼운 경우(다목), iv) 금융감독원장이 금융관련법규에 의하여 요구하는 보고서 또는 자료를 허위로 제출하거나 제출을 태만히 한 경우(라목), v) 직무상의 감독의무 이행을 태만히 하여 금융기관의 건전한 운영을 저해하거나 금융질서를 문란시킨 경우(마목)이다.

(라) 견책

견책 사유는 위 제3호 각목의 1에 해당되나 위법·부당행위의 동기, 목적, 방법, 수단, 사후수습 노력 등을 고려할 때 정상참작의 사유가 있거나 위법·부당행위의 정도가 제3호의 제재에 해당되는 경우보다 비교적 가벼운 경우이다.

(마) 주의

주의 사유는 위 위 제4호에 해당되나 위법·부당행위의 동기, 목적, 방법, 수단, 사후수습 노력 등을 고려할 때 정상참작의 사유가 크거나 위법·부당행위의 정도가 제4호의 제재에 해당되는 경우보다 경미한 경우이다.

(4) 금전제재

(가) 검사제재규정

금융감독원장은 금융기관 또는 그 임직원, 그 밖에 금융업관련법의 적용을 받는 자가 금융업관련법에 정한 과징금 또는 과태료의 부과대상이 되는 위법행위를 한 때에는 금융위에 과징금 또는 과태료의 부과를 건의하여야 한다(검사제재규정20① 전단). 당해 위법행위가 법령 등에 따라 부과면제 사유에 해당한다고 판단하는 경우에는 부과면제를 건의하여야 한다(검사제재규정20① 후단). 과징금 또는 과태료의 부과를 금융위에 건의하는 경우에는 <별표 2> 과징금 부과기준, <별표 3> 과태료 부과기준 및 <별표 6> 업권별 과태료 부과기준에 의한다(검사제재규정20③).

그러나 금융감독원장은 과징금 또는 과태료의 부과면제 사유가 다음의 어느 하나에 해당하는 경우에는 금융위에 건의하지 않고 과징금 또는 과태료의 부과를 면제할 수 있다(검사제재규정20②).

1. 삭제 <2017. 10. 19.>
2. <별표 2> 과징금 부과기준 제6호 라목의 (1)(경영개선명령조치를 받은 경우에 한한다), (2) 또는 마목의 (2), (4)
3. <별표 3> 과태료 부과기준 제5호의 (1), (2)

4. 위반자가 채무자회생법에 따른 개인회생절차개시결정 또는 파산선고를 받은 경우

(나) 과징금

과징금이란 행정법규상의 의무위반에 대하여 행정청이 그 의무자에게 부과·징수하는 금전적 제재를 말한다. 과징금제도는 의무위반행위로 인하여 얻은 불법적 이익을 박탈하기 위하여 그 이익 금액에 따라 과하여지는 일종의 행정제재금의 성격을 갖는다.

(다) 과태료

과태료는 행정법규상 의무(명령·금지) 위반행위에 대하여 국가의 일반통치권에 근거하여 과하는 제재수단으로 그 위반이 행정상의 질서에 장애를 주는 경우 의무이행의 확보를 위하여 일반적으로 행정기관이 행정적 절차에 의하여 부과·징수하는 금전벌로서 이른바 행정질서벌에 속한다. 행정질서벌로서의 과태료는 과거의 행정법상 의무위반 사실을 포착하여 그에 대하여 사후에 과하는 제재수단의 의미가 강한 것이다.[8)]

(라) 과징금과 과태료의 구별

과징금과 과태료는 모두 행정적 제재이고 금전제재라는 점에서는 유사하다. 그러나 과태료가 과거에 발생한 행정청에 대한 협조의무 위반이나 경미한 행정의무 위반에 대하여 사후적으로 금전적 제재를 가하는 행정질서벌로서 이미 완결된 사실관계를 규율대상으로 하여 금전적 불이익을 부과함으로써 향후 발생소지가 있는 의무불이행을 방지하는데 그 목적이 있는데 비하여 과징금은 행정상의 의무불이행이나 의무위반행위로 취득한 경제적 이익을 환수하거나 위반자의 영업정지로 인하여 관계인들의 불편을 초래하거나 국가에 중대한 영향을 미치는 사업에 대해 영업정지에 갈음한 대체적 제재로서 행정기관이 금전적 제재를 부과한다는 점에서 그 부과목적이 상이하다.[9)]

---

8) 헌법재판소 1994. 6. 30. 선고 92헌바38 판결.
9) 박효근(2019), "행정질서벌의 체계 및 법정책적 개선방안", 법과 정책연구 제19권 제1호 (2019. 3), 59쪽.

(5) 확약서와 양해각서

(가) 확약서

금융감독원장은 금융기관에 대한 감독·상시감시 또는 검사결과 나타난 경영상의 취약점 또는 금융기관의 금융관련법규 위반(기관주의의 사유에 한한다)에 대하여 당해 금융기관으로부터 이의 개선을 위한 확약서 제출을 요구할 수 있다(검사제재규정20의2① 본문). 다만, 금융관련법규 위반에 대한 확약서 제출 요구는 i) 행위 당시 위법·부당 여부가 불분명하였거나 업계 전반적으로 위법·부당 여부에 대한 인식 없이 행하여진 경우(제1호), ii) 위법·부당행위에 고의 또는 중과실이 없는 경우로써 제재보다 확약서 이행에 의한 자율개선이 타당하다고 판단되는 경우(제2호)에 한하여 할 수 있다(검사제재규정20의2① 단서).

(나) 양해각서

금융감독원장은 금융기관에 대한 감독·상시감시 또는 검사결과 나타난 경영상의 심각한 취약점 또는 금융기관의 금융관련법규 위반(기관경고 이하의 사유에 한한다)에 대하여 당해 금융기관과 이의 개선대책의 수립·이행을 주요 내용으로 하는 양해각서를 체결할 수 있다(검사제재규정20의2② 본문). 다만, 금융관련법규 위반에 대한 양해각서 체결은 i) 행위 당시 위법·부당 여부가 불분명하였거나 업계 전반적으로 위법·부당 여부에 대한 인식없이 행하여진 경우(제1호), ii) 위법·부당행위에 고의 또는 중과실이 없는 경우로써 제재보다 양해각서 체결에 의한 자율개선이 타당하다고 판단되는 경우(제2호)에 한하여 할 수 있다(검사제재규정20의2② 단서).

(다) 확약서와 양해각서 운용

금융감독원장은 금융기관이 제1항 단서 또는 제2항 단서에 따라 확약서를 제출하거나 양해각서를 체결하는 경우에는 제재를 취하지 아니할 수 있다(검사제재규정20의2③).

감독·상시감시 또는 검사결과 나타난 문제점의 경중에 따라 경미한 사항은 확약서로, 중대한 사항은 양해각서로 조치한다(시행세칙50의2①). 확약서는 금융기관의 담당 임원 또는 대표자로부터 제출받고 양해각서는 금융기관 이사회 구성원 전원의 서명을 받아 체결한다(시행세칙50의2②). 금융감독원장은 확약서·양해각서 이행상황을 점검하여 그 이행이 미흡하다고 판단되는 경우에는 기간연장, 재체결 등 적절한 조치를 취할 수 있다(시행세칙50의2③).

(라) 사후관리

확약서 및 양해각서의 효력발생일자, 이행시한 및 이행상황 점검주기는 각 확약서 및 양해각서에서 정한다(시행세칙50의3 전단). 이행상황 점검주기를 따로 정하지 않은 경우에는 금융기관은 매분기 익월말까지 분기별 이행상황을 금융감독원장에게 보고하여야 한다(시행세칙50의3 후단).

(6) 기타 조치

금융감독원장은 금융기관 임직원이 위법·부당한 행위로 당해 금융기관에 재산상의 손실을 초래하여 이를 변상할 책임이 있다고 인정되는 경우에는 당해 기관의 장에게 변상조치할 것을 요구할 수 있다(검사제재규정21①). 금융감독원장은 금융기관 또는 그 임직원의 업무처리가 법규를 위반하거나 기타 불합리하다고 인정하는 경우에는 당해 기관의 장에게 업무방법개선의 요구 또는 관련기관앞 통보를 요구할 수 있는데(검사제재규정21②), 업무방법개선의 요구는 금융기관의 업무처리가 불합리하여 그 처리기준, 절차·운영 등의 수정·보완이 필요한 경우에 하며, 관련기관앞 통보는 금융관련법규 이외의 다른 법령을 위반한 경우 또는 검사결과 관련자가 진술일 현재 퇴직한 경우로서 관련기관 등의 업무 및 감독 등과 관련하여 위법·부당사실 등을 통보할 필요가 있는 경우에 요구할 수 있다(시행세칙51).

3. 제재의 가중 및 감면

(1) 제재의 가중

(가) 기관제재의 가중

금융기관이 위법·부당한 행위를 함으로써 최근 3년 이내에 2회 이상 기관주의 이상의 제재를 받고도 다시 위법·부당행위를 하는 경우 제재를 1단계 가중할 수 있다(검사제재규정24① 본문). 다만, 금융기관이 합병하는 경우에는 합병 대상기관 중 제재를 더 많이 받았던 기관의 제재 기록을 기준으로 가중할 수 있다(검사제재규정24① 단서).

금융기관의 서로 관련 없는 위법·부당행위가 동일 검사에서 4개 이상 경합되는 경우(제17조 제1항 제7호 또는 제9호의 사유가 각각 4개 이상인 경우에 한한다)에는 제재를 1단계 가중할 수 있다(검사제재규정24② 본문). 다만, i) 제17조 제1항 제7호의 사유에 해당하는 각각의 위법행위가 금융관련법규에서 정한 영업정지 사유에 해당하지 않는 경우(제1호), ii) 경합되는 위법·부당행위가 목적과 수단의 관계에 있는 경우(제2호), iii) 경합되는 위법·부당행위가 실질적으로 1개의 위법·부당행위로 인정되는 경우(제3호)에는 그러하지 아니하다(검사제재규정24② 단서).

확약서 또는 양해각서의 이행이 미흡한 경우에는 다음의 어느 하나에 해당하는 제재를 취할 수 있다(검사제재규정24③).

1. 금융관련법규 위반이 기관경고 사유에 해당하는 경우 다음 각 목의 어느 하나에 해당하는 제재조치
   가. 제17조 제1항 제2호 또는 제3호(다만, 당해 위법행위가 금융관련법규에서 정하는 영업정지 사유에 해당하는 경우에 한한다)
   나. 제17조 제1항 제7호
2. 금융관련법규 위반이 기관주의 사유에 해당하는 경우 제17조 제1항 제7호 또는 제9호의 제재조치

(나) 임원제재의 가중

임원의 서로 관련 없는 위법·부당행위가 동일 검사에서 2개 이상 경합되는 경우에는 그중 책임이 중한 위법·부당사항에 해당하는 제재보다 1단계 가중할 수 있다(검사제재규정24의2① 본문). 다만, i) 가장 중한 제재가 업무집행정지 이상인 경우(제1호), ii) 경합되는 위법·부당행위가 목적과 수단의 관계에 있는 경우(제2호), iii) 경합되는 위법·부당행위가 실질적으로 1개의 위법·부당행위로 인정되는 경우(제3호)에는 그러하지 아니하다(검사제재규정24의2① 단서).

임원이 주된 행위자로서 주의적 경고 이상의 조치를 받고도 다시 주된 행위자로서 동일 또는 유사한 위법·부당행위를 반복하여 제재를 받게 되는 경우에는 제재를 1단계 가중할 수 있다(검사제재규정24의2②). 임원이 최근 3년 이내에 문책경고 이상 또는 2회 이상의 주의적 경고·주의를 받고도 다시 위법·부당행위를 하는 경우에는 제재를 1단계 가중할 수 있다(검사제재규정24의2③).

(다) 직원제재의 가중

직원이 최근 3년 이내에 2회 이상의 제재를 받고도 다시 위법·부당행위를

하는 경우에는 제재를 1단계 가중할 수 있다(검사제재규정25①). 직원이 다수의 위법·부당행위와 관련되어 있는 경우에는 제재를 가중할 수 있다(검사제재규정25②).

직원의 서로 관련 없는 위법·부당행위가 동일 검사에서 3개(제45조 제1항 제5호의 제재가 포함되는 경우에는 4개) 이상 경합되는 경우에는 그중 책임이 중한 위법·부당사항에 해당하는 제재보다 1단계 가중할 수 있다(시행세칙49② 본문). 다만, i) 가장 중한 제재가 정직 이상인 경우(제1호), ii) 경합되는 위법·부당행위가 목적과 수단의 관계에 있는 경우(제2호), iii) 경합되는 위법·부당행위가 실질적으로 1개의 위법·부당행위로 인정되는 경우(제3호)에는 그러하지 아니하다(시행세칙49② 단서).

직원이 3년 이내에 2회 이상의 주의조치를 받고도 다시 주의조치에 해당하는 행위를 한 경우에는 제재를 가중할 수 있다(시행세칙49③).

(2) 제재의 감면

(가) 기관 및 임직원 제재의 감면

기관 및 임직원에 대한 제재를 함에 있어 위법·부당행위의 정도, 고의·중과실 여부, 사후 수습 노력, 공적, 자진신고 여부 등을 고려하여 제재를 감경하거나 면제할 수 있다(검사제재규정23①). 금융기관 또는 그 임직원에 대하여 과징금 또는 과태료를 부과하는 경우에는 동일한 위법·부당행위에 대한 기관제재 또는 임직원 제재는 이를 감경하거나 면제할 수 있다(검사제재규정23②).

(나) 기관제재의 감경

기관에 대한 제재를 함에 있어 금융감독원장이 당해 금융기관에 대해 실시한 경영실태평가 결과 내부통제제도 및 운영실태가 우수한 경우 기관에 대한 제재를 감경할 수 있다(시행세칙50의4 본문). 다만, 기관에 대한 제재를 감경함에 있어서는 <별표 9>의 내부통제 우수 금융기관에 대한 기관제재 감경기준에 의한다(시행세칙50의4 단서).

(다) 직원제재의 감면

직원에 대한 제재를 양정함에 있어서 i) 위법·부당행위를 감독기관이 인지하기 전에 자진신고한 자(제1호), ii) 위법·부당행위를 부서 또는 영업점에서 발견하여 이를 보고한 감독자(제2호), iii) 감독기관의 인지 전에 위규사실을 스스로 시정 또는 치유한 자(제3호), ⅳ) 가벼운 과실로 당해 금융기관에 손실을 초래하였으나 손실액을 전액 변상한 자(제4호), ⅴ) 금융분쟁조정신청사건과 관련하여 당해 금융기관이 금융감독원장의 합의권고 또는 조정안을 수락한 경우 그 위법·부당행위에 관련된 자(제5호), ⅵ) 감독규정 제23조 제2항 또는 제26조에서 정한 사유에 해당하는 경우(제6호)에 대하여는 그 제재를 감경 또는 면제할 수 있다(시행세칙50①).

제재대상 직원이 ⅰ) 상훈법에 의하여 훈장 또는 포장을 받은 공적(제1호), ⅱ) 정부 표창규정에 의하여 장관 이상의 표창을 받은 공적(제2호), ⅲ) 금융위원회 위원장, 금융감독원장 또는 한국은행 총재의 표창을 받은 공적(제3호)이 있는 경우 ＜별표 5＞에 정하는 "제재양정감경기준"에 따라 제재양정을 감경할 수 있다(시행세칙50② 본문). 다만, 동일한 공적에 의한 제재양정의 감경은 1회에 한하며 횡령, 배임, 절도, 업무와 관련한 금품수수 등 금융관련 범죄와 "주의"조치에 대하여는 적용하지 아니한다(시행세칙50② 단서).

제재양정을 감경함에 있어 ⅰ) 제재대상 직원이 "주의"조치 이외의 제재를 받은 사실이 있는 경우 그 제재 이전의 공적(제1호), ⅱ) 제재대상 직원이 소속 금융기관 입사전에 받은 공적(제2호), ⅲ) 검사종료일로부터 과거 10년 이내에 받은 것이 아닌 공적(제3호), ⅳ) 금융업무와 관련 없는 공적(제4호)은 제외한다(시행세칙50③).

(3) 임직원에 대한 조건부 조치 면제

(가) 준법교육 이수 조건부 조치 면제

금융감독원장은 금융기관 임직원(제재이전 퇴직자 포함)의 행위가 제18조 제1항 제5호(제19조 제1항의 주의를 포함, 다만 감독자에 대한 주의는 제외)에 해당하는 경우에는 준법교육을 이수하는 것을 조건으로 조치를 면제할 수 있다(검사제재규정23의2①). 준법교육 실시요구를 받은 제재대상자가 요구를 받은 날로부터 90일 이내 준법교육을 이수하지 못하였을 경우에는 조치 면제는 그 효력을 상실한다(검사제재규정23의2②).

(나) 임직원에 대한 준법교육 실시 요구

준법교육 실시요구를 받은 제재대상자는 90일 이내에 지정된 교육기관에서 ⅰ) 금융관련 법령에 관한 사항(제1호), ⅱ) 과거 금융관련 법규 위반에 대한 제재사례 및 판례(제2호), iii) 직무윤리, 기타 재발방지 관련 사항(제3호) 등에 관하여 3시간 이상의 교육을 받아야 한다(시행세칙50의5①). 준법교육 실시요구를 받은 제재대상자는 교육기관에 교육을 신청하여야 한다(시행세칙50의5②).

교육기관은 교육교재를 제작하여 교육을 신청한 교육대상자에게 제공하여야 한다(시행세칙50의5③). 교육기관은 적정하게 교육을 받은 교육대상자에게 수료증을 발급하여야 하고, 교육 실시 결과를 교육 후 1개월 이내에 금융감독원장에게 보고하여야 하며, 수료증 발급대장 등 교육에 관한 기록을 3년 동안 보관·관리하여야 한다(시행세칙50의5④). 교육기관은 강사수당, 교육교재비 및 교육 관련 사무용품 구입비 등 교육에 필요한 실비를 교육을 신청한 교육대상자로부터 받을 수 있다(시행세칙50의5⑤).

(4) 미등기 임원에 대한 제재

사실상 이사·감사 등과 동등한 지위에 있는 미등기 임원 등에 대한 제재의 가중에 있어서는 임원제재의 가중에 관한 규정(규정 제24조의2 제1항 내지 제3항)을 준용하고, 이 경우 해임권고·업무집행정지·문책경고·주의적 경고는 각각 면직·정직·감봉·견책으로 본다(검사제재규정25④).

이사·감사와 사실상 동등한 지위에 있는 미등기 임원에 대하여는 임원에 대한 제재기준을 준용하여 제재양정을 결정하며, 직원에 대한 제재조치를 부과한다(시행세칙46의3).

(5) 임직원 등에 대한 제재기준

위법·부당행위 관련 임직원 등을 제재함에 있어서는 ＜별표 2＞의 제재양정기준과 i) 제재대상자의 평소의 근무태도, 근무성적, 개전의 정 및 동일·유사한 위반행위에 대한 제재 등 과거 제재사실의 유무(제1호), ii) 위법·부당행위의 동기, 정도, 손실액규모 및 금융질서 문란·사회적 물의야기 등 주위에 미친 영향(제2호), iii) 제재대상자의 고의, 중과실, 경과실 여부(제3호), iv) 사고금액의 규모 및 손실에 대한 시정·변상 여부(제4호), v) 검사업무에의 협조정도 등 사후수습 및 손실경감을 위한 노력 여부(제5호), vi) 경영방침, 경영시스템의 오류, 금융·경제여건 등 내·외적 요인과 귀책판정과의 관계(제6호), vii) 금융거래자의 피해에 대한 충분한 배상 등 피해회복 노력 여부(제7호), viii) 그 밖의 정상참작

사유(제8호) 등의 사유를 참작한다(시행세칙46①).

금융실명법을 위반한 행위 등 특정 위법·부당행위에 대한 제재는 <별표 3>의 금융업종별·위반유형별 제재양정기준에 의한다(시행세칙46② 본문). 다만, 여타 제재기준을 참작하여 제재를 가중하거나 감경하는 등 제재수준을 정할 수 있다(시행세칙46② 단서).

(6) 경합행위에 대한 제재

이미 제재를 받은 자에 대하여 그 제재 이전에 발생한 별개의 위법·부당행위가 추가로 발견된 경우에는 다음에 따라 제재한다(시행세칙46의2).

1. 추가 발견된 위법·부당행위가 종전 검사종료 이전에 발생하여 함께 제재하였더라도 제재수준이 높아지지 않을 경우에는 제재하지 않는다. 다만, 금융사고와 관련된 경우에는 그러하지 아니하다.
2. 추가 발견된 위법·부당행위가 종전 검사종료 이전에 발생하여 제재하였더라면 종전 제재수준이 더 높아지게 될 경우에는 함께 제재하였더라면 받았을 제재 수준을 감안하여 추가로 발견된 위법·부당행위에 대하여 제재할 수 있다.

(7) 관련자의 구분

위법·부당행위를 행한 임직원에 대하여 신분상의 조치를 함에 있어서는 책임의 성질·정도 등에 따라 관련자를 i) 행위자: 위법·부당한 업무처리를 실질적으로 주도한 자(제1호), ii) 보조자: 행위자의 의사결정을 보조하거나 지시에 따른 자(제2호), iii) 지시자: 위법·부당행위를 지시 또는 종용한 자(사실상의 영향력을 행사하는 상위직급자 포함)(제3호), iv) 감독자: 위법·부당행위가 발생한 업무를 지도·감독할 지위에 있는 자(제4호)로 구분한다(시행세칙52①).

여기서 i)의 행위자와 iv)의 감독자를 판단할 수 있는 세부기준은 i) 행위자: 업무의 성질과 의사결정의 관여 정도를 고려하여 실질적인 최종 의사결정권을 가지는 자(제1호), ii) 감독자: 당해 금융기관 직제를 기준으로 행위자에 대해 관리·감독할 지위에 있는 자(직제상 감독자가 아닌 경우라 하더라도 실질적으로 행위자에게 영향력을 미치는 때에도 같다)(제2호)이다(시행세칙52②).

보조자 및 감독자에 대하여는 i) 위법·부당행위의 성격과 규모(제1호), ii)

감독자의 직무와 감독대상 직무와의 관련성 및 관여정도(제2호), iii) 보조자의 위법·부당행위에의 관여 정도(제3호)를 감안하여 행위자에 대한 제재보다 1단계 내지 3단계 감경할 수 있다(시행세칙52③).

(8) 가중 및 감경의 순서

제23조(기관 및 임직원제재의 감면), 제24조(기관제재의 가중), 제24조의2(임원제재의 가중) 및 제25조(직원제재의 가중)에 따른 가중 및 감경은 각 가중 및 감경수준의 합을 제17조(기관에 대한 제재), 제18조(임원에 대한 제재), 제19조(직원에 대한 제재)까지의 규정에 따른 제재의 수준에 가감하는 방법으로 한다(검사제재규정25의2).

(9) 기타 감독기관 및 당해 금융기관 조치의 반영

금융위원회 또는 금융감독원장 외의 감독기관 또는 해당 금융기관이 금융관련법규에 의하여 제재대상자에 취한 조치가 있는 경우에는 이를 고려하여 제재의 종류를 정하거나 제재를 가중·감면할 수 있다(검사제재규정26).

(10) 여신업무 관련 제재 운영

금융기관의 여신업무(자금지원적 성격의 증권 매입업무 포함)와 관련하여 i) 금융관련법규를 위반한 경우(제1호), ii) 고의 또는 중과실로 신용조사·사업성검토 및 사후관리를 부실하게 한 경우(제2호), iii) 금품 또는 이익의 제공·약속 등의 부정한 청탁에 따른 여신의 경우(제3호) 중 어느 하나에 해당하지 않는 한 제재하지 아니한다(검사제재규정27 전단). 여신이 부실화되거나 증권 관련 투자손실이 발생한 경우에도 또한 같다(검사제재규정27 후단).

4. 면책특례

(1) 면책 인정 사유

금융기관의 업무와 관련하여 다음에 해당하는 경우에는 제재하지 아니한다(검사제재규정27의2① 전단). 여신이 부실화되거나 증권 관련 투자손실이 발생한 경우에도 또한 같다(검사제재규정27의2① 후단).

1. 재난 및 안전관리 기본법에 따른 재난 상황에서 재난으로 피해를 입은 기

업·소상공인에 대한 지원, 금융시장 안정 등을 목적으로 정부와 협의를 거쳐 시행한 대출, 보증, 투자, 상환기한의 연기 등 금융지원 업무
2. 동산채권담보법에 따른 동산·채권·지식재산권을 담보로 하는 대출
3. 기업의 기술력·미래성장성에 대한 평가를 기반으로 하는 중소기업대출
4. 중소기업창업 지원법에 따른 창업기업, 「벤처기업육성에 관한 특별조치법」에 따른 벤처기업, 여신전문금융업법에 따른 신기술사업자 등에 대한 직접적·간접적 투자, 인수·합병 관련 업무
5. 금융혁신지원 특별법에 따른 혁신금융서비스, 지정대리인 관련 업무
6. 그 밖에 금융위원회가 금융정책·산업정책의 방향, 업무의 혁신성·시급성 등을 종합적으로 고려하여 면책심의위원회의 심의를 거쳐 지정하는 업무

금융기관 또는 그 임직원이 위 제1항 각 호의 업무를 수행함에 있어 i) 임직원과 해당 업무사이에 사적인 이해관계가 없을 것(제1호), ii) 해당 업무와 관련된 법규 및 내규에 정해진 절차상 중대한 하자가 없을 것(제2호)을 모두 충족하는 경우에는 고의 또는 중과실이 없는 것으로 추정한다(검사제재규정27의2③).

(2) 면책 불인정 사유

다음의 어느 하나에 해당하는 경우 면책되지 아니한다(검사제재규정27의2②).

1. 금융관련법규 위반행위에 고의 또는 중과실이 있는 경우
2. 금품 또는 이익의 제공·약속 등의 부정한 청탁에 따른 경우
3. 대주주·동일차주에 대한 신용공여 한도 등 금융거래의 대상과 한도를 제한하는 금융관련법규를 위반한 경우
4. 금융관련법규위반 행위로 인해 금융기관·금융소비자 등에게 중대한 재산상 손실이 발생하거나 금융시장의 안정·질서를 크게 저해한 경우(단, 위반행위의 목적, 동기, 당해 행위에 이른 경위 등에 특히 참작할 사유가 있는 경우는 제외)

(3) 면책 신청과 회신

금융기관 또는 그 임직원이 특정 업무가 위 제1항 각 호에 해당되는지 여부에 대해 판단을 신청하고자 하는 경우 <별지 제2호 서식>에 의하여 금융위원회에 신청할 수 있다(검사제재규정27의2④). 금융위원회는 신청에 대하여 특별한

사유가 없는 한 접수일로부터 30일 이내에 회신하여야 한다(검사제재규정27의2④ 본문). 다만, 회신에 필요하여 신청인에게 추가적인 자료의 제출을 요청하거나 이해관계자로부터 의견을 청취하는 경우 이에 소요되는 기간은 처리기간에 포함하지 않으며, 합리적인 사유가 있는 경우 30일 범위에서 처리기간을 한 차례 연장할 수 있다(검사제재규정27의2④ 단서).

(4) 면책심의위원회 설치 및 구성

다음의 어느 하나에 해당하는 사항을 심의하기 위하여 금융위원회 위원장 소속 자문기구로서 면책심의위원회를 둔다(검사제재규정27의3①).

1. 제27조의2 제1항 제6호의 면책대상지정
2. 제27조의2 제4항의 금융기관 또는 그 임직원의 신청에 대한 판단(단, 신청내용의 사실관계가 단순하고 쟁점이 없는 경우에는 심의를 생략할 수 있다.)
3. 그 밖에 면책제도 운영의 기본방향에 관한 사항

면책심의위원회는 금융위원회 상임위원 중 금융위원회 위원장이 지명하는 위원장 1인, 금융위원회 법률자문관 및 금융위원장이 위촉한 10인 범위 내에서의 위원("위촉위원")으로 구성한다(검사제재규정27의3②).

(5) 면책심의위원회 운영

위원장은 위원회의 회의를 소집하고 그 의장이 된다(검사제재규정27의4①). 위원회의 회의는 위원장과 금융위원회 법률자문관, 위원장이 위촉위원 중에서 지명하는 위원 3인으로 구성한다(검사제재규정27의4②). 위원회는 구성원 과반수의 출석과 출석위원 과반수의 찬성으로 의결한다(검사제재규정27의4③ 전단). 이 경우 회의는 대면회의를 원칙으로 하며, 부득이하게 서면심의·의결을 하는 경우에는 그 사유를 적시하여 시행하되 2회 연속 서면 회의는 제한한다(검사제재규정27의4③ 후단).

5. 고발 및 통보

(1) 금융기관 · 임직원 제재시의 병과

금융감독원장은 금융기관 또는 그 임직원의 위법 · 부당행위가 금융업관련법상 벌칙, 과징금 또는 과태료의 적용을 받게 되는 경우에는 제재와 동시에 금융감독원장이 미리 정한 기준 및 절차에 따라 수사당국에 그 내용을 고발하거나 통보할 수 있다(검사제재규정29①).

고발대상은 사회 · 경제적 물의가 상대적으로 크거나 위법성의 정도가 심하다고 인정되고, 위법성 · 고의성 등 범죄사실에 관하여 증거자료 · 관련자의 진술 등 객관적인 증거를 확보한 경우이며, 통보대상은 사회 · 경제적 물의가 상대적으로 경미하거나 위법성 및 고의성의 혐의는 충분하나 검사권의 한계 등으로 객관적인 증거의 확보가 어렵다고 인정되는 경우이다(시행세칙32⑤).

금융감독원장은 금융기관 또는 그 임원의 위법행위에 대하여 수사당국에 고발 등의 조치를 하는 경우에 당해 위법행위와 관련된 다른 제재조치, 즉 기관 또는 임원에 대한 제재를 병과할 수 있으며, 과태료의 부과는 하지 아니할 수 있다(검사제재규정30).

(2) 금융기관 또는 그 임직원의 벌칙적용대상 행위 고발 · 통보

금융감독원장은 금융기관 또는 그 임직원의 위법 · 부당행위가 금융관련법규상의 벌칙적용대상 행위로서 i) 위법 · 부당행위로 인한 금융사고가 사회적 물의를 야기한 경우(제1호), ii) 위법 · 부당행위가 당해 금융기관에 중대한 손실을 초래함으로써 금융기관 부실화의 주요 요인이 된 경우(제2호), iii) 고의로 위법 · 부당행위를 행함으로써 법질서에 배치되는 경우(제3호), iv) 동일한 위법 · 부당행위를 반복적으로 행하여 금융질서를 저해할 위험이 있다고 인정되는 경우(제4호)에 해당되어 사법적 제재가 필요하다고 인정되는 경우이거나, 횡령, 배임, 직무관련 금품수수 등 특정경제범죄법에 열거된 죄를 범하였거나 범한 혐의가 있다고 인정되는 경우에는 수사당국에 그 내용을 고발하거나 통보("고발 등")한다(시행세칙32①).

(3) 검사진행중의 고발 · 통보

금융감독원장은 금융기관에 대한 검사진행 중에 제1항에서 정하는 위법·부당행위가 있다고 인정하는 경우로서, i) 증거인멸 또는 도피의 우려가 있는 경우(제1호), 또는 ii) 사회적으로 논의되고 있는 사안으로서 즉시 조치가 필요하다고 판단되는 경우(제2호)에는 검사실시부서장으로 하여금 지체없이 수사당국에 고발 등의 조치를 취하게 할 수 있다(시행세칙32②).

(4) 주요주주 또는 사실상 업무집행지시자에 대한 고발 · 통보

금융감독원장은 금융위가 금융산업구조개선법에 의거 부실금융기관으로 결정 또는 인정하는 경우로서 금융기관의 주요주주 또는 사실상 업무집행지시자가 부실의 주요 원인을 제공하여 관계법령에 의해 벌칙적용 대상이 되는 때에는 이들에 대해 고발 등의 조치를 취한다(시행세칙32③).

(5) 금융기관에 대한 고발 · 통보

금융감독원장은 위 제1항 내지 제3항의 규정에 의한 고발 등의 대상이 되는 위법·부당행위가 금융관련법규상 벌칙 및 양벌규정이 적용되는 경우로서 i) 위법·부당행위가 당해 금융기관의 경영방침 또는 당해 금융기관의 장의 업무집행행위로 발생된 경우(제1호), ii) 위법·부당행위가 당해 금융기관의 내부통제의 미흡 또는 감독소홀에 기인하여 발생된 경우(제2호)에는 임직원에 대하여 고발 등의 조치를 하는 외에 당해 금융기관에 대하여도 고발 등의 조치를 할 수 있다(시행세칙32④ 전단). 이 경우에 그 임직원이 당해 금융기관의 경영방침 또는 지시 등을 거부한 사실 등이 인정되는 때에는 당해 금융기관에 대하여만 고발 등의 조치를 취할 수 있다(시행세칙32④ 후단).

6. 제재절차

(1) 의의

금융감독원장은 검사결과 적출된 지적사항에 대하여 조치내용의 적정성 등을 심사·조정하고 제재심의위원회("심의회")의 심의를 거쳐 개별 금융업관련법 등에 따라 금융위에 제재를 건의하거나 직접 조치한다(검사제재규정33①). 금융감독원장이 금융위에 건의한 제재사항에 대한 금융위원회의 심의 결과 금융감독원장이 조치해야 할 사항으로 결정된 경우에는 금융위원회의 결정대로 조치한다(검사제재규정33②).

금융감독원의 집행간부 및 감사와 직원은 제재절차가 완료되기 전에 직무상 알게 된 조치예정내용 등을 다른 사람에게 누설하여서는 아니 된다(검사제재규정33③ 본문). 단, 조치예정내용 등을 금융위에 제공하거나 금융위와 협의하는 경우는 이에 해당하지 아니하며, 금융위 소속 공무원은 제재절차 과정에서 직무상 알게 된 비밀을 엄수하여야 한다(검사제재규정33③ 단서).

(2) 사전통지

제재실시부서장은 제재조치를 하고자 하거나 금융위에 제재조치를 건의하고자 하는 때에는 심의회 개최 전에 조치하고자 하는 내용 또는 조치를 건의하고자 하는 내용을 10일 이상의 구두 또는 서면의 제출기간을 정하여 제재대상자에게 사전통지하여야 한다(시행세칙59① 본문). 다만, 긴급한 조치가 필요한 경우 등 특별한 사정이 있는 경우에는 동 기간을 단축하여 운영할 수 있다(시행세칙59① 단서).

사전통지는 우편, 교부 또는 정보통신망 이용 등의 송달방법으로 하되 i) 제재대상자(대표자 또는 대리인 포함)의 주소·거소·영업소·사무소 또는 전자우편주소를 통상적 방법으로 확인할 수 없는 경우(제1호), ii) 송달이 불가능한 경우(제2호)에는 관보, 공보, 게시판, 일간신문 중 하나 이상에 공고하고 인터넷에도 공고하여야 한다(시행세칙59②).

제재실시부서장은 제재심의위원회의 심의가 필요한 경우에는 검사종료일부터 125일 이내에 심의회 부의예정사실을 금융정보교환망(FINES) 등을 통해 제재예정대상자에게 통지하여야 한다(시행세칙59⑤ 본문). 다만, 이미 사전통지한 경우 또는 30일 내에 사전통지가 예정되어 있는 경우에는 심의회 부의예정사실의 통지를 생략할 수 있으며, 표준처리기간에 산입하지 아니하는 사유가 있는 경우에 동 기간은 심의회 부의예정사실 통지기한에 포함하지 아니한다(시행세칙59⑤ 단서).

(3) 의견제출

사전통지를 받은 제재대상자는 지정된 기한 내에 서면으로 의견을 제출하거나 지정된 일시에 출석하여 구두로 의견을 진술할 수 있다(시행세칙59③ 전단). 이 경우에 지정된 기일까지 의견진술이 없는 때에는 의견이 없는 것으로 본다(시행세칙59③ 후단). 제재실시부서장은 제재대상자가 구두로 의견을 진술한 경우에는 그 진술의 요지를 기재하여 본인으로 하여금 확인하게 한 후 서명 또는 날인하도록 하여야 한다(시행세칙59④).

(4) 제재대상자의 서류 등 열람

제재대상자("신청인")는 서면으로 금융감독원장에게 신청인과 관련한 심의회 부의예정안 및 심의회에 제출될 입증자료("서류 등")에 대한 열람을 신청하여 심의회 개최 5영업일 전부터 심의회 개최 전일까지 감독원을 방문하여 열람할 수 있다(시행세칙59의2① 본문). 다만, 금융감독원장은 신청인 이외의 제재대상자와 관련한 사항, 금융회사가 제출한 자료 중 경영상·영업상 비밀 등에 해당하는 자료 등에 대하여는 열람을 허용하지 않을 수 있다(시행세칙59의2① 단서).

(5) 청문

금융감독원장은 청문을 실시하고자 하는 경우에는 청문일 10일 전까지 제재의 상대방 또는 그 대리인에게 서면으로 청문의 사유, 청문의 일시 및 장소, 청문주재자, 청문에 응하지 아니하는 경우의 처리방법 등을 통지하여야 한다(시행세칙60①). 통지를 받은 제재의 상대방 또는 그 대리인은 지정된 일시에 출석하여 의견을 진술하거나 서면으로 의견을 제출할 수 있다(시행세칙60② 전단). 이 경우 제재의 상대방 또는 그 대리인이 정당한 이유없이 기한 내에 의견진술을 하지 아니한 때에는 의견이 없는 것으로 본다(시행세칙60② 후단).

(6) 제재심의위원회 심의

금융감독원장은 제재에 관한 사항을 심의하기 위하여 금융감독원장 자문기구로서 제재심의위원회("심의회")를 설치·운영한다(검사제재규정34①). 심의회는 법상 기구는 아니며, 금융감독원 내부에 설치된 심의위원회로 제재에 관한 사항이나 기타 금융감독원장이 정하는 사항 및 제재조치에 대한 이의신청 사항에 대한 심의를 수행한다(검사제재규정34②).

제재대상 금융기관 또는 그 임직원과 제재실시부서("당사자")는 대회의에 함께 출석하여 진술할 수 있으며, 위원장의 회의 운영에 따라 다른 당사자의 진술에 대하여 반박할 수 있다. 당사자는 필요한 경우 관련 업계 전문가 등 참고인이 출석하여 진술할 것을 신청할 수 있고, 위원장이 그 허가 여부를 결정한다(시행세칙57⑥ 전단). 대회의에 출석한 당사자와 참고인은 변호사의 조력을 받을 수 있으며, 위원은 출석한 당사자와 참고인 등에게 조치대상관련 사실상 또는 법률상 사항에 대하여 질문할 수 있다(시행세칙57⑥ 후단).

7. 제재의 효과

(1) 임원선임 자격제한

(가) 기관제재와 임원선임 자격제한

다음의 어느 하나에 해당하는 사람, 즉 i) 금융관계법령에 따른 영업의 허가·인가·등록 등의 취소(가목), ii) 금융산업구조개선법 제10조 제1항[10]에 따른 적기시정조치(나목), iii) 금융산업구조개선법 제14조 제2항[11]에 따른 행정처분

10) ① 금융위원회는 금융기관의 자기자본비율이 일정 수준에 미달하는 등 재무상태가 제2항에 따른 기준에 미달하거나 거액의 금융사고 또는 부실채권의 발생으로 금융기관의 재무상태가 제2항에 따른 기준에 미달하게 될 것이 명백하다고 판단되면 금융기관의 부실화를 예방하고 건전한 경영을 유도하기 위하여 해당 금융기관이나 그 임원에 대하여 다음의 사항을 권고·요구 또는 명령하거나 그 이행계획을 제출할 것을 명하여야 한다.
1. 금융기관 및 임직원에 대한 주의·경고·견책 또는 감봉
2. 자본증가 또는 자본감소, 보유자산의 처분이나 점포·조직의 축소
3. 채무불이행 또는 가격변동 등의 위험이 높은 자산의 취득금지 또는 비정상적으로 높은 금리에 의한 수신의 제한
4. 임원의 직무정지나 임원의 직무를 대행하는 관리인의 선임
5. 주식의 소각 또는 병합
6. 영업의 전부 또는 일부 정지
7. 합병 또는 제3자에 의한 해당 금융기관의 인수
8. 영업의 양도나 예금·대출 등 금융거래와 관련된 계약의 이전("계약이전")
9. 그 밖에 제1호부터 제8호까지의 규정에 준하는 조치로서 금융기관의 재무건전성을 높이기 위하여 필요하다고 인정되는 조치

11) ② 금융위원회는 부실금융기관이 다음의 어느 하나에 해당하는 경우에는 그 부실금융기관에 대하여 계약이전의 결정, 6개월 이내의 영업정지, 영업의 인가·허가의 취소 등 필요한 처분을 할 수 있다. 다만, 제4호에 해당하면 6개월 이내의 영업정지처분만을 할 수 있으며, 제1호 및 제2호의 부실금융기관이 부실금융기관에 해당하지 아니하게 된 경우에는 그러하지 아니하다.
1. 제10조 제1항 또는 제12조 제3항에 따른 명령을 이행하지 아니하거나 이행할 수 없게 된 경우
2. 제10조 제1항 및 제11조 제3항에서 규정하는 명령 또는 알선에 따른 부실금융기관의 합병 등이 이루어지지 아니하는 경우
3. 부채가 자산을 뚜렷하게 초과하여 제10조 제1항에 따른 명령의 이행이나 부실금융기관의 합병 등이 이루어지기 어렵다고 판단되는 경우

(다목)을 받은 금융회사의 임직원 또는 임직원이었던 사람으로서 해당 조치가 있었던 날부터 5년이 지나지 아니한 사람은 금융회사의 임원이 되지 못한다(금융사지배구조법5①(6)).

여기서 임직원 또는 임직원이었던 사람은 그 조치를 받게 된 원인에 대하여 직접 또는 이에 상응하는 책임이 있는 사람으로서 "대통령령으로 정하는 사람"으로 한정한다(금융사지배구조법5①(6)). 여기서 "대통령령으로 정하는 사람"이란 해당 조치의 원인이 되는 사유가 발생한 당시의 임직원으로서 다음의 어느 하나에 해당하는 사람을 말한다(금융사지배구조법 시행령7①).

1. 감사 또는 감사위원
2. 법 제5조 제1항 제6호 가목 또는 다목에 해당하는 조치의 원인이 되는 사유의 발생과 관련하여 위법·부당한 행위로 금융위원회 또는 금융감독원장으로부터 주의·경고·문책·직무정지·해임요구, 그 밖에 이에 준하는 조치를 받은 임원(업무집행책임자는 제외)
3. 법 제5조 제1항 제6호 나목에 해당하는 조치의 원인이 되는 사유의 발생과 관련하여 위법·부당한 행위로 금융위원회 또는 금융감독원장으로부터 직무정지·해임요구, 그 밖에 이에 준하는 조치를 받은 임원
4. 법 제5조 제1항 제6호 각 목에 해당하는 조치의 원인이 되는 사유의 발생과 관련하여 위법·부당한 행위로 금융위원회 또는 금융감독원장으로부터 직무정지요구 또는 정직요구 이상에 해당하는 조치를 받은 직원(업무집행책임자를 포함)
5. 제2호부터 제4호까지의 제재 대상자로서 그 제재를 받기 전에 퇴임하거나 퇴직한 사람

(나) 임직원제재와 임원선임 자격제한

금융회사지배구조법 또는 금융관계법령에 따라 임직원 제재조치(퇴임 또는 퇴직한 임직원의 경우 해당 조치에 상응하는 통보를 포함)를 받은 사람으로서 조치의 종류별로 5년을 초과하지 아니하는 범위에서 "대통령령으로 정하는 기간"이 지나지 아니한 사람(금융사지배구조법5①(7))은 금융회사의 임원이 되지 못한다

---

4. 자금사정의 급격한 악화로 예금등 채권의 지급이나 차입금의 상환이 어렵게 되어 예금자의 권익이나 신용질서를 해칠 것이 명백하다고 인정되는 경우

여기서 “대통령령으로 정하는 기간”이란 다음의 구분에 따른 기간을 말한다(동법 시행령7②).

1. 임원에 대한 제재조치의 종류별로 다음에서 정하는 기간
   가. 해임(해임요구 또는 해임권고 포함): 해임일(해임요구 또는 해임권고의 경우에는 해임요구일 또는 해임권고일)부터 5년
   나. 직무정지(직무정지의 요구 포함) 또는 업무집행정지: 직무정지 종료일(직무정지 요구의 경우에는 직무정지 요구일) 또는 업무집행정지 종료일부터 4년
   다. 문책경고: 문책경고일부터 3년
2. 직원에 대한 제재조치의 종류별로 다음에서 정하는 기간
   가. 면직요구: 면직요구일부터 5년
   나. 정직요구: 정직요구일부터 4년
   다. 감봉요구: 감봉요구일부터 3년
3. 재임 또는 재직 당시 금융관계법령에 따라 그 소속기관 또는 금융위원회·금융감독원장 외의 감독·검사기관으로부터 제1호 또는 제2호의 제재조치에 준하는 조치를 받은 사실이 있는 경우 제1호 또는 제2호에서 정하는 기간
4. 퇴임하거나 퇴직한 임직원이 재임 또는 재직 중이었더라면 제1호부터 제3호까지의 조치를 받았을 것으로 인정되는 경우 그 받았을 것으로 인정되는 조치의 내용을 통보받은 날부터 제1호부터 제3호까지에서 정하는 기간

(2) 준법감시인 선임 자격제한

준법감시인은 최근 5년간 금융사지배구조법 또는 금융관계법령을 위반하여 금융위원회 또는 금융감독원장, 그 밖에 “대통령령으로 정하는 기관”으로부터 문책경고 또는 감봉요구 이상에 해당하는 조치를 받은 사실이 없어야 준법감시인으로 선임될 수 있다(금융사지배구조법26①(1)). 여기서 “대통령령으로 정하는 기관”이란 i) 해당 임직원이 소속되어 있거나 소속되었던 기관(제1호), ii) 금융위원회와 금융감독원장이 아닌 자로서 금융관계법령에서 조치 권한을 가진 자(제2호)를 말한다(동법 시행령21①).

(3) 검사제재규정

금융위원회가 기관 또는 임원에 대하여 제재조치를 취한 때에는 해당 금융기관의 장은 금융감독원장이 정하는 바에 따라 이사회 앞 보고 또는 주주총회 부의 등 필요한 절차를 취하여야 한다(검사제재규정38). 즉 금융기관의 장은 다음의 절차를 취하여야 한다(시행세칙62①).

1. 임원의 해임권고를 받은 금융기관은 이를 지체없이 상임이사 및 사외이사로 구성된 이사회에 제재통보서 사본을 첨부하여 서면보고하여야 하며, 주주총회(주주총회가 없는 금융기관은 주주총회에 상당하는 최고의사결정기구)에 부의할 때에는 위법·부당사실을 구체적으로 기재하여야 한다.
2. 금융기관 또는 그 임원이 다음 각목의 1에 해당하는 제재를 받은 때에는 당해 금융기관의장은 이사회에 제재통보서 사본을 첨부하여 서면보고하여야 하며, 주주총회에 제출하는 감사보고서에 제재일자, 위법·부당행위의 내용, 관련임원별 위법·부당행위 및 제재내용을 구체적으로 기재하여야 한다. 다만, 외국금융기관 국내지점의 경우에는 해당국 본점에 서면보고하는 것으로 이에 갈음할 수 있다.
   가. 금융기관에 대한 제재 중 영업 또는 업무의 전부 또는 일부정지, 영업점의 폐쇄, 영업점의 영업 또는 업무정지, 위법·부당행위의 중지, 계약이전의 결정, 기관경고
   나. 임원에 대한 제재 중 업무집행정지, 문책경고, 주의적 경고

금융기관의 장은 위법·부당행위 관련 임원이 제재조치 전에 사임한 경우에도 위 제1항에 준하여 조치하여야 한다(시행세칙62②).

8. 제재에 대한 통제

(1) 의의

금융기관 또는 그 임직원에 대하여 제재를 하는 경우에 금융감독원장은 그 제재에 관하여 이의신청·행정심판·행정소송의 제기, 기타 불복을 할 수 있는 권리에 관한 사항을 제재대상자에게 알려주어야 한다(검사제재규정36①).

(2) 이의신청

금융기관 또는 그 임직원은 당해 제재처분 또는 조치요구가 위법 또는 부당하다고 인정하는 경우에 금융위원회 또는 금융감독원장에게 이의를 신청할 수 있다(검사제재규정37① 본문). 이의신청은 제재통보서 또는 검사서가 도달한 날로부터 1월 이내에 금융위원회 또는 금융감독원장에게 하여야 한다(시행세칙61①). 다만, 금융관련법규에서 별도의 불복절차가 마련되어 있는 경우에는 그에 따른다(검사제재규정37① 단서).

금융감독원장은 금융기관 또는 그 임직원의 이의신청에 대하여 다음과 같이 처리한다(검사제재규정37③).

1. 금융위원회의 제재처분에 대하여 이의신청을 받은 경우에는 그 이의신청 내용을 금융위원회에 지체없이 통보하고, 타당성 여부를 심사하여 당해 처분의 취소·변경 또는 이의신청의 기각을 금융위원회에 건의한다. 다만, 이의신청이 이유없다고 인정할 명백한 사유가 있는 경우에는 금융감독원장이 이의신청을 기각할 수 있다.
2. 금융감독원장의 제재처분 또는 조치요구사항에 대하여는 이유가 없다고 인정하는 경우에는 이를 기각하고, 이유가 있다고 인정하는 경우에는 당해 처분을 취소 또는 변경한다.

(3) 집행정지

금융감독원장은 제재를 받은 금융기관 직원(이사·감사 등과 사실상 동등한 지위에 있는 미등기 임원 제외)이 감봉 이상의 신분상 제재(금융위원회에 건의하는 제재사항은 제외하되, 금융관련법규상 제재로 인하여 준법감시인의 지위를 상실하는 경우를 포함)에 대하여 이의를 신청한 경우로서 제재조치의 집행 또는 절차의 속행으로 인하여 발생할 수 있는 회복하기 어려운 손해를 예방하기 위하여 필요하다고 인정하는 때에는 당사자의 신청에 의하여 그 제재조치의 집행 또는 절차의 속행정지("집행정지")를 결정할 수 있다(시행세칙61의2①).

집행정지는 금융감독원장의 집행정지결정이 있는 때부터 금융감독원장의 이의신청에 대한 결정(금융위원회에 건의하는 제재사항 중 준법감시인 지위를 상실하는 경우의 이의신청에 대해서는 금융위원회의 결정)이 있는 때까지 효력이 있다(시행세칙61의2②). 금융감독원장은 이의신청을 처리하기 이전이라도 집행정지의 사유가 없어진 경우에는 집행정지 결정을 취소할 수 있다(시행세칙61의2⑦). 집행정지 처리결과에 대하여는 이의를 제기할 수 없다(시행세칙61의2⑧).

(4) 행정쟁송

금융위원회법은 “금융위원회, 증권선물위원회 및 금융감독원이 내린 위법·부당한 처분으로 권리나 이익을 침해받은 자는 행정심판을 제기할 수 있다(금융위원회법70)”고 규정하고 있다. 따라서 금융위원회, 증권선물위원회나 금융감독원으로부터 제재를 받은 금융기관 임직원은 그 제재조치가 위법·부당하다고 판단되는 경우 행정심판을 제기하여 권리구제를 받을 수 있다. 제재조치로 인해 권리에 직접적인 제한을 받는 당사자는 행정심판 이외에 직접 행정소송법상 항고소송(행정소송법4)을 통해 권리구제를 받을 수도 있다. 다만, 이러한 행정심판이나 행정소송을 통하여 권리구제를 받기 위해서는 제재조치의 처분성이 인정되어야 한다.

제2절 외부주문등에 대한 감독 및 검사

Ⅰ. 외부주문등에 대한 감독

1. 외부주문등에 대한 기준 준수

금융회사 및 전자금융업자는 전자금융거래와 관련하여 전자금융보조업자와 제휴, 위탁 또는 외부주문(“외부주문등”)에 관한 계약을 체결하거나 변경하는 때(전자금융보조업자가 다른 전자금융보조업자와 외부주문등에 관한 계약을 체결하거나 변경하는 때를 포함)에는 전자금융거래의 안전성 및 신뢰성과 금융회사 및 전자금융업자의 건전성을 확보할 수 있도록 금융위원회가 정하는 기준을 준수하여야 한다(법40①).

** 금융위원회 질의회신(문서번호 130221)

〈질의〉

전자금융보조업자의 의무 등 관련 질의

• 전자금융거래법 제40조 제1항에서 "금융위원회가 정하는 기준"이 무엇이며, 이때 전자금융보조업자의 의무가 무엇인지?

• 영위하고자 하는 사업이 전자금융업인지 전자금융보조업에 속하는지를 판단할 때 어느 단체의 심사 및 기준을 따라야 하는지?

〈회신〉

• 전자금융거래법 제40조 제1항의 "금융위원회가 정하는 기준"이라 함은 전자금융감독 규정 제60조(외부주문등에 대한 기준) 각 항 및 호에서 정하고 있는 것을 의미하며, 상기 조항과 관련된 전자금융보조업자의 의무로는, 금융감독원장이 법 제40조 제1항 규정에 따른 제휴 또는 외부주문과 관련하여 금융기관 또는 전자금융업자에 대한 검사를 실시하는 경우 전자금융보조업자에게 자료제출을 요구할 수 있도록 규정(법 제40조 제3항)하여, "금융감독원장에 대한 자료제출 의무"가 있습니다. 자료제출 기준은 전자금융감독 규정 제61조(전자금융보조업자 자료제출 기준)에서 정하고 있습니다. 질의하신 사항 외에 전자금융거래법 제21조(안전성의 확보 의무)에서는 전자금융보조업자에 대해서도 선량한 관리자로서의 주의의무를 규정하고 있고 같은 조 제2항에서 정보기술부문 및 전자금융업무와 관련하여 금융위원회가 정하는 기준을 준수하도록 규정하고 전자금융감독규정 및 시행세칙, 각종 행정지도를 통해 이와 관련한 안전성을 확보하도록 하고 있으니 참고해 주시기 바랍니다.

• 전자금융업 또는 전자금융보조업자에 속하는지 판단할 때에는 전자금융거래법 제2조(정의) 제4호 및 제5호에서 전자금융업자와 전자금융보조업자에 대한 정의를 하고 있으며, 전자금융감독 규정 제3조(전자금융보조업자의 범위)에서는 전자금융보조업자의 범위를 명시하고 있습니다. 또한 전자금융업 등록 요건은 전자금융거래법 제28조(전자금융업 등록)에서 정하고 있으므로 참고하여 주시기 바랍니다.

2. 외부주문등과 준수사항

금융회사 또는 전자금융업자는 전자금융거래를 위한 외부주문등의 경우에는 다음의 사항을 준수하여야 한다(감독규정60①).

1. 외부주문등에 의한 정보처리시스템의 개발업무에 사용되는 업무장소 및 전산설비는 내부업무용과 분리하여 설치·운영
2. 금융회사와 이용자 간 암호화정보 해독 및 원장 등 중요 데이터 변경 금지
3. 계좌번호, 비밀번호 등 이용자 금융정보 무단보관 및 유출 금지
4. 접근매체 위·변조, 해킹, 개인정보유출 등에 대비한 보안대책 수립
5. 금융회사와 전자금융보조업자 간의 접속은 전용회선(전용회선과 동등한 보안수준을 갖춘 가상의 전용회선을 포함)을 사용
6. 정보처리시스템 장애 등 서비스 중단에 대비한 비상대책 수립
7. 외부주문등의 입찰·계약·수행·완료 등 각 단계별로 금융감독원장이 정하는 보안관리방안을 따를 것[12)]

---

12) 감독규정시행세칙 제9조의2(외부주문등에 대한 기준) ① 규정 제60조 제1항 제7호에 따라 감독원장이 정하는 보안관리방안은 <별표 5-2>와 같다.
② 규정 제60조 제1항 제14호에 따라 감독원장이 정하는 중요 점검사항은 <별표 5-3>과 같다.

<별표 5-2> 보안관리방안

단계	세부사항
입찰	• 입찰 공고 이전에 투입이 예상되는 자료·장비 가운데 보안관리가 필요한 사항에 대하여 금융회사 또는 전자금융업자의 내부관리기준과 관련 법규를 검토하고 필요한 보안요구 사항을 마련 • 입찰 공고시에 금융회사 또는 전자금융업자가 자체 작성한 중요정보, 부정당업자 제재조치, 기밀유지 의무 및 위반시 불이익 등을 정확히 공지 • 제안서 평가요소에 자료·장비·네트워크 보안대책 및 중요정보 관리 방안 등 보안관리 계획의 평가항목 및 배점기준 마련 • 업체가 입찰제안서에 제시한 용역사업 전반에 대한 보안관리 계획이 타당한지를 검토하여 사업자 선정시에 이를 반영
계약	• 계약서 작성 초기 단계부터 정보보안사항 포함여부에 대한 검토 실시 • 용역사업에 투입되는 자료·장비 등에 대해 대외보안이 필요한 경우 보안의 범위·책임을 명확히 하기 위해 사업수행 계약서와 별도로 비밀유지계약서 작성 • 비밀유지계약서에는 비밀정보의 범위, 보안준수 사항, 위반시 손해배상 책임, 지적재산권 문제, 자료의 반환 등이 포함되도록 명시 • 용역사업 참여인원은 금융회사 또는 전자금융업자의 사전 동의 없이 용역업체가 임의로 교체할 수 없도록 명시

계약	• 금융회사 또는 전자금융업자의 요구사항을 사업자에게 명확히 전달키 위하여 작성하는 과업지시서·계약서(입찰 공고 포함)에 인원·장비·자료 등에 대한 보안조치 사항과 정보유출 및 부정당업자에 대한 손해배상 내용 등을 정확히 기술 • 용역업체가 사업에 대한 하도급 계약을 체결할 경우 원래 사업계약 수준의 비밀유지 조항을 포함토록 조치 • 규정 제7조 각호에 규정한 사항의 준수를 위하여 외부주문업체 등의 협조가 요구되는 사항
수행	[인력] • 용역사업 참여인원에 대해서는 '정보 유출' 방지 조항 및 개인의 자필 서명이 들어간 보안서약서 징구 • 용역사업 수행前 참여인원에 대해 법적 또는 금융회사 또는 전자금융업자의 규정에 따른 비밀유지 의무 준수 및 위반시 처벌내용 등에 대한 보안교육 실시 * 유출 금지 대상정보 및 정보 유출시 부정당업자 제재조치 등에 대한 교육 병행 • 금융회사 또는 전자금융업자는 사업 수행 중 업체 인력에 대한 보안점검 실시, '유출금지 대상 정보' 외부 유출여부 확인 [자료] • 계약서 등에 명시한 중요정보를 업체에 제공할 경우 자료관리 대장을 작성, 인계자·인수자가 직접 서명한 후 제공하고 사업완료시 관련자료 회수 • 용역사업 관련자료 및 사업과정에서 생산된 모든 산출물은 금융회사 또는 전자금융업자의 파일 서버에 저장하거나 금융회사 또는 전자금융업자가 지정한 PC에 저장·관리 • 용역사업 관련 자료는 인터넷 웹하드·P2P 등 인터넷 자료공유사이트 및 개인메일함에 저장을 금지하고 금융회사 또는 전자금융업자와 용역업체간 전자우편을 이용해 전송이 필요한 경우에는 자체 전자우편을 이용하고, 첨부자료 중 중요정보 포함자료는 암호화 후 수발신 • 금융회사 또는 전자금융업자가 제공한 사무실에서 업체가 용역사업을 수행할 경우, 유출금지 대상 정보가 포함된 자료는 매일 퇴근시 시건장치가 된 보관함에 보관 • 용역사업 수행으로 생산되는 산출물 및 기록은 금융회사 또는 전자금융업자가 인가하지 않은 비인가자에게 제공·대여·열람을 금지 [사무실·장비] • 용역사업 수행장소는 금융회사 또는 전자금융업자 전산실 등 중요시설과 분리하고 CCTV·시건장치 등 비인가자의 출입통제 대책을 마련 • 용역업무를 수행하는 공간에 대한 보안점검을 정기적으로 실시 • 용역직원이 노트북 등 관련 장비를 외부에서 반입하여 내부망에 접속시 악성코드 감염여부 및 반출시마다 자료 무단반출 여부 확인 • 인가받지 않은 USB메모리 등의 휴대용 저장매체 사용을 금지하며 산출물 저장을 위하여 휴대용 저장매체가 필요한 경우 금융회사 또는 전자금융업자의 승인하에 사용 [내·외부망 접근시] • 금융회사 또는 전자금융업자는 개발시스템과 운영시스템을 분리하고, 용역업체는

수행	업무상 필요한 서버에만 제한적 접근 허용 • 용역사업 수행시 금융회사 또는 전자금융업자 전산망 이용이 필요한 경우 - 사업 참여인원에 대한 사용자계정(ID)은 하나의 그룹으로 등록하고 계정별로 정보시스템 접근권한을 차등 부여하되 허용되지 않은 금융회사 또는 전자금융업자의 내부문서 접근 금지 - 계정별로 부여된 접속권한은 불필요시 즉시 해지하거나 계정을 폐기 - 참여인원에게 부여한 계정은 별도로 기록 관리하고 수시로 해당 계정에 접속하여 저장된 자료와 작업이력 확인 - 금융회사 또는 전자금융업자는 내부서버 및 네트워크 장비에 대한 접근기록 이상 여부를 정기 점검 • 용역업체에서 사용하는 PC는 인터넷 연결을 금지하되, 사업수행상 연결이 필요한 경우에는 금융회사 또는 전자금융업자의 보안통제하에 제한적 허용 • 용역업체 사용 전산망에서 P2P, 웹하드 등 인터넷 자료공유사이트로의 접속을 원천 차단
완료	• 사업 완료 후 생산되는 최종 산출물 등 대외보안이 요구되는 자료는 대외비 이상으로 작성·관리하고 불필요한 자료는 삭제 및 폐기 • 용역업체에 제공한 자료, 장비와 중간·최종 산출물 등 용역과 관련된 제반자료는 전량 회수하고 업체에 복사본 등 별도 보관 금지 • 용역사업 완료 후 업체 소유 PC·서버의 하드디스크·휴대용 저장매체 등 전자기록 저장매체는 복원이 불가능한 방법으로 완전 삭제 후 반출 • 용역사업 관련자료 회수 및 삭제조치 후 업체에게 복사본 등 용역사업관련 자료를 보유하고 있지 않다는 대표자 명의의 확약서 징구

<별표 5-3> 중요 점검사항

	점검 항목
1	이용자 정보의 조회·출력에 대한 통제 및 이용자 정보 조회시 사용자, 사용일시, 변경·조회내역, 접속방법 기록·관리
2	테스트시 이용자 정보 사용금지(부하 테스트 등 사용이 불가피한 경우 이용자 정보를 변환하여 사용하고 테스트 종료 즉시 삭제)
3	운영시스템 접속·사용 통제
4	내부통신망의 비인가 전산장비·무선통신 접속 통제(정보처리시스템을 이용한 통제 장치 마련시 통제 장치에 대한 일일점검으로 대체 가능)
5	전산자료 및 전산장비 반출·반입 통제
6	전산실 등 출입자 관리기록부 기록·보관
7	인터넷(무선통신망 포함) 사용 통제(정보처리시스템을 이용한 통제 장치 마련시 통제 장치에 대한 일일점검으로 대체 가능)
8	운영체제 및 악성코드 치료프로그램을 최신으로 유지
9	USB 등 보조기억매체 사용 통제
10	단말기에 이용자 정보 등 중요정보 보관 금지

8. 업무지속성을 위한 중요 전산자료의 백업(backup)자료 보존 및 백업설비 확보 등 백업대책 수립
9. 정보관리의 취약점을 최소화하고 보안유지를 위한 내부통제방안을 수립·운용하고, 통제는 제8조(인력, 조직 및 예산) 제1항 제2호[13]의 조직에서 수행
10. 전자금융보조업자에 대한 재무건전성을 연1회 이상 평가하여 재무상태 악화에 따른 도산에 대비하고 전자금융보조업자의 주요 경영활동에 대해 상시 모니터링을 실시
11. 전자금융보조업자가 제공하는 서비스의 품질수준을 연1회 이상 평가할 것
12. 전자금융보조업자가 사전 동의 없이 다시 외부주문등 계약을 체결하거나 계약업체를 변경하지 못하도록 하고, 사전 동의시 해당 계약서에 제7호의 사항을 기재하도록 통제
13. 업무수행인력에 대하여 사전 신원조회 실시(이 경우 신원보증보험 증권 징구로 갈음할 수 있다) 또는 대표자의 신원보증서 징구, 인력변경시 인수인계에 관한 사항 등을 포함한 업무수행인력 관리방안 수립
14. 외부주문등은 자체 보안성검토 및 정기(금융감독원장이 정하는 중요 점검사항에 대해서는 매일) 보안점검 실시

3. 평가결과 보고와 실태평가 반영

금융회사 또는 전자금융업자는 앞의 감독규정 제60조 제1항 제10호 및 제11호의 평가결과를 금융감독원장에게 보고하여야 한다(감독규정60②)

금융감독원장은 평가결과 보고를 접수하고, 그 평가실시 여부를 정보기술부문 실태평가에 반영할 수 있다(감독규정60③).

4. 계약 내용의 시정 또는 보완 지시

금융위원회는 외부주문등에 관한 계약 내용이 금융회사 또는 전자금융업자의 경영의 건전성 및 이용자의 권익을 침해하는 것이라고 인정하는 때에는 그 금융회사 또는 전자금융업자에 대하여 관련 계약 내용의 시정 또는 보완을 지시할 수 있다(법40②).

---

13) 2. 외부주문등에 관한 계약을 체결하는 때에는 계약내용의 적정성을 검토하고 자체적으로 통제가 가능하도록 회사내부에 조직과 인력을 갖출 것

Ⅱ. 외부주문등에 대한 검사와 조사

1. 자료제출요구

금융감독원장은 외부주문등과 관련하여 금융회사 또는 전자금융업자에 대한 검사를 하는 경우에는 금융위원회가 정하는 기준에 따라 그 전자금융보조업자에 대한 자료제출을 요구할 수 있다(법40③).

이에 따라 금융감독원장은 전자금융보조업자에 대해 외부주문등과 관련한 계약서, 계약서 부속자료 및 그 밖의 전자금융업무와 관련한 자료 등을 직접 요구할 수 있다(감독규정61①). 이에 따른 자료제출 요구시 전자금융보조업자는 특별한 이유가 없는 한 자료제출에 응하여야 한다(감독규정61②).

2. 부실자료제출에 대한 조사

금융감독원장은 전자금융보조업자가 자료를 제출하지 아니하거나 부실한 자료를 제출한 경우에는 해당 전자금융보조업자에 대하여 조사를 할 수 있다(법40④). 조사를 하는 자는 그 권한을 표시하는 증표를 지니고 이를 관계인에게 내보여야 한다(법40⑦, 법39④).

3. 조사사항에 대한 진술서의 제출 등

금융감독원장은 부실자료제출에 대한 조사를 위하여 필요하다고 인정하는 경우에는 전자금융보조업자에게 ⅰ) 조사사항에 관한 진술서의 제출(제1호), ⅱ) 조사에 필요한 장부·서류, 그 밖의 물건의 제출(제2호), ⅲ) 관계인의 출석(제3호)을 요구할 수 있다(법40⑤).

Ⅲ. 재위탁

1. 재위탁의 금지

정보기술부문의 정보보호와 관련된 업무를 위탁받은 전자금융보조업자는 해당 업무를 제3자에게 재위탁하여서는 아니 된다(법40⑥ 본문).

2. 재위탁의 허용

전자금융거래정보의 보호 및 안전한 처리를 저해하지 아니하는 범위에서 "금융위원회가 인정하는 경우"에는 재위탁할 수 있다(법40⑥ 단서). 여기서 "금융위원회가 인정하는 경우"란 전자금융거래정보의 보호와 관련된 전산장비·소프트웨어에 대한 개발·운영 및 유지관리 업무를 재위탁하는 경우로서 다음의 사항을 준수하는 경우를 말한다(감독규정60④).

1. 재수탁업자가 재위탁된 업무를 처리함에 있어 금융거래 정보의 변경이 필요한 경우에는 위탁회사 또는 원수탁업자의 개별적 지시에 따라야 하며, 위탁회사 또는 원수탁업자는 변경된 정보가 지시 내용에 부합하는지 여부를 확인하여야 함
2. 위탁업무와 관련된 이용자의 금융거래정보는 위탁회사의 전산실 내에 두어야 함. 다만, 재수탁업자가 이용자의 이용자 정보를 어떠한 경우에도 알지 못하도록 위탁회사 또는 원수탁업자가 금융거래정보를 처리하여 제공한 경우에는 위탁회사의 관리·통제 하에 재수탁회사 등 제3의 장소로 이전 가능함

** 금융위원회 질의회신(2015. 4. 28.)

〈질의〉

전자금융거래법 제40조 제6항의 전자금융보조업자의 정보보호업무 재위탁 금지 예외 인정 관련 문의

ㅁ 질의 요지

1. 당사는 사업을 진행하며, 고객사에 금융서비스를 제공함에 (1) 보안인프라를 운영하는 업무 또는 (2) 부수적으로 정보보호업무를 수행하는바, (1) 단순 보안인프라를 운영 업무와 (2) 부수적으로 이루어지는 정보보호업무의 경우에도, 전자금융거래법 제40조 제6항 본문에 해당되어 정보기술부문의 정보보호와 관련된 업무를 위탁받은 전자금융보조업자로서 제3자에게 해당업무를 재위탁해서는 안되는지 여부

2. 재위탁 금지사유에 해당되는 경우에 전자금융거래법 제40조 제6항 단서 및 전자금융감독규정 제60조 제4항의 "금융위원회가 인정하는 경우"로 인정되어

위탁가능하기 위한 요건은 전자금융감독 규정 제60조 제4항의 요건만을 충족하면 가능한지 여부

〈회신〉

보안토큰 및 방화벽 운영, 네트워크 트래픽 분석 등 보안인프라 운영 업무의 경우 전자금융거래정보를 주업무로 취급하지 않더라도 정보기술부문의 정보보호와 관련된 업무로서 원칙적으로 재위탁 금지대상에 포함됩니다. 다만, 전자금융거래법 제40조 제6항의 단서 규정에 따라 전자금융감독 규정 제60조 제4항 각 호에 대하여 준수할 경우 재위탁이 예외적으로 허용된다고 하겠습니다.

〈이유〉

전자금융거래법 제40조 제6항의 재위탁 금지조항은 전자금융거래정보의 보호 및 안전한 처리를 목적으로 설치된 조항이며, 후단의 단서 규정은 이러한 목적을 달성하기 위한 조건을 준수할 경우 제한적으로 재위탁을 허용하는 것입니다. 전자금융감독규정 제60조 제4항 각 호는 전자금융거래정보의 보호 목적 달성을 위해 보다 철저한 내부통제를 실시하고, 외부반출이 필요한 경우에는 관련 정보를 이용하거나 다른 정보와 결합하여 금융거래정보를 식별할 수 없도록 조치를 하여야 함을 규정한 것입니다.

방화벽, 네트워크 트래픽 분석 설비 등 정보보안 설비는 금융거래정보를 주업무로 취급하지 않지만, 네트워크 및 서버에 금융거래 정보가 유통될 가능성이 있으므로 보안 인프라 운영에 대한 재위탁은 전자금융감독규정 제60조 제4항 각 호의 요건을 충족하는 경우에만 허용됩니다.

** 금융위원회 질의회신(2020. 5. 4.)

〈질의〉

클라우드와 관련하여 전자금융감독규정 제60조 제4항의 적용여부 및 해석 요청

ㅁ 전자금융거래법상 금융회사 또는 전자금융업자가 클라우드컴퓨팅서비스 제공자와 계약을 맺고 클라우드컴퓨팅서비스를 이용하면서 정보보호와 관련된 업무 역시 위탁한 때, 전자금융감독규정 제60조 제4항의 요건을 갖춘 경우 금융

회사의 정보보호와 관련된 업무를 재위탁하는 것이 가능한지 여부(특히 금융회사 등이 클라우드컴퓨팅을 이용할 때, 위 감독규정 제60조 제4항 제2호의 요건 중 위탁회사의 전산실의 범위에 클라우드 전산센터가 포함되는지 여부)

〈회신〉

ㅁ 전자금융거래법 제40조 제6항 단서에 따라 금융회사 등이 전자금융감독규정 제60조 제4항 제1호 및 제2호의 기준을 준수하는 경우에는 정보보호와 관련된 업무의 재위탁이 가능합니다.

• 한편, 금융회사 등이 제3자가 제공하는 클라우드컴퓨팅서비스를 이용하는 경우에도 전자금융거래법 제28조, 전자금융감독규정 제14조의2, 제50조 제1항 제2호 및 제4호에 따라 허가·등록의 요건으로서 전산설비·기기 등을 갖추었다고 볼 수 있으므로,

– 전자금융감독규정 제60조 제4항 제2호의 요건과 관련한 위탁회사인 금융회사 등의 전산실의 범위에는 제3자인 클라우드컴퓨팅서비스 제공자의 전산센터도 포함된다고 판단됩니다.

〈이유〉

ㅁ 전자금융거래법 제40조 제6항의 정보보호 관련 업무의 재위탁 제한규정은 전자금융거래정보의 보호 및 안전한 처리를 목적으로 도입되었습니다.

• 전자금융거래법에서의 정보보호 관련 업무는 전자금융거래의 안정성 확보 및 이용자 보호를 위한 업무로서(전자금융거래법 §21의2④ 등), 방화벽 운용, 시스템 모니터링 등 보안 인프라 운영과 취약점 분석평가, IT내부통제 관리 등의 업무를 포괄하며,

– 정보의 외부유출 방지 등을 위해 금융회사 등의 정보보호최고책임자(CISO)가 통솔해야 하는 업무이므로 원칙적으로 재위탁을 제한하되, 단서 규정을 두어 일정한 조건을 준수하는 경우에 한하여 제한적으로 재위탁을 허용하였습니다.

ㅁ 아울러, 전자금융감독규정 제60조 제4항 각 호에서는 전자금융거래정보의 보호 목적 달성을 위해 다음과 같이 재위탁의 기준을 구체화하고 있으므로, 해당 기준을 준수하는 경우에는 재위탁이 가능합니다(전자금융감독규정 §60④ Ⅰ, Ⅱ).

I) 재수탁업자가 재위탁된 업무를 처리함에 있어 금융거래 정보의 변경이 필요한 경우에는 위탁회사 또는 원수탁업자의 개별적 지시에 따라야 하고, 위탁회사 또는 원수탁업자는 변경된 정보가 지시 내용에 부합하는지 여부를 확인할 것

ii) 위탁업무와 관련된 이용자의 금융거래정보는 "위탁회사의 전산실" 내에 둘 것(다만, 재수탁업자가 이용자의 이용자 정보를 어떠한 경우에도 알지 못하도록 위탁회사 또는 원수탁업자가 금융거래정보를 처리하여 제공한 경우에는 위탁회사의 관리·통제 하에 재수탁회사 등 제3의 장소로 이전 가능)

ㅁ 이 경우 전자금융감독규정 제60조 제4항 제2호의 위탁회사의 "전산실"이라 함은 전산장비, 통신 및 보안장비, 전산자료 보관 및 출력장비가 설치된 장소를 의미하고(전자금융감독규정 §2 I),

• 금융회사 등이 제3자가 제공하는 클라우드컴퓨팅서비스를 이용하는 경우에도 전자금융거래법 제28조, 전자금융감독규정 제14조의2, 제50조 제1항 제2호 및 제4호에 따라 허가·등록의 요건으로서 전산설비·기기 등을 갖추었다고 볼 수 있으므로

– 위탁회사인 금융회사 등의 전산실의 범위에는 제3자인 클라우드 컴퓨팅 서비스 제공자의 전산센터도 포함된다고 판단됩니다.

ㅁ 다만, 클라우드 서비스 제공자가 위탁받은 업무를 재위탁하는 경우에는 금융회사 등과 체결된 클라우드컴퓨팅 서비스 이용계약(위·수탁 계약) 및 전자금융감독규정 제14조의2 제1항 제3호에 따라 마련된 금융회사 등의 자체 업무 위·수탁 운영기준을 준수하여야 합니다(금융보안원, 금융분야 클라우드컴퓨팅서비스 이용가이드 64면 등 참조).

• 또한, 재위탁에 따른 재수탁자도 전자금융거래법 제2조 제5호에 따른 전자금융보조업자의 범위에 포함되므로 법 제40조 및 감독규정 제60조에 따른 의무사항을 준수하여야 합니다.

** 금융위원회 질의회신(2015. 4. 28.)

〈질의〉

정보기술부문의 정보보호와 관련 업무를 위탁 받은 전자금융보조업자가 해

당 업무를 제3자에게 재위탁할 수 있는 범위

* (사실관계) 금융회사가 보안업무의 일부를 전산업체에게 위탁하였고, 해당 전산업체는 수탁 보안업무의 일부를 재위탁하여 운영하고 있음. 재수탁업자의 수행업무는 보안토큰 및 방화벽 운영, 네트워크 트래픽 분석 등 보안 인프라를 운영하는 업무일 뿐이어서 금융거래정보 및 이용자 정보를 취급하는 업무와는 관련이 없음

〈회신〉

전자금융거래법에서의 정보보호 관련 업무는 정보보호최고책임자(CISO)가 통솔하는 업무로서 정보기술부문의 보호를 위한 방화벽 운용·시스템모니터링 등 보안인프라 운영과 취약점 분석·평가, IT내부통제 관리 등의 업무를 말하며, 법 제40조 제6항에서는 정보기술부문의 정보보호와 관련된 업무에 대한 재위탁을 원칙적으로 금지하고 있습니다. 다만 전자금융감독규정 제60조 제4항 각 호의 요건을 충족한다면 재위탁이 허용될 수 있습니다.

〈이유〉

전자금융거래법 제40조 제6항의 재위탁 금지규정은 전자금융거래정보의 보호 및 안전한 처리를 목적으로 설치된 조항이며, 후단의 단서 규정은 이러한 목적을 달성하기 위한 조건을 준수할 경우 제한적으로 재위탁을 허용하는 것입니다. 전자금융감독규정 제60조 제4항 각 호의 내용은 전자금융거래정보의 보호 목적 달성을 위해 보다 철저한 내부통제를 실시하고, 외부반출이 필요한 경우에는 관련정보를 이용하거나 다른 정보와 결합하여 금융거래정보를 식별할 수 없도록 조치를 하여야 함을 규정한 것입니다. 따라서 그러한 조건이 충족된다면 재위탁을 허용할 수 있을 것입니다.

한편, 재위탁에 따른 재수탁자도 전자금융거래법 제2조 제5호에 따른 전자금융보조업자의 범위에 포함되므로 법 제40조 및 감독규정 제60조에 따른 의무사항을 준수하여야 합니다.

Ⅳ. 클라우드컴퓨팅서비스 제공자의 건전성 및 안전성 등에 대한 평가시 지원요청

금융회사 또는 전자금융업자는 감독규정 제14조의2 제1항 제2호[14]에 따른 평가를 위하여 금융보안원 또는 금융위원장이 지정한 자(감독규정37①)에 지원을 요청할 수 있다(감독규정60⑤).

Ⅴ. 위반시 제재

법 제40조 제6항을 위반하여 제3자에게 재위탁을 한 자(제7호)에게는 2천만 원 이하의 과태료를 부과한다(법51②).

제3절 한국은행의 자료제출요구 등

Ⅰ. 자료제출요구

한국은행은 금융통화위원회가 전자지급거래와 관련하여 통화신용정책의 수행 및 지급결제제도의 원활한 운영을 위하여 필요하다고 인정하는 때에는 금융회사 및 전자금융업자에 대하여 자료제출을 요구할 수 있다(법41③ 전단). 이 경우 요구하는 자료는 금융회사 및 전자금융업자의 업무부담을 고려하여 필요한 최소한의 범위로 한정하여야 한다(법41③ 후단).

Ⅱ. 검사요구 또는 공동검사요구

한국은행은 금융통화위원회가 통화신용정책의 수행을 위하여 필요하다고

14) 2. 클라우드컴퓨팅서비스 제공자의 건전성 및 안전성 등에 대한 평가(단, 제1호의 평가를 통해 비중요업무로 분류된 업무에 대해서는 <별표 2의2>의 평가항목 중 필수항목만 평가할 수 있다.)

인정하는 때에는 전자화폐발행자 및 전자자금이체업무를 행하기 위하여 등록한 금융회사 및 전자금융업자에 대하여 금융감독원에 검사를 요구하거나 한국은행과의 공동검사를 요구할 수 있다(법41②).

Ⅲ. 준용규정

자료제출요구 및 검사요구 또는 공동검사요구의 방법 및 절차는 한국은행법 제87조(자료제출요구권) 및 제88조(검사 및 공동검사의 요구 등)의 규정과 금융위원회법 제62조(검사 또는 공동검사 요구 등)의 규정을 준용한다(법41③).

제4절 회계처리 구분 및 건전경영지도

Ⅰ. 회계처리 구분 등

1. 회계처리 구분

금융회사 및 전자금융업자는 자금운용과 전자금융거래와 관련한 업무의 성과를 분석할 수 있도록 제28조 제1항(전자화폐의 발행 및 관리업무) 및 제2항(전자자금이체업무 등)에 규정된 업무별로 다른 업무와 구분하여 회계처리하고, 금융위원회가 정하는 바에 따라 전자금융거래와 관련한 업무 및 경영실적에 관한 보고서를 작성하여 금융위원회에 제출하여야 한다(법42①).

2. 업무보고서의 제출 등

(1) 업무보고서의 제출

금융회사 및 전자금융업자는 금융감독원장이 정하는 바에 따라 업무보고서를 금융감독원장에게 제출하여야 한다(감독규정62① 본문). 다만, 법 제2조 제1호[15]에 따른 전자금융업무를 하지 아니하는 금융회사는 그러하지 아니하다(감독

15) 1. "전자금융거래"라 함은 금융회사 또는 전자금융업자가 전자적 장치를 통하여 금융상품 및 서비스를 제공(이하 "전자금융업무"라 한다)하고, 이용자가 금융회사 또는 전자금융

규정62① 단서).

따라서 금융회사 또는 전자금융업자는 감독규정 제62조에 따른 업무보고서를 분기말 현재로 작성하여 매분기 종료 후 45일 이내에 금융감독원장에게 제출하여야 한다(시행세칙10①). 업무보고서 양식 및 기재사항은 <별지 제1호서식>에 따른다(시행세칙10②).

(2) 제출방법

업무보고서 제출은 정보통신망(=정보통신망법 제2조의 규정에 의한 정보통신망)을 이용한 전자문서의 방법에 의할 수 있다(감독규정62②).

Ⅱ. 건전경영지도

1. 경영지도기준의 제정

금융위원회는 전자금융거래와 관련한 업무를 수행하는 금융회사 또는 전자금융업자의 건전경영을 지도하고 전자금융사고를 예방하기 위하여 대통령령이 정하는 바에 따라 ⅰ) 자본의 적정성에 관한 사항(제1호), ⅱ) 자산의 건전성에 관한 사항(제2호), ⅲ) 유동성에 관한 사항(제3호), ⅳ) 그 밖에 경영의 건전성 확보를 위하여 필요한 사항(제4호)에 관한 경영지도기준을 정할 수 있다(법42②).

2. 경영지도기준의 필요적 포함사항

경영지도의 기준에는 ⅰ) 법 제28조 또는 법 제29조에 따른 허가 또는 등록의 요건인 자본금의 유지에 관한 사항(제1호), ⅱ) 자기자본의 보유기준에 관한 사항(제2호), ⅲ) 유동성부채에 대한 유동성자산의 보유기준에 관한 사항(제3호), ⅳ) 총자산 대비 투자위험성이 낮은 자산의 비율에 관한 사항(선불전자지급수단의 발행인 및 전자화폐발행자의 경우는 제외)(제4호), ⅴ) 미상환잔액 대비 자기자본의 비율에 관한 사항(선불전자지급수단의 발행인 및 전자화폐발행자에 한한다)(제5호)이 포함되어야 한다(영24).

업자의 종사자와 직접 대면하거나 의사소통을 하지 아니하고 자동화된 방식으로 이를 이용하는 거래를 말한다.

3. 전자금융업자 경영지도기준

(1) 구체적인 경영지도기준

구체적인 경영지도기준은 다음과 같다(감독규정63①).

1. 법 제30조 및 시행령 제17조에 따른 허가나 등록요건상 최소자본금·출자총액 또는 기본재산 기준을 항상 충족할 것
2. 총자산에서 총부채를 감한 자기자본이 항상 0을 초과할 것
3. 미상환잔액 대비 자기자본 비율은 20% 이상일 것(전자화폐 및 선불전자지급수단 발행자에 한한다)
4. 총자산 대비 투자위험성이 낮은 자산의 비율은 10% 이상으로 유지하거나 미정산 잔액 대비 투자위험성이 낮은 자산의 비율을 100% 이상으로 유지할 것. 단, 법 제28조 제1항의 규정에 따라 허가를 받은 전자금융업자 및 법 제28조 제2항 제3호의 규정에 따라 등록을 한 전자금융업자는 제외한다. 이 때 투자위험성이 낮은 자산은 <별표 6>[16]과 같다.
5. 유동성 비율은 다음 각 목과 같이 유지할 것

   가. 법 제28조 제1항의 규정에 따라 허가를 받은 전자금융업자: 60% 이상

---

16) <별표 6> 투자위험성이 낮은 자산의 종류

1. 현금(OECD 국가의 통화, 금 포함), 은행예금 및 한은예치 지급준비자산
2. 기업신용평가기관에 의해 A등급 이상으로 분류된 회사채 및 A2등급 이상의 기업어음, 발행어음, 표지어음
3. 정부 및 한국은행이 발행하거나 보증한 유가증권: 통안증권, 재정증권, 국채, 정부보증채
4. 은행에 대한 채권(債權), 은행이 지급을 보증한 채권, 동 기관이 발행 또는 보증한 증권에 의해 담보된 채권
5. 다음 각호의 1에 해당하는 국내 공공기관에 대한 채권, 동 기관이 보증한 채권, 동 기관이 발행 또는 보증한 증권에 의해 담보된 채권
   ① 지방자치법 및 정부투자기관 관리기본법에 의한 기관
   ② 지방공기업법에 의한 기관
   ③ 특별법에 의한 특수공공 법인(신용보증기금 등)
   ④ 자산관리공사(부실 채권 정리기금) 및 예금보험공사. 다만, ② 및 ③의 기관은 결손이 발생하는 경우 정부 또는 지방자치단체로부터 제도적으로 결손보전이 이루어질 수 있는 기관에 한한다.
6. 정부가 출자한 주택저당채권유동화회사로서 금융위원회로부터 업무감독과 건전성규제를 받는 회사가 발행한 주택저당증권, 주택저당채권담보부채권 또는 동사에 대한 채권
7. OECD국가의 중앙정부 및 중앙은행에 대한 채권 및 동 기관이 발행 또는 보증한 증권에 의해 담보된 채권

나. 법 제28조 제2항 제3호의 규정에 따라 등록을 한 전자금융업자: 50% 이상
다. 그 밖의 등록대상 전자금융업자: 40% 이상

(2) 경영지도비율 산정기준

경영지도비율의 구체적 산정기준은 금융감독원장이 정한다(감독규정63②). 이에 따른 경영지도비율의 구체적 산정기준은 <별표 6>[17]과 같다(시행세칙11).

(3) 경영개선협약 체결 등

금융감독원장은 경영지도비율이 악화될 우려가 있거나 경영상 취약부문이 있다고 판단되는 전자금융업자에 대하여 이의 개선을 위한 계획 또는 약정서를 제출토록 하거나 해당 전자금융업자와 경영개선협약을 체결할 수 있다(감독규정63① 본문). 다만, 감독규정 제64조부터 제66조까지의 규정에 의한 경영개선권고, 경영개선요구 또는 경영개선명령을 받고 있는 전자금융업자의 경우에는 그러하지 아니하다(감독규정63① 단서).

Ⅲ. 경영지도기준 미충족과 경영개선 조치 요구

금융위원회는 법 제28조 제1항의 규정에 따라 허가를 받은 금융회사 또는

---

17) <별표 6> 경영지도비율 산정기준

1. 자본적정성

$$\text{미상환잔액 대비 자기자본비율} = \frac{\text{자기자본}}{\text{미상환잔액}} \times 100$$

2. 자산건전성

$$\text{총자산 대비 투자위험성이 낮은 자산의 비율} = \frac{\text{투자 위험성이 낮은 자산}}{\text{총자산}} \times 100$$

※ 투자 위험성이 낮은 자산: 규정 <별표 6> 참조

3. 유동성

$$\text{유동성비율} = \frac{\text{유동자산}}{\text{유동부채}} \times 100$$

전자금융업자가 경영지도기준을 충족하지 못하는 등 경영의 건전성을 크게 해할 우려가 있다고 인정하는 때에는 자본금의 증액, 이익배당의 제한 등 경영개선을 위하여 필요한 조치를 요구할 수 있다(법42③).

1. 적기시정조치

(1) 경영개선권고

(가) 요건(기준)

금융위원회는 법 제28조 제1항의 규정에 따라 허가를 받은 전자금융업자가 i) 감독규정 제63조 제1항 제3호의 미상환잔액 대비 자기자본 비율이 20% 미만인 경우(제1호), ii) 거액의 금융사고 또는 부실채권의 발생으로 제1호의 기준에 해당될 것이 명백하다고 판단되는 경우(제2호)에는 해당되는 경우에는 해당 전자금융업자에 대하여 필요한 조치를 이행하도록 권고하여야 한다(감독규정64①).

(나) 조치내용

경영개선권고 대상 전자금융업자에 대한 필요한 조치(적기시정조치)라 함은 i) 인력 및 조직운영의 개선(제1호), ii) 경비절감(제2호), iii) 고정자산투자, 신규업무영역에의 진출 및 신규출자의 제한(제3호), iv) 부실자산의 처분(제4호), v) 자본금의 증액 또는 감액(제5호), vi) 이익배당의 제한(제6호), vii) 특별대손충당금의 설정(제7호)의 일부 또는 전부에 해당하는 조치를 말한다(감독규정64②).

(다) 전자금융업자 및 관련 임원에 대한 주의 또는 경고조치

금융위원회는 경영개선권고를 하는 경우 해당 전자금융업자 및 관련 임원에 대하여 주의 또는 경고조치를 취할 수 있다(감독규정64③).

(2) 경영개선요구

(가) 요건(기준)

금융위원회는 법 제28조 제1항의 규정에 따라 허가를 받은 전자금융업자가 i) 감독규정 제63조 제1항 제3호의 미상환잔액 대비 자기자본 비율이 10% 미만인 경우(제1호), ii) 거액의 금융사고 또는 부실채권의 발생으로 제1호의 기준에 해당될 것이 명백하다고 판단되는 경우(제2호), iii) 감독규정 제64조 제1항의 규정에 의해 경영개선권고를 받은 전자금융업자가 경영개선계획의 주요사항을 이행하지 않아 감독규정 제69조 제8항의 규정에 의해 이행촉구를 받았음에도 이를 이행하지 아니하는 경우(제3호)의 어느 하나에 해당되는 경우에는 해당 전자금융업자에 대하여 필요한 조치를 이행하도록 요구하여야 한다(감독규정65①).

(나) 조치내용

경영개선요구 대상 전자금융업자에 대한 필요한 조치라 함은 ⅰ) 조직의 축소(제1호), ⅱ) 위험자산의 보유제한 및 처분(제2호), ⅲ) 자회사의 정리(제3호), ⅳ) 임원진 교체 요구(제4호), ⅴ) 영업의 일부정지(제5호), ⅵ) 합병, 제3자 인수, 영업의 전부 또는 일부 양도계획의 수립(제6호), ⅶ) 제64조 제2항에서 정하는 사항(제7호)의 일부 또는 전부에 해당하는 조치를 말한다(감독규정65②).

(3) 경영개선명령

(가) 요건(기준)

금융위원회는 법 제28조 제1항의 규정에 따라 허가를 받은 전자금융업자가 ⅰ) 감독규정 제63조 제1항 제3호의 미상환잔액 대비 자기자본 비율이 5% 미만인 경우(제1호), ⅱ) 감독규정 제65조 제1항의 규정에 의해 경영개선요구를 받은 전자금융업자가 경영개선계획의 주요사항을 이행하지 않아 감독규정 제69조 제8항의 규정에 의해 이행촉구를 받았음에도 이를 이행하지 아니하거나 이행이 곤란하여 정상적인 경영이 어려울 것으로 인정되는 경우(제2호)에는 해당 전자금융업자에 대해 필요한 조치를 이행하도록 명령하여야 한다(감독규정66①).

(나) 조치내용

경영개선명령 대상 전자금융업자에 대하여 필요한 조치라 함은 ⅰ) 주식의 전부 또는 일부 소각(제1호), ⅱ) 임원의 직무집행 정지 및 관리인의 선임(제2호), ⅲ) 6월 이내의 영업의 정지(제3호), ⅳ) 계약의 전부 또는 일부의 이전(제4호), ⅳ) 감독규정 제65조 제2항에서 정하는 사항(제5호)의 일부 또는 전부에 해당하는 조치를 말한다(감독규정66② 본문). 다만, 영업의 전부정지, 영업의 전부양도, 계약의 전부이전 또는 주식의 전부소각의 조치는 앞의 제1항 제1호의 기준에 미달하고 건전한 전자금융거래질서나 이용자의 권익을 해할 우려가 현저하다고 인정되는 경우에 한한다(감독규정66② 단서).

2. 적기시정조치의 유예

감독규정 제64조 제1항(경영개선권고 요건), 제65조 제1항(경영개선요구 요건)

및 제66조 제1항(경영개선명령 요건) 각 호의 어느 하나에 해당하는 전자금융업자가 자본의 확충 또는 자산의 매각 등을 통하여 단기간 내에 그 기준에 해당되지 않을 수 있다고 판단되는 경우 또는 이에 준하는 사유가 있다고 인정되는 경우에는 금융위원회는 일정기간 동안 조치를 유예할 수 있다(감독규정68).

3. 경영개선계획의 불이행에 따른 조치

금융위원회는 경영개선명령을 받은 전자금융업자가 감독규정 제70조에 의한 경영개선계획 이행기한 내에 경영개선계획의 주요사항을 이행하지 아니하여 경영정상화가 이루어지지 아니하였다고 판단되는 경우 해당 전자금융업자에 대하여 i) 제66조 제2항에서 정한 조치(제1호), ii) 허가의 취소(제2호), iii) 임원의 해임 권고(제3호), iv) 그 밖에 이용자 보호를 위하여 필요한 조치(제4호)의 일부 또는 전부에 해당하는 조치를 할 수 있다(감독규정71).

Ⅳ. 준용규정

법 제28조 제1항의 규정에 따라 허가를 받은 금융회사 또는 전자금융업자의 재무상태가 경영지도기준에 미달하거나 거액의 금융사고 또는 부실채권의 발생으로 인하여 경영지도기준에 미달하게 될 것이 명백하다고 판단되는 때에 필요한 조치 등에 관하여는 금융산업구조개선법 제10조(적기시정조치), 제11조(적기시정조치의 이행을 위한 지원조치 등) 제1항·제4항·제5항, 제13조의2(주식병합 등 자본금 감소절차의 간소화), 제14조(행정처분), 제14조의2부터 제14조의4까지, 제14조의7, 제15조부터 제19조까지, 제27조 및 제28조를 준용한다(법42④).

Ⅴ. 위반시 제재

법 제42조 제1항을 위반하여 보고서를 제출하지 아니하거나 거짓의 보고서를 제출한 자(제4호)에게는 5천만원 이하의 과태료를 부과한다(법51①).

법 제42조 제1항을 위반하여 제28조 제1항 및 제2항의 업무별로 다른 업무와 구분하여 회계처리를 하지 아니한 자(제12호)에게는 1천만원 이하의 과태료를 부과한다(법51③).

제5절 허가와 등록의 취소 등

Ⅰ. 허가 또는 등록 취소

1. 취소사유

금융위원회는 금융회사 또는 전자금융업자가 i) 허위 그 밖의 부정한 방법으로 법 제28조의 규정에 따른 허가를 받거나 등록을 한 때(제1호), ii) 법 제32조(허가와 등록의 결격사유) 제1호 내지 제5호[18]에 해당하는 때(제2호), iii) 법 제43조 제2항의 규정에 따른 업무의 정지명령을 위반한 때(제3호), iv) 정당한 사유 없이 1년 이상 계속하여 영업을 하지 아니한 때(제4호), v) 법인의 합병이나 파산이나 영업의 폐지 등으로 사실상 영업을 종료한 때(제5호)에는 법 제28조의 규정에 따른 허가 또는 등록을 취소할 수 있다(법43①).

2. 청문

금융위원회는 법 제43조 제1항의 규정에 따라 허가 또는 등록을 취소하고자 하는 경우에는 청문을 실시하여야 한다(법44).

Ⅱ. 업무정지명령

금융위원회는 금융회사 또는 전자금융업자가 다음의 어느 하나에 해당하는

---

18) 1. 제34조의 규정에 따라 등록이 말소된 날부터 1년이 지나지 아니한 법인 및 그 등록이 말소될 당시 그 법인의 대주주(대통령령이 정하는 출자자를 말한다. 이하 같다)이었던 자로서 그 말소된 날부터 1년이 지나지 아니한 자
2. 제43조 제1항의 규정에 따른 허가 또는 등록의 취소가 있은 날부터 3년이 지나지 아니한 법인 및 그 취소 당시 그 법인의 대주주이었던 자로서 그 취소가 있은 날부터 3년이 지나지 아니한 자
3. 채무자회생법에 따른 회생절차 중에 있는 회사 및 그 회사의 대주주
4. 금융거래 등 상거래에 있어서 약정한 기일 내에 채무를 변제하지 아니한 자로서 금융위원회가 정하는 자
5. 허가 또는 등록 신청일을 기준으로 최근 3년간 대통령령이 정하는 금융관계법령을 위반하여 벌금형 이상의 처벌을 받은 사실이 있는 자

때에는 6월의 범위 안에서 기간을 정하여 관련 업무의 전부 또는 일부의 정지를 명할 수 있다(법43②).

1. 법 제6조 제1항·제2항, 제16조 제1항부터 제4항까지, 제19조 제1항, 제21조 제1항·제2항, 제21조의5 제2항, 제35조, 제36조 또는 제38조 제3항·제4항의 규정을 위반한 때[19]
2. 법 제8조 제2항 및 제3항을 위반하여 오류를 조사하여 처리를 하지 아니한 때
3. 법 제23조, 제39조 제6항, 제40조 제2항 또는 제42조 제3항의 규정에 따른 금융위원회의 조치나 지시 또는 명령을 어긴 때
4. 법 제30조 제4항에서 정한 신고를 하지 아니하거나 기한 내 요건을 갖추지 아니한 때

Ⅲ. 처분 전 지급 및 결제 업무의 계속 수행

금융회사 또는 전자금융업자는 업무의 전부 또는 일부가 정지되거나 허가 또는 등록이 취소된 경우에도 그 처분 전에 행하여진 전자금융거래의 지급 및 결제를 위한 업무를 계속하여 행할 수 있다(법43③).

Ⅳ. 허가 또는 등록 취소의 공고

금융위원회는 법 제43조 제1항의 규정에 따라 허가 또는 등록을 취소한 때에는 지체 없이 그 내용을 관보에 공고하고 컴퓨터통신 등을 이용하여 일반인에게 알려야 한다(법43④).

Ⅴ. 위반시 제재

금융위원회는 금융회사 또는 전자금융업자가 법 제43조 제2항 각 호의 어느 하나(제1항에 따라 과징금을 부과하는 경우는 제외)에 해당하게 된 때에는 대통령령

---

19) 1. 제6조 제1항·제2항, 제16조 제1항부터 제4항까지, 제19조 제1항, 제21조 제1항·제2항, 제21조의5 제2항, 제25조의2 제1항, 제35조, 제35조의2 제2항·제3항, 제36조 또는 제38조 제3항·제4항의 규정을 위반한 때 [개정 2023. 9. 14][시행일 2024. 9. 15]

이 정하는 바에 따라 업무정지명령에 갈음하여 5천만원 이하의 과징금을 부과할 수 있다(법46②).

제6절 합병 · 해산 · 폐업 등의 인가

Ⅰ. 인가대상

법 제28조 제1항의 규정에 따라 허가를 받은 전자금융업자가 i) 다른 금융회사 또는 전자금융업자와의 합병(제1호), ii) 해산 또는 전자금융업무의 폐지(제2호), iii) 영업의 전부 또는 일부의 양도와 양수(제3호)의 어느 하나에 해당하는 행위를 하고자 하는 때에는 대통령령이 정하는 바에 따라 금융위원회의 인가를 받아야 한다(법45①).

Ⅱ. 인가시 필요적 고려사항

금융위원회는 법 제45조 제1항에 따라 합병·해산 또는 폐지의 인가를 하는 경우에는 다음의 사항을 고려하여야 한다(영25①).

1. 합병

금융위원회는 허가를 받은 전자금융업자가 다른 금융회사 또는 전자금융업자와의 합병(법45①(1))을 하는 경우에는 i) 전자금융산업의 효율화와 신용질서의 유지에 지장을 주지 아니할 것(가목), ii) 합병에 따른 영업계획 및 조직운영계획이 적정할 것(나목), iii) 합병으로 인하여 설립되는 회사 또는 합병 후 존속하는 회사 등이 자본금 요건(법30), 허가 및 등록의 요건(법31), 허가와 등록의 결격사유(법32)를 위반하지 아니할 것(다목), iv) 상법과 자본시장법, 그 밖의 관계법령에 따른 절차이행에 하자가 없을 것(라목)을 고려하여야 한다(영25①(1)).

2. 해산 또는 폐지

금융위원회는 허가를 받은 전자금융업자가 해산 또는 전자금융업무의 폐지(법45①(2))를 하는 경우에는 i) 해당 금융회사의 경영 및 재무상태 등에 비추어 부득이한 사정이 있을 것(가목), ii) 전자화폐 이용자 및 가맹점 보호와 신용질서 유지에 지장을 주지 아니할 것(나목), iii) 상법과 자본시장법, 그 밖에 관계 법령에 따른 절차이행에 하자가 없을 것(다목)을 고려하여야 한다(영25①(2)).

Ⅲ. 영업의 양수 인가와 준용규정

법 제45조 제1항 제3호에 따른 영업의 전부 또는 일부의 양수 인가에 관하여는 영 제25조 제1항 제1호(합병)를, 영업의 전부 또는 일부의 양도 인가에 관하여는 영 제25조 제1항 제2호(해산 또는 폐지)를 각각 준용한다(영25②).

Ⅳ. 인가 절차

1. 인가신청서 제출

법 제45조에 따라 인가를 받고자 하는 자는 신청서를 금융위원회에 제출하여야 한다(법33①).

이에 따라 신청인은 예비인가의 내용 및 조건을 이행한 후 금융감독원장이 정하는 바에 따라 <별지 제4호 서식>에 따른 관련 신청서 및 첨부서류를 금융위원회에 제출하여야 한다(감독규정45①).

2. 인가 심사

금융위원회는 인가 신청에 대하여 관련 법령과 허가의 세부기준에 따라 심사하여 인가 여부를 결정한다(감독규정45②).

3. 실지조사

금융위원회는 예비인가의 내용 및 조건의 이행 여부를 확인하기 위하여 실지조사를 실시할 수 있으며, 신청인은 이에 적극 협조하여야 한다(감독규정45④).

4. 이행상황의 보고

신청인은 예비인가 또는 인가 시에 부과된 조건이 있는 경우 그 이행상황을 이행기일 경과 후 지체 없이 금융위원회에 보고하여야 한다(감독규정45⑤).

5. 보완서류 등의 제출

금융위원회는 예비인가 또는 인가의 심사 시 보완서류 등의 추가자료가 필요한 경우 신청인에게 기한을 정하여 그 자료의 제출을 요구할 수 있다(감독규정46).

6. 조건부 인가

금융위원회는 인가에 조건을 붙일 수 있다(법45②).

인가에는 조건을 붙일 수 있으며 인가를 거부하는 경우에는 이를 서면으로 신청인에게 통보하여야 한다(감독규정45③).

Ⅴ. 인가 결과의 통보

금융위원회는 신청서를 접수한 때에는 대통령령이 정하는 바에 따라 인가를 하고 그 결과를 신청인에게 통보하여야 한다(법33②).

Ⅵ. 인가의 공고

금융위원회는 법 제45조에 따라 인가를 한 때에는 지체 없이 그 내용을 관보에 공고하고 컴퓨터통신 등을 이용하여 일반인에게 알려야 한다(법33③).

이에 따라 금융위원회는 인가의 신청을 승인한 경우에는 지체 없이 그 내용을 관보에 공고하고 인터넷 등을 이용하여 일반인들에게 알려야 한다(감독규정47).

Ⅶ. 위반시 제재

법 제45조 제1항의 규정에 따른 인가를 받지 아니하고 동항 각 호의 어느 하나에 해당하는 행위를 한 자(제6호)는 1년 이하의 징역 또는 1천만원 이하의 벌금에 처한다(법49⑥).

제7절 예비인가

Ⅰ. 예비인가 신청

법 제45조 제1항에 따른 인가("본인가")를 받으려는 자는 미리 금융위원회에 예비인가를 신청할 수 있다(법45의2①).

이에 따라 예비인가를 신청하고자 하는 자는 금융감독원장이 정하는 바에 따라 <별지 제3호 서식>에 따른 관련 신청서 및 첨부서류를 금융위원회에 제출하여야 한다(감독규정44①).

Ⅱ. 예비인가 여부 결정과 본인가 요건 충족 여부 확인

금융위원회는 예비인가 여부를 결정할 때에는 예비인가를 받으려는 자가 본인가 요건을 모두 충족할 수 있는지를 확인하여야 한다(법45의2②).

Ⅲ. 예비인가 절차

1. 심사와 이해관계인의 의견요청 및 공청회

금융위원회는 예비인가의 심사를 위하여 필요하다고 인정하는 때에는 예비인가의 신청에 대하여 이해관계인의 의견을 요청할 수 있고, 금융시장에 중대한 영향을 미칠 우려가 있다고 판단되는 경우 공청회를 개최할 수 있다(감독규정44②).

2. 소명기회 부여

금융위원회는 접수된 이해관계인의 의견 중 신청인에게 불리한 의견에 대하여는 신청인에게 소명하도록 기한을 정하여 통보할 수 있다(감독규정44③).

3. 신청내용의 심사

금융감독원장은 예비인가의 신청내용에 대한 진위 여부를 확인하고 이해관계인, 일반인 및 관계기관 등으로부터 제시된 의견을 감안하여 신청내용이 관련 법령과 인가 세부기준에 부합되는지 여부를 심사하여야 한다(감독규정44④).

4. 사업계획의 타당성 평가위원회 구성과 실지조사

금융감독원장은 사업계획의 타당성을 평가하기 위하여 평가위원회를 구성·운영할 수 있으며 신청내용의 확인, 발기인 및 경영진과의 면담 등을 위하여 실지조사를 실시할 수 있다(감독규정44⑤).

5. 예비인가 여부 결정

금융위원회는 예비인가의 신청에 대하여 관련 법령과 허가의 세부기준을 감안하여 예비인가의 여부를 결정한다(감독규정44⑥).

6. 예비인가의 절차 생략

금융위원회는 합병, 영업양도 등 구조조정 및 이용자보호 등을 위하여 신속한 처리가 필요하거나 예비인가의 신청 시 인가의 요건을 갖추었다고 판단되는 때에는 예비인가의 절차를 생략할 수 있다(감독규정44⑧).

Ⅳ. 조건부 예비인가

금융위원회는 예비인가에 조건을 붙일 수 있다(법45의2③). 금융위원회는 예비인가 시에 조건을 붙일 수 있으며 예비인가를 거부하는 경우 이를 서면으로 신청인에게 통보하여야 한다(감독규정44⑦).

Ⅴ. 예비인가 조건 이행 및 본인가 요건 충족 여부 확인

금융위원회는 예비인가를 받은 자가 본인가를 신청하는 경우에는 제3항에 따른 예비인가 조건을 이행하였는지와 본인가 요건을 모두 충족하는지를 확인한 후 본인가 여부를 결정하여야 한다(법45의2④).

Ⅵ. 준용규정

예비인가에 관하여는 법 제33조(허가·등록 및 인가의 신청 등) 제1항 및 제2항을 준용한다(법45의2⑤).

제 2 장

제 재

제1절 행정제재

Ⅰ. 과징금

1. 업무정지 및 과징금부과의 기준 등

(1) 50억원 이하의 과징금

금융위원회는 금융회사 또는 전자금융업자가 법 제21조(안전성의 확보의무) 제1항 또는 제2항을 위반하여 전자금융거래정보를 타인에게 제공 또는 누설하거나 업무상 목적 외에 사용한 경우에는 50억원 이하의 과징금을 부과할 수 있다(법46①).

과징금의 부과기준은 ＜별표 1의3＞과 같다(법46③, 영26①).

〈별표 1의3〉 과징금의 부과기준(제26조 제1항 관련)

1. 과징금의 산정기준
  가. 기본과징금의 산정
    1) 기본과징금은 법 제46조 제1항에서 정한 과징금 금액의 상한에 2)에 따른

부과기준율을 곱한 금액으로 한다.

2) 부과기준율은 위반행위의 내용 및 정도, 위반행위의 기간 및 횟수, 위반행위로 인하여 취득한 이익의 규모 등에 따라 위반행위의 중대성 정도를 "중대성이 약한 위반행위", "중대한 위반행위", "매우 중대한 위반행위"로 구분하여 금융위원회가 정하여 고시한다.

나. 기본과징금의 조정

금융위원회는 위반행위의 내용 및 정도, 위반행위의 기간 및 횟수, 위반행위로 인하여 취득한 이익의 규모(부과기준율 산정 단계에서 고려된 세부 참작사항은 제외한다), 위반행위에 대한 검사의 협조 여부, 위반상태의 해소나 위반행위의 예방을 위한 노력, 그 밖에 금융위원회가 정하여 고시하는 사유를 고려하여 가목에 따라 산정한 기본과징금 금액을 감경하거나 2분의 1의 범위에서 가중할 수 있다. 다만, 가중하는 경우에도 법 제46조 제1항에서 정한 과징금 금액의 상한을 초과할 수 없다.

다. 부과과징금의 결정

1) 금융위원회는 위반자의 현실적인 부담능력 등 특별한 사정, 금융시장 또는 경제여건, 위반행위로 인하여 발생한 피해의 배상 정도, 위반행위로 인하여 취득한 이익의 규모, 그 밖에 금융위원회가 정하여 고시하는 사유를 고려할 때, 나목에 따라 조정한 과징금 금액이 과중하다고 인정되는 경우에는 이를 감액하여 부과과징금으로 정할 수 있다.

2) 금융위원회는 위반자의 지급불능·지급정지 또는 자본잠식 등의 사유로 인하여 위반자가 객관적으로 과징금을 납부할 능력이 없다고 인정되는 경우, 자신의 행위가 위법하지 않은 것으로 오인한 데 정당한 사유가 있는 경우, 과징금 외에 실효성 있는 다른 조치를 이미 받은 경우, 위반의 정도가 경미한 경우, 나목에 따라 조정한 과징금 금액이 소액인 경우, 그 밖에 금융위원회가 정하여 고시하는 사유에 해당하는 경우에는 과징금을 면제할 수 있다.

2. 세부기준

부과기준율 등 기본과징금의 산정, 기본과징금의 조정, 부과과징금의 결정, 그 밖에 과징금의 부과 등에 필요한 세부기준에 관한 사항은 금융위원회가 정하여 고시한다.

(2) 5천만원 이하의 과징금

(가) 업무정지기간 및 업무정지 갈음 과징금의 금액

금융위원회는 금융회사 또는 전자금융업자가 법 제43조(허가와 등록의 취소 등) 제2항 각 호의 어느 하나(제1항에 따라 과징금을 부과하는 경우는 제외)에 해당하게 된 때에는 업무정지명령에 갈음하여 5천만원 이하의 과징금을 부과할 수 있다(법46②).

이에 따라 업무정지를 명하거나 과징금을 부과할 수 있는 위반행위의 종별에 따른 업무정지의 기간 및 과징금의 금액은 <별표 2>와 같다((법46③, 영26②).

〈별표 2〉 위반행위별 업무정지의 기간 및 업무정지 갈음 과징금의 금액(제26조 제2항 관련)

위반행위	근거 법조문	업무정지 기간	과징금 금액
1. 금융회사 또는 전자금융업자가 법 제6조 제1항·제2항 또는 제38조 제3항·제4항을 위반한 때	법 제43조 제2항 제1호 법 제46조 제2항	3개월	3천만원
2. 금융회사 또는 전자금융업자가 법 제8조 제2항 및 제3항을 위반하여 오류를 조사하여 처리를 하지 아니한 때	법 제43조 제2항 제2호 법 제46조 제2항	1개월	1천만원
3. 전자화폐발행자가 법 제16조 제1항을 위반한 때	법 제43조 제2항 제1호 법 제46조 제2항	6개월	5천만원
4. 전자화폐발행자가 법 제16조 제2항부터 제4항까지의 규정을 위반한 때	법 제43조 제2항 제1호 법 제46조 제2항	3개월	3천만원
5. 금융회사 또는 전자금융업자가 법 제19조 제1항 또는 제21조의5 제2항을 위반한 때	법 제43조 제2항 제1호 법 제46조 제2항	1개월	1천만원
6. 금융회사 또는 전자금융업자가 법 제21조 제1항 또는 제2항을 위반하여 전자금융거래정보를 타인에게 제공 또는 누설하거나 업무상 목적 외에 사용한 경우	법 제43조 제2항 제1호	6개월	–
7. 금융회사 또는 전자금융업자가 법 제21조 제1항 또는 제2항을 위반한 때. 다만, 제6호에 해당하는 경우는 제외한다.	법 제43조 제2항 제1호 법 제46조 제2항	1개월	1천만원

8. 금융회사 또는 전자금융업자가 법 제23조 또는 제39조 제6항에 따른 금융위원회의 조치를 어긴 때	법 제43조 제2항 제3호 법 제46조 제2항	3개월	3천만원
9. 전자금융업자가 법 제35조를 위반한 때	법 제43조 제2항 제1호 법 제46조 제2항	6개월	5천만원
10. 금융회사 또는 전자금융업자가 법 제36조를 위반한 때	법 제43조 제2항 제1호 법 제46조 제2항	6개월	5천만원
11. 금융회사 또는 전자금융업자가 법 제40조 제2항 또는 제42조 제3항에 따른 금융위원회의 지시 또는 명령을 어긴 때	법 제43조 제2항 제3호 법 제46조 제2항	1개월	1천만원

(나) 과징금의 가중 또는 감경

금융위원회는 위반행위의 정도 및 위반횟수 등을 참작하여 업무정지의 기간 또는 업무정지명령에 갈음하여 부과하는 과징금의 금액의 2분의 1의 범위 안에서 가중하거나 감경할 수 있다(법46③, 영26③ 본문). 다만, 가중하는 경우에도 업무정지의 기간은 6개월을, 업무정지명령에 갈음하여 부과하는 과징금의 총액은 5천만원을 초과할 수 없다((법46③, 영26③ 단서).

2. 과징금의 부과 및 납부

(1) 과징금의 부과

금융위원회는 법 제46조 제1항 또는 제2항에 따라 과징금을 부과하려는 때에는 그 위반행위의 종별과 해당 과징금의 금액 등을 명시하여 납부할 것을 서면으로 통지하여야 한다(영27①). 이에 따라 금융위원회가 과징금의 납부를 통지하는 경우에는 ＜별지 제2호 서식＞에 따른다(감독규정72①).

(2) 과징금의 납부

통지를 받은 자는 20일 이내에 과징금을 금융위원회가 정하여 고시하는 수납기관에 납부하여야 한다(영27② 본문). 다만, 천재지변이나 그 밖에 부득이한 사유로 그 기간 안에 과징금을 납부할 수 없을 때에는 그 사유가 없어진 날부터 7일 이내에 납부하여야 한다(영27② 단서).

수납기관은 은행법에 의한 금융회사와 우체국으로 한다(감독규정72②).

(3) 수납기관의 통보

과징금을 납부받은 수납기관은 영수증을 납부자에게 교부하고, 지체 없이 수납한 사실을 금융위원회에 통보하여야 한다(영27③).

3. 국세체납처분의 예에 따른 징수

금융위원회는 과징금을 기한 이내에 납부하지 아니하는 때에는 국세체납처분의 예에 따라 이를 징수한다(법46④).

4. 체납처분의 위탁

금융위원회는 과징금의 징수 및 체납처분에 관한 업무를 국세청장에게 위탁할 수 있다(법46⑤).

(1) 금융위원회의 서면 위탁

금융위원회는 법 제46조 제5항에 따라 체납처분에 관한 업무를 국세청장에게 위탁하는 때에는 i) 금융위원회 의결서(제1호), ii) 세입징수결의서 및 고지서(제2호), iii) 납부독촉장(제3호)을 첨부한 서면으로 하여야 한다(영28①).

(2) 국세청장의 서면 통보

국세청장은 위탁받은 체납처분 업무를 종료한 경우에는 그 업무 종료 일시, 그 밖에 필요한 사항을 종료일부터 30일 이내에 금융위원회에 서면으로 통보하여야 한다(영28②).

5. 과오납금의 환급

(1) 과오납금 환급의무

금융위원회는 과징금납부의무자가 이의신청의 재결 또는 법원의 판결 등의 사유로 과징금 과오납금의 환급을 청구하는 경우에는 지체 없이 환급하여야 하며, 과징금납부의무자의 청구가 없는 경우에도 금융위원회가 확인한 과오납금은 환급하여야 한다(법46의2①).

(2) 환급 금액의 다른 과징금 충담

금융위원회는 과오납금을 환급하는 경우 환급받을 자가 금융위원회에 납부하여야 하는 다른 과징금이 있으면 환급하는 금액을 그 과징금에 충당할 수 있다(법46의2②).

(3) 환급가산금의 지급과 이율

금융위원회가 과오납금을 환급하는 경우에는 과징금을 납부한 날의 다음 날부터 환급하는 날까지의 기간에 대하여 은행의 정기예금 이자율을 고려하여 금융위원회가 정하여 고시하는 이율을 적용하여 산정한 환급가산금을 환급받을 자에게 지급하여야 한다(법46의2③, 영28의2).

금융위원장은 은행법 제8조에 따라 은행업 인가를 받은 국내은행의 1년 만기 정기예금 이자율을 감안하여 환급가산금 이자율을 정하여야 한다(감독규정72의2).

Ⅱ. 과태료

1. 5천만원 이하의 과태료

다음의 어느 하나에 해당하는 자(제3호의 경우에는 제28조 제4항 단서에 따라 해당 규정을 준용하는 선불전자지급수단을 발행하는 자를 포함)에게는 5천만원 이하의 과태료를 부과한다(법51①).

다음의 어느 하나에 해당하는 자(제10호의 경우에는 제28조 제4항 단서에 따라 해당 규정을 준용하는 선불전자지급수단을 발행하는 자를 포함)에게는 5천만원 이하의 과태료를 부과한다(법51①).[1]

1. 제21조 제1항 또는 제2항을 위반하여 선량한 관리자로서의 주의를 다하지 아니하거나 금융위원회가 정하는 기준을 준수하지 아니한 자
2. 제25조의2 제1항을 위반하여 선불충전금을 별도관리하지 아니한 자
3. 제25조의2 제6항을 위반하여 별도관리하는 선불충전금을 양도하거나 담보로 제공한 자

---

1) 제2호, 제3호, 제5호부터 제9호까지는 [개정 2023. 9. 14][시행일 2024. 9. 15]

4. 제36조를 위반하여 전자화폐의 명칭을 사용한 자
5. 제36조의2 제1호를 위반하여 선불전자지급수단의 할인발행 또는 적립금 지급 등 경제적 이익을 부여한 자
6. 제36조의2 제2호를 위반하여 경제적 이익을 부여하고 해당 금액을 별도관리하지 아니한 자
7. 제36조의2 제3호를 위반하여 해당 사실을 기간 내에 통지하지 아니한 자
8. 제36조의2 제4호를 위반하여 이용자 보호 또는 건전한 거래질서를 저해할 우려가 있는 행위를 한 자
9. 제37조 제5항을 준수하지 아니한 자
10. 제39조 제3항(제29조 제2항에서 준용하는 경우를 포함) 또는 제40조 제3항·제4항에 따른 검사, 자료제출, 출석요구 및 조사를 거부 또는 방해하거나 기피한 자
11. 제42조 제1항을 위반하여 보고서를 제출하지 아니하거나 거짓의 보고서를 제출한 자

2. 2천만원 이하의 과태료

다음의 어느 하나에 해당하는 자에게는 2천만원 이하의 과태료를 부과한다(법51②).

1. 제13조 제2항을 위반하여 전자자금이체의 지급 효력이 발생하도록 하지 아니한 자
2. 제21조의2 제1항 또는 제2항을 위반하여 정보보호최고책임자를 지정하지 아니하거나 정보보호최고책임자를 임원으로 지정하지 아니한 자
3. 제21조의2 제3항을 위반하여 같은 조 제4항의 업무 외의 다른 정보기술부문 업무를 정보보호최고책임자로 하여금 겸직하게 하거나 겸직한 자
4. 제21조의3 제1항을 위반하여 전자금융기반시설의 취약점을 분석·평가하지 아니한 자
5. 제21조의3 제2항을 위반하여 보완조치의 이행계획을 수립·시행하지 아니한 자
6. 제22조 제2항을 위반하여 전자금융거래기록을 파기하지 아니한 자
7. 제40조 제6항을 위반하여 제3자에게 재위탁을 한 자

3. 1천만원 이하의 과태료

다음의 어느 하나에 해당하는 자(제1호, 제6호부터 제8호까지 및 제10호의 경우에는 제28조 제4항에 따라 해당 규정을 준용하는 선불전자지급수단을 발행하는 자를 포함한다)에게는 1천만원 이하의 과태료를 부과한다(법51③).

1. 제7조 제2항을 위반하여 거래내용에 관한 서면을 교부하지 아니한 자
2. 제8조 제2항 및 제3항을 위반하여 오류의 원인과 처리 결과를 알리지 아니한 자
3. 제18조 제2항을 위반하여 선불전자지급수단 또는 전자화폐를 양도하거나 담보로 제공한 자
4. 제21조 제4항을 위반하여 정보기술부문에 대한 계획을 제출하지 아니한 자
5. 제21조의3 제1항을 위반하여 전자금융기반시설의 취약점 분석·평가의 결과를 보고하지 아니한 자
6. 제21조의5 제1항을 위반하여 침해사고를 알리지 아니한 자
7. 제22조 제1항(제29조 제2항에서 준용하는 경우를 포함)을 위반하여 기록을 생성하거나 보존하지 아니한 자
8. 제24조 제1항 또는 제3항을 위반하여 약관의 명시, 설명, 교부를 하지 아니하거나 게시 또는 통지하지 아니한 자
9. 제25조 제1항을 위반하여 금융위원회에 보고하지 아니한 자
10. 제27조 제1항을 위반하여 분쟁처리 절차를 마련하지 아니한 자
11. 삭제 [2017. 4. 18][시행일 2017. 10. 19]
12. 제42조 제1항을 위반하여 제28조 제1항 및 제2항의 업무별로 다른 업무와 구분하여 회계처리를 하지 아니한 자

4. 과태료 부과기준

과태료는 금융위원회가 부과·징수한다(법51④). 과태료의 부과기준은 <별표 3>과 같다(영33).

〈별표 3〉 과태료의 부과기준(제33조 관련)

1. 일반기준

금융위원회는 위반행위의 정도, 위반행위의 동기와 그 결과 등을 고려하여 제2호에 따른 과태료 금액을 감경 또는 면제하거나 2분의 1의 범위에서 가중할 수 있다. 다만, 가중하는 경우에도 법 제51조 제1항부터 제3항까지의 규정에 따른 과태료 금액의 상한을 초과할 수 없다.

2. 개별기준

(단위: 만원)

위반행위	근거 법조문	금액
가. 법 제7조 제2항을 위반하여 거래내용에 관한 서면을 교부하지 않은 경우	법 제51조 제3항 제1호	600
나. 법 제8조 제2항 및 제3항을 위반하여 오류의 원인과 처리 결과를 알리지 않은 경우	법 제51조 제3항 제2호	600
다. 법 제13조 제2항을 위반하여 전자자금이체의 지급 효력이 발생하도록 하지 않은 경우	법 제51조 제2항 제1호	2,000
라. 법 제18조 제2항을 위반하여 선불전자지급수단 또는 전자화폐를 양도하거나 담보로 제공한 경우	법 제51조 제3항 제3호	600
마. 법 제21조 제1항을 위반하여 선량한 관리자로서의 주의를 다하지 않은 경우	법 제51조 제1항 제1호	3,000
바. 법 제21조 제2항을 위반하여 금융위원회가 정하는 기준을 준수하지 않은 경우	법 제51조 제1항 제1호	5,000
사. 법 제21조 제4항을 위반하여 정보기술부문에 대한 계획을 제출하지 않은 경우	법 제51조 제3항 제4호	600
아. 법 제21조의2 제1항 또는 제2항을 위반하여 정보보호최고책임자를 지정하지 않거나 정보보호최고책임자를 임원으로 지정하지 않은 경우	법 제51조 제2항 제2호	2,000
자. 법 제21조의2 제3항을 위반하여 같은 조 제4항의 업무 외의 다른 정보기술부문 업무를 정보보호최고책임자로 하여금 겸직하게 한 경우	법 제51조 제2항 제3호	2,000
차. 법 제21조의2 제3항을 위반하여 같은 조 제4항의 업무 외의 다른 정보기술부문 업무를 정보보호최고책임자가 겸직한 경우	법 제51조 제2항 제3호	400
카. 법 제21조의3 제1항을 위반하여 전자금융기반시설의 취약점을 분석·평가하지 않은 경우	법 제51조 제2항 제4호	1,200
타. 법 제21조의3 제1항을 위반하여 전자금융기반시설의 취약점 분석·평가의 결과를 보고하지 않은 경우	법 제51조 제3항 제5호	600
파. 법 제21조의3 제2항을 위반하여 보완조치의 이행계획을 수립·시행하지 않은 경우	법 제51조 제2항 제5호	1,200

하. 법 제21조의5 제1항을 위반하여 침해사고를 알리지 않은 경우	법 제51조 제3항제6호	600
거. 법 제22조 제1항(법 제29조 제2항에서 준용하는 경우를 포함한다)을 위반하여 기록을 생성하거나 보존하지 않은 경우	법 제51조 제3항 제7호	1,000
너. 법 제22조 제2항을 위반하여 전자금융거래기록을 파기하지 않은 경우	법 제51조 제2항 제6호	1,200
더. 법 제24조 제1항 또는 제3항을 위반하여 약관의 명시, 설명, 교부를 하지 않거나 게시 또는 통지하지 않은 경우	법 제51조 제3항 제8호	600
러. 법 제25조 제1항을 위반하여 금융위원회에 보고하지 않은 경우	법 제51조 제3항 제9호	600
머. 법 제27조 제1항을 위반하여 분쟁처리 절차를 마련하지 않은 경우	법 제51조 제3항 제10호	600
버. 법인인 자가 법 제36조를 위반하여 전자화폐의 명칭을 사용한 경우	법 제51조 제1항제2호	3,000
서. 법인이 아닌 자가 법 제36조를 위반하여 전자화폐의 명칭을 사용한 경우	법 제51조 제1항 제2호	1,500
어. 법인인 자가 법 제39조 제3항(법 제29조 제2항에서 준용하는 경우를 포함) 또는 제40조 제3항·제4항에 따른 검사, 자료제출, 출석요구 및 조사를 거부 또는 방해하거나 기피한 경우	법 제51조 제1항 제3호	5,000
저. 법인이 아닌 자가 법 제39조 제3항(법 제29조 제2항에서 준용하는 경우를 포함한다) 또는 제40조 제3항·제4항에 따른 검사, 자료제출, 출석요구 및 조사를 거부 또는 방해하거나 기피한 경우	법 제51조 제1항 제3호	2,500 다만, 임직원의 경우에는 1,000만원으로 한다.
처. 법 제40조 제6항을 위반하여 제3자에게 재위탁을 한 경우	법 제51조 제2항 제7호	2,000
커. 법 제42조 제1항을 위반하여 보고서를 제출하지 않거나 거짓의 보고서를 제출한 경우	법 제51조 제1항 제4호	3,000
터. 법 제42조 제1항을 위반하여 법 제28조 제1항 및 제2항의 업무별로 다른 업무와 구분하여 회계처리를 하지 않은 경우	법 제51조 제3항 제12호	1,000

제2절 형사제재

Ⅰ. 벌칙

1. 10년 이하의 징역 또는 1억원 이하의 벌금

다음의 어느 하나에 해당하는 자는 10년 이하의 징역 또는 1억원 이하의 벌금에 처한다(법49①).

1. 제21조의4 제1호를 위반하여 전자금융기반시설에 접근하거나 저장된 데이터를 조작·파괴·은닉 또는 유출한 자
2. 제21조의4 제2호를 위반하여 데이터를 파괴하거나 컴퓨터 바이러스, 논리폭탄 또는 메일폭탄 등의 프로그램을 투입한 자
3. 제21조의4 제3호를 위반하여 일시에 대량의 신호, 고출력 전자기파 또는 데이터를 보내거나 전자금융기반시설에 오류 또는 장애를 발생시킨 자
4. 제26조를 위반하여 전자금융거래정보를 타인에게 제공 또는 누설하거나 업무상 목적 외에 사용한 자(제28조 제4항에 따라 이를 준용하는 선불전자지급수단을 발행하는 자를 포함)

2. 7년 이하의 징역 또는 5천만원 이하의 벌금

다음의 어느 하나에 해당하는 자는 7년 이하의 징역 또는 5천만원 이하의 벌금에 처한다(법49②).

1. 접근매체를 위조하거나 변조한 자
2. 위조되거나 변조된 접근매체를 판매알선·판매·수출 또는 수입하거나 사용한 자
3. 분실되거나 도난된 접근매체를 판매알선·판매·수출 또는 수입하거나 사용한 자
4. 전자금융기반시설 또는 전자금융거래를 위한 전자적 장치에 침입하여 거짓이나 그 밖의 부정한 방법으로 접근매체를 획득하거나 획득한 접근매체를 이용하여 전자금융거래를 한 자

5. 강제로 빼앗거나, 횡령하거나, 사람을 속이거나 공갈하여 획득한 접근매체를 판매알선·판매·수출 또는 수입하거나 사용한 자

3. 전자화폐에 대한 처벌

전자화폐는 형법 제214조 내지 제217조에 정한 죄의 유가증권으로 보아 각 그 죄에 정한 형으로 처벌한다(법49③).

4. 5년 이하의 징역 또는 3천만원 이하의 벌금

다음의 어느 하나에 해당하는 자는 5년 이하의 징역 또는 3천만원 이하의 벌금에 처한다(법49④).

1. 제6조 제3항 제1호를 위반하여 접근매체를 양도하거나 양수한 자
2. 제6조 제3항 제2호 또는 제3호를 위반하여 접근매체를 대여받거나 대여한 자 또는 보관·전달·유통한 자
3. 제6조 제3항 제4호를 위반한 질권설정자 또는 질권자
4. 제6조 제3항 제5호를 위반하여 알선·중개·광고하거나 대가를 수수(授受)·요구 또는 약속하면서 권유하는 행위를 한 자
5. 제6조의3을 위반하여 계좌와 관련된 정보를 제공받거나 제공한 자 또는 보관·전달·유통한 자

5. 3년 이하의 징역 또는 2천만원 이하의 벌금

다음의 어느 하나에 해당하는 자는 3년 이하의 징역 또는 2천만원 이하의 벌금에 처한다(법49⑤).

1. 삭제 [2020. 5. 19][시행일 2020. 8. 20]
2. 삭제 [2020. 5. 19][시행일 2020. 8. 20]
3. 삭제 [2020. 5. 19][시행일 2020. 8. 20]
4. 삭제 [2020. 5. 19][시행일 2020. 8. 20]
5. 제28조 또는 제29조의 규정에 따라 허가를 받거나 등록을 하지 아니하고 그 업무를 행한 자
6. 허위 그 밖의 부정한 방법으로 제28조 또는 제29조의 규정에 따라 허가를 받

거나 등록을 한 자
6의2. 제35조의2 제1항을 위반하여 승인을 받지 아니하고 소액후불결제업무를 한 자[2]
7. 제37조 제3항 제3호의 규정을 위반하여 다른 가맹점의 이름으로 전자화폐등에 의한 거래를 한 자
8. 제37조 제3항 제5호의 규정을 위반하여 전자화폐등에 의한 거래를 대행한 자
9. 제37조 제4항의 규정을 위반하여 가맹점의 이름으로 전자화폐등에 의한 거래를 한 자
9의2. 다음 각 목의 어느 하나에 해당하는 행위를 통하여 이용자에게 소액후불결제업무로 자금을 융통하여 준 자 또는 이를 중개·알선·권유·광고한 자[3]
   가. 재화 또는 용역의 제공을 가장하거나 실제 매출금액을 초과하여 거래하거나 이를 대행하게 하는 행위
   나. 소액후불결제업무를 제공받는 이용자에게 그 소액후불결제업무로 구매하도록 한 재화·용역을 할인하여 매입하는 행위
10. 허위 그 밖의 부정한 방법으로 전자금융거래정보를 열람하거나 제공받은 자

6. 1년 이하의 징역 또는 1천만원 이하의 벌금

다음의 어느 하나에 해당하는 자는 1년 이하의 징역 또는 1천만원 이하의 벌금에 처한다(법49⑥).

1. 삭제 [2008. 12. 31][시행일 2009. 4. 1]
2. 삭제 [2013. 5. 22][시행일 2013. 11. 23]
3. 제37조 제1항의 규정을 위반하여 전자화폐등에 의한 거래를 이유로 재화 또는 용역의 제공을 거절하거나 이용자를 불리하게 대우한 자
4. 제37조 제2항의 규정을 위반하여 이용자에게 가맹점수수료를 부담하게 한 자
5. 제37조 제3항 제4호의 규정을 위반하여 가맹점의 이름을 타인에게 빌려준 자
6. 제45조 제1항의 규정에 따른 인가를 받지 아니하고 동항 각 호의 어느 하나에 해당하는 행위를 한 자

2) [개정 2023. 9. 14][시행일 2024. 9. 15]
3) [개정 2023. 9. 14][시행일 2024. 9. 15]

7. 미수범 처벌

법 제49조 제1항 제1호·제2호 및 제3호와 제2항 제1호·제2호 및 제4호의 미수범은 처벌한다(법49⑦).

8. 징역과 벌금 병과

앞의 법 제47조 제1항부터 제7항까지의 징역형과 벌금형은 병과할 수 있다(법49⑧).

Ⅱ. 양벌규정

1. 해당 조문의 벌금형 부과

법인의 대표자나 법인 또는 개인의 대리인, 사용인, 그 밖의 종업원이 그 법인 또는 개인의 업무에 관하여 제49조 제1항, 제2항, 제3항(형법 제216조에서 정한 형으로 처벌하는 경우로 한정), 제4항부터 제7항까지의 어느 하나에 해당하는 위반행위를 하면 그 행위자를 벌하는 외에 그 법인 또는 개인에게도 해당 조문의 벌금형을 과(科)한다(법49① 본문). 다만, 법인 또는 개인이 그 위반행위를 방지하기 위하여 해당 업무에 관하여 상당한 주의와 감독을 게을리하지 아니한 경우에는 그러하지 아니하다(법49① 단서).

2. 5천만원 이하의 벌금

법인의 대표자나 법인 또는 개인의 대리인, 사용인, 그 밖의 종업원이 그 법인 또는 개인의 업무에 관하여 제49조 제3항(형법 제214조, 제215조 또는 제217조에서 정한 형으로 처벌하는 경우로 한정)의 위반행위를 하면 그 행위자를 벌하는 외에 그 법인 또는 개인을 5천만원 이하의 벌금에 처한다(법49② 본문). 다만, 법인 또는 개인이 그 위반행위를 방지하기 위하여 해당 업무에 관하여 상당한 주의와 감독을 게을리하지 아니한 경우에는 그러하지 아니하다(법49② 단서).

참고문헌

금융감독원(2017), 「전자금융감독규정 해설」, 금융감독원(2017. 5).

박효근(2019), "행정질서벌의 체계 및 법정책적 개선방안", 법과 정책연구 제19권 제1호(2019. 3).

손진화(2006), 「전자금융거래법」, 법문사(2006.10).

찾아보기

저자소개

이상복

서강대학교 법학전문대학원 교수. 서울고등학교와 연세대학교 경제학과를 졸업하고, 고려대학교에서 법학 석사와 박사학위를 받았다. 사법연수원 28기로 변호사 일을 하기도 했다. 미국 스탠퍼드 로스쿨 방문학자, 숭실대학교 법과대학 교수를 거쳐 서강대학교에 자리 잡았다. 서강대학교 금융법센터장, 서강대학교 법학부 학장 및 법학전문대학원 원장을 역임하고, 재정경제부 금융발전심의회 위원, 기획재정부 국유재산정책 심의위원, 관세청 정부업무 자체평가위원, 한국공항공사 비상임이사, 금융감독원 분쟁조정위원, 한국거래소 시장감시위원회 비상임위원, 한국증권법학회 부회장, 한국법학교수회 부회장, 금융위원회 증권선물위원회 비상임위원으로 활동했다. 현재 공적자금관리위원회 위원으로 활동하고 있다.

저서로는 〈신용정보법〉(2024), 〈판례회사법〉(2023), 〈부동산개발금융법〉(2023), 〈상호금융업법〉(2023), 〈새마을금고법〉(2023), 〈산림조합법〉(2023), 〈수산업협동조합법〉(2023), 〈농업협동조합법〉(2023), 〈신용협동조합법〉(2023), 〈경제학입문: 돈의 작동원리〉(2023), 〈금융법입문〉(2023), 〈외부감사법〉(2021), 〈상호저축은행법〉(2021), 〈외국환거래법〉(개정판)(2023), 〈금융소비자보호법〉(2021), 〈자본시장법〉(2021), 〈여신전문금융업법〉(2021), 〈금융법강의 1: 금융행정〉(2020), 〈금융법강의 2: 금융상품〉(2020), 〈금융법강의 3: 금융기관〉(2020), 〈금융법강의 4: 금융시장〉(2020), 〈경제민주주의, 책임자본주의〉(2019), 〈기업공시〉(2012), 〈내부자거래〉(2010), 〈헤지펀드와 프라임 브로커: 역서〉(2009), 〈기업범죄와 내부통제〉(2005), 〈증권범죄와 집단소송〉(2004), 〈증권집단소송론〉(2004) 등 법학 관련 저술과 철학에 관심을 갖고 쓴 〈행복을 지키는 法〉(2017), 〈자유·평등·정의〉(2013)가 있다. 연구 논문으로는 '기업의 컴플라이언스와 책임에 관한 미국의 논의와 법적 시사점'(2017), '외국의 공매도규제와 법적시사점'(2009), '기업지배구조와 기관투자자의 역할'(2008) 등이 있다. 문학에도 관심이 많아 장편소설 〈모래무지와 두우쟁이〉(2005), 〈우리는 다시 강에서 만난다〉(2021)와 에세이 〈방황도 힘이 된다〉(2014)를 쓰기도 했다.

전자금융거래법

초판발행 2024년 2월 10일

지은이 이상복
펴낸이 안종만·안상준

편 집 심성보
기획/마케팅 최동인
표지디자인 벤스토리
제 작 우인도·고철민·조영환

펴낸곳 (주) 박영사
서울특별시 금천구 가산디지털2로 53, 210호(가산동, 한라시그마밸리)
등록 1959. 3. 11. 제300-1959-1호(倫)
전 화 02)733-6771
f a x 02)736-4818
e-mail pys@pybook.co.kr
homepage www.pybook.co.kr
ISBN 979-11-303-4626-7 93360

정 가 33,000원